Evolutionäre Menschenbildung

Philosophie, Psychologie und Menschsein

I0454600

Dr. Eduard Schellhammer

9. Edition 2014, revidiert.
© **Copyright. Dr. Eduard Schellhammer. Alle Rechte vorbehalten.**

ISBN-13: 978-1478366591
ISBN-10: 1478366591

www.EduardSchellhammer.com

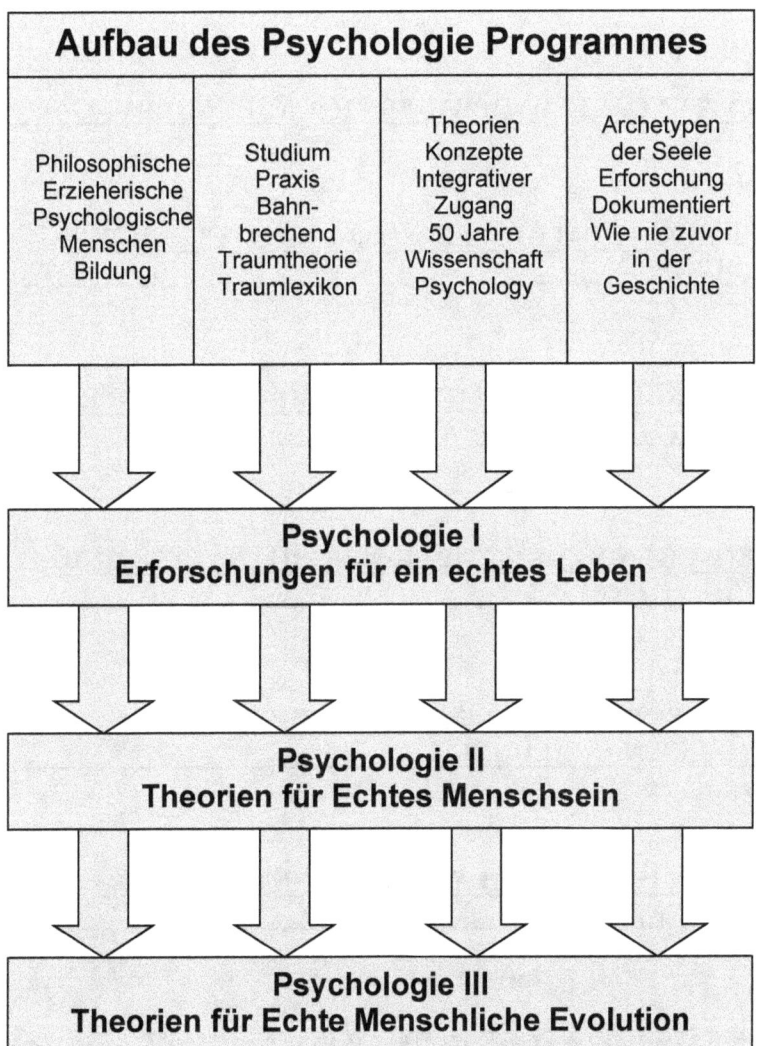

Aufbau des Psychologie Programmes

Philosophische Erzieherische Psychologische Menschen Bildung	Studium Praxis Bahn- brechend Traumtheorie Traumlexikon	Theorien Konzepte Integrativer Zugang 50 Jahre Wissenschaft Psychology	Archetypen der Seele Erforschung Dokumentiert Wie nie zuvor in der Geschichte

**Psychologie I
Erforschungen für ein echtes Leben**

**Psychologie II
Theorien für Echtes Menschsein**

**Psychologie III
Theorien für Echte Menschliche Evolution**

Inhaltsverzeichnis

Liste der Diagramme

Einleitung: Die Utopie der Menschenbildung

"Persönlichkeitsbildung", "Selbstverwirklichung" und "Emanzipation" sind heute Schlagworte, die im Bereich der pluralistischen Demokratie, der Schule und der praktischen Psychologie zum Aushängeschild fast aller Bildungsintentionen geworden sind. Unter diesen Etiketten werden gar viele Persönlichkeitsideale in Psychotherapie und im psycho-esoterischen Markt als Handelsware feilgeboten. Auch die Pädagogik und Erwachsenenbildung bedienen sich zur Umschreibung ihrer Bildungsidee solcher Worte. Es ist eine Art Freizeitbildung entstanden, die alles an Worten, was die Sprache in diesem Zusammenhang hergibt, "ausgepresst" hat. Viele Worte können dazu aufgelistet werden, zum Beispiel: Ganzheitlichkeit, Glück, höheres Bewusstsein, konfliktfreie Persönlichkeit, Selbsterfüllung, transzendentale und kosmische Erfahrungen, Harmonie, innerer Frieden, Erfolg, ekstatische Gefühle, Einssein mit dem höheren Selbst und Lebensfreude.

Das sind Ideale über das Leben. Das sind auch ideale Menschenbilder. Tatsache ist dabei, dass solche Worte zu Leerformeln und Schöngerede geworden sind. Sie sind als Marketingetiketten abgedroschen. Denn längst haben verschiedene Anbieter erfasst, dass die Ware "Persönlichkeitsbildung" auch werbepsychologisch verkauft werden muss. Da sind dem Spiel der Worte, der Töne, der Farben, der Formen und Assoziationen keine Grenzen gesetzt. Die Erlösungssehnsucht der Menschen aus dem Gefängnis ihrer Unbewusstheit, aus der Not ihrer inneren Einsamkeit und aus dem Verlangen nach Geborgenheit und echter Liebe wird teilweise schamlos ausgenutzt.

Manche Verkäufer überbieten sich gegenseitig mit Superlativen und "Gipfel-Erfahrungen". Es ist in der Psychologie und in der psychologischen Erwachsenenbildung ein eigentlicher Markt-Machtkampf entstanden, wer nun die neue bzw. die "grosse Kraft" in der "modernen" und "postmodernen" Strömung ist. Der Freiraum der pluralistischen Gesellschaft erlaubt eine solche Vielfalt.

Doch die neue Gefahr will keiner verantworten: Die Reizüberflutung an Idealen, Werten und Heilswegen macht es dem einzelnen fast unmöglich, das zu erkennen und für sich selbst verbindlich zu leben, was wirklich dem persönlichen Innenleben umfassend gerecht wird. Wie soll das überhaupt erkannt werden können aus der unüberschaubaren Konzepten- und Methodenvielfalt? Die Kernfrage trifft alle: Wie begründen sie ihre Persönlichkeitsideale und ihre Praktiken?

Das Sektenwesen operiert auch mit einem vielfältigen Vokabular, wobei vor allem noch Worte wie "Erlösung", "Auserwählte Gottes" und "Weltuntergang" dem Gipfel der Superlative eine Krone aufsetzen. Überall treibt der "Teufel" sein Werk und dominiert das "Böse", behaupten sie. "Höchste Erleuchtete" vertreten heute Gott auf Erden. Aus dem konkreten Handeln und den Lehren dieser "Heilsbringer" kann man ihre pathologischen Ideen und Lebensformen identifizieren. Die Medien stellen einige davon regelmässig an den Pranger, was den Zulauf da und dort eher noch fördert. Bedeutungsvoll und gefährlich ist der ideologisch-dogmatische Macht- und Herrschaftsanspruch der Sekten sowie die damit verbundenen psychisch verirrten persönlichen Situationen ihrer Leitungen.

Alle wollen sie den "Gottesstaat auf Erden", das "Gottesreich", die "kosmische und göttliche Ordnung" und das "Paradies" errichten. Und "aufräumen" wollen manche mit der "Niedertracht der gottlosen Menschen". Eine konstruktive Beziehung zu ihrem psychischen Innenleben haben sie alle nicht.

Die Geschichte der Religionen ist voll von Herrschaftsansprüchen und Menschenverführungen. Immer wieder sind neue Bewegungen entstanden, die geheim oder öffentlich ihre Vorstellungen vom Menschsein und von Gott lehrten und praktizierten. Die Geschichte der Esoterik, der gnostischen Bewegungen, des Templerordens der Rosenkreuzer und der Freimaurer sowie all ihre vielen Splittergruppen zeigen uns die schier unendliche Fülle der Möglichkeiten zur Menschenbildung und Selbstverwirklichung.

Die allen gemeinsame Grundfrage ist die: Wie begründen sie ihre Ideale über den Menschen und ihre Praktiken zur Menschenbildung?

Tatsächlich gibt es heute, wahrscheinlich wie nie zuvor, lebenswichtige Gründe zur Menschenbildung, zu neuen Idealen und zu erneuerten Werten. Die Zivilisation in den Industriestaaten hat eine sehr hohe technische Entwicklungsstufe erreicht. Doch die psychisch-geistige Evolution der einzelnen Menschen ist deutlich zurückgeblieben. Die Umweltzerstörungen haben riesige Dimensionen erreicht. Das wird wohl keiner abstreiten wollen. Die Waffenarsenale sind gigantisch und die Armeen sind weltweit zum "letzten grossen Krieg" gut gerüstet. Gewalt, soziale Konflikte und Kriminalität haben ein kaum mehr zu bewältigendes Ausmass erreicht.

Die Unfallstatistiken widerspiegeln eine eigene Art von "Krieg". Süchte aller Art, insbesondere Drogen-, Alkohol- und Medikamentensucht richten verheerendes Leid an. Psychische Störungen und psychosomatische Leiden nehmen deutlich zu, schon im Schulalter. Millionen leiden an Sinnleere, Einsamkeit und Hoffnungslosigkeit.

Überall dominiert die Selbstlüge und die Lebenslüge. Man muss nicht die "Apokalypse" an die Wand malen. Niemand muss mit Redegewandtheit eine Dramaturgie der Zukunft den Leuten ins Ohr schwatzen. Mehr als die Hälfte der Menschheit hat heute von allem Lebensnotwendigen zu wenig. In dreissig Jahren wird das zu kaum mehr steuerbaren Explosionen führen. Die Kinder, die Jugendlichen und die Erwachsenen in ihrer Lebensmitte heute werden diese Zukunft erleben. Die Suche nach neuen Persönlichkeitsidealen und nach neuen Konzepten der Menschenbildung ist sehr verständlich und notwendig.

Auch hier stellt sich dieselbe Grundfrage: Wie können neue Bildungsideale und Bildungspraktiken begründet werden?

Die Suche nach Erkenntnis über den Menschen, nach Idealen des Menschseins und nach dem "guten Leben" ist die Geschichte einer Tradition, die seit den Anfängen der abendländischen Philosophie in der griechischen Antike immer wieder neue Lehren hervorgebracht hat. Die Pädagogik hat den Auftrag vom Staat, die Menschen zu bilden, damit die Demokratie und die Vielfalt der gesellschaftlichen Systeme lebensfähig bleiben. Viele Varianten der Theorienbildung und der praktischen Bildung sind zur Kinder- und Volkserziehung entwickelt worden.

Seit rund zweihundert Jahren hat die Pädagogik und die Psychologie den Menschen systematisch durchforscht. Daraus sind Menschenbilder, Ziele und Methoden entstanden.

Wohl alle Richtungen und Positionen sind sich in einem einig: Der Mensch mit seinen psychischen Kräften, ungeformt oder falsch geformt, unbewusst und chaotisch im Innenleben, in Fehlentwicklung mangels Liebe, wenig denkend und von seinen Trieben beherrscht, ist der Verursacher der heutigen gesellschaftlichen Problemlage, lokal, national, international und weltumfassend.

Doch besteht denn überhaupt eine Nachfrage nach neuen Persönlichkeitsidealen und Wegen zu ihrer Erreichung? Falls es ideale Menschenbilder und Methoden gibt, die wirklich umfassend und ganzheitlich alles psychische Leben im Menschen einschliessen, wer hätte daran ein besonderes Interesse? Wer will wirklich umfassende Selbsterkenntnis? Wer will alle seine psychischen Kräfte entfalten und zu einer ausgewogen funktionierenden Einheit bilden? Wer will die Kraft der Liebe in sich wachsen lassen und für sich verbindlich leben?
Die Psychoanalyse lehrt seit den Anfängen, dass der Mensch mit einer starren

Hartnäckigkeit sich gegen jede Bewusstseinserweiterung über sich selbst und über das Leben wehrt. Alles an Ideen und Wegen kann man den Menschen vorlegen; immer sind viele bereit, diese zu leben. Nur die Wahrheit über sich selbst und über das Menschsein wollen sie nie. Diese löst enorme Widerstände aus. Da nimmt der Mensch lieber jede Form von Leiden, von Zerstörung und Krieg in Kauf. Die Arroganz des Ich's gegenüber seiner eigenen inneren Wirklichkeit und gegenüber dem psychischen Leben der Menschen im allgemeinen ist von enormer Abwehr gezeichnet. Die Liebe gegenüber dem psychischen Leben hat bei den Menschen selten Tiefe und Standfestigkeit.

Persönlichkeitsideale, Menschenbilder und vor allem die praktische Menschenbildung müssen bei der Realität des psychischen Lebens beginnen. Das grosse Problem dabei ist, dass sich die verschiedenen Positionen in der Pädagogik, in der Psychologie und in der Andragogik nicht einig werden können über eine übergeordnete Konzeption des psychischen Lebens sowie über darin verwurzelte Bildungsideale. Befreit man sich von Fixierungen an die Lehrmeinungen und Positionskämpfe, dann können die ausgewiesenen wissenschaftlichen Erkenntnisse der Pädagogik und der Andragogik bzw. der Psychologie zu einer neuen übergeordneten Ganzheit des innerpsychischen Lebens zusammengeführt werden. Dies schafft eine Basisrealität, auf der die Menschenbildung andragogisch begründet zur Diskussion gestellt werden kann. Damit liegen die entscheidenden Elemente vor, die eine ganzheitliche Persönlichkeitsbildung enthalten muss.

Es ist möglich, die Erkenntnisse der Tiefenpsychologie aller Richtungen, der Verhaltenspsychologie, der Kognitionspsychologie, der transpersonalen bzw. spirituellen Psychologie und der humanistischen Psychologie zu einer Einheit zu integrieren. Alle entscheidenden lernpsychologischen Modelle aus den verschiedensten Forschungsrichtungen und wissenschaftstheoretischen Positionen können in einem dynamischen systemischen Modell vereint werden. Darauf aufbauend kann philosophisch und bildungstheoretisch ein Menschenbild erstellt werden, das Grundlage ist für realistische und praktikable Ideale, für den Entwurf eines neuen vielschichtigen Menschseins und damit generell für die Menschenbildung in der Zukunft.

Die Frage der Ganzheitlichkeit der Menschenbildung können wir allerdings nicht restlos klären. Es ist unser Standpunkt, dass zur umfassenden Selbstbildung im Sinne der Individuation keine paranormalen Fähigkeiten notwendig sind.

Deshalb grenzen wir von unserem Begriff "Ganzheitlichkeit" eine Reihe von speziellen Phänomenen aus; wie zum Beispiel: Telekinese, Levitationen,

Telepathie, Hellsehen, Jenseitskontakte, Körperaustritte, spirituelle Heilkräfte, Ekstase, magische Zauberkräfte, Stigmatisationen und Wundererscheinungen bzw. Wunderfähigkeiten aller Art (vgl. Murphy 1994; Keller 1979). Astrologie und Numerologie setzen keine ausserpsychischen Kräfte frei, die den Menschen gewissermassen jenseits seines psychischen Organismus bilden oder bestimmen. Rückführungen in frühere Leben mögen transzendentale Perspektiven eröffnen, für die Persönlichkeitsbildung und Individuation aber sind sie irrelevant.

Wir sind der Auffassung, dass die menschlichen Potentiale nicht in solchen paranormalen Möglichkeiten liegen, sondern im ganz gewöhnlichen Gefüge der psychischen Dispositionen (Kräfte) und ihrer Entfaltung bzw. Bildung im Rahmen eines integrativen ausgewogenen Prozesses. Wir kennen nicht ein einziges Argument, das zur These berechtigt, dass die psychisch-geistige Entfaltung in ihrer Höchststufe paranormale Fähigkeiten hervorbringen müsste. Damit schliessen wir allerdings nicht aus, dass die Anthropologie der Andragogik in der Zukunft kosmische Dimensionen (vgl. Resch 1973; Capra 1991) in die empirisch-analytische und geisteswissenschaftliche Erarbeitung eines neues Menschenbildes miteinbeziehen kann und soll.

Fundierte Kenntnisse über die Menschenbildung, vielseitig ausgewogen und zu einer vielschichtigen Ganzheit neu zusammengestellt, bieten die Ausgangslage für substantielle Auswirkungen handlungsorientierter Bildungsziele, wie zum Beispiel:

Abbau von psychischen und psychosomatischen Leiden, drastische Reduktion von Unfallquoten, massive Verringerung der Umweltzerstörungen, entscheidender Abbau von Gewalt und Kriminalität, effiziente Wege für die Lösung von sozialen Konflikten und das Unmöglichmachen von Kriegen. Die Rückbindung an die wissenschaftlich ausgewiesenen Tatsachen des umfassenden psychischen Lebens, des Lernens und des Bildens sind die einzig kommunikativ handhabbaren Alternativen zu Sekten, zu psycho-religiösen Bewegungen, zu ideologischen und dogmatischen Systemen und zu einer in gesellschaftlichen Teilbereichen wenig wirkungsvollen Erziehungswissenschaft.

Neue zukunftsweisende Modelle als Grundlage für Lebensideale und Lebensformen sind gefragt und lebensnotwendig, wollen die Menschen sich nicht dem Trägheitsprinzip der gesellschaftlichen Kräfte hingeben. Nicht politische Macht und Herrschaft können die neuen Wege ebnen.

Kein "Erlöser" kann die Lage für die Menschen zum Guten führen. "Erlösen" muss sich jeder selber. Das ist nur möglich durch eine umfassende, wirklich ganzheitliche Persönlichkeitsbildung.

Die Pädagogik und die Andragogik tragen hier die grosse Verantwortung für die Zukunft. Pädagogen und Andragogen sollten sich an einen runden Tisch setzen, Solidarität entwickeln und gemeinsam den enormen Wert ihres Wissens und ihrer Handlungsinstrumente zum Wohle der Menschheit einsetzen. Dies schulden sie den Menschen. Denn von den Menschen haben sie ihre Erkenntnisse genommen. Wozu soll das Wissen der Pädagogik und Andragogik dienen, wenn nicht für die Kinder, die Jugendlichen und die Erwachsenen?

Wir haben den Versuch unternommen, zentrale Aspekte des grundlegenden Wissens der Erziehungswissenschaft (Pädagogik/Andragogik), der Psychologie aller Richtungen und der Philosophie bzw. der philosophischen Anthropologie zu einem neuen Ganzen zusammenzufügen. Natürlich mussten wir uns auf Wesentliches beschränken und konnten nicht jede einzelne wissenschaftliche Erkenntnis bearbeiten. Das ist die Aufgabe der Pädagogik und der Andragogik in der Zukunft.

Soviel aber steht fest: Die innere Wirklichkeit des Menschen kann effektiv zu einem ganzheitlichen psychischen System zusammengesetzt werden. Dies ergibt den "psychischen Organismus" mit seinen verschiedenen Teilsystemen. Da bleibt kein "schwarzes Loch" übrig, kein psychischer Raum ohne Boden und keine Teileinheit ohne sinnvolle Verknüpfung mit den andern Einheiten. Es mag dem Wissenschaftler eigenartig erscheinen, dass wir da auch von "Liebe" und "Geist" reden, und dabei noch behaupten, diese Realitäten seien als psychische Grundkräfte im Menschen wissenschaftlich erfassbar. Doch Philosophie ohne Liebe und Geist ist nicht wirklich Philosophie, und Pädagogik bzw. Andragogik ohne Liebe und Geist vermag den Menschen nicht zu sich selbst zu führen.

Wir sind noch einen entscheidenden Schritt weitergegangen, basierend auf einer langen Tradition der Philosophie. Wir wollten wissen, ob es möglich ist, dieses psychische System von einem ungeformten bzw. fehlgeformten Zustand in einen neuen Zustand der Ganzheit und allseitig ausgewogenen Integriertheit aller einzelnen Kräfte zu entfalten. Entgegen aller Behauptungen der Psychologie bzw. Psychoanalyse und Psychotherapie können wir heute mit Sicherheit sagen:

Es ist möglich, den Menschen zu bilden in seinen psychischen Kräften, bis er die höchstmögliche psychisch-geistige Stufe der allseitig ausgewogenen Einheit und Ganzheit erreicht hat. Wir bezeichnen diesen Prozess mit "Individuation", wobei wir gleich anfügen müssen, dass unser Modell entscheidend anders entwickelt wird, als das aus der Geschichte der Psychologie bekannte ist (C.G.Jung, Jung'sche Schule). Dieser psychisch-geistige Evolutionsprozess lässt sich ebenso wie der psychische Organismus wissenschaftlich identifizieren und evaluieren, vor allem auch bildungstheoretisch begründen bzw. diskutieren und didaktisch für die Bildungsarbeit strukturieren.

Aus diesen Grundlagen können wir erste allgemeine Persönlichkeitsideale formulieren: umfassende systematische Selbsterkenntnis über alle psychischen Kräfte, differenziertes Selbst- und Lebensbewusstsein, frei von Abwehr und Projektionen, flexible offene Integration aller Lebenswirklichkeiten, geformter starker Wille und ausgeprägte Selbststeuerung, vollständig befreites und integriertes unbewusstes Leben, differenziertes Wahrnehmen und Denken, klar identifizierte und realisierte Grundbedürfnisse, vielseitig ausgewogenes und genutztes Gefühlsleben, tragfähige und einsatzfähige Liebesfähigkeit, flexible und vitale Psychodynamik, kooperative Kommunikation mit dem Geist (d.h. der Kraft, die die Träume schafft und in der Imagination intelligent genutzt werden kann), sowie der Aufbau einer neuen Einheit und Ganzheit des gesamten psychischen Lebens in eben dieser geistigen Kraft zentriert. Diese Ideale sind realistisch. Sie können in Teilschritten im Prozess der Individuation aufgebaut werden.

Dies ist die psychisch-geistige Evolution des Menschen. In der Individuation lebt der Mensch diese Persönlichkeitsideale, Schritt für Schritt immer umfassender, differenzierter und bewusster. Denn das Handeln ist Ausdruck der geformten psychischen Kräfte, von äusseren Determinanten hier abgesehen.

Die Arbeitsmethoden ergeben sich aus den Erkenntnissen der unterschiedlichen Wirkungsweisen der psychischen Kräfte. Die grundlegenden Arbeitsformen sind: didaktisch strukturiertes Wissen aneignen und in Übungen erfahren; Mental-Training zur Entspannung, Revitalisierung und Psychohygiene; Traumdeutung und Symbolarbeit; Imagination bzw. Kontemplation; analytisch-rationale und meditative Lebensaufarbeitung und Lebensbearbeitung; selbstkritische systematische Reflexionen über Bewusstseinsinhalte; sowie psycho-energetische Übungen und Rituale.

Diese Art Menschenbildung ist Lebensbildung und Bildung ein Leben lang. Sie vermittelt eine innere Verankerung in den zunehmend allseitig konstruktiv und progressiv sich entfaltenden psychischen Teilsystemen. Statt Ideologien oder Dogmen, statt leere Worte oder emotionale Bewegtheit, statt Streit um normative Entscheidungen, ergeben sich die Inhalte, die Ziele und Wege aus der Wirklichkeit des psychischen Organismus von selbst. Neue Lebenswerte baut sich der Mensch aus seinem inneren Geist, aus der Kraft der Liebe und aus der Erfahrung dieses inneren Wachstumsprozesses auf. Was innen neu aufgebaut wird, kann das Ich steuern und setzt dies im Leben um. Dies ist der evolutionäre Weg zu einem neuen Menschsein in der Zukunft.

Nie ersetzt eine Sekte, eine psycho-religiöse Bewegung, eine Lebensphilosophie, eine psychologische Richtung, eine ideologische Lehre, ein politisches Programm, ein fundamentalistisches Denken oder eine Religion das, was der Mensch in sich selbst finden und entfalten kann.

Jedes Ideensystem, das den Menschen Ideale und Wege anbietet, die ausserhalb des psychischen Organismus und ausserhalb des Individuationsprozesses liegen, betrügt den Menschen um das, was er innerpsychisch ist und aus sich selbst werden soll: ein lebendiges Abbild des höchsten Archetypus, das "Kreis-Kreuz-Mandala". Dieser Archetypus ist nun anderseits auch das Abbild von Gott. Das ist kein Versuch, durch die Hintertüre etwas wieder hereinzuholen, was aufklärerisch bzw. "emanzipatorisch" und wissenschaftlich bei vielen als "erledigt" betrachtet wird.

Der "individuierte Mensch" ist das lebendige und realistische Ideal. Das Leben im Individuationsprozess ist ein evolutionärer Lösungsweg aus den weltweiten Problemen der Menschheit. In der psychisch-geistigen Entfaltung werden "Glück", "Lebensfreude", "Friede" und "Selbstverwirklichung" zu konkreten Zielen der Persönlichkeitsbildung. Solche Werte werden durch den Prozess der Individuation zur lebendigen Wirklichkeit im Leben des einzelnen. Individuation ist das ganzheitliche umfassende Bildungskonzept der Andragogik.

Die Andragogik als Wissenschaft der Erwachsenenbildung bestimmen wir in ihrem eigentlichen Kern mit "Wissenschaft und Praxis der Menschenbildung bzw. der Persönlichkeitsbildung und Individuation". Die Andragogik definiert sich in Ausrichtung auf den psychischen Organismus und seine Entfaltungsprozesse. Die Handlungen des Menschen in den Lebenssystemen der Industriegesellschaft und die daraus erfassbaren Bildungsbedürfnisse sind die zweite Ausrichtung. Diese Wirklichkeiten setzen die Kriterien für die wissenschaftstheoretische Grundlegung der deskriptiven und normativen Aussagensysteme sowie für die Forschungskonzeptionen und Methodologien.

Die Wissenschaft der Andragogik muss die Autonomie haben, die "Sache" selbst als Gegenstand ihres Erkenntnis- und Handlungsinteresses in ihren Mittelpunkt stellen zu können. Sie benötigt eine gewisse Freiheit gegenüber politisch-ideologischen Zeiterscheinungen, gegenüber Modeströmungen der Freizeitindustrie und gegenüber wirtschaftlichen Weiterbildungsansprüchen. Nur so ist es möglich, die Wirklichkeit des psychischen Lebens des Menschen und der damit verbundenen Bildungsinteressen wissenschaftlich zu bearbeiten. Damit dient die Andragogik im Kern den Menschen und der pluralistisch-demokratischen Gesellschaft. Individuation als Bildungsprozess schafft mit Sicherheit psychisch "gesunde" Menschen mit umfassenden Lebenskompetenzen, mit Lebensformen verwurzelt in Liebe und Geist, ein psycho-sozial friedliches Leben und eine menschen-zentrierte Lebensraumgestaltung.

Ohne viele gesunde Kernzellen (einzelne Menschen, Familien, Lebensgemeinschaften) zersetzt sich ein Staat. Das haben viele Politiker nicht mehr im Blickfeld. Sie sind schon heute mit Schadensanierungen überlastet.

Lösungswege sind da: Die Andragogik kann als Wissenschaft und Forschung die psychisch-geistige Bildung des erwachsenen Menschen in der Industriegesellschaft sachlich, theoretisch und normativ grundlegen. Sie muss den Mut haben, darauf aufbauend die Bildungskonzeption für die Menschen öffentlich zu diskutieren. Es ist unerlässlich, dass der Wissenschaftler, der Forscher, der Professor, der Lehrer, der Berater und der "Andragoge" zuerst bei sich selbst erforscht und lebt, was er den Menschen als Bildungsziele und Bildungswege im Sinne der Individuation vorschlägt. In "Bildungsforschung und Bildungspraxis" (der Schweiz) lesen wir: "Soll Bildungsforschung in ihren Grundfunktionen realisiert werden, dann muss sie sich auf die aktuelle Situation beziehen" (1988, 30). Wir erachten den Stand der allgemeinen Menschenbildung im Sinne der Persönlichkeitsbildung und Individuation mit all den leidvollen und konfliktären Folgen als einen elementaren Aspekt dieser "aktuellen Situation". Werfen wir einen kurzen Blick auf diese "aktuelle Situation".

Wemmer/Korczak informieren mit ihrem Datenreport (1993; siehe auch: Statistisches Jahrbuch für die Bundesrepublik Deutschland und für das Ausland, CD, 1996) über die Lage in Deutschland in einem Jahresüberblick: Rund 10'000 Selbsttötungen, mindestens 200'000 Kindsmisshandlungen, 500'000-800'000 Medikamentenabhängige, ca. 2 Millionen Alkoholkranke mit 30'000-40'000 Sterbefällen (als unmittelbare Folgen), 140'000 Frühsterbefälle durch übermässiges Rauchen, Verkehrsunfälle mit über 430'000 Verletzten und 7'500 Toten, 4-7% der Kinder mit psychischen Störungen, plus die Drogenabhängigen und die Drogentoten, plus sexueller Missbrauch, plus schwere Körperverletzungen, plus Gewaltverbrechen aller Art, plus Arbeits- und Haushaltunfälle u.s.w. Ein dramatisches Bild zeichnen die Autoren auch von den Umweltbedingungen. Die Autoren fordern "Prävention als Aufgabe der Erwachsenenbildung" (289).
Lorenz (1993) skizziert die "acht Todsünden der zivilisierten Menschheit": Übervölkerung, Verwüstung des natürlichen Lebensraumes,

Technologiewettlauf, Schwund aller starken Gefühle, Genetischer Verfall (fortgeschrittene Infantilisierung), Abreissen der Tradition, Zunahme der Indoktrinierbarkeit der Menschheit, Aufrüstung mit Kernwaffen. Jungk (1993, 91) ergänzt diese Todsünden mit den "Megatrends" (176): Wirtschaftskrise, Demokratiedefizit, Kulturkrise, Krise der Familie und Identitätsverlust des Individuums. Die Arbeitslosigkeit ist ein Dauerbrennerthema in Büchern und Presse. Die damit verbundenen psychischen und psychosomatischen Leiden, die familiären Belastungen und die nachfolgenden sozialen Konflikte nehmen gewaltige (hochexplosive) Dimensionen an. Die "neue Armut" in Europa gehört zu den grössten Beschämungen "kapitalistischer" Leistungen. Trotz Mangel auf der einen Seite zeichnet Schulze (1992, 38) ein Bild der Gesellschaft, wo "Erlebnisorientierung als Basismotivation" dominant den Lebensstil von Millionen prägen.

Die "Massenkultur" (Eco 1992, 42-49) ist charakterisiert durch: niedriger Geschmacksdurchschnitt, Homogenisierung von Individualiät, Menschen ohne Bewusstsein über sich und die Welt, einen Markt mit Täuschung durch Suggestion zwecks künstlich befeuertem Verbrauch, Passivität im Denken, Entscheiden, Urteilen und Handeln. "Wir amüsieren uns zu Tode" schreibt Postman (1994, 8, 193): "In der schönen neuen Welt werden die Menschen dadurch kontrolliert, dass man ihnen Vergnügen zufügt"; und: "Zensur (ist) nicht mehr nötig, das Amüsement übernimmt diese Aufgabe". Das ist nach Bourdieu (1994, 576) die neue ethische Aufgabe der Avantgarde: "Pflicht zum Genuss".

Die "Postmoderne" hält Einzug. Vester (1993, 15, 31, 34, 38) skizziert ihre Merkmale, so u.a.: Vermengung und Vermischung (pastiche-artig und collagenhaft wird gelebt); eingerissene Grenzen zwischen Kultur, Kommerz, Verbrauch und Produktion; die Wirkung der Rhetorik ist wichtig, nicht die korrekte Erfassung; "der Antiheld ist der ironische Schelm"; "die Postmoderne ist die Feier der Fälschung". Beck (1986, 73, 105) markiert zu dieser "aktuellen Situation" deutlich: "Die Risikogesellschaft ist eine Katastrophengesellschaft"; "Die Phase der Latenz der Risikobedrohung geht zu Ende". Was tut die Erwachsenenbildung dazu (bzw. dagegen)?

Es gibt problematische Lösungswege: Wer den Menschen das "schnelle Glück", den "Ieichten Erfolg" und den "kurzen Weg" zu Lebenserfüllung und "Erleuchtung" verspricht, der lügt und betrügt die Menschen. Natürlich wollen die meisten Menschen betrogen werden, Lebenslügen leben und nur "Drogen" für ihre Selbstbetäubung konsumieren. Wer "Erlösung" und "Heilung" mit magisch-technischen Schnellverfahren anbietet, ist ein "Drogen-dealer". Der schamlose Missbrauch von Begriffen wie "Wahrheit" und

"Ganzheitlichkeit" auf dem Markt der Menschenbildung fördert Ersatzlösungen. Zwar kann man verstehen, dass viele lieber solche "Drogen" haben wollen. Für die meisten Menschen ist das psychisch-geistige Leben weniger wert als das Papier, auf dem man ihnen diese Wirklichkeiten offenlegt. Das ist der Grund, warum alle paar Jahrzehnte irgendwo auf der Welt das furchtbare Grauen ausbricht. Hier liegen die Wurzeln für Hass, Gier, Neid, Lüge, Intrige, Ausbeutung, Gewalt und Krieg. Wer solches nicht will, muss wissen: Selbsterkenntnis bzw. Selbstbildung ist harte Arbeit, die gründlich und systematisch erfolgen muss, will sie im Leben tragfähig werden und "reiche Früchte" tragen. Solches liegt jedoch nicht im Trend der Postmoderne.

Wahrhafte psychisch-geistige Menschenbildung als Geschäft hat wenig Chancen in der hochindustrialisierten Marktwirtschaft. Denn Persönlichkeitsbildung lässt sich nicht sofort und direkt in handfestes Kapital umschlagen. Es gibt dafür auch kaum eine gesellschaftliche Anerkennung. Wenn jedoch immer weniger Menschen ihr psychisches Leben ernst nehmen und bilden, dann kommt der Tag, wo keiner mehr sich selbst und die andern lieben kann.

Wer nicht fähig sein will oder den Mut nicht aufbringt, die Werte des psychisch-geistigen Lebens zu vertreten, zu bilden, zu schützen und darin Solidarität zu leben, der muss sich nicht wundern, wenn Gegenkräfte immer mehr bestimmen, wie gelebt werden soll.

Doch soll man denn die Welt und die Führung im Gesellschaftsleben jenen überlassen, die das psychisch-geistige Leben mit Füssen treten, die darüber nur Spott und Hohn oder Gleichgültigkeit äussern? Das führt zum Scheitern der kollektiven psychisch-geistigen Evolution des Menschen. Wer also soll für die Werte des psychischen Lebens einstehen, wenn nicht jene, die die Chance haben, diese Wirklichkeiten in sich zu entdecken? Ist es nicht die zentrale Forderung des Lebens, sich selbst zu suchen und sein gesamtes psychisch-geistiges Leben zu bilden? Und ist es nicht die primäre Aufgabe einer Wissenschaft der Andragogik, gerade hierin Wissen und Wege zu erforschen und anzubieten?

Betrachtet man, wie die meisten Menschen leben, und interpretiert man den bebauten Lebensraum als Ausdruck des geformten psychischen Lebens der Menschen, dann muss man nicht Psychotherapie fordern: Menschenbildung ist nötig, und zwar in allen psychischen Kräften, gründlich und systematisch, didaktisch aufgebaut und bildungstheoretisch begründet, historisch rückgebunden in der Tradition der Philosophie und Pädagogik, zukunftsgerichtet und eingebunden in den ganzheitlichen psychisch-geistigen

Entfaltungsprozess, genannt "Individuation". Wir versuchen, mit dieser Studie dazu einen Beitrag zu leisten.

Zur Wissenschaft der Erwachsenenbildung sind auch einige kritische Aspekte zu diskutieren: Als "wertfreie" Wissenschaft läuft sie Gefahr, wenig vom tatsächlichen Alltagsleben des "gewöhnlichen" Menschen in der Industriegesellschaft zu erfassen. Manche Forscher scheinen die harte, oft amoralische Wirklichkeit des Kapitalismus wenig zu kennen. Einige haben kaum eine hinreichende Vorstellung von den psychologischen Mechanismen in der Psyche der "Hardliner" des heutigen Marxismus-Leninismus. Andere geben nicht den Eindruck, in der Lage zu sein, das Phänomen der Religionen in ihrer konkreten Ausgestaltung und in ihrem Dogmatismus psychologisch hinreichend zu durchschauen.

Einige Theorien geben kaum einen tiefenpsychologischen Klarblick in die menschlichen Dramen, wie sie sich bei etlichen Millionen Menschen tagtäglich abspielen. Da gibt es zwar wissenschaftstheoretisch wohl fundierte Projekte, aber sie reichen kaum über den "Dorfgeist" ihres wissenschaftlichen Instituts hinaus. Sie erfassen das Leben der machtlosen und psychisch schwachen Menschen nicht. Sie greifen die konkrete Welt nicht, trotz "Lebenswelt-Bezug".

Gewisse Konzepte relativieren ihre (deutsche) Bildungstheorie wenig und diskutieren ihre Daseinsideale kaum im Kontext mit anderen Varianten. Manche Bildungs-"Paradigmen" können nicht erfassen, dass Menschenführung (wir denken hier an Milliarden Menschen) mit den modernen (europäischen) pädagogischen Prinzipien heute noch nicht möglich ist.

Soll die Wissenschaft der Erwachsenenbildung eine Handlungswissenschaft sein, wird sie diesbezüglich noch viel zu lernen haben. Das entscheidende Problem für die Wissenschaft der Erwachsenenbildung liegt tief und erfasst auch die Verantwortung: "... menschliches Handeln ist geleitet von Zwecken und Bestimmungen, orientiert sich an Absichten und Überzeugungen. Jedes pädagogische Tun ist daher mit bestimmten Interessen verknüpft und erlaubt keinen Rückzug auf die Position des wertneutralen Vermittlers." (Lenz 1986, 158). Ein neues Paradigma wird gefordert (Grof 1993, 27, 42).

Unser Paradigma der Persönlichkeitsbildung ist:

■ Persönlichkeitsbildung ist die grundlegende Schlüsselqualifikation für das berufliche und persönliche Leben.
■ Persönlichkeitsbildung ist in der Zukunft die unbedingt notwendige

Grundbildung jeder anspruchsvollen beruflichen Weiterbildung.

■ Persönlichkeitsbildung schafft die Kompetenzen für aufbauende positive Beziehungen (Freundschaft, Ehe, Familie, Arbeitswelt, Kulturleben).

■ Persönlichkeitsbildung reduziert viele Risiken im persönlichen Lebenslauf und in der gesellschaftlichen Vernetzung des eigenen Lebens.

■ Persönlichkeitsbildung ist überall einsetzbar, kommt vielseitig zum Tragen und stabilisiert dabei dynamisch die Selbstidentität.

■ Persönlichkeitsbildung bedeutet Lebenswissen und Alltagshandeln, das gründlich durchdacht und allseitig bearbeitet ist.

■ Persönlichkeitsbildung qualifiziert zur Freizeitgestaltung, zum optimalen Umgang mit der Lebenszeit und den eigenen Möglichkeiten.

■ Persönlichkeitsbildung schafft innere Sicherheit und Vertrauen in die eigenen Kräfte, vor allem auch in Momenten mit grossen Belastungen.

■ Persönlichkeitsbildung führt hin zu einem allseitig ausgewogen gebildeten psychischen Organismus in stetig progressiver Entfaltung.

■ Persönlichkeitsbildung ist unerlässlich in allen Lebensphasen für echte Bereicherung und substantielle Erfüllung.

■ Persönlichkeitsbildung integriert hohe ethische Verantwortung für sich, für andere, für den Beruf, für die Gesellschaft und für die Lebenswelt.

■ Persönlichkeitsbildung ist Investition für die Zukunft, insbesondere weil die gesellschaftlichen Entwicklungen grosse Herausforderungen stellen.

■ Persönlichkeitsbildung ist die kategoriale Voraussetzung für jede Verantwortung in Bildung, Beratung, Pflege, Führung und Management.

■ Persönlichkeitsbildung erreicht den Menschen in seinem tiefsten psychisch-geistigen Sein, auch in den entscheidendsten Sinnfragen.

■ Persönlichkeitsbildung und Individuation formen einen Menschentypus, der in der Zukunft in allen Systemen der Gesellschaft gefragt sein wird.

Die Pädagogen und die Andragogen haben in Anbetracht der immensen psychisch-geistigen Bildungsdefizite und ihrer gesellschaftlichen Folgen ("Risikogesellschaft") eine erhebliche Verantwortung. Über die theoretischen Positionen hinweg ist gerade darin eine gemeinsame Solidarität zu entwickeln. Wenn die Pädagogen und die Andragogen Autorität und Führung in der Menschenbildung, mit Persönlichkeitsidealen aus dem psychischen Organismus, nicht integrieren und solidarisch fördern können, dann haben sie ihren eigenen Vaterkonflikt noch nicht überwunden. Starke Persönlichkeiten mit Mut und Pioniergeist sind erforderlich, die frei sind von Neurose, Kompensation, Triebverdrängung und Neid. Das sind vor allem jene Menschen, die offen sind für das Unbewusste, die Träume, den Geist, die Liebe, die Weisheit, und die selbst praktische Individuation betreiben.

Die Persönlichkeitsbildung und Individuation, die wir in dieser Studie als Bildungskonzept entwickeln, ist für den einzelnen, für die Wirtschaft und für das Gesellschaftsleben von vitaler Bedeutung:

"Die Zeit drängt" mahnt Weizsäcker (1987). "Es ist soweit" schreibt Ditfurth (1988). "Der tödliche Fortschritt" von Drewermann (1991) ist ein Spiegel über die Zerstörung der Erde. "Our Common Future" ist eine erschreckende Analyse von "The World Commission on Environment and Development (1987). "Global 2000" ist ein Report von Megatrends, die kaum noch imaginiert werden können. "Die nukleare Bedrohung wächst mehr denn je" analysiert uns U.S. Senator Tom Harkin (1990). Wir haben zur "Lage der Welt" auch geschrieben, basierend quasi nebenbei auf vielen Träumen zu diesem Thema: Der "Point of no return ist sehr nahe" (1988).

Zahlreiche weitere Experten könnten herbeigezogen werden, die bestätigen: Menschenbildung ist mit neuen Persönlichkeitsidealen, mit Liebe und Geist aus der Individuation, die allerwichtigste Aufgabe der Zukunft. Sie erscheint uns nahezu chancenlos, dennoch: Die Utopie einer menschen-zentrierten Gesellschaft in der Zukunft kann mit geeigneten Führungskräften in der Menschenbildung (Pädagogik und Andragogik) Realität werden. Die Wirtschaftspolitik und damit vor allem auch die berufliche Weiterbildung kann nur mit einer umfassenden psychisch-geistigen Menschenbildung das Wohl der Bürger schaffen, Frieden und soziale Gerechtigkeit stabil aufbauen, sowie Glück und Liebe fördern. Familiäre Geborgenheit, eine friedliche Welt, Freiheit, Selbstachtung, Glück (Zufriedenheit) und Weisheit wollen sehr viele Menschen (Inglehart 1989, 156). Eine *"Europäische Konferenz der Pädagogen und Andragogen"* über die Menschenbildung ist dazu dringend nötig.

Das ist die Freiheit des Menschen: zu leben und zu werden, was der Mensch in sich selbst als psychisch-geistige Wirklichkeit ist, oder diese zu leugnen. Mit der Hinwendung zu den entwickelten Bildungsidealen entscheidet der Mensch über seine Zukunft und letztlich über die Zukunft der Menschheit. Kann sich die Politik nicht zu einer neuen Bildungspolitik durchringen, dann haben auch sie - und damit der Staat - die Folgen zu tragen. Niemand kann einem andern diese Entscheidung abnehmen. Niemand kann für einen andern den Weg der Individuation gehen. Die jungen Menschen heute können nicht einfach die Erbschaft ihrer Väter und Mütter antreten. Sie haben neue Zielorientierungen und damit neue Lebensformen zu finden. Die Ausrichtung ist eine menschenzentrierte Gesellschaft. Wir haben Orientierungen und Ziele aus dem Stand des heutigen Wissens über den psychisch-geistigen Menschen entwickelt. Darin sehen wir eine realistische Chance für eine hoffnungsvolle Zukunft und für die Liebe zum Menschsein aus dem inneren Geist.

Das ist unsere utopische Vision der Menschenbildung.

Dr. Eduard Schellhammer

1. Der Streit um die "Persönlichkeit" und ihre "Bildung"

"Persönlichkeitsbildung" ist das Schlagwort seit den 70er Jahren im Bereich der psychologischen und psycho-esoterischen Praxisszene der Volksbildung. Doch das Thema ist uralt. Seit der Antike reden die grossen Philosophen von "Menschenbildung und Entfaltung". Unter verschiedenen Worten ist das Thema durch alle Jahrhunderte immer wieder neu aufgetaucht.

"Persönlichkeitsbildung" als Begriffsvehikel diente und dient noch immer für Ideologien, für Religionen, für Philosophien, für esoterische Orden und Geheimbünde, für politische Interessen, für Psychologien und Psychotherapie und für den psycho-esoterischen Markt. "Selbstverwirklichung" heisst die Botschaft der humanistischen Psychologie. Doch was meint denn eigentlich dieser Begriff im Sinn einer psychologisch-geistigen Bildung der Persönlichkeit?

Grundsätzlich lässt sich folgende erste allgemeine Begriffsbestimmung festlegen: Der erwachsene Mensch – das heisst: die Persönlichkeit; oder: die Person – steht als Betroffener und als sich selbst bildendes Individuum im Mittelpunkt der Persönlichkeitsbildung. Der Erwachsene ist auch derjenige, der andere (erwachsene) Menschen bildet. Wir können zudem sagen: Der Erwachsene bildet sich selbst (Selbstbildung-Selbsterziehung). Wir haben somit zwei Komponenten: Erstens den Menschen als "Persönlichkeit" (Individuum, Person) und zweitens den Begriff "Bildung".

"Bilden" bedeutet ganz allgemein: Wissen aneignen, formen, zusammensetzen, verwirklichen, gestalten, entfalten, Bewusstsein erweitern, verstehen, reflektieren, adaptieren u.ä.m. "Bildung" hat ohne Zweifel mit Lernprozessen zu tun (Wehnes 1991, 256). Lernvorgänge sind einerseits kontemplativ-heuristisch (d.h. Verstehen durch Einfühlen, inneres Betrachten und Interpretieren) und anderseits technisch-praktisch (d.h. Aneignen, Üben, Informieren, Verarbeiten, Kopieren). Bildung zielt offensichtlich immer auf Veränderung von Verhalten und psychischen Kräften bzw. Dispositionen (Ortner 1991, 304).

Der Begriff "Bildung" lässt sich aber nicht allein durch die Charakteristik des Lernens, der Sozialisation, der Enkulturation (Kulturaneignung), der Individualisation und der beruflichen Qualifikation definieren. Bildung ist in der Begriffsverwendung stets im Zusammenhang mit bestimmten Bildungsabsichten (Bildungszielen) verstanden worden.
Die Bedeutung dieses Begriffes hat im Kontext von erzieherischen

(menschen-bildenden) Zielen seit der griechischen Antike bis heute immer wieder neue Akzente erhalten. Die Standpunkte in der Pädagogik verteilen sich auf die ganze Bandbreite von der völligen Ablehnung des Bildungsbegriffes bis zur "postmodernen" Bildungstheorie (Wehnes 1991; Brezinka 1978; Klafki 1971 und 1985; Röhrs 1967; Ballauf 1986; Mollenhauer 1987; Roth 1991, Becker 1992; Lenz 1987).

Im griechischen Kulturbereich war Bildung eng verbunden mit Werten wie: das Glück, das Gute, das Schöne und die Tugend. Mit dem Beginn der Metaphysik in dieser Zeit gilt als Bildungsideal: "das höchste Seiende mit seinem Ursprung zu verwirklichen". Im römischen Reich lehrte man die ethisch-kulturelle Höchstenfaltung aller Kräfte. In der Patristik wurde die Menschenbildung mit christlich-theologischen Bildungsidealen verknüpft. Die Scholastik brachte verschiedene Geistesrichtungen hervor. Wesentliche Bildungsideale können in den Kontext von Wissen, Glauben und Willensfreiheit gestellt werden. In der Mystik (13./14.Jh.) galt die Aktualisierung der "Gottebenbildlichkeit" als Bildungsidee (Jakob Böhme, Meister Eckhart, Paracelsus). In der Renaissance (1350-1510) stand das Ideal der "rein menschlichen Bildung" als höchste Selbstentfaltung (wieder) im Blickfeld. Die Aufklärung setzte Gegenakzente: "Der emanzipierte Mensch" galt als das höchste Bildungsziel. Der Humanismus sprach generell von "Selbstverwirklichung" und "Selbstgestaltung". Bildung ist unbestreitbare Bedingtheit des Menschseins. Die Inhalte und die Methoden sind jedoch stets neu zu bestimmen.

"Bildung" wurde immer wieder neu definiert, je nach kulturellem Umfeld der jeweiligen Zeit. Der Humanismus gilt generell als die Lehre, die die menschliche Bildung zum Inhalt hat. Der Mensch mit seinen ihm innewohnenden Kräften ist Zentrum der Bildungsziele in allen humanistischen Konzeptionen. Die "Freiheit des Individuums" im Neuhumanismus endete mit der Lebensleere der Allgemeinbildung. Der Verfall der humanistischen Bildungsideale im 19. Jahrhundert führte zur "Selbstverwirklichung des empirischen Menschen" (Positivismus, Materialismus, Marxismus) und ab Mitte des 20.Jahrhunderts zu entscheidenden technokratischen Neuorientierungen im Kontext von Technik, Arbeit, Freizeit und Gesellschaft.

Alte humanistische Ideale und Anliegen wurden in den letzten Jahrzehnten wiederentdeckt und modernisiert.

Die Zielformulierung dieser "Bildungsarbeit" versteht sich darin als "ganzheitlich" im Sinne der psychisch-geistigen Einheit des Menschen. Im Zentrum der Interpretation und Modelle stehen seit ca. 1970

"Selbstaktualisierung", "Freiheit", "Mündigkeit", "Verantwortung", "Solidarität", "Selbstverwirklichung", "Selbstbestimmung" und "Selbsterfüllung" (Brezinka 1978, 48). Gleichzeitig geht es implizit auch um das "gute und glückliche Leben". Anliegen aus den vier grossen Schulen der griechischen Antike werden variationsreich neu aufgegriffen. "Bildung" wird als Konzept für das lebenslange Lernen definiert im Kontext von Lebensalter und Lebenswelt schlechthin (Roth 1991, 480). Bildung schafft die notwendige Grundvoraussetzung zur Bewältigung der Lebenslagen (Pfniss 1988, 14, 18, 36).

Der Bildungsbegriff ist durch alle Zeiten in Veränderung. Wo heute die einen trennen zwischen allgemeiner Menschenbildung und beruflicher bzw. wirtschaftsbezogener Bildung, wird diese Trennung von andern als "artifiziell" bezeichnet (Steinringer 1994, 29). Bildung ist in einem komplexen Verbund zu bestimmen: Mensch, Welt, Personwerdung, Daseinsbewältigung mit individuellen, sozialen, soziologischen, geistigen, gesellschaftlichen und beruflichen Komponenten (Albers 1987, 38). Allgemein anerkannt sind die folgenden Komponenten zum Begriff "Bildung":

1) Bildung geschieht in Aneignung und Auseinandersetzung mit dem, was die Menschen gemeinsam angeht; 2) Bildung impliziert Bildung für alle; 3) Allgemeinbildung beinhaltet Vielseitigkeit; 4) Bildung ist eingebettet in Kultur, und damit in Raum und Zeit; 5) Bildung ist Entwurf und Verwirklichung der individuellen Lebensgeschichte; und 6) Bildung ist abhängig von der Eigenleistung (Wittenbruch 1994, 36). Heute wird der Begriff "Bildung" in der Pädagogik und Andragogik wieder vermehrt im Kontext mit "Werte-Erziehung" (Brezinka 1994, 47-60) diskutiert. Als Folge der aktuellen Kulturkrise und der "Risikogesellschaft" (Beck 1986) wird wieder Charakterbildung, Liebe zu Werten bzw. generell wertgebundene Bildung gefordert. "Gute Lebenswerte" sind gefährdet durch Trägheit, Gleichgültigkeit, Reizüberflutung, Wohlstand, Vernunftbetonung, Erlebnisorientierung und Ichbezogenheit (Beck 1986, Hufer 1993, Brezinka 1994).

Mit einigen Stichworten – wir sind uns der Unvollständigkeit und Lückenhaftigkeit dieses Streifzuges bewusst – verdeutlicht dieser erste Überblick durch die Geschichte der Bildung vor allem Folgendes: Die Definitionen des Begriffs "Bildung" sind in der Geschichte der Menschenbildung vielfältig und widersprüchlich.

Die einen heben metaphysische Aspekte hervor. Christliche Theologen stellen ihre Gottesvorstellungen in das Zentrum der Bildung. Andere verstehen Bildung als Charakterformung oder Gewissensbildung. Wieder andere sehen den "sittlichen Menschen" in der Zielperspektive der Bildung. Vielfach geht es bei der Bildung auch bloss um Wissensaneignung für die Lebensfähigkeit in der Industriegesellschaft (Beruf, Freizeit, Familie, Staat).

"Bildung" ist ein Grundbegriff der Pädagogik. Die Verwendung in ihrem Bereich ist heute geradezu inflationär und vom Menschen – mit all seinen psychischen Kräften und geistigen Werten – entfremdet: Bildungspolitik, Bildungschancen, Bildungsdefizit, Bildungsökonomie, Bildungsplanung u.s.w. Manche lehnen diesen Begriff deshalb ab. Sie umgehen ihn auch, besonders seit der neuen "Erziehungswissenschaft" (ca. 1965), weil er nicht operationalisierbar sei. Soll der Begriff "Bildung" abgeschafft werden, weil er in vielfältigem sachlichem und historischem Kontext variationsreich bestimmt wurde? Der Begriff "Psychologie" beispielsweise ist nicht minder bedeutungsreich. Doch deshalb will diesen noch kein Psychologe abschaffen.

Für eine eindeutige Anwendung des Begriffs "Bildung" fehlen einheitliche Definition und Abgrenzungskriterien (z.B. gegenüber dem Begriff "Lernen"). Als Ausgangslage für die Entwicklung einer neuen Konzeption der Menschenbildung wollen wir die "Bildung des Menschen" eingrenzen. Zuerst sondieren wir alle Formen der Schulung (der Lernprozesse) aus, die als Berufs-, Fort- und Weiterbildung gelten. Wir schliessen auch aus, was zu tun hat mit dem Erlernen von Fertigkeiten für das tägliche Leben, inklusive Musik, Kunst und Freizeittätigkeiten. Die sogenannte "Allgemeinbildung" sei ebenfalls ausgesondert. Damit besagen wir natürlich nicht, dass alles, was wir hier ausgrenzen, nichts mit "Bildung" zu tun hätte. Wir bestimmen hier nur den "Raum", in dem wir uns in unserer Studie denkend und analysierend bewegen wollen.

Für unsere Begriffsverwendung grenzen wir "Bildung" ein: Der Mensch als psychisch-geistige Einheit ist das, was durch einen evolutionären Prozess zu "bilden" ist. In diesem Sinne sprechen wir von "Menschenbildung". In topischer Sicht ist der Mensch situativ eingebunden in bestimmte soziale Orte und hat da konkret anfallende Aufgaben zu bewältigen (Kaiser 1985, 42, 135). Allgemeine Wissenselemente, situationsbezogene Fähigkeitsaspekte und innerpsychische Dispositionen greifen in unserer "Menschenbildung" ineinander. Lernen, Entwicklung (Wachstum) und Bildung in der Gesamtheit der Person (Dominicé/ Finger 1991, 21-22) kennzeichnen unser Bildungsverständnis.

Wir kommen damit zum Begriff "Persönlichkeit". Die Begriffsbestimmung ist nicht minder problemreich. Das Feld der Persönlichkeitspsychologie ist gekennzeichnet durch Vielfalt, Interpretationsfülle und Uneinheitlichkeit. Persönlichkeitstheorie ist gleich einem babylonischen Sprachwirrwarr. Wir finden wohl gegen hundert Theorien der Persönlichkeit: eine Welt in der Spannbreite zwischen Skinner (oder Pawlow) und Plato; zwischen Lernmaschine und Geistwesen.

Die Persönlichkeitsforschung insgesamt steht heute noch immer in einer misslichen Lage, wie schon vor 35 Jahren Roth feststellte: "Eine vorläufige Definition des Begriffs "Persönlichkeit" zu geben, erweist sich als undurchführbar. In der Literatur finden sich nämlich nahezu ebensoviele Vorschläge dafür, wie es Autoren gibt, die über das Gebiet arbeiten. Auch ist kein Kriterium bekannt, das gestatten würde zu entscheiden, welche dieser Definitionen den andern vorzuziehen wäre." (Roth 1969,10). Bischof (1983, 13-16) gibt einen detaillierten Lagebericht zur Persönlichkeitstheorie. Er zitiert verschiedene Wissenschaftler, von denen vor allem Adelson 1969 die Lage deutlich formuliert hat: "Das Feld der Persönlichkeit ist heutzutage gekennzeichnet durch Überfluss, Weitschweifigkeit und Uneinheitlichkeit ... beträchtliche Überschneidungen von Sozial- und Persönlichkeitstheorie ... hängt es rein von Lust und Laune ab, wie wir die vielen Studien klassifizieren ... Persönlichkeitstheorie ist ein wucherndes Durcheinander...". Das hat sich auch 1993 noch nicht geändert: "Zum gegenwärtigen Zeitpunkt gibt es keine anerkannte Definition von 'Persönlichkeit'." (Pervin 1993, 17).

Es scheint bis heute nicht gelungen zu sein, die Definitionen über "Persönlichkeit" einheitlich zu klassifizieren. Theorien bestimmen die Forschungsmethoden und Forschungsmethoden begrenzen die Theorien. Das Ganze ist zudem auf dem Hintergrund der Lebenswirklichkeit von Forschung und Wissenschaft zu interpretieren. Geldgeber bestimmen Forschungsprojekte. Verleger bestimmen über die Bekanntmachung bestimmter Forschungsergebnisse. Wissenschaftler unterliegen dem Zwang der Anpassung, um ihre Karriere aufbauen zu können und um Forschungsgelder zu erhalten. Diesen kritischen Aspekten können wir noch ein weiteres Problem beifügen: Die Theorien von Freud, Jung, Adler, Szondi, Frankl, Rogers, Maslow und vielen andern wurden zur Legitimation von Berufsinstitutionen (Psychoanalyse, Psychotherapie, Pädagogik). Sind solche Institutionen einmal etabliert und wirtschaftlich funktionsfähig, dann können die Träger ihre Lehre und Praxis nicht mehr in ein übergeordnetes Theoriensystem einfügen. Das Kapitalinteresse steht vor dem wissenschaftlichen Erkenntnisinteresse. Eine gründliche Innovation von Theorie und Praxis würde die Legitimation der Institution, basierend auf ihren Lehren, unter Umständen in Frage stellen.

Früher war zum Thema "Persönlichkeit" die Rede von Wille, Verstand, Triebe, Gefühle, Gewissen, Strebungen, Charakter und die "individuelle Eigenart des Gesamtgefüges der Person". Die Bildung des Menschen kreiste in der Geschichte um Aspekte wie: Charakter, Gewissen, Tugend, Gesinnung, Religiosität, Gemüt, Herz, Wille, Vernunft, Verstand, Spiritualität, Motivation und Geist. Damit befasst sich heute die Persönlichkeitspsychologie empirisch-analytisch, mit ihren Teilgebieten: die allgemeine Psychologie, die Entwicklungspsychologie, die Motivationspsychologie, die differentielle Psychologie und die Sozialpsychologie. Auch Aspekte der Psychoanalyse können hier zugeordnet werden.

Die Persönlichkeitspsychologie hat zudem eine philosophische Richtung: die transpersonale Psychologie, die Psychosynthesis, die existentialistische Psychologie, die "Logo-"Psychologie, die psychologische Anthropologie, die Metaphysik, alle Psychologie-Konzepte mit "Geist" und Einheit "Körper-Seele-Geist", Teile der Analytischen Psychologie (vor allem das kollektive Unbewusste mit der Archetypenlehre) und die humanistische Psychologie. Philosophische Anthropologie bzw. Philosophie ist unerlässliche Integrationswissenschaft der Erwachsenenbildung (Reifenrath (1983, 50).

Bei den Einen steht das Gefüge der psychischen Einzelkräfte im Vordergrund. Empirische Erfahrbarkeit ist das zentrale Charakteristikum. Andere heben ideelle, geistige und metaphysische Betrachtungen hervor. Die Positionen scheinen unvereinbar zu sein. Sie widerspiegeln zudem Geschichte und Zeitgeist (Pervin 1993, 28). Brezinka bringt das Problem auf den Punkt: "... schon im Jahre 1937 sind mindestens 50 Bedeutungen des Wortes 'Persönlichkeit' vorhanden gewesen; auf 70 Seiten eines pädagogischen Gutachtens aus dem Jahre 1960 kommen über 80 Begriffe mit dem Wortteil 'bilden' vor" (Brezinka 1978,89).

Generell können wir feststellen, dass im Mittelpunkt der Menschenbildung seit der Antike der Mensch steht: mit all seinen psychischen und psycho-transzendentalen Kräften, mit seinem inneren Geist, mit seiner psychisch-geistigen Entfaltung (als Möglichkeit und Notwendigkeit), mit seinem psycho-sozialen Lebensfeld, mit seinem Lebensglück (Liebe, Hoffnung, Glück, Freude und Sinnerfüllung) und Lebensleid (Krisen, Konflikte, Schwierigkeiten und Leiderfahrungen), mit seinem Handeln sowie mit seinen Fragen über sich selbst, über das "richtige" Leben und über den Sinn des Lebens schlechthin. Wie auch immer die Positionen charakterisiert sind, sie alle versuchen den Menschen und sein Dasein aus ihren Theorien und Lehren zu erreichen.

Die Lehren beantworten auf unterschiedliche Weise die grundlegenden Fragen über den Menschen und sein Dasein: Wer ist der Mensch? Wer kann der Mensch werden? Was kann der Mensch in sich finden? Was ist das "gute Leben"? Was ist der Sinn des Lebens? Wie soll der Mensch leben? Wie soll er sein kulturelles und soziales Leben gestalten? Was ist Weisheit? Was ist Liebe und Glück? Wie erreicht man inneren Frieden? Was ist Hoffnung? Was ist psychisch-geistige Evolution? Wohin führt die innere Enfaltung? Was sind "transzendente Erfahrungen"? Was ist "höchste Erleuchtung"? Wie soll der Mensch den Herausforderungen des Lebens begegnen? Soll oder muss der Erwachsene sich bilden und führen lassen? Wie soll der Mensch geführt und gebildet werden? Was bewirkt Selbsterkenntnis und Individuation im persönlichen und im gesellschaftlichen Leben?

Halten wir einige grundlegende Aspekte über den Menschen im Kontext mit der "Menschenbildung" in Stichworten fest, ungeachtet der Schwierigkeit einer Synthese von vorhandenen Persönlichkeitstheorien.

Viele psychische Kräfte sind Teil des Menschen: Das Ich und das Bewusstsein, der Wille und die Selbststeuerung, die Abwehr und die Integration, die Gefühle und das Sinn-Werterleben, die Grundbedürfnisse und die Triebkräfte (z.B. Sexualität), das persönliche Unbewusste, die rationalen Funktionen (Wahrnehmung, Denken, Intelligenz), die transzendentalen Fähigkeiten des inneren Geistes (z.B. in Traum und Imagination), die psychische Energie und natürlich alle Aspekte der Persönlichkeit, die sich in direktem Verhalten äussern (wie zum Beispiel: Lebensweise, Fähigkeiten, Rollen, Liebe, Temperament, psycho-physische Reaktionen).

Wir bezeichnen das Gesamt dieser Kräfte als "psychischer Organismus". Denn wir gehen davon aus, dass all diese psychischen Kräfte in wechselseitigen Abhängigkeiten stehen und als komplexes Gefüge zusammenwirken. Dieser psychische Organismus steht im Mittelpunkt der eigentlichen Menschenbildung. Die Psyche als Organismus ist somit das Feld der Bildungsarbeit. Hier setzt die "Bildung" der einzelnen psychischen Kräfte an. "Persönlichkeit" definieren wir somit als "der individuell geformte psychische Organismus", der weiter geformt, entfaltet, verändert und differenziert werden kann.

Mit dem Begriff "Persönlichkeitsbildung" betonen wir die individuelle Bildung des psychischen Organismus. "Persönlichkeit" akzentuiert das individuell Geformte und Formbare. Wenn wir von "Menschenbildung" reden, erweitern wir den Horizont mit philosophisch-anthropologischen Dimensionen.

"Mensch" meint dabei die bei allen Menschen vorhandene psychisch-geistige Wirklichkeit.

Zum menschlichen Leben gehört auch die innere psychische Evolution, das heisst: die psychisch-geistige Entfaltung des gesamten "psychischen Organismus". Das impliziert die Spiritualität und das "höhere Bewusstsein" über sich und das Leben. Diese Entfaltung bezeichnen wir mit "Individuationsprozess". Individuation ist auch der Prozess der inneren Neuwerdung, der vollständigen Neugeburt, der Katharsis des gelebten Lebens bis zurück in die vorgeburtliche Zeit, der psychisch-geistigen Transformationen bis hin zur vollständig integrierten ganzheitlichen Person und – schon seit Plato – die Entwicklung des Menschen bis zum "höchsten Weisen".

Die Frage nach dem Menschen beinhaltet wesentlich auch die Möglichkeiten und Wege der psychischgeistigen Entwicklung (nachfolgend mit "Individuation" bezeichnet). Individuation – und damit natürlich als stetige Voraussetzung (Basis) die Selbsterkenntnis – ist der zentrale Gegenstandbereich der Persönlichkeitsbildung.

Unsere These heisst dazu: *Individuation ist das Grundthema der Menschenbildung.*

Wir können die psychisch-geistige Evolution unter einigen Polaritäten charakterisieren:

- Ablehnung des psychischen Lebens
- Dogmatisch-ideologische Bindungen
- Unbewusstsein über das Innenleben
- Unordnung in psychischen Kräften
- Destruktivität der psychischen Kräfte
- Expansion in Quantität
- Geistlosigkeit im Leben
- Macht zur Ausbeutung/Beherrschung
- Lebensabwendung (Nekrophilie)
- Regressive Bindung (innen/aussen)

- Integration des psychischen Lebens
- Bindung an die Individuation
- Bewusstsein über das Innenleben
- Ordnung in den psychischen Kräften
- Konstruktivität der psychischen Kräfte
- Expansion in Qualität
- Leben in Rückbindung an den Geist
- Macht zur ausgewogenen Führung
- Lebenszuwendung (Biophilie)
- Progressive Entfaltung/Differenzierung

Dieses Spektrum an Polaritäten widerspiegelt zwei Menschenbilder: Am Anfang ist der "archaische Mensch" und am Ende des Prozesses ist der "evolutionäre Mensch".

Die Menschheit steht noch am Anfang dieses Evolutionsprozesses. Die meisten Menschen wissen nicht einmal, dass es eine psychisch-geistige Entwicklung gibt und wozu diese nutzen soll. Kultur, Zivilisation und technischer Fortschritt sind noch nicht die Evolution des ganzen Menschen. Es fehlt überall an tieferen Kenntnissen und Einsichten über die Evolution des Menschseins als innerpsychischer Prozess.

Bevor man über Themen wie "Emanzipation" und "Selbstverwirklichung" reden kann, muss man sehr genau wissen, worin der "psychische Organismus" besteht und wie der Prozess der Individuation bzw. der inneren Evolution abläuft. Wenn der Andragoge und der Pädagoge das nicht wirklich umfassend wissen, definieren sie Bildung und Bildungsziele immer nur partikulär entsprechend ihrer Sicht und theoretischen Position. Damit werden aber Teile zum Ganzen erklärt, wo von Ganzheit nicht die Rede sein kann. Das führt zu völligen Fehlorientierungen. So entfernt sich die Wissenschaft und die Praxis der Menschenbildung von der Realität des eigentlichen Menschseins. Das muss zu "Bildungskatastrophen" führen.

Die Grundfragen des Daseins stellen sich aus der Sicht der Evolution: Woher kommt der Mensch? Existiert der Mensch als "Seele" schon vor der Zeugung? Wohin geht der Mensch nach seinem Tode? Wozu lebt der Mensch? Was ist "Psyche" bzw. "Seele"? Wozu dient das irdische Leben? Was heisst "Innenerfahrung" und "Bewusstsein"? Was ist "Geist"? Wir setzen hier die These: Durch den Prozess dieser Evolution ("Individuation" genannt) findet der Mensch alle Antworten in sich selbst. Die Träume und imaginativen Meditationen informieren darüber. *Der innere lebendige Prozess selbst ist die Antwort auf solche Fragen.*

Der Mensch ist auch ein Kultur- und Sozialwesen. Er gestaltet sich seine ökologische und kulturelle Umwelt. Er gestaltet sich Beziehungen, soziale Systeme und Arbeit. Diese gestaltete Welt wirkt auf das individuelle Leben zurück. Der gestaltete Lebensraum bedingt wesentlich die psychischen Lebens- und Entfaltungsmöglichkeiten jedes einzelnen. Er gibt auch Orientierung über die Bildungsnotwendigkeit und widerspiegelt zudem sittliche und geistige Werte sowie Menschenbilder, die implizit oder explizit als Massstab wirken. Im Blickfeld der Menschenbildung steht somit der gestaltete Lebensraum. Denn der Mensch erkennt sich auch in dem, was er lebt und erschafft, so wie er von diesen Objektivationen eingegrenzt und geformt wird. Er kann sich selbst bilden, indem er in dieser gestalteten Welt sich selbst gleichsam als Abbild erkennt. Dieses Kräftespiel zwischen Mensch und Lebensraum ist Rahmenbereich der Persönlichkeitsbildung.

Den Begriff "Lebensraum" halten wir hier relativ unspezifisch. Wir meinen damit die Lebenswelten, wie zum Beispiel: Beziehungen und Begegnungen, Arbeit und Arbeitswelt, Politik, Wirtschaft, Schule und Bildung, Religionen bzw. Kirchen, Ethik, Normen, Zeitgeist, unbebaute Umwelt (Natur-/Tierwelt), bebaute Umwelt, Kultur und Unterhaltung, Güter, Kapital und Nahrung.

Jeder Mensch sucht nach Glück und Freude, nach Hoffnung und Liebe. Dem gegenüber stehen Krisen, Konflikte, Schwierigkeiten und Leid aller Art.

Das sind nicht psychische Krankheiten, sondern Gegebenheiten, die immer Teil des menschlichen Lebens sind. Zu nennen sind hier vor allem: Stress, Ehekrisen, Midlife Crisis, Depressionen, Ängste, Unruhe, Nervosität, Verzweiflung, Einsamkeit, sexuelle Schwierigkeiten, Tics, Unsicherheit, Minderwertigkeitsgefühle, neurotische Konflikte, innere Leere, geheimnisvolles Traumleben, Zwänge, ungesunde Gewohnheiten, Hoffnungslosigkeit, Aggressionen, Trauer, Konzentrationsschwäche, Lernhemmungen, Unterdrückungen, Kommunikationsschwierigkeiten, Kontaktprobleme, Langeweile, Antriebsschwächen, Scheidung und vieles mehr.

In den Industriestaaten steht der Mensch heute in einem höchst komplexen Lebensraum mit persönlichen Herausforderungen, die nie zuvor in der Menschheitsgeschichte in Qualität und Quantität derart gegeben waren: Freizeit und Erlebniskultur. Die "Freizeit" ist ein besonders aktuelles Zeitthema, eng verflochten auch mit der Frage nach der Persönlichkeitsbildung. "Freizeit ist heute Alltag und Illusionierung zugleich. Viele Menschen brauchen die bunte Illusionierung, um die Alltagswirklichkeit ertragen zu können" (Opaschowski 1994, 6). Die Tagesfreizeit beträgt heute ca. 6 Stunden pro Tag, 6 Wochen pro Jahr und 15 Jahre pro Lebenszeit; die Tendenz ist anwachsend bis zur Verdoppelung im Jahr 2010 (Nahrstedt 1990, 48). Opaschowski charakterisiert Freizeit mit folgenden Elementen: Eigenzeit, Bildungszeit, Sozialzeit, schöne Sache (und voll von Problemen/Konflikten, die keiner sehen will), rein private Angelegenheit (was nie stimmt), volle Entscheidungsfreiheit (bei massiver Fremdbeeinflussung), Spass haben, sich entspannen, spontan sein können, frei von Pflichten, nicht anstrengend im Gegensatz zur Arbeit (Opaschowski, in: Roth 1991). Freizeit bedeutet auch "Getriebensein", "Demonstration nach aussen", "Verdrängung nach innen", "Langeweile", "Stress und Unfähigkeit, allein zu sein" sowie generell ein "hoch konfliktärer Bereich" (Opaschowski 1994, 13-17, 212-243). Der Freizeitwissenschftler meint weiter, dass die meisten Menschen in der Freizeit an ihren Möglichkeiten vorbeigehen, obwohl noch nie so viele Möglichkeiten offen gewesen sind. Zudem werde jeder mehr von aussen gesteuert, als die meisten annehmen. Daraus folgert Opaschowski, dass Persönlichkeitsbildung ein Teil der Freizeitbildung sein soll zur: Entdeckung eigener Interessen und Möglichkeiten, zur Aktivierung von Selbstbeschäftigungen, um mit der Informationsflut umgehen zu können, zum richtigen Umgang mit den Konsummöglichkeiten, zur Kontaktfähigkeit, um Lebensfreude und Sinnorientierung zu finden (Opaschowski, in: Roth 1991, 933-944). Der Kern dieser Freizeitwissenschaft dreht sich um das Ziel "to get more enjoyment and satisfaction". (Nahrstedt/Popp und Wegener-Spöhrig sowie Opaschowski, 1994, 425-444). Ihr Bildungsbegriff konstituiert sich um allgemeine Erziehungsanliegen wie "freizeitmündig", "freizeitfähig" und "freizeitkompetent" werden; "Freizeitpädagogik muss ihre Perspektive in den eigentlichen Kernfragen der Entwicklung von Mensch, Welt und Kosmos suchen" (Nahrstedt 1994, 433; sowie 1990, 176).

In dieser Perspektive sind die Chancen der Freizeit für die Menschenbildung enorm reichhaltig. Der Mensch – und gemäss den soziologischen Studien vor allem die Singles (genannt auch "die Hätschelkinder der Konsumgesellschaft") – benötigt zu seinem Glück mehr als gut essen und trinken, Badewanne, Fernseher, Radio, Auto, nette Nachbarn, eine schöne Wohnung, Hobbies und Garten. Er kann u.E. sein Glück erst durch Individuation innen finden. Die Tatsache, dass der Mensch Erlebnisse will (Fernsehen steht an erster Stelle der Freizeitbeschäftigungen), heisst noch nicht, dass er diese findet. Die Frage bleibt offen, "ob es gelingen wird, dieses Erlebnis auch zu produzieren" und nicht sicher ist es, ob der Erlebniskonsument mit Suggestion dieses Erlebnisglück auch wirklich erlebt (Schulze 1992, 431, 542-543). Mag zum Beispiel das Fernsehen "unsere Kultur in eine riesige Arena für das Showbusiness zu verwandeln" und mögen Mann wie Weib gierig in schnellem Wechsel und dynamischer Vielfalt aus Langeweile Bilder erleben und die Shows zum Inhalt ihrer Religion werden lassen (Postman 1994, 102, 115, 153), es gibt so kein echtes Glück und keine echte innere Lebensfreude, schon gar nicht Lebenserfüllung. Teilweise mag gelten, was Bourdieu behauptet: Erwachsenenbildung, Meditation, Yoga, Parapsychologie, Esoterik, Körperausdruck und Psychotherapie seien "kaum verhüllte Ausdrucksformen eines Traumes, der Gesellschaft zu entfliehen" (Bourdieu 1994, 582). Die Wissenschaft der Erwachsenenbildung vermag heute dieser gesellschaftlichen Lage eine Bildung anzubieten, die nicht als Flucht vor der Gesellschaft gedeutet oder missbraucht werden kann. Positiv wäre zudem hervorzuheben: Viele Menschen sind auf der Suche.

Soziologen und Pädagogen zeichnen ein Bild der Lage des Menschen in Europa, das zwei Hauptcharakteristiken enthält: Risiken und Wertverlust (Beck 1986, Brezinka 1994; um hier nur zwei Autoren zu nennen). Die Menschen sind stark aussengeleitet, freigesetzt von früheren Zwängen (auch an Mythologien) und durch Angebote und Kaufkraft gefesselt an die "hier und jetzt Erlebenskultur". Dies führt zu einer starken Vereinfachung der Realität und zu einer Persönlichkeitsbildung unter Ausklammerung von Werten. Die starke Erlebnisorientierung (Schulze 1992; Opaschowski; in: Klein 1993) bewirkt Unbeständigkeit in Normen und eine Orientierungslosigkeit. Die "wert-unsichere Gesellschaft" steckt in einer "Kultur- und Wertkrise". So wird wieder eine wertorientierte Erziehung gefordert (Brezinka 1994), eine Entfaltung der Persönlichkeit mit Teilelementen wie "kritisches Selbstverständnis, konkrete Handlungsfähigkeiten, soziale Verantwortung, ja zum eigenen Leben" (Wollenweber 1994, 3-26) sowie "moralische Sensibilität, Reflexivität, rationale Argumentationsfähig-keit" (Hufer, 1993, 314-316). Die Erwachsenenbildung ist wieder an Werte zu binden.

Jeder Mensch befindet sich während seines Lebensverlaufes auch in äusseren Entwicklungen. Darin erlebt er sich oft auch mit unerwarteten schwierigen Situationen konfrontiert, die erhebliche Herausforderungen sein können. Die Persönlichkeitsbildung erfasst hier die Vielfalt der individuellen psychischen Lebenssituationen und ihre Möglichkeiten der positiven Bewältigung. Menschenbildung als professionalisierte Praxis erfüllt hier eine bedeutende notwendige Aufgabe. Sie leistet praktische Lebensbildung, Lebensberatung, Lebenshilfe (wiederum auch zur Selbstbildung) und damit Persönlichkeitsbildung.

Die Ziele der Menschenbildung können im Rückblick auf die gezeichnete Lageanalyse in einer ersten Skizzierung erstellt werden. Differenzierung und vertiefte Begründung werden in den einzelnen Kapiteln aufgerollt.

Die grundlegenden Ziele der Menschenbildung sind:

1. Alle eigenen psychischen Kräfte kennen und ihre Symbolsprache verstehen; ihre Wirkungsweisen im Handeln erfassen und ihre Historizität (Vergangenheit und Gegenwart) verstehen.

2. Ordnung, Korrektur und Katharsis aller psychischen Kräfte; Neustrukturierung des gesamten Potentials zu einer Ganzheit; Integration und Differenzierung im Bewusstsein.

3. Wachstum und Entfaltung aller psychischen Kräfte verbunden mit den nötigen innerpsychischen Transformationen und den spezifischen psychisch-geistigen Evolutionsstufen (Individuation).

4. Krisen, Konflikte, Störungen, Schwierigkeiten und Leiden verstehen, integrieren, angemessen managen und lösen; Erlernen aller dazu nötigen Instrumente und Kompetenzen.

5. Antworten auf die Grundfragen des Menschseins und des Lebens aus der Selbsterkenntnis und Individuation finden; Aufbau eines differenzierten Menschenbildes und Lebensverständnisses sowie von Werten wie Liebe, Sinn, Freiheit, Glück, Geist und Weisheit.

6. Gestaltung des persönlichen, des sozialen und kulturellen Lebens aus der Innenverankerung in der Individuation; dafür Verantwortung übernehmen

und kollektive Solidarität leben, sodass dieses Menschsein im Leben Ausdruck findet und diese Objektivationen auf den Menschen und das gesellschaftliche Leben fördernd rückwirken.

Zur Aktualität und Legitimation der Persönlichkeitsbildung kann Vieles und Bedeutungsvolles vorgelegt werden. Doch will der Mensch in unserer heutigen Zeit seine "Persönlichkeit" mit solchen Zielen weiterbilden?

Die meisten Menschen denken: "Die Psyche ist nicht wichtig... Ich kenne mich genügend... Ich bin hinreichend entwickelt... Ich kann alle Lebensprobleme selbst bewältigen... Es gibt das Unbewusste nicht... Träume sind unwichtig... Meditation ist nichts für Männer... Gesellschaftliche Probleme haben nichts mit mir zu tun... Persönlichkeitsbildung macht mein Leben auch nicht besser ... Ich weiss, was Liebe und Weisheit ist...". Die Tiefenpsychologie hat vielfach nachgewiesen, dass Selbsterkenntnis ein sehr schwieriges Unternehmen ist. Denn der Mensch neigt zu Selbsttäuschung, hat von Natur aus enormen Widerstand gegenüber seinem unbewussten Leben, und sein Bewusstsein ist durch Zensurmechanismen erheblich einseitig und partikulär im Selbstbild und im "Welt-/Du"-Bild. Wer seine Widerstände und Zensurmechanismen nicht sehen will, der sieht sie auch nicht. Was so vom Bewusstsein ferngehalten wird, existiert nicht. Eine Diskussion über Verdrängung und abgewehrte Wirklichkeiten ist fast nicht möglich.

Alle Jahre vernehmen die Europäer: "Nie mehr ein Auschwitz und nie mehr Krieg in Europa". Doch das, was viele Millionen gegen die Würde des Menschen getan haben, ist das nicht schlicht ein äusseres Abbild von dem, was heute (wie damals) die Gesellschaft kennzeichnet: Die Gefühle werden nicht ernst genommen; die psychisch-geistigen Grundbedürfnisse werden unterdrückt; die Liebe wird verspottet; der Geist (erfahrbar in Träumen, Imaginationen und Kontemplationen) wird als lächerliches Hirngespinst abgetan; das Unbewusste wird ignoriert; die Weisheiten werden kaltschnäuzig und arrogant jenen überlassen, die "höher hinaus wollen"; und die Wahrhaftigkeit ist ein Stumpfsinn für Naive. Vom "einfachen Bürger" bis zum Gelehrten (vor allem auch in der Pädagogik und Andragogik und in den Randgebieten der Menschenbildung) gibt es viel zuviele Menschen, die über das psychische Leben reden, ohne auch nur einmal in den eigenen Spiegel geschaut zu haben. Sie alle, der eine mit wissenschaftlichem Scharfsinn und der andere mit plumpen Worten, mal freundlich-höflich und mal ziemlich zynisch, reden über den Menschen und seine Bildung, ohne zu wissen, was Demut ist. Tragen diese alle nicht dazu bei, dass eben Krieg und ein "Auschwitz" wieder möglich wird?

Viele glauben, sie müssten ihre Schwierigkeiten, Konflikte und Störungen allein meistern und sie müssten damit einfach "irgendwie" fertig werden. Manche meinen, die Grundfragen des Lebens seien Sache der Kirchen oder der Philosophen. Oder sie suchen ihre Antworten in Gemeinschaften, die ohne Selbsterkenntnis und Individuation ihre Lehren und Wege zu Glück und Weisheit vermitteln.

Der unbewusst lebende Mensch schafft sich als "archaischer Mensch" auch eine archaische Welt. Die Weltbevölkerung hat heute gewaltige Probleme zu meistern. Zu Recht wird die Frage gestellt, ob diese in Europa und weltweit politisch überhaupt noch lösbar sind. Doch diese Probleme beginnen beim Einzelnen: Der Mensch verursacht durch fehlende Persönlichkeitsbildung – das heisst durch fehlende Selbsterkenntnis, durch fehlendes psychisch-geistiges Wachstum sowie durch falsches Verhalten – die meisten gesellschaftlichen und ökologischen Probleme.

Gesellschaftliche Probleme sind u.a.: Umweltverschmutzung, manche Krankheiten, Unfälle aller Art, Missbrauch von Rohstoffen, Lärm, Aggressionen, Gewalt, Kriege, Kriminalität, Arbeitslosigkeit, Fanatismus, Rassismus, Korruption, Drogenmissbrauch, Alkoholismus, Fehlernährung und vieles mehr. Allein schon aus diesen wenigen Beispielen kann gefolgert werden: Es fehlt an einer systematischen Volksbildung – im Sinne der Menschenbildung – zur Mitverantwortung und entsprechender Lebensweise, die bewirken würde, dass die Menschen immer weniger solche Probleme verursachen und gleichzeitig die vorhandenen Probleme angemessen bewältigen.

Der Mensch ist täglich unzähligen Einflüssen ausgesetzt: Massenmedien, bebaute Umwelt, andere Menschen, Arbeit, Freizeitangebote und vieles mehr. Der Einzelne kann seine Gefühle, die durch die Vielfalt der Einflüsse ausgelöst werden, nicht mehr bewusst regulieren. Er ist nicht mehr in der Lage, über alles nachzudenken und sich zu allem ein Urteil zu bilden. Beweggründe des Verhaltens und Erlebens können nicht hinreichend reflektiert werden. Das Erleben von Sinn und Werten reduziert sich bis zur Sinnleere und Wertlosigkeit. Was Unlust oder Lust erzeugt, wird verdrängt oder unangemessen ausgelebt. Lebensbehindernde Ideale und totalitäre Werte formen sich, ohne dass der Mensch diese als solche erkennen kann. Hierin liegen manche Ursachenfaktoren für Unglück, Leid, Schaden und Störungen.

Viele Institutionen bieten Glück, Weisheit, Liebe und auch Gotteserfahrungen an ohne Träume, ohne imaginative Meditation, ohne Bearbeitung des persönlichen Unbewussten, ohne umfassende Selbsterkenntnis und ohne den Prozess der Individuation.
Doch dies führt weg vom Menschen und weg von echten essentiellen und

aufbauenden Antworten über das menschliche Leben. Es fehlt da ein integratives Konzept der Menschenbildung und eine professionalisierte Praxis, die Wege und Methoden zur Persönlichkeitsbildung systematisch vermitteln, die wirklich zum ganzen Menschen – zum "ganzen psychischen Organismus" – führen.

Ganzheitliche Persönlichkeitsbildung ist heute ein Schlagwort auf dem psycho-esoterischen Markt, ein Versprechen, das kaum einer der Anbieter wirklich einzulösen vermag. So bleiben "Emanzipation", "Selbstverwirklichung" und "Freiheit" wohlklingende Worte. Sie werden nie eine umfassend tragfähige Realität im Lebensraum. Finden die Wissenschaftler und die beruflich Tätigen in der Persönlichkeitsbildung keinen Konsens über das psychische Leben der "Persönlichkeit" und können sie die Bildung des Menschen nicht darin begründen, dann werden sie alle noch lange über Theorien, Dogmen, Ideologien und Paradimen zu "Persönlichkeit" und "Bildung" streiten.

Es gibt über das Leben einige bedeutende Tatsachen:

Menschenbildung ist eine ernsthafte und grosse Herausforderung. Die psychisch-geistige Entfaltung im Sinne der Individuation ist allerhöchster Wert des menschlichen Lebens. "Selbsterkenntnis" heisst "arbeiten an sich selbst". Dies kann anstrengend sein. Liebe und Wahrhaftigkeit im Leben sind schwierige und oft schmerzliche Lernprozesse. Bewusstseinserweiterung über sich und das psychische Leben verlangt stetige Bemühungen. Vertiefte Persönlichkeitsbildung setzt Demut und Einsichtfähigkeit voraus. Immaterielle psychische Werte sind in der heutigen Gesellschaft nicht besonders gefragt. Wer echte Weisheit sucht, kann in vielen Bereichen des Gesellschaftslebens nicht mehr mitmachen. Solidariät und Treue zur Sache der Menschenbildung sind unerlässlich. Denn ihr Wert ist enorm und deshalb zu schützen. Doch wer nimmt das heute noch ernst? Für fast alles gehen die Menschen auf die Strasse und protestieren oder appellieren; doch nie für Selbsterkenntnis und Individuation und nie für ihr ganzheitliches psychisch-geistiges Wohl.

Religiöse Bewegungen und esoterische Gruppierungen haben mit vielen Illusionen und leeren Versprechungen, oft auch mit krankhaften Aspekten, die praktische Persönlichkeitsbildung in Misskredit gebracht. Grundreflexe der Abneigung bei emanzipatorisch denkenden und handelnden Menschen sind verständlich.

Doch sie müssen überwunden werden. Trägheit und Bequemlichkeit sind Naturkräfte des Menschen. Immer weniger arbeiten, immer mehr Komfort und immer mehr Konsum, alles eingebettet in illusionäre Lebensvorstellungen, täglich von der Werbung vermittelt, macht eine Gesellschaft langfristig an den Wurzeln "krebskrank". Denn wer will da über Jahre hinweg Selbsterkenntnis und innere Entfaltung systematisch erarbeiten? Lustanregende Angebote haben stärkere Impulskraft. Danebst sind Geld und Macht noch immer die ausschliesslichen Lebensziele für viele Menschen. Wohin das im Kollektiv führt, wenn diese Menschen keine psychisch-geistige Entwicklung vollziehen, erfährt heute die ganze Weltbevölkerung.

Die Psychotherapie hat in den letzten Jahren zunehmend ein Bewusstsein geschaffen, das den Menschen und das Leben in den normalsten Grundcharakteristiken falsch einschätzt: Wer Krisen und Störungen hat, ist "krank" und bedarf der Psychotherapie. Dies führt bei vielen Menschen zu einer grundsätzlichen Abwehr: "Ich bin doch nicht psychisch krank." Neue Einstellungen über das menschliche Leben sind zu vermitteln: Es gibt kein Leben ohne Konflikte, Probleme, Krisen, Störungen, Schwierigkeiten und Leiden.

Die Werbung im esoterischen und psychologischen Markt hat alle wertvollen Begriffe über den Menschen und das Leben zu leeren Hülsen entwertet. Neuere Entwicklungen, sich selbst als Psychologie und Psychotherapie verstehend, sind virtuose Wortkonstruktionen. Doch ihre Verankerung zeigt Spott über den ernsthaft suchenden Menschen. Viele versprechen massiv übertriebene Ziele, die bei den vorgegebenen Arbeitseinheiten und dem dahinter liegenden Arbeitskonzept nie erreicht werden können. Qualität in der Persönlichkeitsbildung kann man deshalb heute nicht mehr mit Worten der Sachlichkeit den Zielgruppen nahebringen.

Das Kernproblem ist, kurz gefasst: Die grösste "Schuld", die der Mensch in sich trägt, ist, dass er sich selbst seine Persönlichkeitsbildung, d.h. seine Selbsterkenntnis und Individuation, schuldet. Wir können hier auch von "Erbschuld" reden, in dem Sinne, dass fast jeder von seinen Eltern und von der Gesellschaft diese "Schuld" übernimmt. Es ist fast so, als ob es im individuellen und kollektiven Leben eine geheime und gebieterische Verschwörung geben würde:

"Mensch finde Dich selbst nie. Schau nie in Dein unbewusstes Leben. Suche nie die Tiefen Deiner Seele zu ergründen. Bilde Dich äusserlich, verhindere aber um jeden Preis, wie auch immer Du kannst, die Entdeckung Deines inneren Geistes."

Der "Sündenfall des Menschen gegenüber Gott" (Eissler 1975, 64) besteht darin, dass das Ich sich weigert, seine eigene psychische Realität ins

Bewusstsein aufzunehmen und in Verantwortung dazu zu leben. Tut der Mensch das nicht, dann siegt letztlich immer sein Destruktionstrieb (Todestrieb). Das hat Freud schon vor mehr als siebzig Jahren klar analysiert.

Die Andragogik hat schwierige Gegenkräfte zu integrieren: Kaum einer will so richtig in die Tiefen schauen, das eigene gelebte Leben im Unbewussten bearbeiten und zentriert im inneren Geist durch Träume und Meditation über Jahre bewusst seine Individuation gestalten. Die Persönlichkeitsbildung ist gewiss eine schwierige Aufgabe. Die Risiken der fehlenden Menschenbildung im Sinne unserer Konzeption sind anderseits erheblich. Schwierig ist das "Geschäft", da mancheiner aussieht, als ob er wahr sprechen würde, jedoch in Wirklichkeit ein Lügner ist. "Der Irrglaube, dass nur das rational Erfassbare oder gar das wissenschaftlich Nachweisbare zum festen Wissensbesitz der Menschheit gehöre, wirkt sich verderblich aus" (Lorenz 1993, 70).

Die Psyche ist überall im individuellen und kollektiven Leben entscheidend mitbestimmend: Ungeformte, nicht ins Bewusstsein integrierte oder den Lebensforderungen nicht angemessen gebildete psychische Kräfte bewirken Folgen für alle Menschen. Dazu präsentieren wir ein "Brainstorming", zusammengestellt aus fünf Nummern einer Schweizerischen Tageszeitung.

Die belastenden Wirkungen von ungeeignet geformten psychischen Kräften sind markierende Stichworte zur "Mangel-, Erlebnis- und Risikogesellschaft":

Mord	Übergewicht	Dogmatismus
Raub	Ignoranz	Neurose
Vandalismus	Wohnungsnot	Arbeitsleerläufe
Körperverletzung	Ozonloch	Gift im Boden
Gewalt	Gift im Trinkwasser	Trinkwassermangel
Drogensucht	Überschwemmungen	Schlafstörungen
Alkoholismus	Ölpest	Versteppungen
Medikamenten- missbrauch	Radikalismus	Raubbau
Selbstmord	Terrorismus	Artensterben
Selbstmordversuch	Krebs	Rufmord
Verkehrsunfälle	Übervölkerung	Ausbeutung
Invalidität	Atombomben	Kreislaufstörung
Freizeitunfälle	Ungerechtigkeit	Aufrüstung
Arbeitsplatzunfälle	Tropenwaldabholzung	Armeen
Haushaltunfälle	Gifte in der Luft	Wohnsilos
Streit	Denunziantentum	Tierquälerei
Scheidung	übermässig Fernsehen	Todesstrafe

Trennung	Naturver-schandelungen	Konsumgier
Betrug	Industriedreck	nutzloses Autofahren
Sadismus	Bürgerkrieg	Kot im Meer
Verwahrlosung	Kriege	Gasbomben
Arbeitslosigkeit	Machtmissbrauc	Chemiemissbrauch
schlechte Arbeit	Ertrinken	Bildungsmangel
Aggressivität	Verkehrschaos	Landverbauungen
Unterdrückung	Wirtschaftsdelikte	Selbstverletzung
Depression	Klimakatastrophe	Aidsverbreitung
Angstzustände	Nötigung	Politintrigen
Schlaflosigkeit	Waldsterben	verschmutzte Strände
Nervosität	Bestechung	Freiheitsberaubung
Verspannungen	Stottern	Allergien
Migräne	Drogenhandel	Berglandverschandelung
vegetative Störungen	Herzstechen	Waffenhandel
Tabakmissbrauch	Einschlafstörungen	chronische Leiden
sexuelle Perversion	Masochismus	Herzkrankheiten
Kindsmisshandlung	Ladendiebstahl	Kulturschäden
Lügen	Zwangsinternierung	Psychopathie
Intrigen	Hunger	Ächtung
Arroganz	Machenschaften	Bevölkerungsexplosion
Schikanieren	Geheimdienst	Monokultur
Hintergehen	"Neue Armut"	Demütigung
zuviel essen	Schulversagen	psychische Krankheiten
falsche Ernährung	Erpressung	Analphabetismus
schlechte Körperpflege	Mafia-"Kultur"	Vereinsamung
Magersucht	Fundamentalismus	Sportunfälle
Fanatismus	Atommüll	Verideologisierung

Der Mensch wird ab dem Zeitpunkt der Zeugung durch sein Umfeld geformt. Alle psychischen   Kräfte, alle Aspekte der Persönlichkeit und die Lebensweise bilden sich ab Beginn des Lebens. Insofern ist der Mensch ein "Lernprodukt". Dennoch ist der Mensch keine Maschine. Die individuellen Anlagen bestimmen den Formungsprozess mit. Der Mensch hat individuelle Möglichkeiten, diese Formungsprozesse durch Persönlichkeitsbildung zu erweitern und zu korrigieren. Der Mensch beeinflusst anderseits ab frühester Kindheit auch sein Umfeld. Er gestaltet seine Lebenssysteme in der Art mit, wie seine psychischen Kräfte geformt werden. In diesem Sinne ist überall im Leben der Menschen psychisches Leben wirkend. Lebensgestaltung ist Ausdruck der Menschenbildung. Die individuelle freie Lebensgestaltung und Selbstaktualisierung wird gleichzeitig eingeengt bzw. determiniert durch die Welt, die er sich zusammen mit seinem Kollektiv schafft. In diese geschaffene Welt wird er schon hineingeboren. Die humanistischen Ideale der Menschenbildung stehen einer harten Realitätsfront gegenüber.

Will sich der Mensch sich selbst und seinem Leben stellen – und nicht fliehen, will er nicht in Unbewusstsein und damit im "archaischen" Entwicklungsstadium verharren, so muss er sich sein Leben lang psychisch-geistig bilden. Dazu benötigt er Wissen über sich selbst und das menschliche Leben. Er benötigt Instrumente, sich selbst zu bilden und zu entfalten, um die Lebensherausforderungen meistern zu können. Der Mensch benötigt Führung in der Persönlichkeitsbildung und Individuation. Liebe, Weisheit, inneres Glück und innerer Frieden sind Lebensqualitäten, die systematisch erlernt und erarbeitet werden können und müssen. Der Mensch benötigt Stütze in Momenten der Überforderung. Er braucht Beratung in schwierigen Situationen. Auch Schulung ist wichtig über das, was er weder im Elternhaus noch in der Schule, noch in seinem persönlichen Umfeld lernen konnte (kann) oder umlernen muss. Vieles kann dazu aufgelistet werden; hier nur einige Stichworte zu den Methoden: Psychohygiene, Traumdeutung, autogene Entspannung, Mental-Training, Meditationsmethoden, Instrumente (Checklisten) zur Selbstbesinnung, Anweisungen zu Krisen- und Konfliktbewältigung usw. Es gibt heute wenig Menschen, die diese Notwendigkeit erkennen und sich ihre eigene Persönlichkeitsbildung selbst beschaffen.

Die Menschenbildung hat weitreichende gesellschaftliche Implikationen. Persönlichkeitsbildung ist eine individuelle und kollektive Notwendigkeit. Die Aktualität ist eindeutig. Die Legitimation steht ausser Zweifel. Persönlich-keitsbildung ist als wissenschaftliches Thema neu aufzugreifen und umfassend zu bewältigen. Die wissenschaftliche und gesellschaftliche Verantwortung einer neuen Theorie und Praxis der Menschenbildung ist enorm.

Wir haben hiermit den Bereich der "Menschenbildung" umrissen. Wir orientieren uns nun am Begriff "Pädagogik" und erweitern unsere Begriffsbestimmung: "Menschenbildung" im weitesten Sinne des Wortes ist "Andragogik". Andragogik bedeutet: "Menschenerziehung". Man kann auch übersetzen mit "Menschenführung". (Aner: Mensch; ago: führen/bilden; vgl.: Pädagogik: Kind [Knabe] führen/bilden (Böhm 1988, 23). Andragogik wird oft synonym verwendet mit dem Allgemeinbegriff "Erwachsenenbildung", hat sich damit aber (ausser in Holland) nicht durchgesetzt (Klafki 1971, III, 237; Pöggeler 1974, 20-36; Reifenrath 1983, 1-3). Uns scheint, dass der Begriff "Andragogik" in den letzten Jahren im deutschsprachigen Raum häufiger verwendet wird.

Gemäss unseren Begriffsanalysen und Definitionen können wir als Basis und Orientierungsrahmen für unsere Studie formulieren: *Die Andragogik ist die Wissenschaft der Menschenbildung. Persönlichkeitsbildung und Individuation sind praktische Andragogik.*

Die grundlegende Legitimation der Andragogik hat ihre Wurzeln direkt im Menschen. Konkret bedeutet das: Die Legitimation basiert nicht primär auf technokratisch-wirtschaftlichen Bedürfnissen, nicht primär auf gesellschafts-kritischen Argumenten, nicht zuerst auf politischen Bedarfsanalysen, nicht primär auf holistisch-ökologischen Anliegen und auch nicht auf einem "modernen Lebensverständnis" (z.B. der "Freizeitmensch"; die "Erlebniskultur"). Würde sich die Andragogik auf diesen Sachinteressen begründen, wäre ihre Legitimation bloss "importiert" (Siebert, in: Roth 1991, 635-638).

Damit sagen wir anderseits nicht, dass hier keine gewichtigen Argumente vorliegen. Vielmehr geht es darum, die Andragogik als eigenständige Wissenschaft mit einer eigenen wesensmässigen Fragestellung zu begründen. Das Thema dreht sich hier um den sog. "pädagogischen bzw. andragogischen Bezug". Der Andragoge/die Andragogin bildet als Fachperson und als in der Individuation selbst gebildeter Mensch einen andern Menschen oder eine Gruppe in einem organisierten evolutionären Prozess von einem bestimmten Ausgangszustand in Richtung bestimmter Persönlichkeitsideale (bzw. -ziele). Dabei praktiziert der Lernende ("Studierende") mit zunehmender Fähigkeit die Methoden der Bildung selbständig im Sinne der Selbstbildung (Selbsterziehung).

Wir wollen als nächsten Schritt zuerst jene Bereiche erörtern, die sich praktisch und wissenschaftlich mit Menschenbildung befassen. Das sind vor allem drei Fachbereiche: 1) die Philosophie und die philosophische Anthro-pologie; 2) die Psychoanalyse, die Psychotherapie und die Psychoberatung; und 3) die Pädagogik (Erziehungswissenschaft) und die Erwachsenenbildung.

Das Feld ist weit, nur begrenzt überschaubar und die Quellen sind kaum zählbar. Es gibt reichlich Institutionen, eine grosse Menge an Einzelprakti-kern, viele Lehren und eine mannigfaltige Berufspraxis mit sicher über 300 Methoden der Menschenbildung, schliesst man die esoterische Praxis mitein. Unser Blick konzentriert sich auf drei Aspekte: 1) Thematik des Fachbereiches im historischen Horizont; 2) Grundprobleme des Fachbereiches und ihrer Tätigkeitsbereiche; und 3) begriffliche und theoretische Probleme. Unser Erkenntnisinteresse begrenzt sich darin auf die

Skizzierung und Hervorhebung einiger zentraler Charakteristiken. Die leitenden Fragen kreisen um Stichworte wie: Vielfalt des Wissens, Begriffe, Wissenschaftsanspruch, Arbeitsmethoden, Positionen, Evaluation, Praxisorientierung der Wissenschaft, Persönlichkeitsbildung der Fachleute, gesellschaftliche Relevanz.

Einige Kommentare zu diesen Stichworten bieten den Ansatz zur Bestimmung und Grundlegung der Menschenbildung als Wissenschaft und Praxis. Darauf aufbauend wollen wir ein neues Konzept präsentieren: Die Andragogik für das 21.Jahrhundert.

Andragogische Visionen in 12 Thesen: "Andragogische Lehranalyse" für Erzieher, Pädagogen, Andragogen, Sozialpädagogen, Bildungsexperten, Bildungsforscher, Lehrer und Bildungsverwalter?

1. Der (päd-)agogisch Tätige hat ein Unbewusstes, d.h. ein "Reservoir" voller Lebenserfahrungen ab der vorgeburtlichen Zeit, Bilder über die Menschen und das Leben, Bilder mit Sinn und Wert, Bilder über Normen, Gebote und Sanktionen, Bilder mit Komplexcharakter oder 'kritischer' Belastung u.ä.m. Dieses Inventar ist überwiegend unbewusst, nicht selten emotional stark geladen, voller Gegensätze, teils konstruktiv und teils destruktiv bzw. geeignet und ungeeignet für die Lebenserfüllung. Viele (päd-)agogischen Handlungen sind davon mitgesteuert. *Der Pädagoge kann nur soweit "erziehen", wie er diese Wirklichkeit bei sich selbst und beim Educandus erkennen und formen, bilden, verändern, berücksichtigen kann.*

2. Der Pädagoge einerseits - und der Educandus anderseits - hat eine Vielfalt an Abwehrmechanismen und Projektionstendenzen, die immer die (päd-)agogische Interaktionen mitbeeinflussen. Viele erzieherischen Interaktionen scheitern, weil das analytisch-methodische Prinzip "Widerstand kommt vor Inhalt" nicht erkannt und demzufolge methodisch (erzieherisch) nicht angemessen beachtet wird. *Der Pädagoge "erzieht" so, wie er die Abwehrmechanismen und die Projektionsdynamik bei sich selbst und beim Educandus erkennen und damit umgehen kann.*

3. Der Pädagoge und der Educandus haben eine Vielfalt an psychischen Grundbedürfnissen, zum Beispiel: Autonomie, Selbstidentität, Liebe, Geborgenheit, Wahrhaftigkeit, Authentizität, Vertrauen, Glück, psycho-soziale Sicherheit, Integrität, Entfaltung aller psychischen Kräfte bzw. Potentiale u.s.w. *Der Pädagoge kann nur soweit zur authentischen Entfaltung "erziehen", wie er diese Bedürfnisse bei sich selbst und beim Educandus erkennen und damit den Weg zur Erfüllung bereiten kann.*

4. Der Pädagoge und der Educandus haben je eine Vielfalt an Gefühlen mit ganz unterschiedlichen Charakteristiken, zum Beispiel: Intensität, Dauer, Wirkungsweise, Ausdruck, Ursachen, Sinn und Wert. Manche Gefühle sind schnell überlagert von andern Gefühlen, transformieren sich durch Verdrängung in andere Gefühle oder sind Ausdruck einer biografischen Kettenreaktion. *Der Pädagoge erzieht im Gefühlsbereich in der Weise, wie er die eigene Gefühlswelt und diejenige des Educandus erkennt, berücksichtigt und bewältigen kann.*

5. Der Pädagoge und der Educandus haben jede Nacht Träume. Träume enthalten Botschaften über den Menschen und sein Leben, über alle Aspekte des Menschseins. Träume informieren, warnen, beraten, führen, erziehen, bereiten Wandlungen und Lösungen vor. Träume handeln vom gesamten psychisch-geistigen und realen Sein des Menschen. Träume sind geschaffen von einer inneren geistigen Kraft mit andragogischer Absicht.

Nur diese Kraft - und niemals eine Theorie - kann den Menschen ganz zu sich selbst führen. *Der Pädagoge erreicht das Menschsein "erzieherisch" soweit, wie er die eigenen Träume und diejenigen des Educandus ernst nimmt, versteht und als entscheidende Lebensfunktion berücksichtigt.*

6. Die Liebe ist eine komplexe psychische Leistungskraft mit essentiellen Tendenzen, zum Beispiel: das Leben ganzheitlich entfalten, Freude am Leben aufbauen, alle psychischen Kräfte ernst nehmen und bilden, das gesamte psychische Leben integrieren, den Lebensraum aus dem Innern gestalten, die psychisch-geistige Evolution "mit Geist" verwirklichen. Die Liebe kann verzeihen, versöhnen, verstehen, Geduld üben, Güte leben, gewähren lassen, verzichten und Leidvolles transformieren. Was ist das Menschsein ohne die Liebe? *Der Pädagoge kann nur soweit mit Liebe und zur Liebe "erziehen", wie er die eigene Kraft der Liebe durch Selbstanalyse und Selbstentfaltung bildet und lebt.*

7. Das Leben der Menschen ist weitgehend gekennzeichnet von Lebenslüge und partieller Schizofrenie - das heisst: die Menschen ignorieren ihr inneres Sein und spalten es ab, obwohl hinreichend ausgewiesen ist, dass das Verdrängte immer "zurückschlägt". Überall begegnen wir dem Lügen, Verdrehen, Entstellen, Intrigieren, Verdecken, Theaterspielen und der Unehrlichkeit sich selbst gegenüber. Masken und Fassaden sowie Narzissmus und Egozentrismus zeichnen das Selbstsein. *Der Pädagoge "erzieht" zur Authentizität, wie er die Arten der Entstellung des Menschseins durch Selbstanalyse und Selbstentfaltung erkennt, davon selbst frei wird und damit aufbauend umgehen kann.*

8. Das menschliche Leben ist voll von Schwierigkeiten, Krisen, Problemen und Konflikten. Dies ist eigentlich ein ganz normaler Teil des Lebens. Trotzdem machen die meisten Menschen diesbezüglich sich selbst und anderen etwas vor; sie verdrängen ihr eigenes 'konfliktäres Sein'. Man muss dazu Lebenstechniken, Bewältigungsmethoden und Strategien der Lösung lernen. Und das bedeutet gleichzeitig ganzheitliche Selbstbildung. *Der Pädagoge kann nur soweit zur Bewältigung des konfliktären Menschseins "erziehen", wie er sein eigenes konfliktäres Menschsein durch Selbstanalyse und Selbstentfaltung kompetent managen kann.*

9. Christliche, esoterisch-spirituelle und psycho-ideologische Erziehung praktizieren nicht die allseitig ausgewogene Bildung des umfassenden psychischen Menschseins. Sie schliessen das Unbewusste, die Abwehrmechanismen, die Funktion der Libido in den Projektionen, das Traumleben und die Individuation mit ihren archetypischen Prozeduren weitgehend oder ganz aus. Ihre Erziehung basiert auf Mythen, auf spirituellen Konstruktionen oder technologischer Reduktion. *Der Pädagoge hat zur allseitig ausgewogenen Menschenbildung nur soweit erzieherische Kompetenz, wie er ein umfassendes, innen verwurzeltes, evolutionäres Menschenbild erzieherisch praktiziert und vorleben kann.*

10. Die primär menschlichen Folgen bisheriger Konzepte der Erziehung und Bildung sind mangels Lebenskompetenzen und Selbstmanagement sowie infolge belastender Biographie oder sozialer Belastungen: Depressionen, Migräne, soziale Phobie und chronische Ängste, Wirbelsäuleprobleme, Suicidgedanken, Schlafstörungen, chronische Schmerzen, Impotenz, Übergewicht, Verstopfung, Haltungsschäden, Opfer von Gewalt in der Familie und Gewalttaten in der Ehe und Familie, Unfälle aller Art mit vielen Toten und Verletzten, asthmakranke Kinder, Jugendliche mit Gehörschäden, Sprachstörungen, Süchtige (Nikotin, Alkohol, Drogen aller Art, Medikamente, Spiel, Konsum, Schokolade, Pornographie, Essen, Fernsehen, Handy u.s.w.) und psychische oder psycho-somatische Leiden infolge eines nicht geeignet gebildeten psychisch-geistigen Menschseins. - *Mindestens 50% dieser Leiden lassen sich durch allseitig ausgewogene Erziehung und Bildung reduzieren! Das verlangt aber, dass die erzieherisch (agogisch) Tätigen in Forschung, Lehre und Praxis ein allseitig ausgewogenes Menschsein lehren, "erziehen" und dieses auch selbst verwirklichen.*

11. Individuation ist konstitutiv für die Erziehung und Bildung im dritten Jahrtausend; sie beinhaltet im Kern: Selbstanalyse, Aufarbeitung des Unbewussten (der Biografie), Integration und Formung aller Personaspekte und des innerpsychisch Gegengeschlechlichen, Formung der Selbstidentität (als Mann bzw. Frau), Integration der Sexualität mit Liebe und Verstand, Leben aus der Kraft der Liebe, Freiwerden von Neurose und Egozentrismus, Erlernen von Sozialkompetenzen und Bewältigungsmethoden zum konfliktären Menschsein, Lebenskultur und Umweltgestaltung aus dieser inneren Bildung, Einfügung in die andragogische Kraft des Geistes (der die Träume und die richtig gestalteten Meditationen schafft), allseitig ausgewogene Bildung aller psychischen Kräfte zwecks Vollzug der archetypischen Prozeduren zum evolutionären Menschsein, und auf der Ziel-Stufe: Verwirklichung des höchsten Mandalas des Menschseins. *Will der Pädagoge solche Prozesse beim Educandus fördern, muss er selber in diesem Bildungsprozess der Individuation leben. Individuation erleichtert enorm die agogische Arbeit und erhöht enscheidend die Effizienz der agogischen Interaktion.*

12. Traditionelle Konzepte der Pädagogik und Andragogik machen glauben: Das Unbewusste ist unbedeutend; die Abwehr- und Projektionsmechanismen sind unwichtig; die psychischen Grundbedürfnisse sind nur beschränkt zu beachten; die Gefühle sind zu verdrängen; die Träume sind bloss 'hirnphysiologischer Abfall'; die Liebe ist Privatsache; Individuation ist erzieherisch und andragogisch irrelevant; Narzissmus, Egozentrismus und das konfliktäre Menschsein haben wenig zu tun mit Pädagogik, Sozialpädagogik und Andragogik. - Was ist das für eine Bildungskonzeption und Bildungspraxis, die fast die gesamte innerpsychische Wirklichkeit und damit die Individuation ignoriert? Was

hat es für kollektive Langzeitfolgen, wenn die Erziehung, Bildung und Weiterbildung die oben genannten menschlichen Bereiche nicht als festen Bestandteil in ihr Menschenbild und ins Zentrum ihrer Praxis integrieren? Darum: Will die Pädagogik (die Sozialpädagogik und die Andragogik) in Lehre, Forschung und Praxis die Menschen hin zu ihrem authentischen Menschsein formen - und dies auch für das Wohl der Gesellschaft sowie der Natur- und Tierwelt, braucht sie für das dritte Jahrtausend ein neues visionäres andragogisches Menschenbild. Und dazu gehört implizit: *Die Individuation ist die unerlässliche "andragogische Lehranalyse" für alle (päd-/ sozialpäd-) agogischen Berufe in Lehre, Forschung und Praxis sowie in der Bildungsverwaltung.*

Diese 12 Thesen sollen durch die folgenden Kapitel schrittweise begründet werden.

2. Das Ringen um die Menschenbildung in der Philosophie

Philosophen sagen: "Philosophie ist Liebe zur Weisheit und zur Wahrheit", und "Die Philosophie ist die Königin der Wissenschaften". Der Philosoph ist der Weise. Er steht "über dem Leben", gleichsam in ruhender Distanz und (im Bewusstsein) über Raum-Zeit hinausblickend. Er denkt umfassend, weitsichtig und bis in die tiefsten Tiefen des Seins, der Dinge und des Lebens. "Den Menschen dienen" soll die Aufgabe des Philosophen sein. Doch Philosophie ist eigentlich immer das, was ein Philosoph schreibt und lehrt: viele Ideensysteme, Ideologien, Begriffe, Konstruktionen und Abstraktionen von Abstraktionen. Dies zeigt die Geschichte der Philosophie. Philosophie ist Erkenntnislehre, Lebenskunst und auch die "Religion der Gebildeten" (Brezinka 1978, 190).

Ist nicht der Mensch zentralster Gegenstand der Philosophie? Philosophie hat zu tun mit ethischer Lebenshaltung, mit Sittlichkeit, mit Religiösem, mit Menschenbildern (philosophische Anthropologie), mit Kultur, aber auch mit Logik, Erkenntnistheorie, Wissenschaftstheorie, Metaphysik (Ontologie) und Ästhetik. Unser Interesse ist: Was sagen Philosophen über den Menschen? Viele Entwürfe sind dazu unternommen worden.

Wir wollen aus einer kaum überschaubaren Menge an Philosophen und Literatur jene Elemente kurz streifen, die Themen über den Menschen und seine Bildung (Erziehung) ansprechen. Einige Philosophen haben sich damit nur am Rande befasst, andere haben darin ihr Lebensengagement verwirklicht (Höffe 1985; Störig 1965; Baldwin 1960; Hügli/Lübcke 1991; Kerényi 1971; Rocek/Schatz 1972).

Es ist Tradition, dass schon im griechischen Altertum die Volksbildung als ein Teil der Philosophie und der Mysterienschulen begriffen wurde. "Erkenne Dich selbst" heisst der delphische Tempelspruch, Paradigma für Lebenshilfe. Sokrates (470-399) lehrte im Gespräch Menschenbilder und die allgemeinen Fragen über das Leben: Was ist Tugend? Was ist das Gewissen? Er forderte auf zur Selbstbesinnung und Selbsterkenntnis. Plato (428-348) gründete 385 seine "Akademie", die rund 900 Jahre Bestand hatte. Er hatte ein klares Konzept über die psychisch-geistige Entwicklung des Menschen, die bis zur Stufe der höchsten Erleuchtung und Weisheit, zur höchsten Vollkommenheit führt. Lebensthemen nehmen bedeutenden Raum ein: moralische Ziele des Menschen, Tugend, Wahrheit, Harmonie, das gute Leben, Erziehung,

Persönlichkeitsentwicklung, Reifung und manches mehr.

Die Lebensziele hat Plato im "Ideenreich" verwurzelt. Der Körper, als sterbliche Hülle des Menschen, ist Quelle von Lust und Streben (Macht). Rationale Kräfte sind: Erkennen, Lernen, Ich und Vernunft. Die Seele selbst ist unsterblich. In der Seele ist die Gottheit, die Transzendenz und das Gute. Ziel des Lebens ist die Harmonisierung dieser drei Kräftebereiche, was zur "Lebenskunst" als ethisches Verhalten führt. Diese Menschenbildung impliziert die allseits ausgewogene Ordnung aller Kräfte. So entfalten sich auch Gerechtigkeit, Ehre, Tapferkeit, Besonnenheit und Weisheit. Die Harmonie der Seele ist das Ideal für die Staatenbildung. Der Idealstaat hat dieselbe Ordnungsstruktur.

Auch Aristoteles (384-322) lehrte Menschenbildung, zuerst bei Platos Akademie, später in seiner eigenen "Schule", das "Lykeion".Wir finden auch hier die sittliche Verbesserung des menschlichen Handelns, eine Tugendlehre und Ideen über die Glückseligkeit für das Volk und die Politik. Glückseligkeit resultiert aus dem sittlich wertvollen Handeln, das von der Vernunft gelenkt wird. Die "rechte Mitte" finden, d.h. innen und aussen ausgewogen leben ohne Extreme, ist das Handlungsprinzip. Die Erziehung erfolgt durch Erfahrung zur Einsicht, durch Übung und Tun. Verdrängte Emotionen sind Quelle von Leiden und deshalb besonders zu beachten. Sie können abgebaut werden durch Musik, Theaterbesuche und Kunst.

Epikur (341-271) gründete eine weitere Schule, genannt "Epikurs Garten". Er lehrte die Menschen die Befreiung vom Aberglauben, gab Anweisungen für ein glückliches und gutes Leben. Seine Lehre ist individualistisch und atheistisch geprägt. Der Lust-Unlust-Mechanismus ist die Quelle allen Verhaltens. Diese Kräfte kann und soll der Mensch mit seinem Verstand führen. Das Ziel ist eine positive Bilanz von Lust und Unlust. Das bedeutet: Seelenruhe, Freisein von Begierden, Bescheidenheit, Freisein von irrationalen Ängsten und überflüssigen Wünschen. Er verstand seine Ethik in diesem Interesse.

Die STOA (ab 300 v.Chr.) gilt als die vierte klassische Schule der griechischen Antike. Zenon von Kition (340-262) gilt als der Gründer der stoischen Schule. Praktische Lebenshilfe für das Volk war das prägende Engagement, bestehend aus Anweisungen und Lehren zum "richtigen Leben". Im Zentrum steht dabei das Handeln nach dem Vernunftprinzip. Glückseligkeit findet der Mensch in: Leidenschaftslosigkeit, Gemütsruhe, innere Unabhängigkeit und Askese. Die Vernunft steht über den Gefühlen.

Die philosophischen Schulen der Antike lehrten und praktizierten alle

Methoden des psychischen Trainings wie z.B. Meditation, Konzentrationsübungen, Vorschriften zur Lebensweise (Disziplin, Treue, Gehorsam, Selbstbeherrschung) und Methoden der Seelenführung.

Auch im römischen Reich finden wir – zum Beispiel bei Cicero, Vergil, Horaz, Ovid – die Volksbildung als Philosophie, Dichtung und Rhetorik. Parallel dazu sind die Lehren der frühchristlichen Gnosis (als Mystik und als Erkenntnis) zu erwähnen (Manichäer). Von der Frühzeit bis ins Mittelalter haben Kirchenlehrer und Philosophen massgebend volksbildende Beiträge geleistet. Genannt seien hier exemplarisch drei hervorragende Gestalten, die sich eingehend mit Selbsterkenntnis, Menschenbildung und Menschenführung befasst haben:

Augustinus (354-430) stellt die Selbsterkenntnls an den Anfang und in den Mittelpunkt allen Lebens. Nicht nur psychologische Selbstbetrachtungen sind deren Inhalt. Der Weg der Erkenntnis führt über sich selbst durch Analyse des eigenen gelebten Lebens, gleichsam nach oder hinter der sinnlichen und vernunftmässigen Erkenntnis zu Gott. Sich selbst erkennen heisst gleichzeitig Gott erkennen. Menschliche Verderbtheit und Begierde nach Selbstgenuss gründen wesentlich im Mangel an Liebesfähigkeit, was wiederum Ausdruck ist eines Mangels an Wissen, Denken, Einsicht, Bewusstsein und Wahrheit. Nur der liebesfähige Mensch kann wahres Glück finden.

Thomas von Aquin (1224-1274) lehrte die präexistente Seele. Sie ist der eigentliche Mensch. Der Mensch ist Körper, Leben, Sinn und Geist (Vernunft) in einem. Intellekt, Vernunft und der Glaube an Gott sind die drei Grundpfeiler der Menschenbildung. Die Tugendlehre enthält: Weisheit, Tapferkeit, Besonnenheit, Gerechtigkeit, Glaube, Liebe und Hoffnung. Sittliches Verhalten besteht einerseits aus diesen Tugenden und der Anwendung der Vernunft. Anderseits ist höchste Sittlichkeit von Gnade abhängig. In der Erkenntnis Gottes liegt die grösste Glückseligkeit. Die mystische Vereinigung mit Gott wird an seinem Lebensende zum höchsten Wert des Seins. Die letzte Erfüllung des Menschen bzw. dieser Glückseligkeit wird ins Jenseits verlegt.

Meister Eckhart (1260-1327) sieht das Heil für den Menschen wesentlich in der Erkenntnis. Erkenntnis basiert dabei vor allem auf Intuition, auf dem inneren Schauen und den inneren Quellen. Glaube, Liebe und Hoffnung sind zentrale Tugenden. Das, was Gott ist, kann sich letztlich nur durch den Menschen manifestieren. Innere Erfahrung führt letztlich zu Gott.

Bonaventura und Bernhard von Clairvaux sind weitere Mystiker aus dieser Zeit, die das innere Schauen der göttlichen Wahrheiten als letztes und höchstes Ziel des Menschen lehrten und selbst praktizierten.

Erst einige Jahrhunderte später beginnt die Zeit, wo grosse Denker die Frage nach dem Menschen von theologisch-metaphysischen Systemen befreien. Der Mut, mit dem Verstand die Frage nach dem Menschen zu erforschen, sprengt die Fesseln des Dogmatismus und öffnet die Wege zur Emanzipation. Aber ist diese Emanzipation nicht wieder eine Ideologie und eine Illusion? Streifen wir dazu kurz die Geschichte des philosophischen Denkens über den Menschen:

Descartes (1596-1650) will die Ethik auf wissenschaftliche Grundlagen stellen und erhofft sich dadurch eine Umerziehung des Menschen: vom Dummkopf zum Gescheiten, vom Feigling zum Tapferen, vom Gefühlslabilen zum Affektbeherrschten. Die Beherrschung der äusseren Natur soll zur Beherrschung der inneren Natur führen. Menschenbildung ist dabei eingebettet in der Beziehung zu Gott. Denn letztlich macht nur die Gottesbeziehung glücklich.

Leibnitz (1646-1716) macht das Individuum zum Kristallisationspunkt des Denkens. Meditationen sind Selbstreflexionen des denkenden Menschen. Nur symbolische Erkenntnis kann Gotteserkenntnis möglich machen. Vernunft macht Glauben möglich und steht nicht in dessen Gegensatz. Wir finden hier erstmals (?) den Begriff des Unbewussten.

Kant (1724-1804) skizziert ein neues Menschenbild, in dem er die Leistungs-fähigkeit der Vernunft begründet. Er fordert die Menschen auf, durch den ethischen Naturzustand eine zwangsfreie Tugendgesetzgebung zu erstellen. Der Mensch ist wurzelhaft böse und muss diesen Zustand durch Anwendung der Vernunft überwinden. Die grösste aller Fragen "Was ist der Mensch?" wird über die drei Grundfragen der Philosophie gestellt, die heissen: Was kann ich wissen? Was soll ich tun? Was darf ich hoffen? Auch ein praktischer Aspekt ist zu finden: In der "grossen Welt" muss der Mensch sich "weltklug" verhalten und benötigt dazu Menschenkenntnis. Vernunft und freier Wille regulieren das Glück.

Hegel (1770-1831) plädiert dafür, dass die Motive sittlichen Handelns ver-stärkt werden müssen. Politisch orientierte, religiöse Volksbildung schafft ein freies Volk. Die Entfremdung des Menschen im Gefüge der Gesellschaft soll durch Wiedergewinnung des Zusammenhangs im sittlichen Handeln zu neuem Leben geführt werden.

Der Mensch ist in seiner äusseren Natur ein archaisches Mängelwesen. Die Unterscheidung zur Tiernatur ist innen zu suchen. Seine Möglichkeiten und

Grenzen der Veränderbarkeit in Raum und Zeit kennzeichnen das Menschsein. Philosophie soll nicht Gott, sondern den Menschen erkennen: seine Person, seinen moralischen Standpunkt, seinen Platz in der Familie und seine Rolle als Staatsbürger.

Zahlreiche Philosophen und Dichter ab der Aufklärung und dann in der Neuzeit lassen sich auch als Volksbildner verstehen. Viele Namen müssten erwähnt werden. Nur einige Stichworte können wir hier aus den letzten 200 Jahren hervorheben:

Schopenhauer (1788-1860) betrachtet den Menschen trieborientiert, wobei hier der "Wille" die entscheidende Funktion erhält. Die Intuition führt zur inneren Erfahrung dieser Triebkraft, die im naturhaften Zustand ausgerichtet ist auf ökonomische und sexuelle Ausbeutung. Die Glückseligkeit ergibt sich durch das Aufgeben jedes Strebens. Der Mensch ist "das Tier, das prügeln kann".

Kierkegaard (1813-1855) behauptet, Mensch zu sein, sei eine freie Entscheidung, die jeder auch verweigern kann. Wer den sinnlichen Genuss über das ethische Prinzip stellt, macht sich selbst unfrei. Damit ist auch der Boden für die Selbstbefreiung, die Selbstbestimmung und das "sich selbst sein können" entzogen.

Marx (1818-1883) war ein zeitkritisch engagierter Intellektueller. Verwirklichung der Philosophie bedeutete für ihn die Gestaltung der gesellschaftlichen Wirklichkeit gemäss den Gesetzen der Vernunft. Seine Kritik an der Philosophie ist Ausdruck seines Engagements: die Welt verändern und nicht nur interpretieren. Das Ideal menschlicher Emanzipation wird gesellschaftlich verstanden. Der Mensch ist ein Naturwesen, das sich durch Arbeit verwirklicht. Entfremdung von der Arbeit und den Arbeitsbedingungen sind handlungsorientiert zu reflektieren. Der Mensch wirkt auf die Natur, verändert diese; und diese wiederum verändert den Menschen.

Nietzsche (1844-1900) analysiert die Notwendigkeit und Wege, die Scheinwelt und Illusionen des Menschen umzubilden. Er setzt deutliche Gegenakzente: Gott ist eine Illusion der Schwachen, ein Mythos und ein Symbol für perspektivlose Werte. Der Mensch ist gefordert, einen eigenen Willen zu leben, sich und dem Leben selbst Sinn zu geben. Das Böse ist die beste Kraft des Menschen. Der Mensch ist "das kranke Tier".

Scheler (1874-1928) betrachtete die "Stellung des Menschen im Kosmos" (1966). Die Grundlage des menschlichen Lebens sind irrationale Gefühle und Triebe. Leib und Seele sind eins. Nicht nur physiologische Unterschiede zwischen Mensch und Tier machen den Menschen zum Menschen. Es ist der Geist, der den Menschen zu dem macht, was ihn vom Tier unterscheidet. Geist ist überräumlich und überzeitlich. Geist ist Intelligenz und Wahlfähigkeit. Geist ermöglicht die Schau von Ideen, die Abstraktion von Gegenständlichkeit. Der Mensch hat die Fähigkeit, sich von der Umweltbeziehung loszulösen (im Gegensatz zum Tier) und so durch die Befreiung vom Triebdruck die Dinge (das Leben) in ihrem "Eigenwesen" zu erkennen. Geist ermöglicht "reines Erkennen". Insofern ist Geist ein asketisches Prinzip. In dieser Erkenntnis liegt eingebettet die Gotteserfahrung und "Gottesverwirklichung". Mensch- und Gottwerdung sind wechselseitige, voneinander abhängige Prozesse.

Marcuse (1898-1979) verstand Revolution als Befreiung der menschlichen Triebnatur. Er skizziert den "eindimensionalen Menschen" (1968). Seine philosophischen Abhandlungen sind gesellschafts- und kulturkritische Studien. Die Praxis steht am Anfang der Theorie; übersetzt: das Leben des Menschen steht vor der Persönlichkeitstheorie. Das wahre Interesse des Individuums ist wirkliche Freiheit. Diese ist im Hedonismus nicht zu finden. Die Wirklichkeit des Glücks ist die Freiheit als gelebte Selbstbestimmung.

Gehlen (1904-1976) entwirft ein Menschenbild unter dem Stichwort "Mängelwesen" (1971). Der Mensch ist hilflos; er lebt nicht nur; er muss sich sein Leben führen. Daraus begründet er Institutionen, die im Erziehungs- und Bildungsprozess Stütze leisten müssen. Der Mensch ist ein Produkt aus Tradition und Zeitgeist. Insofern ist er ein Kulturwesen. Eine pluralistische Ethik als soziale Regulationsinstanz ermöglicht eine Neuorientierung gegenüber biologischen, psychologischen und gesellschaftlichen Kräften (1969).

Horkheimer (1895-1973) sieht den Menschen im Spannungsfeld zwischen jenen, die Besitz geniessen (haben) und jenen, die verzichten und in der Folge leiden müssen. Philosophisch-psychologische Beschäftigungen über die "autoritäre Persönlichkeit", über "Autorität und Familie" sowie über die Gesellschaft kennzeichnen ein Menschenbild in der Sicht der "kritischen Theorie". Seine Philosophie ist "Lebensphilosophie".

Adorno (1903-1969) sieht in der Klärung des Unbewussten einen Akt der Aufklärung. Der Mangel an Konsequenzen des Denkens hat den Menschen in eine "wahnhafte Selbstüberschätzung" getrieben. Die "Erziehung zur Mündigkeit" (1973) steht im Mittelpunkt des praktischen Engagements.

Dies sind einige kleine Ausschnitte mit Hervorhebung der Aspekte der Menschenbildung. Diese Philosophen sind – nebst vielen anderen philosophischen Themen – den Grundfragen des Menschen und des "guten Lebens" nachgegangen. Für einige war die Leitidee der griechischen Antike elementar: "Selbsterkenntnis ist der Anfang der Weisheit" und die Grundlage für ein glückliches und gutes Leben. Immer wieder ist das sokratische "Daimonion" – das göttliche Element des Geistes im Menschen als oberstes Ziel der ethisch-personalen Mündigkeit – im Zentrum der philosophischen Bemühungen gestanden. Angeborene Sittlichkeit ausformen und Dialog mit Gott im Innern üben, ist Kernthema der Menschenbildung aller metaphysisch orientierten Philosophen bis hin zu Positionen in der neuen philosophischen Anthropologie (Rothacker 1966; Landmann 1969). Andere Philosophen orientieren sich mehr am Empirismus (Englischer Empirismus) und distanzieren sich von einer platonisch-aristotelischen Metaphysik. Im Mittelpunkt steht das Recht auf sinnliche Erfahrung. Raum-Zeit-Kategorien haben Vorrang. Gesellschaftliche Bedingungen als Rahmen des Menschseins und der Möglichkeiten der Selbstentfaltung finden wir zunehmend seit Mitte 19.Jahrhundert.

Immer wieder taucht in den Menschenbildern grosser Philosophen der "Geist" als Hauptcharakteristikum des Menschseins auf. Doch was ist "Geist"? Viele Akzente sind gesetzt: Intelligenz (Denken) und Vernunft, schöpferische Kraft des Kosmos, Macht Gottes, schöpferische Kraft im Menschen, das Verbindende in der Einheit Leib-Seele und in der Einheit Leib-Seele-Gott, die Einheit schaffende Kraft im Menschen, ein normativas Prinzip (weil kosmische und/oder göttliche Ordnung) und die Kraft im Menschen, die ihn von der Raum-Zeit-Dimension befreit. Dieser Geist, wie auch immer verstanden, stellt den Menschen in einen Schöpfungsplan, wo er nicht mehr als Zufallsprodukt der Evolution (Monod 1971) interpretiert werden kann. Solche Deutungen erhalten einen zusätzlichen Horizont, wenn zum Beispiel gelehrt wird, dass der Mensch durch Erinnerung und durch sein Unbewusstes gebunden ist an das, was er gelebt, geschaffen, gedacht und erlebt hat. Oder von einer andern Sicht: Der Mensch entfaltet sich im Wechselspiel von Kultur (die er sich schafft) und innerpsychischer Wirklichkeit. Die gesellschaftlichen Bedingungen und die geformten psychischen Kräfte sind die Determinanten jeder Entfaltungsmöglichkeiten. Die Geschichte und das Leben bestimmen mit, was der Mensch ist und werden kann.

Die Frage ist naheliegend: Gibt es überhaupt ein abschliessendes Menschenbild? Kann man aus den psychologischen, pädagogischen und philosophischen Zersplitterungen überhaupt noch eine "Ganzheit" schaffen? Ist die Frage "Was ist der Mensch und sein Menschengeschlecht?" (Pestalozzi) vielleicht gar reines Sprachspiel? Kann man Erkenntnisprozesse überhaupt loslösen von den einzelnen psychischen Kräften und ihrer wechselseitigen Funktionsweise, die wiederum eingebettet sind in Historizität? Verschiedene Philosophen beantworten diese Fragen unterschiedlich, die einen innen-orientiert, die andern aussen-orientiert. Wahrheit ist innen zu finden oder Wahrheit ist durch Denkleistung zu finden; oder: die gesellschaftliche Realität ist die Wahrheit. Das macht es schwierig, "Erkenntnis" zu definieren. Noch problemreicher wird die Sache, wenn gefragt wird, ob Philosophie zweckfrei oder handlungsorientiert sein soll. Technokratisches Verständnis steht neben "reiner Wissenschaft". Wer kann da die Verantwortung seiner eigenen Definition wirklich tragen, nicht nur mit engagierten Worten auf Papier?

Philosophische Anthropologie ist spätestens mit Scheler (1928), Portmann (1956), Plessner (1965) und Gehlen (1969) eine eigenständige Philosophie, die sich mit dem "Wesen des Menschen" beschäftigt. Neuerdings ist auch die Rede von "Psychologischer Anthropologie" (Gadamer/Vogler 1973, Bd.5). Soweit hier philosophische Themen bearbeitet werden, ist dies aber "philosophische Anthropologie", und soweit Erkenntnisse der Psychologie und Psychoanalyse Gegenstand der Diskussion sind, ordnen wir dies der Psychologie zu. Erkenntnisse finden über den Menschen und über seine Möglichkeiten, im Kontext der Historizität, ist die Aufgabe der philosophischen Anthropologie. Empirische Forschung steht neben Sinndeutung. Die zunehmende neuartige Ideologisierung durch methodologische Reduktion bei gleichzeitiger Abstraktion der Sinnfragen wird abgelehnt. Wer nach sich selbst fragt, sucht immer auch nach dem Sinn und deutet sich selbst und sein Leben. Leben ist immer auch hermeneutisch (Habermas u.a. 1973) zu begreifen. Zweckfreiheit und Handlungsrelevanz kennzeichnen die Positionen. In der Tendenz ergibt sich bei allen Gedankensystemen dieser neuen Wissenschaft aus den festgehaltenen Tatsachen ein Bildungspostulat: Der Mensch ist bildungsbedürftig und bildungsfähig, ab Geburt und sein Leben lang.

Wir möchten dieses Bildungsverständnis abgrenzen gegenüber jenem Humanismus, der durch Hedonismus oder Eudämonismus charakterisiert ist, manchmal gemischt mit etwas "Geist" und "Transzendenz". Die menschlichen Grundbedürfnisse als Ausgangspunkt und Ziel des Daseins ist eine Reduktion des Menschenbildes auf Gegenwärtigkeit und Moment. Es fehlt die "Intelligenz des Geistes" und es bleibt unberücksichtigt, dass das Leben des Menschen immer auch Krisen, Konflikte, Störungen und Schwierigkeiten beinhaltet.

Zum Leben gehört immer auch Lebensleiden. Man muss aus der Sicht der Weisheit sogar sagen: Es gibt keine umfassende psychisch-geistige Evolution ohne inneres Leiden. Es gibt kein Gedankensystem, mit dem man sich von

Leiden befreien kann. Dieses Problem ist u.E. eine bedeutende Grundthematik der philosophischen Anthropologie.

Ein handhabbares, lebensnahes philosophisches Menschenbild soll ermöglichen, das Verhalten und Befinden des Menschen, sein Denken und seine Lebensweise im grösseren Zusammenhang verstehen zu können. Auch schwierige Lebensfragen sollen damit erfasst werden können. Halten wir uns einige Grundfragen vor Augen:

Warum verdrängt der Mensch täglich sein psychisches Leben? Warum lebt der Mensch in körperlicher und psychischer Hinsicht ungesund und selbstschädigend, obwohl er sich dessen bewusst ist? Warum unterzieht sich der Mensch immer wieder formalisierten kirchlichen, politischen und sozialen Ritualen? Warum fügen Menschen andern Menschen absichtlich psychisches und physisches Leid bis zu Folter und Töten zu? Warum führt der Mensch Krieg? Warum leben Menschen sexuelle Perversionen, die in keiner Weise mehr mit Liebe und natürlichem Trieb zu tun haben? Warum sucht der Mensch immer wieder Gott und den Kontakt zu einem Jenseits, wo Gott und Jenseits noch nie "bewiesen" worden sind? Welche Kräfte bringen einen Menschen dazu, sich das Leben zu nehmen? Warum sucht der Mensch das Spiel? Warum missachten die Menschen absichtlich die selbstverständlichsten Gesetze, die sie sich selbst geben? Wie entstehen psychische Störungen wie Ängste, Zwänge, Depressionen, Verwahrlosung und "innere Stimmen"? Woher kommen die Träume und die Bilder in der Imagination? Mit andern Worten: Wie lässt sich die intelligente Information von inneren Bildern erklären? Warum braucht der Mensch "Heimat"? Weshalb ist die psychisch-geistige Evolution "vergessen" gegangen, bzw. für die meisten Menschen ohne Bedeutung?

Viele Denker sind den Grundfragen des Menschen nachgegangen, gewiss schon vor der griechischen Antike. Wir haben manche ausgelassen; zu erwähnen wären auch noch: Plotin, Anselm, Bacon, Hobbes, Pascal, Spinoza, Hume, Fichte, Husserl, Steiner, Heidegger, Plessner, James, Portmann, Sartre, Popper und Habermas; und auch diese Liste ist nur eine Auswahl aus der Reihe der Philosophen.

An der Randzone der Philosophie haben sich manche esoterische Bewegungen und Geheimorden mit der Bildung des Menschen befasst. Zu erwähnen sind hier vor allem Freimaurer, Rosenkreuzer, Gnostiker, Anthroposophen und mystische Schulen aller Art. Sie alle betrieben (und betreiben) in ihrem eigenen System Selbsterkenntnis, Persönlichkeitsbildung sowie philosophische und/oder religiöse Bildung des Menschen (Doucet 1980; Miers 1980).

Die Geheimlehren und Geheimorden haben eine Tradition, die zurückgeht bis in die Zeit der griechischen Antike. Es ist nicht möglich hier einen Kurzabriss zu geben. Nur einige Hinweise mögen verdeutlichen, dass es da noch weitere Organisationen gegeben hat und noch immer gibt, die erheblich "Volksbildung" betreiben, sei es im Sinne der allgemeinen Lebensphilosophie, sei es im Sinne der Volksesoterik und Persönlichkeitsschulung (Charakterbildung, Selbsterkenntnis, Bewusstseinsbildung, geistiges Wachstum, Transformation zur inneren Einheit u.s.w.). Gnostisch-theosophische Orden, Gralsgemeinschaften und kabbalistische Schulen aller Couleur haben seit Plotin (204-270) mit Lehren, Kult und Riten Millionen Menschen gebildet. Da sind die Freimaurer mit all ihren verschiedenen Gruppierungen, die Rosenkreuzer, die Illuminaten, der gnostisch-neuplatonistische Hermetismus, die pansophischen Strömungen, die jüdische Mystik, die Alchemie, die Templerorden und manche weitere okkulte Gesellschaft mit Gemischen aus christlichen Lehren, Buddhismus und magischen Praktiken zu erwähnen. Das "Mysterium Mensch" als Erkenntnisobjekt und bildungsbedürftiges Wesen steht immer im Mittelpunkt der Lehren und Praktiken. Allen geht es letztlich immer auch um die Selbstentfaltung und die Selbstaktualisierung des Menschen. Wie sehr das persönliche und das kollektive Unbewusste bereits Gegenstand der Praxis war, zeigt zum Beispiel die Alchemie, mit Vorläufern bis zurück zu Pythagoras (Jung 1972; Frick 1978, I,II,II; Lennhoff/ Posner 1980).

Sie alle haben die Politik, die Menschenbildung und das Gesellschaftsleben seit der Antike mindestens ebenso geprägt wie die klassische Schulphilosophie. Sie lehrten (und lehren) über Leben und Tod, über Sexualität, über magische Kräfte, über das Geistige, über Selbsterkenntnis und Gotteserfahrung, über Tugenden und sittliche Werte, über das Gute und das Böse, über die Stufen der geistigen Entwicklung und über manches mehr.

Aus diesem kurzen Überblick mit nur einigen Stichworten aus dem Umfeld der Menschenbildung in der Philosophie können wir einige Charakteristiken hervorheben:

Viele Philosophen des Abendlandes seit der Antike haben praktische Lebensphilosophie betrieben. Einige mehr forschend-studierend in eigenen Bildungsstätten oder – später – an Hochschulen und andere vor allem auch durch praktische Volksbildung (Vorträge, Aufsätze, Beratungen, politische Aktivitäten). Heute scheint die Philosophie ihre grosse Identitätskrise zu erleben. Die absoluten Wahrheiten sind in einer Sackgasse und die metaphysischen Meisterdenker sind unbeliebt geworden. Es ist unklar, was alles heute noch zur Philosophie gezählt werden kann. Die theoretischen

Konzeptionen sind unterschiedlich in Inhalt und Reichweite. Es besteht heute eine zunehmende Tendenz, die Aspekte des Menschen der philosophischen Anthropologie zuzuordnen. Die Realität aber zeigt, dass dies praktisch kaum zu bewerkstelligen ist. Kennzeichnend ist eine Vielzahl heterogener Sprachkonstruktionen und Lebensdeutungen, eine Pluralität unvereinbarer Konzepte, vergleichbar mit der babylonischen Sprachverwirrung (Hügli/ Lübcke 1991, 7).

Die Wissenschaftlichkeit hat immer Anlass zu heftigem Streit, zu Polemik und gegenseitigen Verurteilungen geführt. Gewisse Richtungen wie Positivismus, Hermeneutik, Existentialismus, Hedonismus, Metaphysik werden auch als abwertende Begriffe verwendet. In der philosophischen Anthropologie wird heute der Versuch unternommen, verschiedene Ansätze zu einer Ganzheit zu integrieren. Aber es zeigt sich auch: die Autoren definieren Inhalt und Methode nicht nach allgemein anerkannten Kriterien. Dies ist die Freiheit der Philosophie. So finden wir auch in der philosophischen Anthropologie die alten Richtungen wieder.

Die Arbeitsmethoden in der Philosophie sind unterschiedlich. Immer sind es Denkprozesse und Lehrgespräche, die zu "gültigen Erkenntnissen" führen sollen. Sozialwissenschaftliche Methoden dienen heute dazu, "Material" zur philosophischen Reflexion bzw. denkerischen Bearbeitung zu liefern.

Wie angedeutet gibt es viele unterschiedliche Denkrichtungen. Es ist nicht klar , wer als "Klassiker der Philosophie" gelten kann und wer nicht. Es besteht eine gewisse Tendenz, einen Lehrstuhlinhaber, der Bücher verfasst und Artikel schreibt, schon als philosophische Referenz für ein Sachthema hervorzuheben. Auch scheint die Auflagengrösse und Aktualität in der Presse ein Faktor zur Identifizierung einer neuen Position zu sein. Vielfach haben Philosophen "Bewegungen" ausgelöst, die dann nach 50 Jahren wieder "tot" waren. Gewisse Philosophen deklarieren deutlich, dass sie diese und jene Philosophen überhaupt nicht als Philosophen betrachten bzw. beachten.

Eine Erfolgsbeurteilung darüber, was die Menschenbildung der Philosophie leistet, gibt es nach unseren Kenntnissen nicht. Die Welt zeigt, welche neuen Konzepte in Wissenschaft und Praxis Veränderungen erzeugen. Keine Philosophie hat die Welt in so kurzer Zeit so sehr verändert wie der Marxismus. Und viele Theorien haben nur auf Papier Gefechte bewirkt. Im Ideenreichtum findet sich immer ein Leckerbissen für neue Gedankenkonstruktionen. Philosophie ist in der Praxis Dozier- und Kampfarena. Hier gibt es Verlierer und Gewinner, viele Redner, aber keine Evaluation der Bildungsleistung in der Lebenswelt.

Es gibt keine eindeutige Vorstellung darüber, wie die Philosophie auf den Menschen und das Leben wirken soll. Einige Positionen sehen ihre Aufgabe in der direkten Veränderung des Menschen und der Gesellschaft. Andere dagegen stehen über den weltlichen Engagements. Mit seltenen Ausnahmen ist es der Psychoanalyse noch immer nicht gelungen, die Philosophen zu bewegen, in den Tiefen des Unbewussten – und zum Beispiel in den Träumen – die "Wahrheit des Menschen" und auch diejenige von Gott und Geist zu suchen. Daraus kann man interpretieren, dass die eigentliche innere Realität des Menschen in der Philosophie bei weitem noch nicht die nötige Aufmerksamkeit erhalten hat.

Die Professionalisierung ist tendenziell auf universitäre Laufbahn ausgerichtet. Der Philosoph ist mehrheitlich Professor, Lehrer oder freiberuflicher Schriftsteller. Einige betätigten sich in Journalismus, mit Literaturwerken, mit historischer Forschung oder in Staatsfunktionen. Früher leisteten sich reiche Leute ihre "Hausphilosophen". Das ist heute nicht mehr üblich. "Philosophische Berater" gibt es nicht als Berufsbild. Die Philosophie als Wissenschaft hat heute kaum eine Praxis. Sie ist eine "freie Kunst" an Universitäten und manche ihrer Produkte widerspiegeln auch das unbewusste Leben ihrer Verfasser. Die Philosophie hat ihren Anspruch auf Menschenbildung und Menschenführung in diesem Jahrhundert – vielleicht schon seit der Verselbständigung der Pädagogik – nicht mehr eingelöst, von Ausnahmen abgesehen.

Wir können den Philosophen – und den Gnostiker und den "Erleuchteten" – in dem, was er tut, auch tiefenpsychologisch untersuchen. Die Selbstbetrachtung schuldet sich mancher Philosoph und "Weise" noch immer.

Die Fragen des Erkenntnisinteresses heissen u. a. : Wie plaziert der Philosoph die "Triebhaftigkeit" des Menschen, wenn er selber seine Sexualität nicht leben kann? Wo sucht er sich Klarheit in der Beurteilung über das "Böse", wenn er in seinem ÜberIch frühkindlich belastet ist und seine eigenen destruktiven psychischen Kräfte nicht kennt? Welches Menschenbild prägt seine Studien, wenn es um die Habilitation oder um die Anerkennung seiner Leistungen im Kollegenkreis geht? Welche praxisrelevante Position nimmt der Philosoph ein, wenn das "Auge des Erziehungsdepartementes" wachsam Richtung Lehrgebäude schaut? Wie sieht der Philosoph den Unterschied zwischen Mann und Frau, wenn er seine eigene Beziehung in gespanntem Verhältnis lebt? Wo sucht er Gott, wenn er sich rational von seiner eigenen religiösen Erziehung befreit glaubt? Wie reagiert der Philosoph, wenn er schlechte Träume hat über das, was er denkt, lehrt und lebt? Wie löst der Philosoph sein eigenes "Schuld"-Problem, wenn sein Ich mit allen nur erdenklichen Konstruktionen ununterbrochen abwehrt, was über ihn selbst als Menschen, als psychisch-geistiges Wesen, ins Bewusstsein aufgenommen werden sollte? Wie lebt der Philosoph seine eigene Persönlichkeitsbildung und Individuation?

Es fehlt an einer beruflichen Imagebildung, die die psychisch geistige Entwicklung, nebst der wissenschaftlichen Kompetenz, beim Philosophen-Gelehrten miteinbezieht. Man kann aus der Sicht der Individuation davon ausgehen, dass ein Philosoph, der seine eigene psychisch-geistige Evolution nicht bis zum Ziel vollzogen hat, nur ein "halber Philosoph" ist; und dass der Philosoph, der das Unbewusste, die Liebe und die Traumsprache nicht kennt, zur Persönlichkeitsbildung – und damit zur Menschenbildung generell – im Wesentlichen eher wenig zu sagen hat.

Die gesellschaftliche Bedeutung der Philosophie ist indirekt enorm. Sie prägt das Verständnis der Wissenschaften. Sie hat immer wieder Ideologien und dogmatische Lehrsteme hervorgebracht, die "Geschichte" gemacht haben. Rückblickend in die Geschichte des Abendlandes, hat die Verbindung von Ideologie und Dogmatismus mit der Macht des Staates oft verheerende Folgen gehabt. Die Philosophie hat immer dann, wenn sie ideologisch und dogmatisch war, als Vehikel zur Kriegsführung und Unterdrückung gedient. Umgekehrt hat die Philosophie auch zu Befreiung und Durchbruch zu neuen Lebens- und Staatsformen geführt. Wenn Liebe, Weisheit und innere Erfahrung eines tieferen Sinns des Lebens (mit oder ohne Gott) die Kerninteressen der Philosophie sind, dann hat die abendländische Philosophie versagt. Sie hat den Menschen in dieser Sache überwiegend nicht erreicht und nicht gebildet. Sie diente nur sich selbst und der Laufbahn ihrer Vertreter sowie der Kirche und der Politik.

Für die Grundlegung der Menschenbildung als Wissenschaft und Praxis ergeben sich daraus einige Folgerungen:

Die Andragogik wird bei der Suche nach dem wertvollen Wissensgut über den Menschen und das Leben in der Geschichte der Philosophie vieles finden können. Eine psychologische und sozialkritische Bearbeitung des Wissens kann bestimmt das Menschenbild der Andragogik und Pädagogik nützlich erweitern. Doch es ist ein sehr schwieriges Unterfangen und gleicht der Arbeit in einer Diamantengrube: ein kleiner ungeschliffener Diamant auf zehn Tonnen Steine und Erde. Die Vertiefung in die Literatur der gesamten Esoterik kann vor allem Anregungen liefern. Das uns zugängliche Material dazu ist unter dem Gesichtspunkt der Wissenschaftlichkeit und des Wissensstandes der Psychologie nicht mehr brauchbar. Es liegt auf der Hand, dass einige Sachthemen der Menschenbildung Fragen an die philosophische

Anthropologie stellen.

Rückkoppelung der Philosophie an die Praxis bzw. eine Art von handlungsorientierter Erkenntnisgewinnung kann immer ein Gewinn sein. Das Gespräch über Erkenntnistheorie führt auch zum Unbewussten und zu den Träumen. Wer keine systematische und vertiefte Selbsterkenntnis vollzogen hat, seinem unbewussten Lebensinventar aus dem Weg geht, keine Liebeskraft entwickelt hat und den intelligenten Geist, der die Träume schafft, nicht versteht, der ist vielleicht ein "Lehrstuhl-Philosoph", aber vom Menschen und dem Leben weiss er wenig. Manche Philosophen haben diesbezüglich noch ihre eigene Aufklärung vor sich, wenn sie Gesprächspartner der (neuen) Andragogik sein wollen. Dies ist auch eine Orientierung für die eigenen philosophischen Reflexionen der Andragogik.

Die Andragogik als Wissenschaft und Praxis der Menschenbildung bearbeitet die Grundthemen des Menschen mit sozialwissenschaftlichen Methoden, mit Hermeneutik, mit Symboldeutung, sowie mit tiefenpsychologischen Verfahren (Introspektion, Imagination, Projektion). Bei aller Notwendigkeit eines positivistischen (mechanisch-materialistischen) Eckpfeilers halten wir dessen Verabsolutierung für eine Illusion und deshalb für ideologisch und subjektivistisch. Die "andere Wirklichkeit" im Menschen lässt sich nicht aus dem Weg räumen.

Der Philosoph muss seine eigene Geschichte und diejenige der Philosophie allgemein im Sinne einer Katharsis bearbeiten. Diese Persönlichkeitsbildung führt zu innerer Freiheit und zu einer Neubesinnung auf den Sinn des Lebens. Wer dies getan hat, muss sich nicht mehr an positivistischen Idealen festklammern. Er kann sich innerlich frei der Realität des Menschen "philosophisch" zuwenden. Dann beginnt eine ganz andere Art der Erkenntnis. Die Andragogik entwickelt ein integratives Verständnis ihrer praktischen Tätigkeiten, wo auch philosophische und somit ethische Bildung eingeschlossen sind.

Für unser Interesse genügt es, vorerst jene Bereiche zu kennzeichnen, die als Lebensphilosophie gelten können. Wir verwenden diesen Begriff synonym zu "praktische Philosophie" und meinen damit "die Philosophie, die den Menschen und sein Leben reflektiert, in der Form, dass der Mensch daraus Nutzen ziehen kann". Lebensphilosophie ist ein Teil der andragogischen Praxis. Das sind diejenigen Teilbereiche, die philosophisch und ethisch den Menschen und sein Dasein unter dem Gesichtspunkt des "guten Lebens", der Transzendenz, der parapsychischen Wirklichkeit im Menschen, des Geistes (des "höheren Selbst") und der psychisch-geistigen Evolution untersuchen. Das Verhältnis des inneren Geistes (in Träumen und in der Imagination) zum

Ich der Person ist die Quelle für moralische Pflicht. Diese Rückbindung halten wir für unerlässlich für eine Menschen-zentrierte Theorie und Praxis. Dazu gehören auch Elemente aus der Gnostik und Mystik, wenn auch heute in neuen Praktiken, Symbolen und Begriffen zu begreifen. Nichts ist in diesen Bereichen so wichtig wie klare Begriffe, die im psychischen Organismus einen eindeutigen Platz haben.

Man könnte geneigt sein, die klassische Philosophie aufzuteilen in Andragogik und Philosophie. Doch da ergeben sich manche Probleme. Denn zur Philosophie gehören auch: Logik, Erkenntnistheorie, Ontologie, Ästhetik, Ethik, Mystik, Gnosis, Sprach- und Staatsphilosophie, Wissenschaftstheorie, Metaphysik, philosophische und psychologische Anthropologie und manche Einzelthemen mehr. Es mag viel philosophisches Gespräch bewirken, wollte man klar definieren, was zur Andragogik gehört und was "reine Philosophie" ist. Dennoch kann die Andragogik als eigenständige Wissenschaft jene Bereiche aussondieren, die für die theoretische (anthropologische) Grundlegung der Menschenbildung relevant sind. "Menschenbildung" als Theorie und Praxis impliziert philosophische Fragen und Reflexionen.

3. Menschenbildung oder Psychoanalyse und Psychotherapie?

Das Feld der Psychotherapie, Psychoanalyse und Psychoberatung ist weit. Zur Hauptsache sind zu erwähnen: Psychoanalyse, Neo-Psychoanalyse, analytische Psychologie, individualpsychologische Psychotherapie, Schicksalsanalyse, Daseinsanalyse, bioenergetische Psychotherapie, Logotherapie, transpersonale Psychotherapie, kognitive Psychotherapie, Hypnose- und Suggestionstherapie, humanistische Psychotherapie, Verhaltenstherapie, Gestaltpsychotherapie, antroposophische Psychotherapie, psychagogische Therapie und klinische Psychotherapie. Danebst gibt es weitere Verfahren: Tanztherapie, Ganzheitstherapie, Musiktherapie, Teleoanalyse, Imaginationstherapie, positive Psychotherapie, Psychodrama, Transaktionsanalyse, integrative Körperpsychotherapie, NLP-Therapie, psycho-organische Analyse, Atemtherapie und Blütentherapie sowie einige Wortkombinationen mehr. Diese alle hier darzustellen würde den Rahmen und unsere Zielsetzungen sprengen (Vgl. Pervin 1993; Schlegel 1973, I-IV; Bischof 1983; Pongratz 1973; Hilgard/Bower 1970).

Wir können diese Richtungen nachfolgend nicht einzeln aufrollen. Es muss hier genügen, mit einigen Stichworten die Entwicklungsgeschichte und die Lage der Psychotherapie, der Psychoanalyse und der Psychoberatung (ein Begriff, den wir hier zur Vereinfachung einführen; synonym für "psychologische Beratung") zu skizzieren, um wesentliche Grundlagenprobleme für die Andragogik klären zu können.

Die Geschichte der Psychoanalyse, der Psychotherapie und Psychoberatung beginnt im 19.Jahrhundert mit der Forschung über das Unbewusste. Im 20.Jahrhundert folgt dann die Anwendung wissenschaftlicher Methoden im Rahmen eigenständiger Fachbereiche der Psychologie, die allmählich in Entwicklung kommen und klare Konturen annehmen. Das erste psychologische Laboratorium hat Wundt (1832-1920) in Leipzig gegründet. Bis dahin haben sich die Philosophie und die Pädagogik mit dem "Seelenleben" denkerisch befasst. Psychologie war Teil der Philosophie.

Die Praxis der Psychoanalyse und Psychotherapie hat ihre Vorläufer schon in der Antike. Da sind einerseits die philosophischen Schulen zu nennen. Anderseits muss auch das Tempelwesen erwähnt werden: Heilung durch Trauminkubation, durch magische Riten und Naturheilpraktiken (Kerényi 1971).

Die Temperamentenlehre zum Beispiel geht zurück über Knigge (1752-1796) bis in die Antike. Sie verstand sich wesentlich als Menschenbildung. Ohne Zweifel hat auch die christliche kirchliche Praxis seit ihrem Bestehen ihre eigene Praxis der Lebenshilfe, der Beratung, der Selbsterkenntnis und Psychokatharsis entwickelt. Hexenaustreibungen waren Praktiken, die Charcot mit Hypnose neu zu erschliessen versuchte. Die Beichte kann man als Praxis der Psychokatharsis verstehen. Kirchliche Praxis gilt nebst der klassischen Pädagogik als ein Vorläufer der heutigen Psychotherapie und Psychoberatung. Weitere Vorläufer finden wir in der Gnostik, in der Mystik und in Geheimorden wie Rosenkreuzer und Freimaurer.

Die systematische Erforschung des Unbewussten begann im Kreise Charcots (1825-1895) anzusetzen, wobei eine Entwicklungsgeschichte bis zurück zu Mesmer (1794-1815) aufzurollen wäre. Ellenberger (1973, I,II) dokumentiert ausgiebig, dass Janet (1859-1947) umfangreiche Forschungen über die Neurosen, das Unbewusste, die psychische Energie, die psychologische Analyse, die Komplexe ("idées fixes") und ihre krankhaften Ausdrucksformen (z.B. Hysterie) betrieben hat. Verfahren der Psychotherapie, Rapport, Widerstandauflösung und kathartische Heilung von Neurosen beanspruchte Janet 1913 am internationalen Kongress für Medizin in London als seine Entdeckungen. Dabei kritisierte er heftig die Traumdeutung von Freud. Theorien und Therapieformen aller wichtigen Forscher im Umfeld der Anstalten Salpetriere und Nancy basierten auf Krankheitsbildern aus der Psychiatrie. Zu diesem Kreis kann auch Dessoir gezählt werden, der ein damals berühmt gewordenes Buch verfasste "über das DoppelIch". Darin präsentierte er das Konzept Oberbewusstsein-Unterbewusstsein und erklärte, dass die Träume den Zugang zum Unterbewusstsein geben. Die Geschichte der systematischen Erforschung des Unbewussten begann hiermit. Am ersten "Internationalen Kongress über experimentellen und therapeutischen Hypnotismus" unter dem Ehrenvorsitz von Charcot (8.-12.8.1889) fanden sich auch Namen wie Freud, Janet, Forel und James (siehe in: Ellenberger 1973; Helmchen/ Linden/Rüger 1982).

Freud (1856-1939) hat von seinem Aufenthalt bei Charcot in Paris einiges an Ideengut mitgenommen. Er hat auch manches abgelehnt (z.B. die Hypnose) und wohl in anderem sich bestätigt erlebt. Die theoretischen Arbeiten von Freud lassen sich in vier Hauptteile gruppieren: Persönlichkeitsmodell (Ich, Es, Über-Ich, Widerstand), Methode der Psychoanalyse, Neurosenlehre sowie (später) Kultur- und Religionsanalyse.

Die Verdrängung der Sexualität und ihre destruktive Wirkung (auf Psyche, Körper, Kultur und Politik) dürfte als zentrales gesellschaftskritisches Bildungsanliegen auch an die "gesunden" Menschen gerichtet gewesen sein.

Religion als "Kindheitsneurose" war ein Thema, das sich nicht in erster Linie an die Psychiatrie wendete, sondern das ganze Christentum und Judentum im Zielfeld hatte. Freud versuchte dann seine Lehre über die Psychoanalyse mit einem Geheimbund (im Sinne einer Loge) für die Zukunft zu schützen. Seine trieborientierte Konzeption stiess auf heftigsten Widerstand bei gleichzeitigem internationalem Interesse.

Adler (1870-1937), Mitglied der Psychologischen Gesellschaft bei Freud, ist mit seinen Theorien über die Psyche des Menschen von Freud vehement zurückgewiesen worden. Seine Studien kreisen um Themen, die mit einigen Stichworten angedeutet werden können: Macht und Minderwertigkeit, Streben nach Kompensation und Überlegenheit, soziale Faktoren und Denken als bedeutende Faktoren in der Noseologie der Neurosen. 1911 nahm Adler Abschied aus diesem Kreis. Er gründete eine eigene Gesellschaft.

Auch Jung (1875-1961) hatte erhebliche Bedenken über die Sexualtheorie vorgebracht. Freud und Jung brachen ihre Beziehung 1913 ab. Jung erarbeitete sein eigenes Werk: das kollektive Unbewusste mit der Archetypenlehre, der Individuationsprozess, die Komplexe und die psychische Energie, die Typenlehre mit den Aspekten Anima-Animus, Maske-Persona, Introversion-Extraversion und die psychischen Funktionen, später dann religionspsychologische Themen. Jung hat sich von seinen eigentlich psychiatrischen Forschungen immer mehr entfernt. Seine Hauptwerke haben mit Psychiatrie, mit Psychopathologie und Psychotherapie direkt kaum mehr etwas zu tun. Das "Numinose", d.h. die geheimnisvollen Tiefen in der menschlichen Seele mit ihren symbolischen Ausdrucksfomen haben eine humanistische, gnostische und auch metaphysische Dimension. Für Jung war diese Dimension unerlässlich für das Verständnis des Menschen.

Reich (1897-1957), nach Auseinandersetzungen mit der Freud-Schule und Ausschluss aus der Internationalen Psychoanalytischen Vereinigung von Wien nach USA ausgewandert, befasste sich mit eigenen Konzepten der Psychotherapie: Charakterpanzerung, gesellschaftliche Ursachen der Neurose, Orgon (psychische Energie/ Bioenergie), Charakteranalyse, Emotionen und psychische Reaktionen, Technik der Psychoanalyse u.a.m. Sein umfassendes Pionierwerk hat mit Lowen u.a. eine neue Entwicklungslinie in der Psychoanalyse geschaffen.

In diesem Zeitraum der Entwicklung der Psychoanalyse ist die Gestaltpsychologie der Berliner Schule anzusiedeln: Wertheimer (1880-1943), Koffka (1886-1941), Köhler (1887-1967) und Lewin (1890-1947). Die Gestaltpsychologie lehrt, dass das Psychische ursprünglich immer als

"Gestalt" und nicht als "Elemente" vorliegt. Ganzheiten organisieren sich nach bestimmten Gesetzen. Sie sind dynamisch und nicht mechanisch. Diese Grundkonzeption des psychischen Raumes bzw. Feldes lässt sich als formales Modell auch auf das Denken, die Bedürfnisse, das Lernen, die Entwicklung, das Gedächtnis und das Verhalten übertragen.

Mit der politischen Entwicklung in Deutschland ab 1932 hat die Psychoanalyse in Europa einen Bruch erfahren. Viele Analytiker sind ausgewandert. Der Anfang des Neo-Freudianismus beginnt in den USA und nach dem Zweiten Weltkrieg in Deutschland. Es ist kaum möglich die Entwicklung in homogene Gruppen einzuteilen. Die Beiträge vieler Psychoanalytiker orientieren sich an ganz unterschiedlichen Themen und Interessen. Sozialpsychologische Betrachtungen, gesellschaftskritische Ansätze und philosophische Grundlegung einer neuen Psychoanalyse sind dazu nur einige Stichworte. Einzelbeiträge zur sog. "Neo-Psychoanalyse" – jetzt weg von den klassischen Pathologiefällen wie Hysterie und Schizophrenie hin zu Narzissmus und Alltagsleben – lieferten vor allem Horney, Sullivan, Kohut, Sandler und Schultz-Hencke. Heben wir dazu einige Beispiele hervor:

Frau Horney (1885-1952) entsexualisierte Freud's Theorie und erkannte, dass viele Neuroseformen weder in der Kindheit noch bei Triebstörungen ihre Ursachen haben, sondern schlicht in Lebensproblemen und Lebenskonflikten wie Krankheit, Schicksalsschlägen, Arbeitslosigkeit, Geldsorgen und Arbeitsplatzprobleme. Sullivan (1892-1948) entwickelte eine interpersonale Theorie der Persönlichkeit mit dem "SelbstSystem", analysierte die Angst als zentralen emotionalen Faktor der Neurose und entwarf eine dynamische Entwicklungspsychologie als Alternative zu Freud's Phasenkonzept (anal-oral-phallisch). Sein Engagement für eine "bessere Gesellschaft" widerspiegelte seine Hoffnungen auf die positiven Möglichkeiten des Menschen. Erikson (1902-1994) erweiterte das Verständnis mit seinem Modell über die psycho-sozialen Entwicklungsstufen. Seine Persönlichkeitstheorie basiert auf acht Phasen der Ich-Entwicklung, die bis ins hohe Erwachsenenalter reichen. Fromm (1900-1980) erweiterte die theoretischen Grundlagen der Psychoanalyse mit Studien zur Liebe, zum Guten und Bösen, zum Narzissmus, zur Freiheit des Menschen und zu einer "neuen Gesellschaft". Sein Menschenbild ist im Gegensatz zu Freud eher optimistisch.

In der Schweiz entwickelte Boss (1903-1990) die Daseinsanalyse. Die erlebnis-bezogene Betrachtungsweise in Raum und Zeit spielt darin eine zentrale Rolle. Daseinsentfaltung und Welterschliessung erhalten zentrale psychische Bedeutung. Der Weg zum eigenen Selbstsein, zur psychisch-geistigen Ganzheit ist der Verlauf der Psychoanalyse. Die Liebe spielt in der

Anwendung der psychoanalytischen Technik eine Hauptfunktion. Boss lehnt dabei den Begriff des Unbewussten kategorisch ab. Er stellte die Psychotherapie auf eine neue Grundlage: philosophisches Verständnis erhält eine menschen-gerechtere Bedeutung gegenüber trieborientierten naturwissenschaftlichen Betrachtungsweisen. Von der American Psychological Association erhielt er den Preis "Grosse Psychotherapeuten", womit sein Ansatz – gründend auf dem Philosophen Heidegger – international Anerkennung gefunden hat. Szondi (1893-1986) erweiterte die Ich-Analyse und die Triebanalyse mit seiner "Schicksalsanalyse". Er analysierte mit einem akribischen System die Zusammenhänge zwischen Genetik (Stammbaum) und psychischer Wirklichkeit. Er hat eine Kategorisierung von Strebungen und Bedürfnissen entwickelt, die als Erklärung psychopathologischer Erscheinungen dienen sollte. Er schaffte den Begriff des "familiären Unbewussten", darin die Gesamtheit der Ahnenansprüche enthalten seien. Seine psychoanalytische Praxis erhält daraus ganz neue Arbeitsformen.

Die Psychoanalyse in den USA hat die "Kultur der Psychoanalyse in Europa" verloren. Es entwickelte sich ein "wohlbestallter psychoanalytischer Berufs-stand" (Russell Jacoby 1990). Noch immer erheben medizinisch orientierte Psychoanalytiker den Anspruch, sie seien die Einzigen, die das Recht haben, sich Psychoanalytiker zu nennen und die Psychoanalyse auszuüben. Die Geschichte der Psychotherapie ab ca. 1920 läuft diesem Anspruch aber davon. Dennoch wurde gestritten – und wird noch immer gestritten – über die sog. "Laienanalyse" nicht-medizinischer Psychoanalytiker. Ausserhalb der orthodoxen Psychoanalytiker sind die "wilden Psychoanalytiker" und die "Laienanalytiker", damals wie heute.

Mitscherlich, Adorno, Sartre, Jaspers und Holzkamp – um nur einige Namen zu nennen – eröffneten in den 60-er und 70er Jahren erweiterte Diskussionen in der Frage nach dem Menschen bzw. der Psychologie und Neurosenlehre der Psychoanalyse und Psychotherapie. Gesellschaftskritische Betrachtungen schliessen wieder den Bogen zu Freud's Engagement in Sachen Kultur und Gesellschaft.

Parallel zur Neo-Psychoanalyse – und zu den andern Psychologiekonzepten – entwickelte sich in den USA, später in Europa eine neue Bewegung, fern von der Tiefenpsychologie: Der Humanismus in der Psychologie. Rogers (1902-1987) ging von der Idee aus, dass in jedem Menschen "unermessliche Quellen" sind, die verhelfen, sein Leben zu verändern und sich selbst zu werden. Im Mittelpunkt seiner Persönlichkeitstheorie steht das Konzept vom "Selbst". Den Einstellungen und Gefühlen, die der Mensch über sich selbst hat, steht das Ideal-Selbst gegenüber. Selbstaktualisierung und Selbstwerdung stehen im Blickfeld seines Interesses. Dazu hat er eine besondere Therapieform entwickelt, heute bekannt als "klientenzentrierte Gesprächspsychotherapie". Die Selbstverwirklichung nimmt bei Rogers einen breiten Raum ein. Allerdings kann diesem Konzept wenig Theoriewert beigemessen werden, ebenso wie auch seiner Konzeption zur Persönlichkeit (das "Selbst"). Angst, Widerstandanalyse, Sexualität (Triebdynamik), Schuld und Depression liegen wenig in seinem Interessenbereich. Rogers Engagement verschiebt sich zu den sog. "Encountergroups". Offenheit, Ehrlichkeit, Anteilnahme und Aktualisierung des "Hier-Jetzt" sind charakteristisch für seine Methode. Die philosophische Orientierung liegt im Humanismus, teilweise sicher auch im Religiösen.

Maslow (1908-1970) gilt als Hauptvertreter dieser Humanistischen Psychologie. Er sieht diesen Weg als echte Alternative zur Orthodoxie des Freudianismus. Das Transzendente und das Transpersonale erhalten eine elementare Bedeutung im Verständnis über den Menschen und sein Leiden. Im Zentrum steht eine neue Lebensweise, nicht einfach Heilung eines Leidens. Allerdings hat er nicht den (psychiatrisch) kranken Menschen in seinem Blickfeld, sondern den "normalgesunden", in seiner Verwirklichung behinderten Menschen. Anknüpfungspunkte zu James (1842-1910) und Dewey (1859-1952) sind hier erkennbar. Er glaubt an die Liebe, an das Gute im Menschen und an die Möglichkeiten einer neuen Welt, geprägt eben von diesem psycho-transzendentalen Humanismus. Die Befriedigung der Grundbedürfnisse ist Voraussetzung dazu. Sein Modell des selbstverwirklichten Menschen ist geprägt von dieser Hoffnung und Liebe. Die Gestalttherapie von Perls (1893-1970) lässt sich in diese psychologische Entwicklungslinie einordnen, wobei hier psychoanalytische Elemente und Ideen des Existentialismus mitprägend sind. Die Verstärkung der sinnlichen Wahrnehmung und des Körpergefühls sind Übungselemente in der Psychotherapie dieser Richtung.

Frankl (1905-1997) gehört zur zweiten Wiener Generation. Sein umfassendes Werk wird gepriesen als "Überwindung des psychoanalytischen Nihilismus", als "Wiederherstellung Gottes in der Seele", als "... erfüllt von glühendem Humanismus". Seine sinnorientierte "Logotherapie" gilt als die "Dritte Wiener Schule" nebst Adler und Freud. Frankl hat über 25 Bücher geschrieben, die in 14 Sprachen übersetzt sind und vor allem in Amerika breite Anerkennung gefunden haben. Sie erhalten dennoch in den Lehrbüchern über Persönlichkeitstheorie keinen Platz. Die Sinnfrage des Lebens und generell metaphysische Fragen über den Menschen und das Leben sind Rahmen und zentrierende Kräfte in seiner Psychoanalyse und Neurosenlehre. Das Religiöse im Menschen und die Sinnfrage des Daseins haben schon ihre Grundlagen gefunden bei James, z.B. in seiner Studie über die menschliche Natur (Die Vielfalt religiöser Erfahrungen, 1901/1902); ein Ansatz, der bei Freud damals nicht auf Interesse gestossen ist. In diese Reihe gehört auch Graf Dürckheim (1896). Sein geistiges Gut basiert auf der Ganzheitspsychologie, der Gestaltpsychologie, der Arbeit Jung's und vor allem Meister Eckhart. Die religiöse Bodenlosigkeit bezeichnete er als wesentliche Ursache für das "Nicht-Heilsein". Wir finden bei Frankl und Graf Dürckheim zentrale Verbindungen zur humanistischen Psychologie. Ihre Wurzeln sind bei James (1842-1910) anzusiedeln, der im Gegensatz zum Behaviorismus die Introspektion für einen unerlässlichen Weg zur Analyse des Bewusstseins hielt. Aus diesem Feld hat sich die heutige "transpersonale Psychologie" entwickelt (Assagioli, Grof, Tart u.a.m.).

Die heutigen Entspannungstechniken, Hypnose und Imagination haben ihren Ursprung in der Psychiatrie, ebenfalls schon im 19.Jahrhundert, teilweise aus demselben Feld um Charcot, Bernheim und Liébault. Schultz (J.H.), Langen und andere sowie in Frankreich Chertok haben an diese Tradition anknüpfend Methoden der Suggestion, der Hypnose und der Entspannung – als Teile der psychoanalytischen Praxis – entwickelt, die nicht nur in der Psychiatrie von Belang sind. Auch in Amerika wird Hypnose als Psychotherapie wieder aufgegriffen (vgl. Erickson M.H.). Mental-Training, Imagination und das Autogene Training haben europaweit Eingang in die allgemeine Volksbildung gefunden.

Ist diese Richtung "Neo-Psychoanalyse" oder eine völlig neue Entwicklung in Theorie und Praxis der Psychoanalyse? Janet meinte 1919: "Der Niedergang der Hypnose in der Geschichte der Psychotherapie ist ein momentaner Unfall ... hypnotische Suggestion wird wiederkommen." (Chertok 1973).

Tatsächlich hat heute diese Tradition eine Wiederbelebung gefunden in der ärztlichen Praxis und vor allem im Sektor der praktischen Lebenshilfe, der Psycho-Esoterik und der Naturheilpraktik. Das "Neuro-linguistische Programmieren" (NLP) greift darauf zurück (Grinder/Bandler 1991; Bandler/MacDonald 1991).

Parallel zur Entwicklung der Psychoanalyse, der Neo-Psychoanalyse und der humanistischen Psychologie formte sich der Behaviorismus zunehmend zu einer Herausforderung für die Psychoanalyse: Watson (1878-1958), Hull (1884-1952), Skinner (1904-1990) und Eysenck (1916) befassten sich mit den psychischen Kräften und ihren Lernprozessen sowie mit einer allgemeinen Persönlichkeitstheorie. Sie erstellten dazu vielfältige naturwissenschaftliche Methoden. Die faktorenanalytische (nomothetische) Persönlichkeitstheorie und die Gesetze des Lernens sind Hauptergebnisse. Sie legten die Grundsteine und leisteten wissenschaftliche Pionierarbeit im Bereiche der experimentellen Psychologie, der Lernpsychologie, der Sozialpsychologie sowie der Wahrnehmungspsychologie. Daraus entstand die Verhaltenstherapie als eigenständiges neues Konzept, unabhängig und fern von den psychoanalytischen Theorien und Techniken. Im Wesentlichen konzentriert sich die Verhaltenstherapie auf klar operationalisierte Therapieziele im Bereich von Verhalten, Denken und Gefühlen. Das Umlernen geschieht in vielen Varianten, zum Beispiel: Umkonditionieren, Modelllernen, Sebstbehauptungstraining, Aversionstherapie, systematische Desensibilisierung u.a.m. Die Anwendungsbereiche erschliessen das breite Feld der psychischen Störungen und Devianz, einschliesslich Sucht und Delinquenz.

Die Psychologie des Behaviorismus, wie sie zum Beispiel Watson verstand, dürfte der Vergangenheit angehören: "Psychologie ist ein vollkommen objektiver experimenteller Zweig der Naturwissenschaft, der der Introspektion genauso wenig bedarf, wie etwa die Chemie und Physik" (1913). Doch mit dem Behaviorismus – dazu gehört auch Pawlow (1849-1936) – sind Betrachtungsweisen und Forschungsmethoden entwickelt worden, die ohne Zweifel auch in Zukunft einen entscheidenden Platz in der psychologischen Forschung einzunehmen haben – neben vielen andern Konzeptionen der Erkenntnisgewinnung und Theorienbildung.

Die Klinische Psychologie versteht sich u.a. als Anschluss an Piaget's klinische Methode in der Entwicklungspsychologie und somit als angewandte Wissenschaft (Baumann 1979). Mit ihrem wissenschaftlichen Anspruch gehört sie in die Reihe des Behaviorismus.

Der "Klinische Psychologe" arbeitet in sozialpädagogischen Institutionen, in Heimen für Kinder und Jugendliche, in Fürsorgestellen, in Kliniken, in der Psychiatrie und Geriatrie; danebst auch in eigener Praxis. Die Klinische Psychologie befasst sich mit psychischen und psychosozialen Reaktionen im Sinne von Krankheit, Schwierigkeit und Störung. Klinische Arbeit ist: Prävention, Therapie, Beratung, Analyse, sozialpädagogische Arbeit und Diagnostik. Die philosophisch-anthropologische Orientierung zentriert sich humanistisch: "Ganz ähnlich wie in der Psychotherapie soll (bei der klinischen Psychologie) das Individuum eigentlich zur konfliktfreien Entfaltung seiner Persönlichkeit gebracht werden." (Schraml/Baumann 1975, I, 716). Der Klinische Psychologe kann das ganze Methoden-Repertoire von Erziehung, Beratung, Psychoanalyse, Verhaltenstherapie, Milieutherapie, Analytische Gruppenpsychotherapie, Kinderpsychotherapie, Eheberatung, Gesprächspsychotherapie, Entspannung und Hypnose sowie psychagogischen Methoden nutzen. Der Klinische Psychologe ist nicht Arzt, d.h. auch nicht Psychiater. Klinische Psychologie ist der Versuch einer technologisch orientierten Professionalisierung des Psychologen neben der ärztlichen Psychoanalyse (Petermann/Schmook 1977, I,II; Baumann/Berbalk/ Seidenstücker 1978).

Psychotherapie und psychologische Beratung lassen sich von ihrer praktischen Tätigkeit her nicht klar abgrenzen. Therapie und Beratung sind Kommunikationsprozesse. Eine Gruppe Berater grenzt sich mit ihrer definierten Tätigkeit gegenüber der Psychotherapie ab. Es sind dies: Eheberater, Erziehungsberater, Jugendberater, Sexualberater, Lebensberater, Werbepsychologen, Psychagogen, Trainer, Lernhilfeberater, Karriereberater, Gruppendynamiker, Sozialpsychologen, Betriebspsychologen u.s.w. Diese Fachleute sind Spezialisten in einem praktischen Krisen-Teilbereich oder in Gebieten wie z.B. Kommunikation, Gruppendynamik, Schule, Medien, Umwelt, Wirtschaft, Gesundheit, Polizei bzw. Rechtswesen, Politik u.a.m. Gewisse Überschneidungen mit der Klinischen Psychologie sind erkennbar (vgl. Lück 1986, 29).

Die Ausgangslage in der praktischen Beratertätigkeit ist zum Beispiel ein Konflikt, ein Problem, eine Schwierigkeit, eine besondere Herausforderung des Klienten. Die Tätigkeit ist ausgerichtet auf: Lageanalyse, Beseitigung von Informationsdefiziten, Stärkung von Selbstvertrauen, Klärung von Werten und Zielen, Lernförderung, Einstellungsänderung, Abbau von Hemmnissen, Aktivierung von Motivation, Festlegung von Entscheidungskriterien und vor allem auch die Förderung des Selbstmanagements in der Problemlage.

Im Allgemeinen umfasst der Tätigkeitsbereich der psychologischen Beratung die Individuation nicht. Sie verstehen sich selbst nicht als Menschenbildner in der psychisch-geistigen Evolution. Die psychologische Menschenbildung ist eingegrenzt durch das fokussierte Sachthema (das "Problem"). Die vollständige Erneuerung des Menschen, von der "inneren Neugeburt" bis hin zur neuen vollständig integrierten Ganzheit (zum sog. "individuierten Menschen") ist nicht ihr Arbeitsziel. Die meisten Berater verfügen über eine akademische Ausbildung und orientieren sich in ihrer Tätigkeit an ihrem spezifischem Fachwissen.

Hinter den Begriffen "Psychoanalytiker", "Psychotherapeut", "Klinischer Psychologe" und "Psychologischer Berater" verbirgt sich eine Vielfalt an Theorien, Methoden und "Objektfeldern". Die Bedeutungen sind gegenseitig nicht mehr abgrenzbar. Die "Grauzone" ist vieldeutig und in der Praxis so reichhaltig wie das Leben ihrer Klienten. Zudem hat jeder Berufstätige seine persönlichen Neigungen. Mancher entfernt sich im Laufe der Berufsjahre von seiner "Schule" und arbeitet so, wie die Lebenssituation im einzelnen Fall drängt.

Was als sog. "Lehranalyse" deklariert ist, hat zwischen den verschiedenen Schulen eine sehr divergierende Realität. Mindestens zwei Drittel einer Lehranalyse könnte u.E. ohne Einschränkung der Bildungsleistung im Gruppenverband erfolgen. Es ist uns keine evaluierte Theorie bekannt, die dieser These widerspricht. Nicht zu Unrecht hat Balint die konfliktäre Lage der Psychoanalyse auch unter dem Gesichtspunkt der (übertragenen) Vater-Sohn-Problematik diskutiert (Balint 1981, 307-346).

Der allgemeine Markt der "populären Esoterik" (z.B. New Age Bewegung, praktische Parapsychologie, Magie, Geistheilung, psycho-religiöse Bewegungen), einschliesslich der esoterisch-psychologischen Lebenshilfe, gilt als ein angrenzendes Tätigkeitsfeld der Psychoberatung. Das Marktangebot ist breit. Gemäss Inseraten wird da unter vielem angeboten: Therapie, Atemtherapie, angewandte Neurosystemik, mentales Heilen, körperorientierte Therapie, NLP-Training, Bewusstheit durch Bewegung, Bio-Spiritualität, Gestaltarbeit, Psychodrama, Theaterpädagogik, Training gegen Essstörungen, Astrologie, Chirologie, Persönlichkeitsentfaltung, Autogenes Training, Yoga, Grafologie, Encounter, katathymes Bilderleben, esoterische Weisheiten, Auraanalyse, Geistheilung, Rückführung, praktische Magie, Kontakte mit dem Jenseits, Ufologie, Gesundheit mit Mineralien, Aromatherapie, Huna, mentale Alchemie, Entwicklung der persönlichen Potentiale, mystische Erfahrungen, höheres Bewusstsein, Ekstase, Hellsehen, Zukunftsschau, Evolution der Psyche, Tarot, Pendeln, Lichterfahrungen und manches mehr (siehe Zeitschriften "ESOTERA" und "PSYCHOLOGIE HEUTE").

Die Träger sind vielfältig und fast durchwegs kommerziell: Zentren, Haus der Ruhe, Ferienbildungscenter, Praxis, Seminarort, Schule, Institut, Forum, Fortbildungszentrum, Akademie, Lebensschule, Märchenzentrum, Heil-Zentrum, Therapiehaus, Lehrstätte, Meditationszentrum u.s.w. Nebst Autodidaktikern und "Self-made-men" (-women) gibt es in diesem Tätigkeitsbereich auch akademisch qualifizierte Fachleute, die eine Integration von wissenschaftlicher Praxis und Spiritualität praktizieren. Einige der Anbieter liefern dazu auch verschiedene Ausbildungsgänge zum Psychotherapeuten, Analytiker, Berater, Experten oder Lehrer.

Damit haben wir das Feld der Psychotherapie, Psychoanalyse und Psychoberatung grob skizziert. Wir sind uns bewusst, dass die Liste der (wenigen) Frauen und (vielen) Männer, die wertvolle Beiträge – vor allem auch eigene Theorien und Konzepte – geliefert haben, noch durch weitere Namen ergänzt werden müsste: Janov, Kelly, Cattell, Maeder, Loewenstein, Moreno, Grof, Allport, Berne, Jones, Binswanger und weitere sind zu erwähnen.

Der skizzierte Überblick genügt, um einige wesentliche Charakteristiken festzustellen:

Die Begriffe, die die Schulen kennzeichnen, verdeutlichen einige erste
Probleme: Wie kann man die verschiedenen Richtungen bzw. Lehrsysteme
gruppieren? Es gibt eine Vielzahl an Wissenschaftsbereichen. Was ist
Therapie? Was ist Analyse? Die Praxis ist vielschichtig und variabel. Was ist
eine Theorie der Persönlichkeit? Ist zum Beispiel die Individualpsychologie
wirklich Tiefenpsychologie? Ist ein metaphysischer Ansatz in der
Psychoanalyse noch immer psychoanalytische Theorie und Praxis? Ist die
Analytische Psychologie mehr "analytisch" als die Psychoanalyse von Freud?
Ist die Verhaltenstherapie nicht ebenso eine "analytische" (d.h. "zerlegende")
Psychologie wie die Psychoanalyse? Die Humanistische Psychologie kann
nicht als "die Dritte Kraft" bezeichnet werden (nebst der Psychoanalyse und
dem Behaviorismus). Denn es gibt vor, neben und nach Rogers und Maslow
noch einige Lehrsysteme bzw. Schulen, die auch als "bedeutende Kräfte" in
der Geschichte der Psychologie dieses Jahrhunderts bezeichnet werden
können. Die Transpersonale Psychologie verkündet sich seit ca. 1968 als die
"vierte Kraft", als eine "höhere Psychologie", eben transpersonal und
transhumanistisch. Kosmische Erfahrungen, teils im Sinne der Mystik, teils
im Sinne der Jenseitswirklichkeit sollen über die eigene Lerngeschichte
hinausführen. Fernöstliche Elemente über die Wege der Erleuchtung sind in
dieser Psychologie unverkennbar (Grof 1985; Tart 1978).

Die verschiedenen Schulen und Lehren sind in ihren Begriffssystemen und in
ihren Theorien (Konzepten, Modellen) überwiegend unvereinbar. Freud,
Jung, Adler und andere haben ganz verschiedene Traumtheorien entwickelt.
Es gibt Positionen, die die Träume bzw. die Traumdeutung als unwichtig
erachten.Die Definitionen über das Unbewusste weichen teilweise erheblich
voneinander ab.

Bei manchen Schulen existiert das Unbewusste überhaupt nicht. Die
Konzepte über menschliche Entwicklung sind sehr unterschiedlich
grundgelegt. Es gibt trieborientierte Modelle, sozialpsychologische Modelle
und auch mehr geistig-transzendental verwurzelte Modelle. Das Modell des
Individuationsprozesses von Jung ist einmalig im ganzen Feld der Psychologie
bzw. Psychotherapie. Die Bilder über den Menschen und das Leben der
einzelnen Lehren weichen voneinander erheblich ab.

Solche Gegensätzlichkeiten zeigen sich schon ab Beginn der Entwicklung der
psychoanalytischen Lehren in der Zeit um 1890 bis 1920 (Ellenberger, 1973,
1, 14). Die alten "Kämpfe" zwischen den einzelnen Schulen dauern noch
immer an und haben an Härte der gegenseitigen Disqualifizierung nichts ver-

loren. (Siehe dazu ein regionales Beispiel bei: Bischofberger A., Pfusch auf dem Psychomarkt, Seite 41 ff; und Gutberlet M., "Verhaltenstherapie gegen den Rest der Welt, Seite 47-48; in der Zeitschrift der Schweizerischen Gesellschaft für Psychotherapie "Brennpunkt", Nr.53, Nov.1992, Jg. 14; und in: "RISS", Zeitschrift für Psychoanalyse. 7.Jg., Nr.21, 1992 "Laienanalyse als Symptom").

Die Wissenschaftlichkeit der Psychoanalyse und auch der humanistischen Psychotherapie wird von einigen Fachleuten (anderer Positionen) grundsätzlich in Frage gestellt. Auch die Analytische Psychologie und generell Konzepte über die geistige Entwicklung des Menschen werden von Vertretern der empirischen Wissenschaft als "ausserwissenschaftlich" eingestuft. Der Streit um die Theorienbildung und die Forschungsmethoden wird immer wieder neu akademisch geführt.

Es gibt über hundert einzelne Therapiemethoden (Seifert/Waiblinger 1993; Linden/Hautzinger 1981). Viele davon sind untereinander unvereinbar; manche davon sind seit Jahrzehnten wenig verändert, werden gar doktrinär vertreten. Was die einen für unabdingbar nötig halten, beachten andere überhaupt nicht. Einige nehmen technokratische Positionen ein, während andere sich der Spiritualität verpflichten. Die darauf aufbauende Menschenbildung hat notwendigerweise praktische Konsequenzen.

Konzepte der Kurztherapie versprechen Probleme zu lösen, wo andere sagen, dazu seien viele Stunden der tiefenpsychologischen Arbeit nötig. Parapsychologische Arbeitsmethoden (z.B. Hypnose, Mental-Training, psycho-energetische Arbeitsformen) halten fast alle für Scharlatanerie, zumindest für unerheblich. Unklar ist, ob die Psychoanalyse nur eine Therapiemethode (mit eigener Persönlichkeitstheorie) ist, oder eine persönliche tiefenpsychologische Bildung für Selbsterkenntnis und Entfaltung. Dieselbe Frage gilt vor allem auch für die humanistische Psychotherapie. Es ist wahrscheinlich, dass der "Heilfaktor" in der Psychotherapie sehr wenig mit der spezifischen Methode und den entsprechenden Theorien zu tun hat, vielmehr grundlegend dadurch geschieht, dass der Klient sich überhaupt mit sich selbst befasst und weiss, dass er Neues lernen muss – also sich bildet, um seine Lage zu verändern. Das aber ist Persönlichkeitsbildung.

Die Abhängigkeit von den Gründern (z.B. Freud, Adler, Jung, Rogers, Reich und andere mehr) ist heute in der Praxis vielfach offensichtlich und prägend. Die Entwicklungen muss man auch unter kommerziellen Gesichtspunkten kritisch untersuchen. Eine staatlich anerkannte und ins medizinische bzw. sozialpädagogische System integrierte Professionalisierung bedeutet Arbeitsplätze und Krankenkassenfinanzierung.

Die Diskussionen um einzelne Erfolgsquoten werden mehr im Hintergrund bzw. auf wissenschaftlicher Ebene geführt. Ein Blick in die Literatur zeigt: Die Erfolgskontrollen sind teilweise dürftig und die festgestellten Erfolge sind überwiegend nicht überzeugend. Sie stehen meist in keinem Verhältnis zum Aufwand und zu der Ausbildungsqualifikation. Die Diskussion um methodische Probleme ist heute so aktuell wie vor Jahren. Die Schwierigkeit ergibt sich allein schon aus den unterschiedlichen Ansätzen des Menschenverständnisses. Die "konfliktfreie Entfaltung der Persönlichkeit" zum Beispiel muss als realitätsfremder Humanismus, als Sehnsucht nach dem Paradies und als Illusion bezeichnet werden. Eine Erfolgskontrolle wäre dazu auch gar nicht durchführbar. Die generelle Problematik der Erfolgsbeurteilung liegt im Bereich der Langzeitkontrolle, der Ganzheitlichkeit und der verdeckten Problemverschiebung. Aber auch äussere Faktoren beeinflussen den Verlauf einer Erfolgssituation erheblich: Neue äussere Situationen wie zum Beispiel Arbeitslosigkeit, finanzielle Veränderungen, neue Beziehungen, Veränderungen am Arbeitsplatz und/oder in der Familie, Verlauf einer Karriere, eine Krankheit oder ein Unfall und manches mehr können die alten Problemstrukturen in neuen Formen wieder aufleben lassen. Eine andere Frage ist: Wie können Sinnerleben, Selbstverwirklichung, Glückserleben und innere Zufriedenheit (um nur drei Stichworte zu geben) "empirisch" gemessen werden?

Es ist grundsätzlich fraglich, ob all die Leiden, die die Psychotherapeuten zu heilen versuchen, überhaupt als "psychische Krankheiten" bezeichnet werden dürfen und damit unter die Gesetzgebung des Gesundheitswesens fallen. Die unterschiedlichen Konzepte über Neurose, Konflikte, Krisen und Störungen verdeutlichen dieses Problem schon im Ansatz. Wollten Freud, Adler und Jung zuerst Erklärungen und Heilungsmethoden finden für psychisch Kranke (im Sinne der damaligen Psychiatrie), so steht heute der Mensch mit seinen lebensnahen Schwierigkeiten, Lebensproblemen und Unzufriedenheiten im Vordergrund, vor allem bei der humanistischen Psychologie und der "psycho-transzendentalen Therapie". Aus Lehrkonzepten und auch in der Praxis kann man erkennen: Was eigentliche Selbsterkenntnis, Selbstbildung und Selbstentfaltung ist, wird als "Psychotherapie" bzw. "Psychoanalyse" deklariert. Psychoanalyse ist u.E. elementar Selbsterkenntnis und Persönlichkeitsbildung (vgl. Hartmann 1973, 70). Wo Krisen, Konflikte, Schwierigkeiten und Lebensleiden (die immer zum Leben gehören) als Therapiefälle deklariert werden, werden das Nicht-Leiden und die "konfliktfreie Persönlichkeit" zum Kriterium der Gesundheit (des emanzipierten Menschen?). Das ist aber u.E. eine Pervertierung des Lebens.

Die Professionalisierung im Bereich Psychotherapie und Psychoanalyse zeigt einige erhebliche Probleme. Das ergibt sich aus den unterschiedlichen

Positionen. Die Innovationsfähigkeit der einzelnen Schulen scheint allgemein eher gering zu sein. Der Einblick in einige Unterlagen der postgraduaten Ausbildungsgänge verdeutlicht u.a.: unterschiedliche Lehrpläne, teilweise extrem hohe Kosten, unterschiedliche Dauer und "Creditpoints", unterschiedliche Ansprüche an die eigene Analyse und innere Entwicklung der Kandidaten.

Wir haben, stützend auf Literatur und persönliche Begegnungen, nicht einen einzigen Vertreter dieser Richtungen finden können, der die psychisch-geistige Entwicklung (Individuation) bis zum Ziel erreicht hätte. Wir beurteilen den Stand der persönlichen Entwicklung der Psychoanalytiker bzw. Psychotherapeuten in Anbetracht der Anforderungen (langjährige eigene Analyse) und des autoritativ gesetzten Images mehrheitlich als mässig bis niedrig. Eine gewisse "narzisstische Konflikthaftigkeit" scheint trotz Lehranalyse vielfach nicht geklärt werden zu können (Battegay 1979, 137).

Schliesslich ist generell zu fragen, welche gesellschaftliche Bedeutung die einzelnen Schulen im Jahrhundertüberblick haben. Es ist nach wie vor eine Tatsache, dass schätzungsweise ca. 80% der europäischen Bevölkerung an dieser Dienstleistung nicht Anteil nimmt, Randbegegnungen nicht berücksichtigt.

Früher bezeichnete man in einschlägigen Kreisen den Zürichsee als der "Psychologensee". Das kann auch heute noch gesagt werden (vgl. Obermüller Klara: Marktplatz der Seele. Die Weltwoche. Zürich 17.8.1995, Nr.33). Doch: wieviele Schweizer können sich über einen längeren Zeitraum (z.B. ein Jahr) diese Hilfe auf eigene Kosten leisten? In Spanien zum Beispiel ist die Lage noch krasser. Wohl 90-95 % der Bevölkerung könnte sich eine psychologische Hilfe – Psychoanalyse, Psychotherapie – nicht einmal einige Monate lang selbst finanzieren. Die Psychologendichte ist entsprechend. Lück (1986, 55) sieht in der Gruppenarbeit einen Weg zur finanziellen Entlastung bei gleichbleibenden psychoanalytischen und psychotherapeutischen Zielsetzungen. Die "Psychotherapie für die Massen" hat Freud gefordert (Balint 1981, 320). Uns scheint, die Psychoanalytiker haben diesen Bildungsauftrag überhört.

Die gesamte Psychologie – insbesondere die Psychoanalyse und Psychotherapie ist als Wissenschaft in ständiger Entwicklung. Es ist der Psychologie bis heute noch nicht gelungen, den Menschen in den Industriestaaten die psychische Wirklichkeit umfassend vertraut zu machen. Das geradezu gigantische Sektenwesen in den USA (Ruthven 1991) und zunehmend in Europa zeigt deutlich, wie anfällig der Mensch noch immer ist für Ideologien, Dogmen und Mythen sowie auch für fundamentalistisches Denken.

Man mag sich fragen, welches Ideengut vielleicht schon bald als die "fünfte Kraft" oder die "sechste Kraft" angehoben wird. Begrifflich ist da allerdings kaum mehr ein Weg offen: Von "Reiz-Reaktion" über das "Unbewusste", über das "Numinose des kollektiven Unbewussten" bis hin zu "Selbstverwirklichung", "Transzendenz" und "Kosmos" sind alle Dimensionen schon verpachtet. Die "neue kosmische Weltordnung" und das "universelle Leben" melden auch schon Herrschaftsansprüche an.

Für die Grundlegung der Andragogik als Wissenschaft und Praxis der Menschenbildung ergeben sich daraus einige Folgerungen:

Die Andragogik ist weder Psychiatrie, noch medizinische Psychotherapie, noch Psychoanalyse im Sinne der orthodoxen Lehre, noch eine Lehre der Psychotherapie. Die Andragogik ist kein Heilverfahren für psychische oder psychosomatische Krankheiten.

Als Kriterien der Psychotherapie zur Abgrenzung gegenüber der Andragogik können gelten (Becker 1982, 42):

1) Notwendigkeit der medizinischen Betreuung;
2) Notwendigkeit der Fürsorge;
3) Behinderung in der selbständigen Lebensführung;
4) Reduzierung/Einschränkung in den allgemeinen Lebensformen;
5) Arbeitsunfähigkeit oder eingeschränkte Arbeitsfähigkeit;
6) Aktualität der Selbstschädigung.

Die Andragogik befasst sich nicht mit Krankheiten und Störungen, die diese Komponenten aufweisen. Diese fallen in die Kompetenz der medizinischen und klinischen Psychotherapie. Hingegen fallen in die Kompetenz der Andragogik alle Formen von Störungen, Krisen, Schwierigkeiten und menschlichem (psychisch-existentiellem) Leiden, die diese Komponenten nicht aufweisen. Allgemeine neurotische Störungen sind durchaus ein Arbeitsgebiet der Andragogik, da per definitionem ohnehin über neunzig Prozent der Menschen bis zu einem gewissen Grad "neurotisch" sind. Viele Therapeuten und Analytiker arbeiten mit Klienten, die nicht unter diese Kriterienliste fallen. Diese Klientengruppe kann deshalb durchaus als "gesund" bezeichnet werden. Ihre "Therapie" ist demzufolge eine andragogische Praxis, d.h. Menschenbildung.

Aus unserer philosophisch-anthropologischen Sicht kann es nie Ziel der Menschenbildung sein, das Leiden durch psychologische Praktiken völlig abschaffen zu wollen und das "glückliche Leben ohne Leiden" zum höchsten Ziel zu deklarieren. Das halten wir für eine Arroganz dem Leben gegenüber und auch für eine eher kindliche Illusion. Leiden ist immer Teil der menschlichen Realität. Leiden ist weder ein "Übel", noch ein "Unrecht", noch eine "Grausamkeit" an sich (Assagioli 1992, 142/260). Leiden ist auch Teil der psychisch-geistigen Evolution. Denn es gibt keine Entfaltung der Liebeskraft ohne Leiden und es gibt keine entscheidende Bewusstseinserweiterung ohne Leiden. Das setzen wir als These.

Die zukünftige Andragogik in Theorie und Praxis ist ohne Integration der Theorien der Tiefenpsychologie nicht denkbar. Es ist Aufgabe der Andragogik, ein integratives Persönlichkeitsmodell zu entwickeln, das die Elemente der verschiedenen Schulen miteinbezieht. Das ist entgegen aller Streitigkeiten der Fachleute durchaus möglich. Schliesslich verfügen die verschiedenen Lehren über wissenschaftlich begründete Arbeitsformen, die ebenfalls als Teil der Andragogik gelten. Das Arbeitsziel und die einzelnen Konfliktthemen entscheiden über die Anwendung einer bestimmten Methode.

Die verschiedenen Berufsgruppen decken einen Teilbereich der andragogischen Praxis ab, insofern sie beratend, stützend, helfend, tröstend, lehrend und führend Menschen begleiten in Momenten von Krisen, Störungen, Schwierigkeiten und Problemen des Lebens aller Art. Die Psychokatharsis und die Gestaltung des Individuationsprozesses verlangen wiederum andere Methoden. Segmente der psychologischen, der therapeutischen und analytischen Praxis sind ein Bereich der Andragogik, wie wir diesen Fachbereich definiert haben. Die Andragogik hat ein Konzept zu erarbeiten, wie Klienten einerseits im Bereich von Krisen, Konflikten, Schwierigkeiten und Lebensleiden sowie anderseits im Bereich der Individuation und Selbsterkenntnis zu beraten und zu begleiten sind.

Generell ist hervorzuheben, dass sich hinter der Psychoanalyse, Psychotherapie und Psychoberatung nichts anderes als Selbsterkenntnis (Selbstbesinnung), Selbstbildung und Selbstentfaltung (Selbsterneuerung) in vielen Varianten und Theoriekonzepten verbirgt. Kernziele der Psychoanalyse, wie z.B. "starkes kritisches Ich", "frei von unnötigen Identifikationen", "frei von automatischer Übertragung" und "frei von Denkschablonen" und ähnliche mehr sind gewiss zentrale Ziele der Persönlichkeitsbildung im Sinne der Individuation (Balint 1981, 317). Dies ist doch nichts anderes als "gewöhnliche" Persönlichkeitsbildung bzw. Menschenbildung mit Lebensberatung. Das Konzept der klassischen Psychoanalyse und Psychotherapie, welcher Schule auch immer, ist für die allgemeine Persönlichkeitsbildung und Individuation aber ungeeignet. Die spezifische Beratungssituation Klient-Analytiker bzw. Patient-Therapeut rechtfertigt sich nur durch das spezifische Interesse und Bedürfnis, gewisse sehr persönliche Dinge in intimem Rahmen besprechen und bearbeiten zu können. Unabhängig von der Intimität gewisser Lebensthemen gibt es auch Sachthemen, die nicht in eine Gruppe mit Teilnehmern aus aller Art Gesellschafts- und Berufsgruppen gehören. Der überwiegend grössere Teil der analytischen und therapeutischen Lernprozesse lässt sich jedoch ebensogut – wir behaupten: sogar besser – im Gruppenverband (Unterricht) erreichen. Man kann durchaus auch das Unbewusste und die Traumarbeit in einer Gruppe sachlich und meditativ bearbeiten, ohne eine besonders therapeutisch wirkende Übertragungssituation schaffen zu müssen.

Erweitert man analytische und therapeutische Lernprozesse zu einer umfassenden Persönlichkeitsbildung und systematisiert man die dazugehörige Wissensaneignung und Erfahrung durch Training zu Lerneinheiten, so kann man daraus ein didaktisch fundiertes Programm der Persönlichkeitsbildung erstellen. Inhalt und Verlauf sind hier nicht mehr dem Zufall der Gruppendynamik (oder der Einzelstunde) überlassen, sondern klar strukturiert als systematische ganzheitliche Persönlichkeits- und Lebensbildung. Tägliche Hausaufgaben, Übungen und Lektüre, gehören mit zum Programm. Denn eigentlich weiss es jeder: ohne Anstrengung kann man im Leben keine hohen Ziele erreichen. Persönlichkeitsbildung und Individuation, allenfalls verbunden mit Lebensberatung, bedeutet Arbeit, Weg und Ziel. Das ist unser neues Bildungsverständnis der Andragogik.

4. Die Sackgasse der Pädagogik und Erwachsenenbildung

Bis zum 18.Jahrhundert war die Pädagogik ein Teilgebiet der Philosophie: Pädagogik galt als praktische Philosophie. Dann begann die Zeit der eigentlichen Pädagogik. Alle grossen Pädagogen haben sich in der folgenden Zeit bis heute auch mit Volksbildung, d.h. mit Menschenbildung befasst. Mancher von ihnen bezieht sich auf Plato oder Aristoteles. In Plato's "Politeia" findet sich die vermutlich erste Bildungstheorie. Tugend, kompetentes Denken und Handeln sowie Befreiung und innere Freiheit stehen den beruflichen Fähigkeiten (für Gelderwerb) gegenüber. Bewusstseinsbildung ist überhaupt der Kern von Plato's Menschenbildung. Im mittelalterlichen Bildungsbegriff wird "Bildung" theologisch interpretiert und erhält bei Meister Eckhart (1260-1327) die höchste geistige Ausprägungsform in der "unio mystica". Weit weg von solchen Tiefen ist der Bildungsbegriff der Aufklärung. Vernunft, eigene Kraft und rechte Tugend sind zu dieser Zeit die Inhalte von Bildung (Wehnes 1991).

Erziehung und Menschenbildung sind durch die ganze Geschichte des Christentums zentrale Aufgaben gewesen. Die Philosophie des Mittelalters findet in der kirchlichen Praxis ihren wesentlichen aktiven pädagogischen Ausdruck. Die christlichen Kirchen sind deshalb als die entscheidenden Bildungsträger des Abendlandes, zumindst bis ins 18.Jahrhundert zu bezeichnen. Wir wollen aus der Geschichte der Pädagogik einige Aspekte der Menschenbildung kurz beleuchten (Knoop/Schwab 1992; Horney u.a. 1970; Böhm 1980; Scheuerl 1985).

Comenius (1592-1670) gilt als erster grosser Theoretiker einer systematischen und umfassenden Pädagogik, eingeschlossen die Bildung der Erwachsenen und Alten. Der Mensch ist lernfähig, lernbedürftig und verdient als "Geschöpf Gottes und Mitglied der universalen Menschengemeinschaft" angemessen behandelt bzw. gebildet zu werden.

Rousseau (1712-1778) interpretierte den Menschen im Spannungsfeld zwischen Gesellschaft und individuellen Möglichkeiten: "Alles ist gut und entartet unter den Händen der Menschen". Freiheit, Gleichheit und Emanzipation waren Ziele seiner Idee vom "neuen Menschen". Seine Kulturkritik kreist um das Problem der "Verkopfung", der Entfremdung durch Rationalisierung und Technisierung des Lebens.

Humboldt (1767-1835) setzt den Anfang einer umfassenden Bildungstheorie. Bildung erhält für ihn in der Zerrissenheit seiner Zeit eine herausragende Bedeutung. Bildung führt zu Selbstbewusstsein, zu einer allseitig harmonisch geformten Individualität und Selbstentfaltung. Dabei wird Bildung getrennt in allgemeine Menschenbildung und Berufsbildung. Beherrschend ist die Leitidee der "allgemein menschlichen und allseitig harmonischen Bildung".

Herbart (1776-1841) lehrte über die Moralität als höchstes Gut der Menschenbildung. Er gilt als "der letzte Philosoph unter den Pädagogen und der letzte Pädagoge unter den Philosophen". Fragen des öffentlichen Lebens werden unter pädagogischer Perspektive betrachtet. Seine Menschenbildung zentriert sich um die Sittlichkeit – als "die Krönung der Charakterbildung" –, wobei die Ethik das Ziel vorgibt und die Psychologie die Wege und Mittel dazu.

Fröbel (1782-1852) gründete die "Allgemeine deutsche Erziehungsanstalt" und befasste sich mit "Menschenerziehung" (1826). Der Mensch solle sich verbunden erleben mit dem Kosmos und mit Gott. Der Mensch ist zu sich selbst zurückzuführen, wo jeder seinen "höheren Lebenszweck" entdecken soll. "Lebenseinigung" mit der Natur, mit der Menschheit und mit Gott gilt als Leitbild dieses Menschenverständnisses.

Pestalozzi (1746-1827) ist weltweit bekannt mit seiner Lehre über "Kopf-, Hand- und Herz-Bildung". Die "moderne Volksbildung" hat von ihm bis heute bleibende Anregungen erhalten. Erziehung verstand er als "Erfüllung der eigenen Bestimmung" und integrierte dazu Volk, Familie und Vaterland. Er war nie ausschliesslich Kindererzieher. Er war auch ein Theoretiker der Volkserziehung. Ein Kernsatz von ihm lautet: "Das Leben bildet". Zweck der allgemeinen Menschenbildung ist die Emporbildung der inneren Kräfte der Menschennatur. Berufsbildung sei deshalb der Menschenbildung untergeordnet.

Schleiermacher (1768-1834) hat die Pädagogik als Handlungs-Wissenschaft (Theorie und Praxis) mit historisch-ethischer Verantwortung fundiert. Das Leitbild war die Mündigkeit des einzelnen im Staat. Pädagogik und Staat haben eine gemeinsame Interessenbasis: Die Aufrechterhaltung des Staates. Die Menschenbildung steht damit im dialektischen Verhältnis zu den Interessen der Gesellschaft. Dialektisch zueinander stehen auch Sittlichkeit und Triebnatur, Ideelles und Reales sowie Vernunft und individuelle Natur.

Dilthey (1833-1911) verstand die Erziehung als "Ausformung aller psychischen Funktionen". Er entwarf eine Teleologie des Seelenlebens, eine Lehre der psychischen Funktionen und Methoden des Verstehens (Hermeneutik). Das Seelenleben versteht er als ganzheitliches Gefüge, eingebettet in die historischen Kulturbereiche. Bei aller Geschichtlichkeit des menschlichen Lebens ist das Seelenleben unabhängig gegeben. Hierin gründen Bildungsidee und Menschenbildung.

Natorp (1854-1924) befasste sich mit der "sozialen Volkskultur und der Persönlichkeitskultur". Er stand der Arbeiter-, Familien- und Frauenbewegung nahe. Volksbildungsaufgaben nahmen bedeutenden Raum ein. Als Neukantianer sah er die Ziele der Menschenbildung in der Durchsetzung des Vernunftgesetzes. Darauf basieren Ethik und Tugendlehre. Der Mensch als Teil der Gemeinschaft ist zu Vernunftaktivität und zur Wahrheit zu bilden. Trieb, Wille und Vernunft werden in einen Sinn- und Wertzusammenhang eingeordnet.

Kerschensteiner (1854-1932) leistete erhebliche Beiträge zur Arbeiterschule sowie zur Theorie und Praxis der staatsbürgerlichen Erziehung. Das Menschenbild ist praktisch ausgerichtet: "Der Charakter entwickelt sich durch Handeln" ist sein Grundaxiom der Bildung. Berufsbildung versteht er als "Pforte zur Menschenbildung".

Spranger (1882-1963) war besonders engagiert am Thema Bildung im Wechselspiel zwischen Geist-Seele-Kultur sowie an der Volksbildung ("Allgemeinbildung"). Er entwarf auch eine Kulturpädagogik und eine geisteswissenschaftliche Psychologie. Zudem entwickelte er das Dreistufenmodell: Grundlegende Bildung – Berufsausbildung – Allgemeinbildung. Nicht die freie Entfaltung der Persönlichkeit ist das höchste Ziel, sondern die "besten Werte" vom sozialen Ganzen nehmen und die eigenen besten Werte zurückgeben. Den Erwachsenen sieht er in stetem Wandlungsprozess ("Lebensstufen"), womit das permanente Lernen und das stete Wachstum implizit als naturgemäss betrachtet werden muss.

Montessori (1870-1952) ist bekannt durch ihre "Pädagogik vom Kinde aus". Sie hat in ihrem Engagement die Erwachsenen scharf in Kritik genommen: als Verursacher der Kriege, von Hungersnöten, von Ungerechtigkeit, von Elend und als Erfinder der Atombombe. Der Erwachsene ist zu ändern, hat in seiner Selbstbildung mobiler zu werden und neue Formen des eigenen Lebens zu entwickeln. Nicht nur das Kind ist vom Erwachsenen abhängig; auch der Erwachsene steht dem Kind gegenüber in Abhängigkeit.

Litt (1880-1962) konzipierte seine Pädagogik grundlegend an philosophischen Überlegungen. Den Menschen als Bildungsthema stellte er in die Dimension von Geist und Sein. Sinnverwirklichung verstand er einerseits im Kontext mit metaphysischen Ideen und anderseits im Zusammenhang mit Arbeit und Beruf. Hier vollziehe sich Menschenbildung.

Flitner (1889-1990) stand der Volksbildung sehr nahe (Volkshochschulbewegung). Lebensstil, Kulturüberlieferungen und Erziehungsformen stehen vor der Theorie. Menschenbildung ist nach ihm immer auch im grösseren Zusammenhang der abendländischen Geistes- und Kulturgeschichte zu verstehen. Sinnfragen und Werte gehören ebenso zum Verständnis der Bildung wie philosophisches Denken. Mit der Hervorhebung der besonderen Verantwortung des Pädagogen und Erwachsenenbildners will er die Bildung und Erziehung als eigenständige Wissenschaft verstanden wissen, insbesondere auch die gesellschaftliche und humanistische praktische Relevanz betonen. Erwachsenenbildung ist Lebenslehre. Der Mensch ist bis zum Lebensende bildungsbedürftig.

Eine erste Wende in der Geschichte der Pädagogik seit dem 18.Jahrhundert ist anfangs 20.Jahrhundert festzustellen. Flitner (1889-1990), Nohl (1879-1960), Weniger (1894-1961), Roth (1906-1983) und andere lieferten in der ersten Hälfte dieses Jahrhunderts erhebliche Beiträge zur Menschenbildung. Historisch-hermeneutische Reflexionen, Gedanken zur Erziehungsphilosophie und Kultur- bzw. Wertpädagogik waren Leitlinien in der Beschäftigung mit der Menschenbildung. Die Pädagogik und "Erziehung des Menschen" erhält Wissenschaftscharakter, zuerst hermeneutisch-pragmatisch, dann allmählich auch empirisch.

Eine tiefgehende Analyse der Erziehungsprozesse in Anlehnung an die Erkenntnisse der Tiefenpsychologie ist nicht vorgenommen worden (mit wenigen Ausnahmen; z.B. Aichhorn 1878-1949). "Der Aufbau der Person" von Lersch, "Die Schichten der Persönlichkeit" von Rothacker und die "Grundlagen der Charakterkunde" von Klages (1872-1956) gelten als Persönlichkeitstheorien der Pädagogik. Für die Menschenbildung der Pädagogik galten diese Lehren als umwälzend. Einige Grundbegriffe bzw. Erkenntnisse haben noch heute in der Alltagssprache ihren Platz, so z.B. "Choleriker, Melancholiker, Sanguiniker, Phlegmatiker", die "Lebensformen" von Spranger (der religiöse, soziale, ökonomische, ästhetische, theoretische Mensch und der Machtmensch) sowie die Konstitutionstypen von Kretschmer. Die wissenschaftliche Persönlichkeitspsychologie ist aus dieser Charakterologie hervorgegangen.

Eine zweite Neuorientierung – gewissermassen die wissenschaftliche Revolution in der Pädagogik – beginnt ab ca. 1955-1960 (wir sprechen hier vor allem vom deutsch-sprachigen Raum). Die Pädagogik wird systematische empirische Wissenschaft. Grosse Pionierarbeit in der Prägung des neuen Wissenschaftsverständnisses haben hierzu Roth, Röhrs, Klafki, Brezinka, Mollenhauer und Blankertz geleistet. Allmählich entwickelte sich die

Unterrichts- und Curriculumforschung sowie die Schulreform. In der Didaktik wird Bildung zweiseitig verstanden: Auf der einen Seite das Material und auf der andern Seite der Mensch. Umgang mit der Welt, Gegenstandsbewusstsein und Sinnverständnis kennzeichnen dieses neue Bildungsverständnis der Didaktik. Die Erwachsenenbildung wird zur "education permanente" erklärt. Der Deutsche Bildungsrat (1970) forderte staatliche Verantwortung für die Erwachsenenbildung; ohne Erfolg, stellt Mattl (1991, 529) fest.

Während in der Psychologie und Psychoanalyse bereits ab Ende 19.Jahrhundert enorme theoretische Pionierarbeit geleistet wurde, fand die Pädagogik bis nach Mitte 20.Jahrhundert noch keine tiefgreifende theoretische Umwälzung, abgesehen von der "Reformpädagogik" (ca. 1900-1914, 1920-1930). Allmählich prägte die Pädagogik ihre wissenschaftliche Identität von der geisteswissenschaftlichen Hermeneutik zur empirischen Wissenschaft. Grosse Leistungen finden wir in der praktischen Lehrerbildung und Volksschule sowie in der Etablierung der Erwachsenenbildung und Erziehungsberatung. Pionierarbeit wurde auch im breiten Feld der Sozialpädagogik, das heisst in der Heimerziehung für Kinder und Jugendliche sowie in der Sozialarbeit geleistet. Das Heimerziehungswesen stellte den Pädagogen ebensolche Herausforderungen wie den Psychiatern die Anstalts-Psychiatrie um die Jahrhundertwende (vgl. z.B. Montessori).

Eine weitere Reformentwicklung in diesem Jahrhundert, im Zeitraum 1960-1980, erweiterte das Bildungsinteresse mit umfassenden Schulreformprogrammen, Curriculumtheorien und einem neuen Wissenschaftsverständnis. Die Suche nach einem neuen Bildungsverständnis nimmt breiten Raum ein (Roth 1991). Humanistische Anliegen und Engagements stehen dabei zeitweise markant zur Diskussion. Pädagogen plädieren für ein ethisch besseres individuelles und gesellschaftliches Leben. Emanzipation und Freiheit von Ideologie und Dogmatimus sowie technisch-praktische Kompetenzen kennzeichnen die Bildungskonzeption dieser neuen Aera.

Ab ca. Mitte 1975 wird das gesamte Gebiet der Pädagogik und Erwachsenen-bildung tiefgehend durchforscht und breit ausgebaut. Wissenschaftstheoretische Bekenntnisse in Anlehnung an Habermas (Erkenntnisinteresse), Albert (Ethik und kritische Rationalität) und Topitsch (Ideologiefreiheit) gehören zur Einleitung vieler Studien. Die "Frankfurter Schule" (Adorno, Horkheimer, Habermas) und der Positivismus (Popper) beeinflussten erheblich die Identitätssuche der Pädagogik und ihre neue Sicht der Theorie und Praxis zur Bildung des Menschen. Die sprachlichen Formulierungen entfernen sich allerdings sosehr von der Alltagsrealität dessen, was "Persönlichkeitsbildung" ist, dass eine neuartige Entfremdung zur Praxis der Bildung entstanden ist. Vielleicht auch ist das nur die theoretische Distanzierung, um das Erkenntnisinteresse objektiv und operational fassen zu können.

Das Unbewusste, das Traumleben und die Triebkonzeption der Psychoanalyse haben noch keine umfassende Aufnahme in die Erziehungstheorie gefunden. Pädagogikprofessoren und Pädagogen aller Schularten haben sich noch nicht zu einer eigenen "Lehranalyse" (oder sagen wir: "Bildungsanalyse") durchringen können (Habermas 1973, 262 f., 290 Anm.). Konzepte der psychisch-geistigen Entfaltung, etwa im Sinne von Jung oder Fromm, stehen der Bildungsidee noch immer fern. Von religiöser "Gewissensbildung", metaphysischen "Sinnfragen" und christlichen "Tugenden" hatten manche Pädagogen der jüngeren Generation ziemlich genug erfahren. Curriculumforschung und Schulreformprogramme stehen im Blickfeld des "modernen Pädagogen", von Ausnahmen selbstverständlich abgesehen (Oser 1976; Brezinka 1978). Eine Wende in Richtung "Werte-Erziehung" bzw. Gewissensbildung ist heute wieder zu erkennen (Oser/ Althof 1994; Oser/Althof/Garz 1986).

Menschenbildung verstand sich anfangs Jahrhundert als Volksbildung. Die älteren Begriffe "Volkserziehung und Volksbildung" sind aus der Pädagogik entstanden. Sie erfassen das ganze Spektrum der Erwachsenenbildung. Im 19.Jahrhundert wurde Volksbildung von der Arbeiterbewegung, den Kirchen und dem Bürgertum (sog. "bürgerlich-liberale Volksbildung") betrieben. In den zwanziger Jahren ist in Deutschland der Begriff "freie Volksbildung" eingeführt worden.

Erst nach 1945 wurde der Begriff Erwachsenenbildung eingeführt. Im 20.Jahrhundert entwickelte sich die Volksbildung in politischen, kirchlichen, christlich-karitativen und pädagogischen Organisationen sowie in Hochschulinstituten. Erwachsenenbildung im Sinne der pädagogischen Praxis finden wir heute in vielen Organisationen und Gesellschaftsgruppen: Gemeinden, Kirchen, private Träger (Einzelpersonen und Gesellschaften), parteipolitische Institutionen und alternative Bewegungen (z.B. Frauenzentren).

Betrachten wir die Erwachsenenbildung als etwas historisch Vorgegebenes, so können wir folgende Teilsysteme erkennen: 1) Praxisfelder (Einrichtungen); 2) Träger; 3) Interessengruppen (Wirtschaft, Kirchen, Parteien etc.); 4) das staatliche Bildungssystem; 5) Berufstätige; 6) Teilnehmer; 7) Didaktik; 8) Inhalte; 9) Einrichtungen wie Bibliotheken, Museen etc.; 10) Verbände; 11) Institutionen der Berufsbildung zum Erwachsenenbildner; 12) Wissenschaft mit Lehre und Forschung; 13) Rechtswesen. – Bei dieser Vielfalt stellt sich unweigerlich die Frage, welche Charakteristiken das Gefüge "Erwachsenenbildung" zusammenhalten. Es gibt verschiedene Organisationsstrukturen, einen vielseitigen Aufgabenkatalog und Sachbereiche, die den unterschiedlichsten Wissenschaftszweigen zugeordnet werden können. Anderseits haben wir hier nicht nur Strukturen und Prozesse einer Organisationsvielfalt, sondern ebenso vielfältige Person-Strukturen seitens der Teilnehmer. Diese Person-Strukturen können wiederum in komplexen Umweltstrukturen gesehen werden, z.b. Mikro-, Meso-, Exo- und Makrosystemen (nach Bronfenbrenner 1989). Unser Bildungsbegriff zur Erwachsenenbildung wird diese Vernetzung miteinbeziehen müssen.

Organisatorisch wird die Erwachsenenbildung bzw. Volksbildung der Erziehungswissenschaft bzw. Pädagogik zugeordnet. So unwidersprochen ist diese Zuordnung aber nicht. Kade schlägt hier vor, eine "übergreifende Bildungswissenschaft" zu etablieren (Kade, in: Krüger/Rauschenbach 1994, 159).

Erwachsenenbildung erschliesst nebst beruflicher und allgemeiner Weiterbildung: politische Erziehung, Lebensbildung, Kulturbildung, geistige Bildung, Erziehung zu Mündigkeit und Emanzipation, Krisenintervention, Lebenshilfe, philosophische Bildung und Führung des Menschen zu differenzierterem Bewusstsein und ethischem Handeln. Eine Unterteilung in erzieherische, psychologische, fachspezifische, religiöse, geistige, kulturelle, lebenspraktische und philosophische Bildung ist praktisch kaum möglich (Tietgens 1981). Erwachsenenbildung ist ein Handlungsfeld und insofern für die Wissenschaft eine Handlungswissenschaft ("Agogik"). Das Problem der Wissenschaftszuordnung ist damit aber nicht gelöst. Denn: "(Es gibt) weder konstitutionell noch historisch eine originäre Wissenschaft von der Erwachsenenbildung" (Tietgens, in: Mader 1991, 47).

Die Erwachsenenbildung hat sich allmählich zu einem selbständigen ausseruniversitären Zweig entwickelt. Dazu gehören unter anderem: Volkshochschularbeit, Elternbildung, Freizeitpädagogik, Massenmedien, Jugend- und Altenbetreuung. Es gibt keine wissenschaftliche Tradition, die die Erwachsenenbildung – im weitesten Sinne des Begriffes – dem Fachbereich der Psychologie zuordnet. Allerdings werden gewisse Forschungen wie z.B. Lernprozesse Erwachsener, Sozialisation, Interaktion und Motivation überwiegend im psychologischen Wissenschaftsbereich durchgeführt.

Die aktuelle kirchliche Erwachsenenbildung ist vielfächerig, zentriert sich einerseits um sittliche Bildung und anderseits um religiöse Unterweisung.

Selbstverständlich bemüht sie sich auch um Allgemeinbildung und sogar um berufliche Bildung. Die Praxis vollzieht sich im Unterricht, in Vorträgen, in Seminarien, in Begegnungsveranstaltungen, im Gottesdienst und natürlich auch im persönlichen beratenden Gespräch. Zentrale Bildungsinhalte dieser kirchlichen Erwachsenenbildung sind: Nächstenliebe und Gottesliebe, Elternliebe, Sittlichkeit, Sexualerziehung, Ehevorbereitung bzw. Ehe- und Familienerziehung, Gewissensbildung, Gerechtigkeit, Friede, Leid- und Tod-Integration, Willensbildung und Lebensdisziplin, Pflicht und Treue, Ehrlichkeit und Wahrhaftigkeit, Freude und Hoffnung als Lebenseinstellung und manches mehr.

In diesen psychologisch-geistigen, philosophisch-gnostischen und ethisch--lebens-praktischen Themenkatalog mischt sich quer durch eine Vielfalt an Lehren und Dogmen über Gott, Christus und die Schöpfung. Die Erziehung zum Glauben ist in allen Themenbereichen elementarer Bestandteil dieser Erwachsenenbildung. Trennt man diese Bildungsthemen von den spezifisch religiösen Lehrsätzen, dann zeigt sich als Rest eine Menschenbildung mit einer Vielfalt an eher vereinfachten und überholten Theorien zur Persönlichkeitspsychologie und philosophischen Anthropologie.

Seit den 60er Jahren wird die Wissenschaft der Erwachsenenbildung als erziehungswissenschaftliche Teildisziplin mit interdisziplinärem Zuschnitt konzipiert. Der Begriff "Erwachsenenbildung" bezieht sich heute überwiegend auf schulische und berufliche Bildung im Sinne der Fort- und Weiterbildung (z.B. 2. Bildungsweg; Weiterbildung als Karrierebausteine); aber auch Hobbykurse und persönlichkeitsbildende Kurse sind miteingeschlossen.

Der Begriff "Erwachsenenpädagogik" wird manchmal synonym verwendet, schliesst auch Fachbildung für Berufe mit ein. Allgemeine Bildung über Bereiche wie Kultur, Geschichte, Musik, Sprachen, Religionen u.a.m. werden im allgemeinen ebenfalls der Erwachsenenbildung zugeteilt. Die wohl kürzeste Definition der Erwachsenenbildung heisst: "... (sie) umfasst organisierte Aktivitäten und Programme, welche sich mit der Bildung Erwachsener befasst." (Siebert 1991; Pöggeler 1974; Tietgens 1981; Klafki 1971). Betrachten wir nachfolgend die Praxis in einigen Stichworten.

Erwachsenenbildung meint generell: Vermittlung von Kenntnissen und Einsichten, intentionaler Bildungsprozess, Selbstbildung im Sinne der Vervollkommnung, Hilfeleistungen zum Lernen, rationale Einwirkung zwecks grösserer Befähigung, ohne Anstrebung weltanschaulicher oder politischer Denk- und Verhaltensweise (zumindest an den Volkshochschulen). Das schliesst ein enorm breites Zielspektrum mit ein: Wissensvermittlung,

Solidarität, Charakterbildung, Verantwortungsfähigkeit, Lebenshilfe, Kreativität, Sinnvermittlung, Frieden, Gewaltlosigkeit, Tugenden, Moralität, Daseinsorientierung u.s.w.

Tietgens (1981, 30) formuliert zur Legitimation der Erwachsenenbildung vier gesellschaftliche Hauptmerkmale: 1) Umfeld, das für das Individuum abstrakt geworden ist; 2) eine Zukunftsperspektive ohne Zuversicht; 3) das Zusammenleben, das unter der Polarisierung von Passivität und Aktionsdrang leidet; und 4) die individuelle Handhabung des Rechts zur Reflexion auf sich selbst. Dieselben Begründungsthemen werden heute im Zusamenhang mit der "Risikogesellschaft" und der "Erlebniskultur" wieder aktualisiert.

Die Träger sind überwiegend staatsfrei organisiert. Je nach Träger sind die Zwecke unterschiedlich definiert (Mattl 1991). Die Träger der Erwachsenenbildung sind: Berufsschulen und Fachschulen, Volkshochschule, kirchliche Institute, esoterische Vereinigungen, Verbände und Vereine, Betriebe, kommunale Einrichtungen, soziale Bewegungen, Privatpersonen, kommerzielle Institute (Akademien), Stiftungen, Öko-Bewegungen, Dritt-Welt-Organisationen, Gesundheitsbewegungen, Selbsthilfegruppen, alternative Bildungshäuser, Psycho-Zentren, Freizeitzentren, Gewerkschaften. Als Träger und Anbieter können auch diverse Massenmedien, insbesondere das Fernsehen bezeichnet werden.

Die Erwachsenenbildner verfügen je nach Fach über sehr unterschiedliche fachliche Ausbildung. Die beruflich Tätigen sind überwiegend nebenamtlich, teils ehrenamtlich. Gemäss Jüting (zit. in: Schäffter 1993/3, 444) sind etwa 95% aller Lehrkräfte in der Erwachsenenbildung nebenberuflich engagiert. Die Berufsleute werden bezeichnet mit: Erwachsenenpädagogen, Bildungsreferenten, Schulungsexperten, Trainer, pädagogische Mitarbeiter, Diplompädagogen, Andragogen, Kursleiter, Lehrer, Pfarrer, Sozialarbeiter, Sozialpädagogen sowie "Fachleute" aus allen Berufszweigen. Eine Professionalität ohne Identität kennzeichnet diese Berufsgattung (Künzel 1991).

Was tun all diese Mitarbeiter der Erwachsenenbildung? Viele Worte kennzeichnen ihre Tätigkeiten: Bildung, Unterweisung, Training, Verhaltensänderung, Einstellungsänderung, Menschenführung, Seelsorge, Unterrichten, Lehren, Umschulen, Beratung, Psychagogik, Sozialisation, Therapie u.a.m. Solche Tätigkeiten richten sich teilweise auf singuläre Lernprozesse und teilweise auf ganzheitliche Menschenbildung.

Diese Identitätsproblematik bezieht sich aber nicht nur auf die Professiona-lität, sondern ebenso auf den Fächerkanon. Dieses Problem zeigt sich folglich auf allen Ebenen. Bedeutet "Erwachsenenbildung" (nach Tietgens 1981) "alles, was sich als Erwachsenenbildung deklariert", so kann auch keine klare Konzeption der Wissenschaft und keine klare Legitimation entwickelt werden (Tietgens 1981, 11, 18, 19, 24). Die Spannbreite von beruflichen Qualifikationen über Selbsterfahrung (heute fester Bestandteil der Erwachsenenbildung) bis hin zu Hobbykursen kann unmöglich mit "einer Theorie der Erwachsenenbildung" eingefangen werden. Erwachsenenbildungsprogramme zu: Beruf, Freizeit, Konsum, Medien, Gesundheit, Verkehr, Militär, Denken, Lernen, Gefühle, Verhalten, Sexualität, Familie, Kindererziehung, Kunst, Sprache, Recht, Politik, Kirchen (Religionen), Umwelt; insgesamt also Inhalte weit über den Fächerkanon des Abiturs (der Matura) hinaus.

Die Zielgruppen sind sehr vielfältig und in keiner Hinsicht homogen: innerbe-triebliches Personal, Berufstätige, Einzelpersonen mit spezifischen Interessen, Randgruppen, Jugend bzw. junge Erwachsene (ab ca. 16 Jahren), Alte/Senio-ren, Arbeitslose, Mitglieder der Trägerorganisation. Etwa 10-15 % der Erwachsenen finden den Weg zur Erwachsenenbildung (Pöggeler, zit. in: Rebel. In: Benning 1986, 378). Die Grundfrage ist noch heute aktuell: Wie können die restlichen 85-90% der erwachsenen Bevölkerung (oder wenigstens ein Drittel) zur Teilnahme an Erwachsenenbildungsaktivitäten bewegt werden?

Bildungsprogramme werden in der Erwachsenenbildung über das Prinzip Angebot und Nachfrage geregelt. Nicht eine Bildungstheorie, nicht eine sozialisationstheoretische Begründung und auch nicht die Teilnehmerorientierung entscheiden über die Programmstruktur. "Der Beitrag der wissenschaftlichen Theorien zur Programmgestaltung ist gering" (Siebert 1994, 315). Es wird das realisiert, "was sich bewährt hat". Die "Marktgängigkeit" hat das Überleben der Volkshochschulen in Deutschland bis heute garantiert (Nuissl/Rein 1994, 303).

Das Marketing hängt erheblich von den Trägern und den Zielgruppen ab. In der Tendenz kann man feststellen, dass private Träger andere Marketingstrategien verwenden als institutionelle bzw. kommunale Träger. Die Entwicklung der Erwachsenenbildung hängt wesentlich von der Finanzierung ab. Staatliche Unterstützungen sind in vielen Fällen nicht gegeben (allerdings: Gesamtaufwand der Volkshochschulen in Ost- und Westdeutschland 1992: rund 1,4 Milliarden DM; in: "Nachrichten", Grundlagen der Weiterbildung 6/1993, 371). Private Organisationen und Betriebe finanzieren vielfach den ganzen, meist einen überwiegenden Teil der Aufwandkosten.
Die Investitionen der Wirtschaft für die betriebliche Weiterbildung sind

enorm. "Im Jahre 1992 haben insgesamt rund 18,8 Mio. Mitarbeiter an internen oder externen betrieblichen Weiterbildungsmassnahmen teilgenommen. Einschliesslich der indirekten Kosten der Lohnfortzahlung haben die Unternehmen einen Betrag von 36,5 Milliarden DM für die Weiterbildung aufgewendet." (Weiss; in Grundlagen der Weiterbildung 1994/4, 177). In demselben Heft wird unter "Nachrichten" (S.238) zusätzlich vermerkt, dass aufgrund der schwierigen Kostenerfassungsmöglichkeiten (indirekte Kosten), der Gesamtbetrag der Investitionen für Weiterbildung noch "erheblich darüber hinausgehen dürften". Das Schweizerische "Bundesimpulsprogramm Weiterbildungsoffensive", ein Programm für den Zeitraum 1992-1996, hat bis heute 550 Weiterbildungsprojekte finanziell unterstützt (Schmitter, Ch.; in: Grundlagen der Weiterbildung 1994/4, 208).
Manche Träger erreichen ihre Zielgruppen mit ihren Ideologien und dogmatichen Lehren bzw. moralischen Verpflichtungen. Die Zielgruppen im Bereich "reiner Kommerz" müssen die Dienstleistung in vollem Umfange bezahlen, was in Zeiten der Rezession Folgen hat. Das Prinzip "Arbeit gegen Bezahlung" findet in der Erwachsenenbildung keine umfassende Geltung.

"Weiterbildung ist als ein gesellschaftliches Subsystem zu verstehen, das den zunehmenden Synchronisationsbedarf zwischen den unterschiedlichen Temporalstrukturen gesellschaftlicher Teilsysteme in Form persönlich bedeutsamer Diskrepanzen aufgreift, diese als Lernansätze definiert und schliesslich über Lernorganisation operationalisiert" (Schäffter 1993, 460).

In dieser Vernetzung ist Erwachsenenbildung Teil des Bildungssystems eines Staates (Isenegger 1977, 13 und 212). Die Erwachsenenbildung hat individuelle Bedeutung, nationale Wichtigkeit und internationale Notwendigkeit. Dies wird von allen Experten, einschliesslich der UNESCO einstimmig bestätigt. Kennzeichnend für die Erwachsenenbildung ist seit den 60er Jahren bis heute: Heterogenität der Vorkenntnisse und sozialen Schichten, vielfältiges und uneingegrenztes Fächerangebot gemäss Nachfrage (keine Kanonisierung der Fächer), Ablehnung eines einzigen Menschenbildes als Orientierung, kein einheitlicher Bildungsbegriff, Fehlen einer Profilierung, kein einheitliches erziehungswissenschaftliches Paradigma, verschiedene Motivationen für alle Altersgruppen, vielfältige erzieherische (bildende) Absichten, Bildungsangebot gemäss Bedarf in den Berufsgebieten, variable örtliche Einrichtungen, Bildung des Einzelnen (Berufsbedarf und Gesellschaftserwartungen gleichermassen im Fächerangebot), breite Begründungsbasis bzw. Legitimation.

Die Frage nach der "Theorie der Erwachsenenbildung" wird deutlich beantwortet: "Der Stand der Diskussion ist durch die Vielzahl theoretischer Zugänge und Ansätze zur Erwachsenenbildung gekennzeichnet, die bestenfalls als Theorie-Versatzstücke bezeichnet werden können" (Dewe 1988, 25). Ferner gibt es in der Erwachsenenbildung kein anerkanntes Paradigma (Dewe 1988, 16), d.h. keine anerkannten gültigen Modelle und Beispiele zur Lösung von Praxisproblemen.

Am 14. Kongress der Deutschen Gesellschaft für Erziehungswissenschaft wird dazu festgehalten: "Die Situation in der Erwachsenenpädagogik oder Andragogik (ist) sehr unübersichtlich geworden"; und: "Schon bei der Beschreibung und Analyse dessen, was als 'Erwachsenen- und Weiterbildung' bezeichnet wird, existieren ernste Probleme"; und weiter: "Eine 'unklare Identität' zeigt sich beispielsweise in der manchmal oberflächlichen Differenzierung von Erwachsenenbildung als eigenständigen Praxisbereich oder als abgegrenzter Disziplin ..." (Alheit/Tippelt 1994, 368-369).

Nietzsche hat die Bildungsideale seiner Zeit mit dem Wort "Bildungsphilister" hart kritisiert. Die Geschichte des Ersten und Zweiten Weltkrieges gab in den Jahren nach der Jahrhundertmitte Anlass zu massiver Infragestellung dessen, was "Bildung" war (Fend 1974). Keiner der Pädagogen – soweit dem Verfasser bekannt – könnte als "individuierter Mensch" oder als "Weiser" (im Sinne von Platos Modell der höchsten Stufe psychisch-geistiger Entwicklung) bezeichnet werden.

Dies ist ein schwerwiegendes Problem. Haben doch die Pädagogen bzw. die Andragogen im Bildungssystem die bedeutendste Verantwortung und grössten Einfluss auf die psychisch-geistige Volksbildung. Ist doch die psychisch-geistige Bildung des Menschen das zentrale Anliegen der deutschen Pädagogik seit 200 Jahren. Es scheint, dass der Bildungsauftrag die umfassende Persönlichkeitsbildung der Menschen nicht erreicht hat. Die gesellschaftliche Bedeutung des Bildungssystems muss aber diese Dimension erreichen.

Mit dem Beginn der Erziehungswissenschaft wurde Bildung im herkömmlichen Verständnis weggedrängt von neuen Fachworten wie z.B. Kompetenz, Sozialisation, Lernprozesse, Verantwortung, Qualifikation und Emanzipation. Seit ca. 1980 drängen sich wieder neue (die alten) Themen zur Diskussion auf: Kritikfähigkeit, Autonomie, Selbstbestimmung, Gewissensbildung, Verantwortung und Mündigkeit. Es wird viel geredet über "Selbstverwirklichung", aber kaum jemand wagt es, Wertungsgrundsätze und Normen zu setzen, die über die bestehenden vagen Gemeinsamkeiten mit den andern oder gar in Widerspruch zu ihnen treten (Brezinka 1978, 217). Die Suche nach dem "ganzen Menschen" drängt die Pädagogen. Ihre Fragen bleiben immer dieselben: Was ist der Mensch? Wie soll der Mensch werden? Wie kann er Sinn im Leben finden? Wie soll er sein Dasein interpretieren?

Und: Wie kann die Pädagogik dem Menschen helfen, auf solche Fragen die richtigen Antworten zu finden und diese selbstverpflichtend angemessen zu leben?

Wir wollen diese Problemstellung mit einigen Zitaten verdeutlichen:

"Im Feudalismus waren alle Menschen insofern gleich, als sie ihre Bestimmung durch ihre Standeszugehörigkeit erhielten, und zwar durch ihre Geburt ... Die bürgerliche Gesellschaft vermittelt über die individuelle Leistungsfähigkeit und Leistungsförderung, die Aufhebung aller Standesschranken ... Die aufklärerische Frage, ob die Menschen von Natur aus gleich oder ungleich sind, wird ... zur Frage, ob die Leistungsfähigkeit des Menschen anlagendeterminiert oder umweltdeterminiert sei ... Der Mensch ist weder anlagedeterminiert wie Pflanze und Tier, seine Imperfektheit (= Unvollendetheit; Verf.) liegt gerade darin, dass seine Bestimmung nicht anlagendeterminiert ist. Er ist auch nicht umweltdeterminiert wie Pflanze und Tier, denn die ihn umgebende Welt ist eine von ihm bearbeitete, gedeutete und zu verändernde ... (daraus folgt:) das Bestimmtsein des Menschen zur Selbstbestimmung ..." (Benner, D. 1993, 292-293).

"... So vermag uns nur das Kind selber zu enthüllen, welches der natürliche Bauplan des Menschen ist" Und weiter: "... Es gibt tiefere Bedürfnisse, bei denen der einzelne allein mit sich selbst sein muss, getrennt von allem und allen, hingegeben einer geheimnisvollen Arbeit. Niemand kann uns helfen, jene innere Abgeschlossenheit zu erreichen, die uns unsere verborgendste und ebenso geheimnisvolle wie reiche und volle Welt zugänglich macht ... Offenbar muss das Prinzip der Ordnung und die Entwicklung des Charakters sowie des Geistes- und Gefühlslebens von dieser geheimnisvollen und verborgenen Quelle ausgehen ..." (Montessori, M.; in Reble, A. 1992, 519-522).

"Ein Tier ist schon alles durch seinen Instinkt ... Der Mensch aber braucht eigene Vernunft...er muss sich selbst den Plan seines Verhaltens machen ... Der Mensch muss ... 1. diszipliniert werden ... 2. kultiviert werden ... 3. klug werden ... (dazu gehören auch Manieren, Artigkeit, Geschmack ...) 4. sich eine gute Gesinnung aneignen ... (Kant, I.; in Reble A. 1992, 319).

"...Möglichst viel Erkenntnis und Bildung - daher möglichst viel Produktion und Bedürfnis - daher möglichst viel Glück - so lautet etwa die Formel. Hier haben wir den Nutzen als Ziel und Zweck der Bildung ... den möglichst grossen Geldgewinn ... die Einsicht ... mit der man alle Wege kennt, auf denen am leichtesten Geld gemacht wird ... rasche Bildung, um schnell ein geldverdienendes Wesen werden zu können ... gründliche Bildung, um ein sehr viel Geld verdienendes Wesen werden zu können ..." (Nietzsche, F.; in: Reble, A. 1992).

"... Und so wie ... die Voraussetzung geistiger Leistungsfähigkeiten in der rassischen Qualität des gegebenen Menschenmaterials liegt, so muss auch im einzelnen die Erziehung zuallererst die körperliche Gesundheit ins Auge fassen und fördern ... Der völkische Staat hat in dieser Erkenntnis seine gesamte Erziehungsarbeit in erster Linie nicht auf das Einpumpen blossen Wissens einzustellen, sondern auf das Heranzüchten kerngesunder Körper. Erst in zweiter Linie kommt dann die Ausbildung der geistigen Fähigkeiten. Hier aber wieder an der Spitze die Entwicklung des Charakters, besonders die Förderung der Willens- und Entschlusskraft, verbunden mit der Erziehung zur Verantwortungsfreudigkeit, und erst als letztes die wissenschaftliche Schulung ..." (Adolf Hitlers Erziehungsgrundsätze; in: Reble, A., 1992, 579).

"Kein Mensch entwickelt sich ... aus sich heraus aufgrund seiner Anlagen und seines Erbpotentials zum Menschen. Er kann nur Mensch ... durch Erziehung werden ..." (Dietrich, T. 1992, 43).

"Das heute weithin registrierbare Fehlen von Wertmassstäben und lohnenswerten Zielen des Erwachsenseins ist Symptom einer generellen Sinnentleerung des Menschseins ..."
(Pöggeler, F. 1970, 168).

Viele Pädagogen haben sich mit den Grundfragen des Menschen und der Bildung des Menschen in Relation zu diesen Fragen beschäftigt. Manche haben Pionierarbeit geleistet und wertvolle Beiträge geliefert. Das Schulsystem, die Erwachsenenbildung und die Institutionen der Sozialpädagogik sind daraus entstanden und haben sich darin entwickelt. Manche dieser Leute können wir hier nur am Rande namentlich erwähnen, so zum Beispiel Claparède, Aichhorn, Steiner, Lazarsfeld, Montessori, Buber, Bernstein, Cope, Weniger, Peterson.

Zentrale Anliegen der Erwachsenenbildung aus der Sicht der Pädagogen sind: Recht aller, durch Bildung am Gesellschaftsleben teilnehmen zu können; Bildung zum Aktiv-sein können an den demokratischen Prozessen; Chancen der sozialen und beruflichen Mobilität; Ermöglichung der Korrektur der Schulbildung; Hilfen zur Orientierung; Urteilsbildung und rationaler Kritik; ständige Neuerwerbung von geistiger Freiheit und Autonomie; Notwendigkeit den ständig sich ändernden Anforderungen gewachsen zu sein; Permanentes Erneuern und Erweitern von Mündigkeit und Reife. Ist der Ablaufprozess der Verwirklichung dieser Anliegen nun "Lernen" "Sozialisation", "Enkulturation", "Bildung" und/oder "Menschwerdung"?

Isenegger fasst die Ziele der Schule philosophisch-anthropologisch wie folgt zusammen: "Es gehört zum Menschen ... mit freiem Willen, dass er sein Leben selbst verantworten kann..."(1977, 24-26, 211 Anm.7). Im Einzelnen referiert er dazu personenbezogene Ziele wie Fähigkeit zur Selbststeuerung, Lernfähigkeit, Fähigkeit zur Problemlösung, positives Selbstbild, Fähigkeit zur gewaltfreien Konfliktlösung. Das Scheitern dieser Bildungsleistung der Schule zeigen uns soziologische und psychologische Studien.

Der skizzierte Überblick genügt, um einige Charakteristiken festzustellen:

Der Begriff "Bildung" hat in der Pädagogik bei der Vielfalt an Zielen und Konzeptionen eine vielseitige Bedeutung von Aspekten der Erziehung, der Kultur, der Gesellschaft und der Berufsschulung bis zum "emanzipierten Menschen". Es ist unerlässlich, den Bildungsbegriff im Zusammenhang mit der "Psyche" des Menschen eindeutig zu definieren.

Die Konzepte über den Menschen als psychisch-geistige Ganzheit beinhalten wiederum vielfältige Elemente, teils mit metaphysischem und teils mit empirischem Gehalt. Das Bildungsverständnis ist so unterschiedlich wie die verschiedenen Konzeptionen darüber, was Pädagogik bzw. Andragogik als Wissenschaft ist und sein soll. Die verschiedenen Positionen gruppieren sich um die Kriterien des Wissenschaftsverständnisses: hermeneutisch-spekulativ, deskriptiv-phänomenologisch und empirisch-positivistisch (Brezinka 1978, 2-10).

Der Begriff "Erziehungswissenschaft" als Abgrenzung gegenüber der (früheren) "Pädagogik" ist eher ein Sprachspiel. Die Pädagogik ist die Wissenschaft der Erziehung und Bildung. Mit der Erweiterung des Wissenschaftsverständnisses besteht noch kein "Zwang" hier neue Sprachformen einzuführen, die nur verwirren und Missverständnisse schaffen. Der Mensch – ob Kind, Jugendlicher, Erwachsener oder Alter – steht im Zentrum des Bildungsauftrages. Dieser Auftrag geht über die Vermittlung von Fähigkeiten und Fertigkeiten für das tägliche und berufliche Leben hinaus. Pluralistische Einheitlichkeit darüber, was Pädagogik bzw. Andragogik als Wissenschaft der Erziehung und Bildung ist, muss geschaffen werden.

Entsprechend dem Verständnis über Bildung und Pädagogik gibt es auch verschiedene Begriffssysteme in den einzelnen Sachbereichen. Die Konzepte über die Psyche, über den Menschen als psychisch-geistige Ganzheit und über die menschliche Entwicklung sind vielfältig. Ideologische und religiöse Interessen scheinen da und dort noch immer die Pädagogik zu prägen.

"Denkstile" und "Imponierprosa" schaffen eine Art "esoterische Gemeinden" oder "Konkurrenztempel" (Rössner 1992, 105-132).

Die Wissenschaftlichkeit gibt seit den 60er Jahren immer noch Anlass zu heftigen Diskursen. Es scheint uns falsch, die phänomenologisch-hermeneutische Position dem empirisch-positivistischen Wissenschaftsverständnis gegenüber zu stellen. Sie ergänzen sich und sind gegenseitig integrative Teile. Man kann eine Wirklichkeit nicht einfach deshalb aus der Wissenschaft ausschliessen, weil sie mit den geliebten naturwissenschaftlichen Methoden nicht reproduzierbar und kontrollierbar ist.

Die Arbeitsmethoden in der Pädagogik sind sehr vielfältig entsprechend ihrem Aufgabenbereich. Lehrerverhalten, Erzieherverhalten, Methoden der Erziehungsberatung, Lehrertraining und sozialpädagogische Interventionskonzepte haben alle ihre je eigene Arbeitskonzeption.

Es fehlt aber an definierten Modellen zur Beratung Erwachsener in der "allgemeinen Persönlichkeitsbildung". Sie sind wohl der psychologischen Beratung zu entlehnen. Doch da fehlt es an einem klaren Bildungsverständnis und an einer Didaktik.

Die Art der Positionen lassen unterschiedliche Denkrichtungen erkennen. Diese wiederum sind charakterisiert durch ihre Art der Wissenschaftlichkeit, das technologische Interesse und das humanistische Engagement der Vertreter bzw. Lehrstuhlinhaber. Neuere Entwicklungen kommen ebenso von Pionieren der Praxis wie von der Wissenschaft. Historisch-kritisch wäre zu fragen, ob das situativ Erfolgreiche und Beherrschende ins Zentrum einer solchen Beurteilung gestellt werden darf (Dräger, in: Tietgens 1985, 31 f.).

Die Erfolgskontrollen sind je nach Fachbereich innerhalb der Pädagogik unterschiedlich. Über die Leistungsbeurteilung gibt es eine kaum mehr überblickbare Literatur. Ebenso bestehen Evaluationskonzepte über das Lehrerverhalten. Der Erfolg der "Persönlichkeitsbildung" hingegen ist bis heute nur kulturkritisch und gesellschaftskritisch umfassend bearbeitet. Es scheint uns unerlässlich zu sein, die psychisch-geistige Bildung von Erwachsenen mit klaren Evaluationskriterien erfassen zu können. Die gesellschaftliche Brisanz mag dabei manchen Wissenschaftler abhalten, sich dieser Problematik zu nähern. Dennoch: Wenn die Pädagogik vom Staat den Bildungsauftrag hat, so ist sie sich selbst auch Rechenschaft schuldig, was die Menschen mit dieser Bildung im Staat bewirken. Wenn täglich viele Menschen grossen Schaden anrichten (z.B. Unfälle, Krankheiten), die Kriminalität immer mehr zunimmt und die Umwelt zerstört wird, so hat die Pädagogik ihre eigene Bildungsidee nicht hinreichend zum Tragen bringen können.

Soweit wir überblicken können, sind die Bereiche der Pädagogik zwar in einzelne Fachgebiete aufgeteilt, aber der Bildungsbegriff und die Zielsetzungen sind eher "schwammig" auf variable Klientengruppen ausgerichtet. Der Mensch mit all seinen geformten und formbaren psychischen Kräften – als Persönlichkeit – ist nicht klar und nicht tief genug in die Konzeptionen der verschiedenen pädagogischen Wirklichkeiten eingebaut. Es fehlt überwiegend ein tiefenpsychologisches Verständnis, das die Bildung der unbewussten Kräfte in das Modell miteinbezieht. Die Diagnostik in der Andragogik ist erst teilweise in Entwicklung. Das Verhältnis von Bildungsauftrag und Lebensleiden (Konflikte, Schwierigkeiten, Krisen, Herausforderungen und Schicksalsschläge) des erwachsenen Menschen ist noch weitgehend unerforscht und bildungstheoretisch wenig bearbeitet.

Die Professionalisierung ist vielfältig und nur im Bereich der Schule und Erziehungsberatung eindeutig definiert. Es gibt keine Professionalisierung in der Erwachsenenbildung. Der in der Erwachsenenbildung tätige "Pädagoge" untersteht keinen spezifischen Anforderungen, was seine eigene Persönlichkeitsbildung und sein Training (inklusive Supervision) betrifft. Zusatzstudien für erwachsenenpädagogische Qualifikationen sind heute im Angebot (Siehe: "Tipps", Grundlagen der Erwachsenenbildung 6/1993, 370). Hinter dem Begriff "Pädagoge" verbirgt sich eine Vielzahl an praktischen Tätigkeiten. Was ist das überhaupt: der "Pädagoge", der "Erzieher", der "Erwachsenenbildner" (Kupffer 1990)? Die Spezifizierung von Aufgaben könnte der beruflichen Tätigkeit des Erwachsenenbildners im Bereich Persönlichkeitsbildung eine klare Identität geben. Diese berufliche Imagebildung fehlt. Es gibt dazu kaum spezifische postgraduate Bildungsgänge wie sie in der Psychoanalyse und Psychotherapie längst eingeführt worden sind. Wir halten eine solche weiterführende spezifizierende Bildung der Andragogen und Pädagogen für notwendig.

Jene Pädagogen und Andragogen, die Wege und Antworten auf die Grundfragen des Menschen anbieten, sei es in Lehrprogrammen, sei es in der Beratung, haben zuerst und immer wieder sich selbst zu bilden im Sinne der Persönlichkeitsbildung und Individuation. Wer Menschen bilden will in ihrer psychisch-geistigen Ganzheit, muss zuerst sich selbst darin bilden.

Die gesellschaftliche Bedeutung der Pädagogik liegt nicht nur im Bereich der Volksschule, der sozialpädagogischen Institutionen und der Erwachsenenbildung. Der Bildungsauftrag erfasst auch gesellschaftliche Dimensionen. Ein erweitertes Verständnis des Aufgabenbereichs der Pädagogik drängt sich auf. Die Lage in Europa, von der leidvollen Seite betrachtet, widerspiegelt ein immenses Defizit an "reifen" Menschen mit einer differenzierten tiefenpsychologisch geklärten Gewissensbildung. Mit den Zielen "Mündigkeit" und "Emanzipation" ist das konkrete Leben weitgehend nicht diskutiert. Der Alltag des Kollektivs zeigt ein chaotisches Bild von Unmündigkeit und fehlender "Reife". Ohne die Kategorien der Tiefenpsychologie lässt sich keine tragende und umfassende Persönlichkeitsbildung betreiben.

Für die Grundlagen der Andragogik als Wissenschaft und Praxis ergeben sich daraus einige Folgerungen:

Andragogik ist gemäss unserer ersten Begriffsbestimmung: persönlichkeits-psychologische, lebenspsychologische und lebenspraktische, philosophische und geistige Bildung. Die Andragogik befasst sich mit der Bildung der Persönlichkeit (des erwachsenen Menschen) und mit den Grundfragen des Menschen.

Andragogik definieren wir vom Menschen her, d.h. von seiner psychisch-geistigen Ganzheit. Andragogik gemäss dieser Definition versteht sich im Kern nicht als berufliche Schulung im Sinne der Fort- und Weiterbildung. Andragogik ist nicht Allgemeinbildung. Noch weniger gehören handwerkliche Hobbykurse zum Aufgabenbereich der Andragogik, wenn auch der Bildungswert erheblich sein kann und implizit Lernziele der Menschenbildung eingeschlossen sind. Nun wird aber de facto jede Art von organisiertem oder autodidaktischem (Fernkurs) Lernprozess des Erwachsenen als Gegenstandbereich der Andragogik bestimmt (z.B. Pöggeler 1974). Tatsächlich gilt das Thema der Schulung des Erwachsenen (Aneignung von Wissen und Fertigkeiten) und der Organisation dieser Lernprozesse als ein "-agogisches" Thema. Wir plazieren die Andragogik als wissenschaftliches Fachgebiet neben der Pädagogik, der Sozialpädagogik und der Gerontagogik.

Die Bildung des Menschen ist heute in der Praxis in der Erwachsenenbildung zu finden. So kann man natürlich sagen: Die Andragogik ist ein Teil der allgemeinen Erwachsenenbildung; oder sie ist das Fremdwort für das deutsche Wort. Theoretische Konzepte stehen der vielfältigen Praxis gegenüber. Die Wissenschaft hat einen Auftrag vom Staat, die Praxis-Institutionen melden Qualifikationsbedarf an und aus dem Lebensalltag melden sich Menschen mit Bildungsbedürfnissen. So gibt es verschiedene wissenschaftstheoretische und praxisorientierte Einteilungskriterien. Wir schlagen eine erste Einteilung vor in Anlehnung an die Pädagogik, die in allgemeine Pädagogik (Erziehung/Bildung) und in Schulpädagogik grobgegliedert ist. Weitere pädagogische Sondergebiete sind: Sozialpädagogik, Vorschulerziehung, Gerontagogik. Eine solche grundlegende Aufteilung erweist sich als vorteilig für die Lehre und Praxis der Andragogik, für die Identitätsbildung und Professionalisierung.

In den verschiedenen aktuellen Studien zur Erwachsenenbildung finden sich Einteilungsvorschläge, die alle die sog. "Weiterbildung" einschliesslich der Umschulung als eigenständigen Sektor eingrenzen. Darüber hinaus wird die politische Bildung und die allgemeine Bildung je als ein eigenständiges Gebiet bestimmt.

Nicht überall wird die "Persönlichkeitsbildung" als eigenständiger Sektor klassifiziert (Klupp 1992, 12; Krämer/Walter 1994, 7-10; Winkler 1993, ll; Frommer 1991, 104; Netzel 1992, 14; Dewe u.a. 1988, 14-25). In Anlehnung an Pöggeler (1974, 20-35, 218-256) umschreiben wir den Fachbereich der Persönlichkeitsbildung in einer ersten Annäherung mit "Lebensbildung, sittliche Bildung, geistige Bildung, Daseinsbildung" und trennen diese von den Fachbildungen wie allgemeine Bildung, politische Bildung, berufliche Weiterbildung, Hobbybildung, Freizeitbildung, Umschulungen.
Die Persönlichkeitsbildung und die Individuation erfassen wir folglich mit der Fachbezeichnung "allgemeine Andragogik"; die übrigen Bildungsbereiche sind Gebiete der "speziellen Andragogik". Die allgemeine Bildung, Teile der Freizeitbildung und die politische Bildung lassen sich je nach Zielsetzungen des Kurses platzieren.

In der Praxis ist es oft so, dass ein Institut bzw. Träger der Fachbildung (Fort- und Weiterbildung) beide Bereiche im Lehrprogramm anbietet; und dass die Andragogik in ihrem Bildungsinteresse auch allgemeine Bildung und praktische Freizeitbildung mit spezifisch menschenbildenden Aspekten (z.B. Musik, Malerei) miteinbezieht. Albers versteht unter allgemeiner Bildung die "Bewältigung privater Lebenssituationen" und subsumiert die Berufs- und Freizeitbildung auch unter "Persönlichkeitsbildung" (1987). Wir halten diese Einteilung theoretisch und praktisch für wenig nützlich und schlagen hier eine andere Aufteilung vor. Die "spezielle Andragogik" hat sich selbst ihre Bildungsziele bzw. Bildungskonzeptionen zu definieren.

Die akademische bzw. fachliche Ausbildung liegt im Bereiche der Hochschule und Fachhochschule, im Sektor Pädagogik (neu: Andragogik) mit Diplomierung: lic.phil., Dr.phil., dipl.Päd. (neu: And.) u.ä.m. Eine postgraduate Weiterbildung ist darauf aufzubauen. Unseres Erachtens sollen zum Beispiel auch Psychologen, Philosophen, Diplompädagogen, Sozialarbeiter, Erwachsenenpädagogen, Heilpädagogen und Heimerzieher Zugang zu dieser spezifischen Weiterbildung erhalten können. Das Problem des unterschiedlichen Bildungsniveaus kann durch Ergänzungsprogramme gelöst werden.

Die Praxis der Andragogik als Persönlichkeitsbildung hat somit eindeutige

Tätigkeiten, die sich von der Erwachsenenbildung als berufliche Fachbildung unterscheiden:

1) Schulung im Sinne von Unterricht/Vermittlung für: Persönlichkeitsbildung und Individuation;
2) Training als Teil des Unterrichts für: Persönlichkeitsbildung und Individuation;
3) Beratung im Sinne von Lebensberatung/Lebenshilfe (als ergänzender Teil der Schulung und des Trainings).

Die Träger einer solchen Praxis können gemäss unserer Konzeption sein: Institutionen der Erwachsenenbildung, Firmen, Gemeinnützige Organisationen, Gemeinde, Fachleute der Andragogik in eigener Regie (Schule, Institut, Zentrum, Praxis).

Die gesellschaftlichen Entwicklungen, die im 21.Jahrhundert zu erwarten sind, schaffen eine gewisse Dringlichkeit, die Frage nach dem Standort der Pädagogik bzw. der Erziehungswissenschaft (Bildungswissenschaft, Bildungsforschung) und ihrer Vertreter (Pädagogen, Andragogen) aufzuwerfen. Überblickt man die Forschungsarbeiten aus der Zeit von 1975 bis zur Jahrtausendwende (siehe: Gretler, A.: Die Schweizerische Bildungsforschung der Nachkriegszeit..., SGB, Nr.1, 2000, S. 111-142), dann zeigt sich am Beispiel Schweiz, dass über 80% aller Forschungstätigkeiten die schulischen Teilsysteme betreffen. Gerade mal knapp 4 % der Projekte befassen sich mit der allgemeinen Erwachsenenbildung. Diese Projekte befassen sich mit Curricula und Lehrinhalten, mit Lernzielen und Lernprozessen, mit den Lehrenden und Lernenden, mit Strukturen und Organisation, mit Interaktionsprozessen, mit Beurteilungen der Lern- und Lehrleistungen, mit den Determinanten des Lernens und den Voraussetzungen bei den Lernenden, auch mit den vernetzten Lebenswelten. Sicher gibt es auch Forschungsprojekte zur Freizeit-, Familien- und Altenpädagogik sowie zur allgemeinen Menschenbildung. - Dieser Status der Bildungswissenschaft gilt in der Tendenz wohl für den gesamten deutschsprachigen Raum Europas.

Repräsentiert dieses Themenfeld die Wissenschaft der Pädagogik bzw. Andragogik, die Erziehungswissenschaft und die Bildungsforschung? Oder muss man diese Tendenzen gar als Unterwerfung der Pädagogik und Bildungsforschung unter die Macht der Wirtschaft deuten? Die Schweizerische Vereinigung *für Erwachsenenbildung* (SVEB) setzt dazu ein deutliches Zeichen (siehe SVEB-Bulletin Nr. 2, 2000, S.3); die Mitglieder wurden gefragt: Soll die SVEB sich umbenennen in "Schweizerischer Dachverband *für Weiterbildung*"? Resultat: 57 stimmen mit "ja" und 29 mit "nein". Man geht da bewusst oder unerkannt auf Distanz zur allgemeinen Sache der Pädagogik (bzw. Andragogik) und wird zu einem Dienstleistungsunternehmen der wirtschaftlichen Interessen. Eine gut funktionierende Wirtschaft ist zweifelsohne wichtig. Die Bildungswissenschaft hat hier gewiss eine zentrale Aufgabe. Doch: *Die Wirtschaft ist noch nicht das Leben des Menschseins. Wirtschaftlicher Erfolg macht noch kein gutes Leben und keinen gesunden Staat.* Der aktuelle Status der Pädagogik und Bildungsforschung widerspiegelt eine Vision des Wirtschaftswachstums, nicht aber eine Vision der Menschenbildung für das 21. Jahrhundert. Ist dies das Ende der Wissenschaft der Menschenbildung?

Insgesamt folgern wir aus dieser Lageanalyse, dass die Bildungstheorie der Pädagogik und Andragogik auf eine nächsthöhere Evolutionsstufe zu führen ist. Der Mensch mit seinem gesamten psychischen Leben ist in die Bildungskonzeption zu integrieren. Die gesellschaftliche Relevanz der ganzheitlichen Bildung (Neumann 1949) ist heute so aktuell wie nach dem Zweiten Weltkrieg. Die Freiheit des einzelnen hat da ihre Grenzen, wo die "archaischen" Menschen in der Summe ihres Verhaltens das gesamte Kollektiv – d.h. die Kultur und das Gesellschaftsleben – langfristig weiträumig zerstören. Persönlichkeitsbildung wird somit zur individuellen Lebenspflicht jedes einzelnen, die vom Staat gleichermassen gefördert werden muss wie die allgemeine Bildung.

"Wenn das Bildungssystem versagt, ist die ganze Gesellschaft in ihrem Bestand bedroht" (Picht 1964, 17). "Barbarisch geworden" sind die Menschen und "was noch lebt, zeigt eine Verrohung und Gehaltlosigkeit ohnegleichen", so schrieb Flitner 1921 in seiner "Laienbildung" (Flitner 1982, 32). Dasselbe liesse sich heute von der Wissenschaft der Erwachsenenbildung über mehr als die Hälfte der erwachsenen europäischen Bevölkerung empirisch nachweisen. Heute ist die Praxis der Erwachsenenbildung – und wohl auch ihre Wissenschaft – an Marktzwänge gebunden und muss mit NLP-Kniffen und Roger'scher Gesprächstechnik die schon emanzipierten und mündigen Teilnehmer ins Schulzimmer locken. Die Andragogik als handlungsorientierte Wissenschaft muss auf die Lage der Praxis eingehen: ohne Zweifel ein schwieriger Weg zwischen schonungsloser Ehrlichkeit und rücksichtsvollem Verständnis bei gleichzeitigem Anspruch, richtige (wahre?) empirische Erkenntnisse für die Praxis zu produzieren. Kann die Pädagogik bzw. die Erwachsenenbildung ihr Menschenbild nicht erweitern, und entwickelt sie darauf aufbauend keine neuen Paradigmen für ihre wissenschaftlichen Erkenntnismethoden, dann bleibt sie in einer Sackgasse. Denn die heutigen Konzepte führen weder zum psychischen Organismus, noch zur Individuation. Sie suchen nach Kausalität, wo das menschliche Leben überhaupt nicht kausal, sondern teleologisch funktioniert. Sie wollen das reproduzierbare empirische Experiment, wo alles in einer immens komplizierten Vernetzung und stets im Fluss ist. Dies ist eine Sackgasse, wo die Liebe allenfalls eine Randbedeutung erhält, wo die geistige Kraft im Menschen ungenutzt bleibt und die psychisch-geistige Evolution nie wirklich vorankommen kann.

5. Die holistische Menschenkenntnis zur Menschenbildung

Wir wollen hier der Frage nachgehen, was Persönlichkeitsbildung - und damit de Menschenbildung - miteinschliesst, insbesondere welche psychischen Kräfte damit angesprochen sind. Die einleitende Kernfrage lautet: Kann man "Persönlichkeit" lernen? Kann man "Persönlichkeit" bilden?

Kron (1994, 119) sagt dazu: "Im *Lernbegriff* kommt menschliches Verhalten im Ensemble rational bestimmter und bestimmbarer Ziele, Inhalte, Verfahren und Medien zur Darstellung. Ins Zentrum dieser Sicht menschlicher Weltaneignung ist die Funktionalität des einzelnen in der Gesellschaft gerückt." - "Das Zentrum des *Bildungsbegriffs* ist durch die Einzigartigkeit des Menschen bezeichnet. Der Mensch wird dabei in seiner bildenden Tätigkeit, d.h. in seiner Auseinandersetzung mit der ihn umgebenden kulturellen Wertwelt, gesehen. Das Ziel dieser individuellen geistigen Tätigkeit liegt in der wertvollen Persönlichkeit ... Als anthropologische und individuelle Grundlegung für diesen Bildungsprozess ist das Sinnverstehen anzusehen. Dieses orientiert sich aber nicht nur an den vorgegebenen Kulturgütern, sondern auch an deren Sinnstruktur, die auf einen höheren Zweck oder auf ein höchstes Gut, z.B. Freiheit, gegenseitige Achtung, Gerechtigkeit, bezogen ist..."

Ein Kernproblem der Bestimmung der "Persönlichkeitsbildung" formuliert Clemens Menze in der Enzyklopädie Erziehungswissenschaft (Lenzen, D./Mollenhauer, K., Hrgr., Stuttgart 1992, Stichwort "Bildung", Seite 350): "In der jeweiligen historischen Ausdeutung von Bildung werden die pädagogischen Einsichten in das Wesen der Menschwerdung und die Bestimmung des Menschen zusammengefasst ... Es gibt daher keine Definition, mit der festgelegt werden könnte, was Bildung ein für allemal inhaltlich bedeutet, sodass jedermann einer solchen Bestimmung beipflichten müsste. Lediglich eine formale Kennzeichnung ist möglich, der zufolge sich Bildung als ein komplexer Prozess begreifen lässt, in dem eine als wünschenswert ausgegebene Persönlichkeitsstruktur hervorgebracht werden soll ..."

Pervin (1993, 17-19) schlägt eine Arbeitshypothese zur "Persönlichkeit" vor. Hier die Kernelemente in Stichworten: "1) Der menschliche Organismus weist charakteristische Unterschiede zu anderen Spezies auf ... 2) Das menschliche Verhalten ist komplex ... 3) Verhalten ist nicht immer das, was es zu sein scheint ... 4) Wir sind uns der Faktoren, die unser Verhalten determinieren, nicht immer bewusst und haben sie nicht immer unter Kontrolle." ... "Zum gegenwärtigen Zeitpunkt gibt es jedoch keine allgemein anerkannte Definition von Persönlichkeit ... verschiedene Definitionen sind möglich ...".

Gibt es die "positive persönliche Richtung" als Eigendynamik der Persönlichkeitsbildung (Menschenbildung)?

Rogers (1982, 42-43, 115, 168) schreibt dazu: "Gibt es so etwas wie Wahrheit, dann - glaube ich - müsste dieser freie, individuelle Prozess des Suchens auf sie zulaufen ... Die ungestörte Entwicklung hat immer eine positive Orientierung..." ... "Das Ziel, das der einzelne am ehesten erreichen möchte, der Endzweck, den er wissentlich und unwissentlich verfolgt, scheint zu sein, sich zu finden, er selbst zu werden ..." Und weiter: "Die Richtung gibt der Mensch selbst vor: weg von den Fassaden, weg vom 'eigentlich-sollte-ich', weg vom Erfüllen kultureller Erwartungen, weg davon, andern zu gefallen ... Entwicklung zur Selbstbestimmung, zum Prozesssein, zur Komplexität, zur Erfahrungsoffenheit, zum Akzeptieren der andern, zum Selbstvertrauen."

13 Ziele der Menschenbildung stellt Maslow (1973, 41) vor; hier kurz formuliert:

1) Grössere Wahrnehmung der Realität
2) Wachsende Akzeptierung seiner selbst, der andern und der Natur
3) Zunehmende Spontaneität
4) Bessere Problemzentrierung
5) Grössere Distanz und Sehnsucht nach Zurückgezogenheit
6) Wachsende Autonomie und Resistenz gegen Akkulturation
7) Grössere Frische desVerständnisses/ grösserer Reichtum der emotionalen Reaktion;
8) Höhere Frequenz der Grenzerfahrungen
9) Wachsende Identifikation mit der menschlichen Spezies
10) Veränderte zwischenmenschliche Beziehungen
11) Demokratische Charakterstruktur
12) Stark zunehmende Kreativität
13) Gewisse Wandlungen im Wertsystem

Unsere Kernfragen dazu: Wie sehen solche Ziele der Persönlichkeitsbildung ganz konkret aus? Und: Sind diese Prozessziele realistisch? Oder gilt die These der "spontanen Hinwendung des Innern zu solchen Zielen" vielleicht nur für moralisch gebildete Menschen? Mit andern Worten: Ist das Vertrauen, das die humanistischen Psychologen in die menschliche Natur haben, nicht vielleicht zu gross, gar viel zu illusionär? Und ferner: Sind nicht Millionen, ja

Milliarden Menschen durch ihre Biographie, von ihrer Kultur, von ihrem politisch-wirtschaftlichen Umfeld, von der sozialen Umgebung, von ihrer religiösen Erziehung (z.B. Fundamentalismus) schon so weit von ihrer "gesunden Natur" entfernt, dass zum Beispiel Rogers Optimismus grundsätzlich eine falsche Einschätzung ist?

Um diese Fragen zu beantworten, müssen wir zuerst die "Persönlichkeit" als Gefüge der Psyche klären und festlegen.

Aufbau eines Systemmodells des psychischen Lebens

Über das psychische System schreiben, verlangt, in alle Richtungen und Positionen zu schauen und zuerst einmal die wichtigsten fünfzig Modelle der Persönlichkeit zu überblicken. Dazu gibt es viele hundert Bücher, die Haupt-theorien und Einzeltheorien abhandeln. Jeder Wissenschaftler muss da hindurch und versucht sich dann seine Zusammenfassung zu erstellen. Im allgemeinen entwickelt dann ein Wissenschaftler seine neue Theorie, die sich an diese Reihe angliedert. Wer all die Theorien einmal studiert, der wird sich sagen: "Es kann doch nicht sein, dass alle falsch sind ausser die von der Wissenschaft gerade neu präsentierte Theorie." Wir wollen in diesem Kapitel nicht eine neue Theorie in diese lange Reihe angliedern, sondern versuchen, jene Wissenselemente und Betrachtungsaspekte zu sammeln, die für die Menschenbildung von besonderer Bedeutung sind im direkten Bezug zur Persönlichkeitsbildung und Individuation. Für diese Themenbereiche haben wir den neuen Begriff "andragogische Psychologie" geschaffen. Der Kern dieses Fachbereiches enthält ein Systemmodell, das alle wichtigen Fakten und Theorie-Elemente der einschlägigen Theorien über "Persönlichkeit" und "psychisch-geistige Entfaltung" bzw. Individuation enthält, die für die praktische Bildungsarbeit von besonderer Relevanz sind. Weitere Themen, die wir hier nicht erörtern, sind u.a.: Lehrerverhalten (des Andragogen), Unterrichtspsychologie, Lernpsychologie des Erwachsenen. Lassen wir es offen, ob ein integratives Modell der Persönlichkeit als eine neue integrative Theorie über die Persönlichkeit gelten kann, oder in Fachkreisen als "Sammlung" diverser Konzepte interpretiert wird.

Ein erstes zentrales Problem, beim Versuch ein integratives Systemmodell der Persönlichkeit zu erstellen, ist, dass manche Begriffe so vielfältig und widersprüchlich definiert sind, dass man die Folgeprobleme miterbt, wenn man sie in ein neues Theoriesystem integriert. Zentrale Begriffe haben Bedeutungsinhalte, die so weit gehen, dass sie so nur schwierig handhabbar sind, z.B. Verhalten, Motive, Sinn, Bedürfnisse, Transzendenz, Selbst, Verstand, Intellekt, Triebkraft, Einstellungen, Rolle, Faktor und das Unbewusste. In allen Begriffen sind elemetare psychische Kräfte angesprochen. Es ist nötig, diese Begriffe klar festzulegen, damit eine aufbauende Kommunikation überhaupt möglich ist.

Ein zweites Problem ist, dass die Wissenschaftler immer wieder versuchten, mit einem dieser Begriffe die psychische Grundkraft, gewissermassen das "Axiom" des psychischen Verhaltens, zu erklären. Alle psychischen Erscheinungen sollten auf diese Grundkraft zurückgeführt werden können. In einigen Theorien lassen sich drei und mehr solche "Axiome" finden. Die Beweisführung, was als eigentliche psychische Grundkraft gelten kann, ist sehr schwierig, vielleicht sogar unmöglich. Es muss aber möglich sein, darüber so konkret reden zu können, dass die Disputation konstruktiv wirkt.

Ein drittes Problem zeigte sich darin, dass Positionen zum Beispiel behaupten, es gebe das Unbewusste nicht, während – wie bekannt ist – die ganze Geschichte der Psychoanalyse über das Unbewusste berichtet; oder, dass einer behauptet, die Träume seien unwichtig, sie seien nichts anderes als der "Mülleimer" gehirnphysiologischer Prozesse während dem Schlaf, während andere wiederum die Träume als "via regia" ins Zentrum des Erkenntnisprozesses über die Tiefen des Psychischen verstehen. Wenn gewisse Psychologen behaupten, die Liebe als Lebenskraft sei kein empirisches Thema, sondern allenfalls der Metaphysik zuzuordnen, so stellen wir diesen Leuten entgegen, dass sie unehrlich sind und ihre Wissenschaft ideologisch betreiben. Wir halten diese psychische Grundkraft für genau so "empirisch" wie die Intelligenz und die Bewusstseinsinhalte oder der "Geist", der in Träumen zum Ich "spricht". Dasselbe gilt für alle, die behaupten, es gebe das Unbewusste nicht und die Träume seien nichts als Zufallsprodukte oder gar "dummes Zeug". Wir können diesen Typus Wissenschaftler nicht als Gesprächspartner achten, denn sein Argumentieren ist nicht sachlich, sondern nur Ausdruck von Abwehr und damit Wirklichkeitsleugnung.

Ein viertes Problem ist ein ideologisches und dogmatisches Phänomen. Wir sind der Auffassung, dass die Entwicklung eines Systemmodells frei von ideologischen und dogmatischen Prämissen erfolgen muss. "Marxistische Persönlichkeitstheorie" oder "christliche Persönlichkeitstheorie" kann als Gesinnungslehre bezeichnet werden, aber nicht als wissenschaftliches Aussagesystem. Es ist auch unredlich, wenn eine Theorie so entworfen und präsentiert wird, dass sie direkt marktkonform als "Geldmaschine" eingesetzt werden kann; ja solche Konzepte geradezu hypno-suggestiv appetitanregend für den Markt sprachlich gefasst werden. Sie dienen nur dazu, dass Konsumenten wieder auf einen neuen Trick reinfallen oder Psychologen bzw. Pschotherapeuten zur Arbeitsbeschaffung wieder einen neuen Verein mit einer neuen Schule gründen können. Das hat mit Wissenschaft nichts zu tun.

Vester (1991 bzw. 1983) untersucht biologische Systeme hinsichtlich System und Wachstum: "Qualitatives Wachstum bietet für ein System grosse Entfaltungsmöglichkeiten. Quantitatives Wachstum dagegen nur die Monotonie einer sich ausdehnenden Bewegung ... Je höher die Funktion, desto geringer das quantitative Mengenwachstum ..." (Vester 1991, 66). Intelligenz entsteht durch Organisation und Differenzierung der 15 Milliarden Gehirnzellen. Dieses biologische systemtheoretische Prinzip überträgt Vester auf alle Arten gesellschaftlicher Vernetzung. In der Beachtung der biologischen Selbstorganisation sieht er auch die Lösungswege für die ökologischen Probleme. Dieses organisierende und strukturierende Prinzip kann u.E. auf die Entfaltung und Differenzierung der Psyche als Organismus übertragen werden. So folgern wir: Der Bildungsauftrag der Andragogik kann nur systemtheoretisch und mit qualitativer Differenzierung gesellschaftlich und humanistisch relevant bzw. effizient sein. Entscheidende Grundlagen dazu entwickelt die andragogische Psychologie.

Dieses Kapitel ist eine konzentrierte Zusammenfassung unserer separaten Studie "Konzept der Individuation" (2001). Wir verweisen auf die Literaturliste dort. Das psychische Systemmodell, das wir hier vorstellen, ist die Folgerung im Sinne einer integrativen Zusammenstellung der Erkenntnisse aus den einzelnen Kapiteln des erwähnten Werkes. Die Andragogische Psychologie enthält zwar einige deutliche Akzentsetzungen durch den heutigen Wissensstand, doch ebenso klar ist, dass die Geschichte der Philosophie, der Psychologie bzw. Psychoanalyse (-therapie) und der Pädagogik bzw. Erwachsenenbildung die Fundamente und Wurzeln unseres Entwurfes darstellen: *Andragogik als Theorie und Praxis ist mehr als 2500 Jahre alt.*

Die Konstruktion von Systemen enthält gewiss immer grundlegende Entscheidungen: Ein Subsystem wird als eine Grundkraft des psychischen Lebens im Menschen begriffen. Eine solche Grundkraft ist nicht auf weitere Kräfte rückführbar. Unsere diesbezüglichen Theorienbildungen sind dabei durchaus diskutierbar und revidierbar. Indem wir mit Systemmodellen arbeiten, ist schon das Basisverständnis einer Grundkraft formal definiert: Es gibt nicht eine einfache Variable, die als Axiom gelten kann. Es sind immer mehrere Faktoren, die in einem Verbund mit andern Einzelkräften als eine psychische Basiseinheit wirksam sind.

Ein psychisches System besteht aus folgenden acht Hauptcharakteristiken:

1) Integrierte Ganzheit von einfachen, vielfältigen und komplexen Tatsachen;
2) Innerer kausaler und/oder konstitutiver Zusammenhang zur Funktionsfähigkeit;
3) Umfassende oder partielle Selbstregulation der Einheit;

4) Vielfältige Ausprägungen in vielen Kombinationen;
5) Innen- und aussenorientierte Gerichtetheit;
6) Relative Konstanz in der Charakteristik und Dynamik bei aller
Wandelbarkeit;
7) Neigung zu umfassend oder beschränkt eigenständiger Reaktion;
8) Relative Stabilität, Dynamik, Aktivität, Offenheit und Zielrichtung
(Pervin 1993; Kleining, in: Roth 1991, 194-203).

Begriffe wie "Persönlichkeit", das "Unbewusste" und "Gefühle" sind System-
begriffe, wobei wir die letzten beiden als Subsysteme des Hauptsystems "Persönlichkeit" bzw. des "psychischen Organismus" verstehen. Das Verhältnis
zur Wirklichkeit ist stetig dynamisch, denn die Wirklichkeit ist immer mehr als
ein System und immer mehr als die Sprache (Roth 1969, 125; Lewin 1963,
273).

Wir verstehen die Psyche als ein System mit dem Anspruch der
Ganzheitlichkeit. Das System selbst besteht aus einer Menge von Elementen,
die untereinander in Beziehung stehen. Der Zustand eines jeden Elementes
wird durch den Zustand von andern Elementen mitbestimmt (Becker 1982,
43). Darüber hinaus kann das System des psychischen Lebens nur eingebettet
im Lebensraum hinreichend bestimmt werden. Unser System ist mit der
"Kraft der Liebe" und insbesondere mit dem "Geist" zusammen
transzendental, d.h. es werden geisteswissenschaftliche Dimensionen
miteinbezogen. Dazu gehören weiter: Werte, das kollektive Unbewusste, die
Realität der Archetypen u.a.m. Wir gehen davon aus, dass ein System über das
psychische Leben immer wieder durch neue Erkenntnisse revidiert und
erweitert werden muss.

Abbildung: Modelle zu Psyche und Persönlichkeit (1)

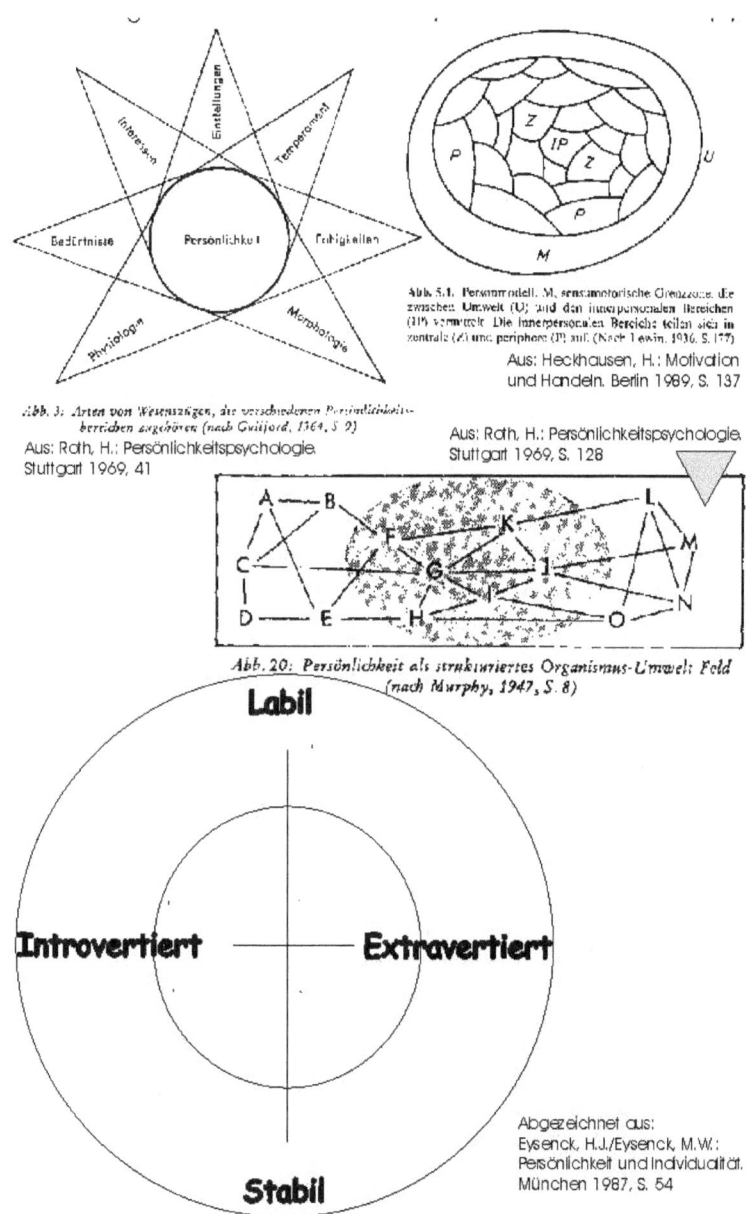

Abb. 5.1. Personmodell. M, sensumotorische Grenzzone, die
zwischen Umwelt (U) und den innerpersonalen Bereichen
(IP) vermittelt. Die innerpersonalen Bereiche teilen sich in
zentrale (Z) und periphere (P) auf. (Nach Lewin, 1936, S. 177)

Aus: Heckhausen, H.: Motivation
und Handeln. Berlin 1989, S. 137

Abb. 3: Arten von Wesenszügen, die verschiedenen Persönlichkeits-
bereichen angehören (nach Guilford, 1964, S 9)
Aus: Roth, H.: Persönlichkeitspsychologie.
Stuttgart 1969, 41

Aus: Roth, H.: Persönlichkeitspsychologie.
Stuttgart 1969, S. 128

Abb. 20: Persönlichkeit als strukturiertes Organismus-Umwelt Feld
(nach Murphy, 1947, S. 8)

Labil

Introvertiert —— **Extravertiert**

Stabil

Abgezeichnet aus:
Eysenck, H.J./Eysenck, M.W.:
Persönlichkeit und Individualität.
München 1987, S. 54

Abbildung: Modelle zu Psyche und Persönlichkeit (2)

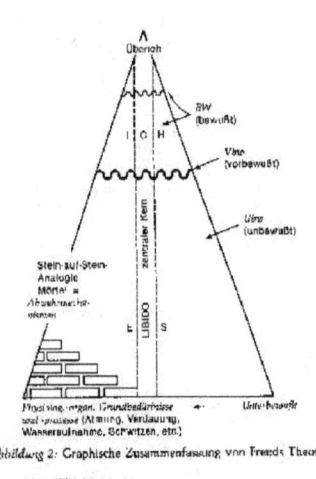

Abbildung 2: Graphische Zusammenfassung von Freuds Theorie

Aus: Bischof, L.J.:
Persönlichkeitstheorien.
Band I. Paderborn 1983, S. 98

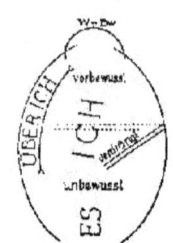

Freud, S.: Die Zerlegung der psychischen
Persönlichkeit. Aus: Studienausgabe.
Vorlesungen zur Einführung in die Psycho-
analyse und Neue Folge. Zürich 1969, S. 515

Polaritäten des Modells C.G.Jung:
Extraversion-Introversion;Progression-Regression;
Persönliches-kollektives Unbewusstes; Bewusstes-
Unbewusstes; überlegene-unterlegene Funktionen;
Psychische-physische Energie u. a m.

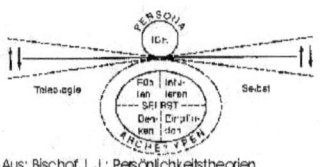

Aus: Bischof, L.J.: Persönlichkeitstheorien.
Band I. Paderborn 1983, S. 188
Abbildung 4: Graphische Zusammenfassung von Jungs Theorie

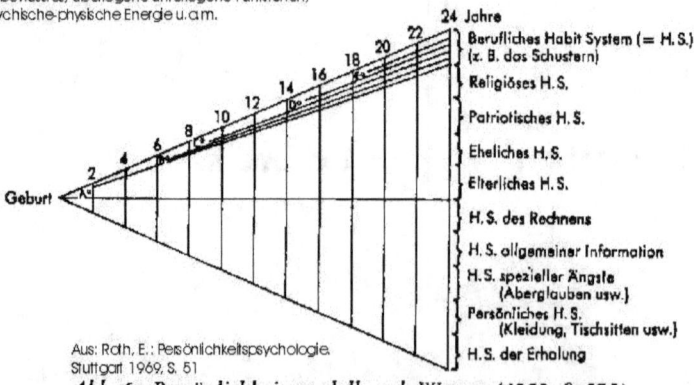

Aus: Roth, E.: Persönlichkeitspsychologie.
Stuttgart 1969, S. 51

Abb. 6: Persönlichkeitsmodell nach Watson (1930, S. 275)

Die humanistische Psychologie erhebt den Anspruch, ein ganzheitliches
Konzept zu vertreten. Charakteristisch gehören dazu: Autonomie, Wert und
Sinn, Kreativität, Entfaltung der Potentiale und die "Selbst-Transzendierung".
Letzteres meint Handlungsziele, die ausserhalb des psychischen Systems
liegen. U.E. fehlen in diesem "ganzheitlichen" System entscheidende

psychische Komponenten. Es fehlen vor allem der Geist (in Traum und Imagination), das Unbewusste sowie die Realität der psychischen Energie. Die kognitiven Repräsentanten über sich selbst können gewiss den Raum und Inhalt der Definition von dieser Ganzheit darstellen. Tatsächlich ist der Mensch fähig, sich selbst wahrzunehmen und darüber auch zu denken. Doch dieser Raum kann u.E. deswegen noch nicht als "psychische Systemganzheit" bezeichnet werden.

Wenn wir also die Psyche als ganzheitliches, lebendiges, dynamisches und offenes System verstehen, dann können wir – müssen wir – diese lebendige Ganzheit auch in einen Entwicklungs- und Entfaltungsprozess stellen. Wir haben diesen Prozess mit INDIVIDUATION bezeichnet. Individuation ist somit der Prozess, der all die psychischen Subsysteme zu einem vielseitig ausgewogenen Ganzen sich entfalten lässt. Individuation ist dann auch eine bestimmte Lebensform, da die Psyche als ein solches Ganzes immer in Handlungen in den Lebenssystemen sich selbst verwirklichen bzw. äussern will und muss.

Die folgenden Subsysteme sind Teile des Gesamtsystems über das psychische Leben:

1) Die Handlungen (im Verbund mit den Lebensfeldern);
2) Die Psychodynamik – Die psychische Energie;
3) Das Ich als Zentrum des Bewusstseins mit seinen Hilfsfunktionen;
4) Die Intelligenz – Die kognitiven Prozesse;
5) Die Gefühle und ihre Dimensionen;
6) Die Bedürfnisse – Die Triebkräfte;
7) Das Unbewusste – Die (bildhaften) Lebensmuster;
8) Der Geist und seine Funktionen in Traum und Imagination;
9) Die Liebe als konstruktive Lebenskraft.

Die gesamte Geschichte der Philosophie, Psychologie und Pädagogik spricht von diesen Wirklichkeiten. Wir haben diese zu einem organischen Gefüge zusammengesetzt, gar manches theoretische Konzept zerlegt und ihre Bestandteile neu plaziert. Das Problem der Ganzheitlichkeit bleibt bestehen: Jeder Forscher hat nur ein beschränktes Wissen; wer kann über die eigenen Grenzen hinaus das noch nicht Erkannte sehen? Wer kann hunderttausend Bücher durchkämmen und immer richtig gewichten, was in das Modell des psychischen Organismus gehören muss? Wer kann heute wissen, was die Wissenschaft der Menschenbildung vielleicht schon morgen Neues und Wichtiges in den geheimnisvollen Tiefen des psychischen Lebens entdecken wird? Insofern bleibt die Ganzheitlichkeit relativ.

Abbildung: Der psychische Organismus

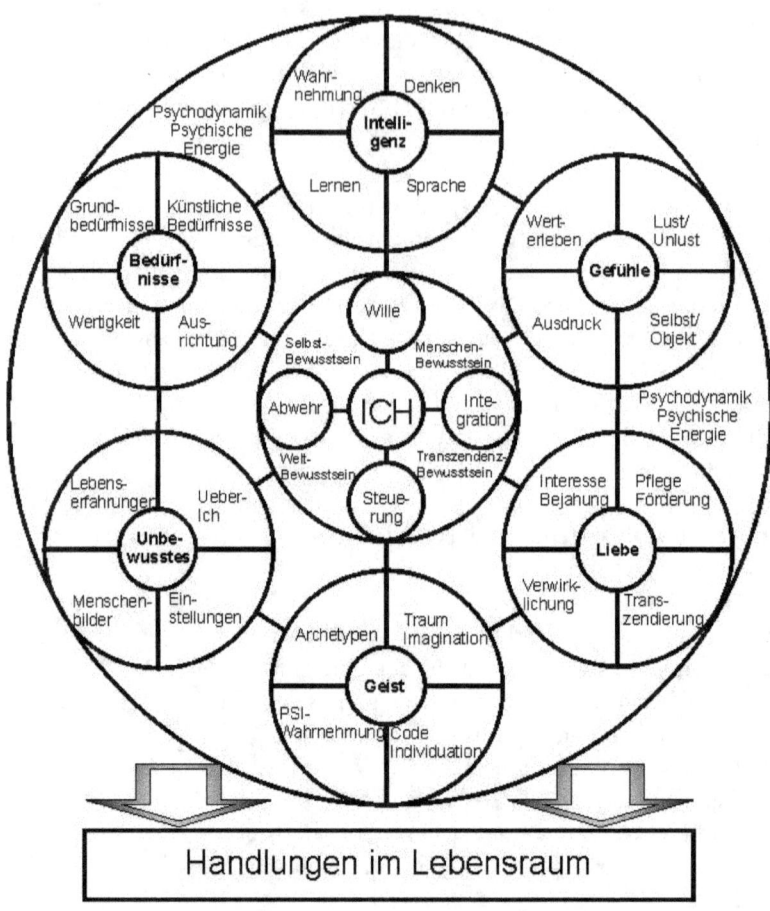

Wir definieren diese Kräfte als Grundkräfte, die zusammen als ein komplexes Gefüge als die PSYCHE bzw. das PSYCHISCHE SYSTEM gelten. Als lebendige Einheit können wir das psychische System auch als der "PSYCHISCHE ORGANISMUS" begrifflich fassen. Dieses System ist eine komplexe hypothetische Theorie, durch vielfach bestätigte Einzeltheorien und Tatsachen zu einem komplexen Ganzen zusammengefügt. "Persönlichkeit" bedeutet somit: die individuelle Geformtheit des psychischen Organismus (vgl. Pervin 1993, 18). Die einzelnen Subsysteme, ihre Elemente und das Ganze als Einheit können wir unter dem Gesichtspunkt der Entwicklung und Nützlichkeit bzw. Wirkungen im Lebensraum analysieren. Die Individuation ist der Prozess, der all diese psychischen Subsysteme zu einem vielseitig ausgewogenen Ganzen führt. Wir unterscheiden zwei Dimensionen der Entwicklung:

Es folgen zwei Seiten mit grafischen Darstellungen bzw. klassischen Modellen über die Psyche und die Persönlichkeit, wie sie in der Psychologie und Psychoanalyse allgemein bekannt sind. Danach folgt das Diagramm über den psychischen Organismus - unsere erweiterte Konzeption der Psyche bzw. des psychischen Lebens, wie es für die Individuation Verwendung findet. Es darf gewiss der Anspruch erhoben werden, dass unser (didaktisches) Modell allen bis heute bekannten klassischen Modellen überlegen ist.

Positive Entwicklung:	**Negative Entwicklung:**
● lernoffen, erneuerungsoffen	● lernblockiert, erneuerungsabwehrend
● flexibel verfügbar	● unflexibel bis nicht verfügbar
● geklärt und strukturiert	● ungeklärt, nicht strukturiert
● klar und differenziert	● unklar (diffus) und undifferenziert
● vielseitig ausgewogen	● einseitig über- und unterbetont
● vom Subjekt steuerbar	● vom Subjekt teilweise/nicht steuerbar
● ins Bewusstsein integriert	● nicht ins Bewusstsein integriert
● ausgleichend dynamisch	● disharmonisch dynamisch
● bewusst analysiert/reflektiert	● nicht analysiert/reflektiert
● Leben integrierend/aufbauend	● Leben zersetzend/zerstörend
● berechenbar	● unberechenbar

Es ist längst erwiesen, dass die psychischen Kräfte sich schon ab dem Zeitpunkt der Zeugung zu formen beginnen. Im allgemeinen entstehen durch den Sozialisations- und Enkulturationsprozess bei jedem Menschen innerpsychisch gegensätzliche und auch widersprüchliche Entwicklungen. Alles, was geformt ist, hat die Tendenz sich selbst zu erhalten und steuert mit, wie eine magnetische Kraft, die nachfolgenden Lernprozesse. So ergeben sich zwei Hauptrichtungen in der Entwicklung.

Die Formungen des psychischen Organismus vollziehen sich überwiegend in der Dynamik von Lernprozessen und äusseren Wirkungskräften. Dazu hat die Wissenschaft viele Gesetze und Zusammenhänge aufgezeigt. Wir verstehen solche Einzeltheorien bzw. Gesetze als ein Orientierungsspektrum, um das Handeln im Lebensraum und das Zusammenwirken der einzelnen Subsysteme für Bildungsleistungen überhaupt diskutierbar interpretieren zu können. Veränderungsstrategien basieren ebenfalls auf solchen Gesetzen. Daraus kann ganz allgemein gefolgert werden: Lebensrisiken können verringert und Lebenschancen erhöht werden durch vertiefte Kenntnisse über die psychischen Kräfte. Dieses Lernen führt zu Veränderungen und Entfaltungen.

"Holistisch" ist unsere Menschenkenntnis, weil wir den psychischen

Organismus in den Prozess der Individuation stellen und beides in der Vernetzung mit den Lebenssystemen betrachten. Charakteristisch ist für uns dabei, dass der Mensch mit all seinen psychischen Kräften mehr ist als die Summe seiner Einzelkräfte. Manche psychische Dispositionen beschreiben wir als "Subsysteme"; sie werden erst aus ihrem Platz und ihrer Funktionsweise im Gesamtsystem bedeutsam. Weiter ist charakteristisch für unser "holistisches Verständnis", dass die Entwicklung und Entfaltung des psychischen Organismus mehr ist als eine Summe von einzelnen Mikro-Lernprozessen und vor allem in der Vernetzung qualitativ verstanden wird. Dabei ist Lernen nicht identisch mit "Wachsen" und "Entfalten". Dieses holistische Verständnis erlaubt es uns, von "Ganzheit" zu sprechen, obwohl diese Ganzheit inhaltlich (und vielleicht auch systemisch) in der Zukunft noch weiter ausgebaut werden kann und sicher wird. Die "Persönlichkeit" als geformter bzw. gewachsener psychischer Organismus, und insofern als Individualität, steht dazu nicht im Widerspruch. Denn einerseits wird der Mensch erst durch den sozialen und gesellschaftlichen Kontext das, was er ist bzw. werden kann, und anderseits kann er losgelöst vom Verbund der Menschengemeinschaft und dem Lebensraum gar nicht leben, sich entfalten und sich selbst bilden. Darüber hinaus ist der psychisch-geistige Mensch rückgebunden an das, was wir "Geist" und "Individuation als Wachstumsprozess" nennen. Insofern ist diese Ganzheit transzendental verankert. Dies führt natürlich u.a. dazu, dass die wissenschaftliche Erkenntnis über den Menschen und seine "ganzheitliche" Bildung mehr ist als die Summe von Einzelfakten.

Der psychische Organismus

Wir wollen nun die einzelnen Subsysteme kurz erklären. Es sind dabei dem wissenschaftlichen Gespräch alle Türen offen, darüber zu reden, ob diese Subsysteme wirklich als Einheit verstanden werden können. Wir rufen in Erinnerung, dass das andragogische Interesse in der Konstruktion unseres Systemmodells sicher eine bedeutende Rolle spielt. Anderseits haben wir uns bemüht, quer durch die vielen Persönlichkeitstheorien alle substantiellen psychischen Kräfte im Menschen zu erfassen.

1) Die Handlungen:

Die Handlungen des Menschen sind immer eng verflochten mit dem Lebensraum, in dem sie geschehen. Das Handeln kann selten ohne Komponenten des Umfeldes beschrieben werden. Immer hat der Lebensraum mitbestimmende Wirkung. Die Handlungen sind anderseits rückgebunden an die innerpsychischen Systeme.

Natürlich können wir das Denken auch als eine Handlung bezeichnen. Doch der Akt des Denkens selber ist nicht direkt wahrnehmbar. Deshalb trennen wir diese psychische Funktion und grenzen generell alle innerpsychischen Prozesse von den äusseren Handlungen – als Bewegung – ab. Das Handeln selbst ist eigentlich die weltbezogene Aeusserung dessen, was innen geschieht oder geschehen ist. Handlungen erklären verlangt, dass die Verbindungen zu den Subsystemen hergestellt werden können. Die auf das Lebensfeld bezogenen Bedingungsgefüge gelten ebenfalls als Teil des Erklärungszusammenhanges. Handlungen haben implizit oder explizit ein Ziel bzw. eine Wirkung. Sie vollziehen sich zudem in der Zeitdimension. Hierin sind Retrospektive und Prospektive angesprochen.

Handlungen lassen sich unter folgenden Komponenten betrachten: a) Lebenssystem; b) Die Handlung selbst; c) Das Ziel/die Wirkung der Handlung; d) Die psychischen Kräfte, die daran beteiligt sind; e) Die früheren gleichen/ähnlichen Handlungsmuster; f) Die tatsächliche und die optative Prospektive.

2) Die Psychodynamik – Die psychische Energie:

Wenn wir den Menschen von aussen betrachten, wie er sich bewegt, wie er handelt, wie er im Lebensraum sein Lebendigsein äussert, dann können wir einige Elemente entdecken, die unabhängig vom spezifischen Handeln eine Wirklichkeit darstellen. Wir sehen einen Menschen nervös oder angespannt, vital oder träge. Jede Aeusserung ist ein Ausdruck einer Lebenskraft. Wie eine Melodie können wir beim Menschen viele Stimmungen erkennen, die sich in seiner Vitalität äussern. Wir können auch Stressreaktionen erkennen: psychosomatische Reaktionen, Spannungen in den Bewegungsabläufen und eine psycho-physische Überreizung. Manche Menschen reagieren sensibler als andere auf äussere und innere Gegebenheiten. In Mimik und Gestik finden wir diese Spannungsdynamik wieder. Im Handeln zeigt sich eine Kraft, die wir als "Stabilität und Labilität" bezeichnen. Die einen Menschen sind in ihrer Grunddynamik mehr nach aussen gerichtet, andere mehr nach innen. Wir sprechen hier von Extraversion und Introversion. In Gefühlen kommt vielfach eine sehr unterschiedlich geprägte Energie zum Ausdruck. Dieses gesamte Gefüge als eine Einheit in sich selbst bezeichnen wir mit PSYCHODYNAMIK. Ihre Energie ist die PSYCHISCHE ENERGIE. Diese psychische Energie und als Einheit die Psychodynamik definieren wir als eine Grundkraft der Psyche. Ihre Dimensionen sind Ausdruck dieser Kraft.

Als Beobachter erkennen wir: a) Psychische Energie als Spannung-Entspannung; b) Extraversion und Introversion; c) Psycho-physische

Reaktionen; d) Grundbefinden und ihre Varianten; e) Stabilität und Labilität; f) Sensibilität und Starrheit; g) Kraft und Intensität in der Ausdrucksform; h) Destruktivität und Konstruktivität.

3) Das Bewusstsein mit dem Ich und seinen Hilfsfunktionen:

Im allgemeinen wird das Ich als die bewusste Steuerungsinstanz der Psyche und als Zentrum des Bewusstseins betrachtet. Das Ich hat für sich selbst ein Eigenerleben, ein eigenes Realbild und ein Idealbild. Diesen Bildern sind immer Werte zugeordnet. Dem gegenüber stehen Bewusstseinsinhalte über die äussere Welt. Alles, was innerhalb des psychischen Systems existiert, kann zum Inhalt des Bewusstseins werden. Die verschiedenen psychischen Systeme sind die Kräfte, die das Ich handlungsfähig machen. Das Ich, gewissermassen als Kapitän des eigenen Schiffes, benötigt zur Handhabung der eigenen Systeme Hilfsfunktionen. Dazu gehören: Abwehrmechanismen und ihre gegenläufige Kraft, die wir mit "Integrationsfunktion" bezeichnen; ferner braucht das Ich zur Handlungsausführung einen Willen, eine Steuerungskraft zum Lenken des Prozesses und eine bewusst festgelegte oder passiv zugelassene Richtung. Alle psychischen Subsysteme können als bewegende Kräfte im Sinne eines Vektors bezeichnet werden. Auch Bewusstseinsinhalte aller Art können die Art und Richtung der Ich-gesteuerten Handlung bestimmen bzw. beeinflussen. Motive gelten deshalb nicht als ein psychisches Subsystem, sondern als ein formaler Begriff, der die Antwort meint auf die (formale) psychologisch gerichtete Frage "Warum?".

Halten wir die Aspekte fest: a) Das Ich mit seinem Selbst-Erleben; b) Das Selbstbild und das Idealbild; c) Das Weltbewusstsein; d) Die Abwehrfunktionen; e) Die Integrationsfunktionen; f) Der Wille; g) Die Steuerung.

4) Die Intelligenz – Die kognitiven Prozesse:

Mit Intelligenz meinen wir nicht den sog. Intelligenzquotienten, sondern das komplexe System der gedanklichen Verarbeitung von der Aufnahme bis zum Endergebnis. Das beginnt mit der Wahrnehmung. Das Wahrgenommene wird sprachlich gefasst und dann durch verschiedene Denkprozesse verarbeitet. Die Ergebnisse sind: analytische Gedanken, Werturteile und Einstellungen. Das Gedächtnis ist eine weitere Funktionseinheit im Gefüge der Intelligenz. Als offenes System, das nicht nur gewohnheitsmässig "funktioniert", können wir hierzu als charakteristisch die kognitive Lernfähigkeit einordnen.

Wir haben in diesem Subsystem somit: a) Die Wahrnehmung; b) Die sprachliche Zuordnung; c) Die Denkprozesse; d) Die analytischen Gedanken; e) Die Urteile; f) Die Einstellungen (Werte); g) Das kognitive Lernen; h) Das Gedächtnis.

5) Die Gefühle und ihre Dimensionen:

Die Gefühle lassen sich nach verschiedenen Gesichtspunkten in einzelne Klassen einteilen. Wir haben positive und negative Gefühle, womit ihre Konstruktivität und Destruktivität gemeint ist. Wir bezeichnen diese Aspekte als "Lebenszuwendung und Lebensabwendung". Lust-Unlust-Erleben kann als weiterer Aspekt für eine Klassifikation gelten. Diese zwei Aspekte überschneiden sich, sind jedoch nicht deckungsgleich. Schliesslich können wir die Gefühle ihrem Inhalt entsprechend in physisch und geistig kategorisieren, wobei es Gefühle gibt, die beide Aspekte enthalten können, wie z.B. die Liebe. Jedes Gefühl kann schwach oder intensiv sein und lange oder kurz andauern. Gefühle können auf dem Spektrum mit dem Gegenpol charakterisiert werden. Es ist davon auszugehen, dass der Mensch gleichzeitig mehrere Gefühle haben kann, die von unterschiedlicher Qualität, Intensität und Dauer sind.

Einteilungskriterien der Gefühle sind: a) Lebenszuwendung – Lebensabwendung; b) Lust – Unlust; c) physisch – geistig.

6) Die Bedürfnisse – Die Triebkräfte:

Den Begriff "Bedürfnis" können wir aufteilen in "Grundbedürfnisse" und "künstliche Bedürfnisse". Wir bezeichnen das als Grundbedürfnis, was eine eigentliche, der psycho-physischen Natur entsprechende Antriebsfunktion hat. Wir teilen diese in Klassen (Kategorien) ein, die sich überschneiden können. Wir können alle Arten der Bedürfnisse nach dem Gesichtspunkt der Intensität und Dauer betrachten. Die Bedürfnisse haben je nach Lebensverlauf bzw. Entwicklungsstand des Menschen unterschiedliche Bedeutung. Obwohl die biologischen Bedürfnisse vor den geistigen Bedürfnissen zu platzieren sind, verzichten wir auf ein Hierarchie-Modell. Wir gehen eher davon aus, dass Grundbedürfnisse einen Anspruch aus der Natur des psycho-physischen Menschseins, insbesondere aus der Dynamik des psychischen Organismus haben. Künstliche Bedürfnisse sind jene Bedürfnisse, die als Kompensation der Grundbedürfnisse wirken sowie solche, die schlicht konditioniert sind, z.B. TV-Konsum.

Grundbedürfnisse sind: a) Biologische Grundbedürfnisse; b) Sicherheit und Schutz; c) Umsorgung und Pflege; d) Zugehörigkeit bzw. Beziehungen; e) Liebe und Wertschätzung; f) Wachstum zur ganzheitlichen Einheit; g)

Selbstaktualisierung; h) Leistungen; i) Lebensraumgestaltung; k) Transzendenzverwurzelung.

7) Das Unbewusste – Die unbewussten Lebensmuster:

Der Begriff des Unbewussten bietet eine sprachliche Schwierigkeit. Nehmen wir an, es gibt einen Ort, der als das Unbewusste bezeichnet werden kann; und dass in diesem Unbewussten etwas enthalten ist, das bewusst gemacht werden kann. Die Frage ist nun: War der Inhalt im Unbewussten schon einmal dem Ich bewusst? Und wo ist dann der Inhalt zu platzieren, nachdem er wieder bewusst gemacht ist? Wir legen hierzu fest: Alle Inhalte im Unbewussten sind dem Subjekt einmal bewusst gewesen. Wenn wir die vorgeburtliche Zeit miteinbeziehen, so hat dieses Bewusstsein allerdings unterschiedliche Qualitäten. Was der Mensch nicht weiss, also noch nie im Leben ins Bewusstsein aufgenommen hat, das bezeichnen wir als das Nicht-Wissen bzw. das Nicht-Gewusste. Dies gehört nicht in das Subsystem des Unbewussten. Die Inhalte des Unbewussten sind Bilder, die für das Subjekt eine erlebnismässige und sachliche Bedeutung gehabt haben, vielleicht noch immer haben. Die Bilder im Unbewussten dienen als Muster für die Lebensorientierung und Lebensgestaltung. Deshalb bezeichnen wir diese als LEBENSMUSTER.

Lebensmuster sind immer mehr oder weniger psycho-energetisch geladen. Sind diese Bilder emotional besonders stark und regressiv bindend, so nennen wir diese "Komplexe". Diese werden aufgrund spezifischer Charakteristiken vom Ich abgewehrt und aus dem Bewusstsein ausgesondert, so dass sie nicht mehr direkt ins Bewusstsein zurückgeholt werden können. Alles, was bildhaft eingeprägt werden kann, gilt als Lebensmuster oder als Element zu einem Lebensmuster. Im Laufe des Lebens nimmt der Mensch immer mehr Bilder auf, die sich im Unbewussten zu komplexen Lebensmustern verdichten. Die verschiedenen Lebensmuster strukturieren sich und bilden letztlich ein Ganzes. Je disharmonischer, gegensätzlicher und widersprüchlicher die Bilder sind, desto mehr Chaos und Unordnung herrscht in diesem Bilderraum. Was der Mensch ins Bewusstsein geholt und korrigiert hat, findet im Unbewussten einen neuen Platz. Ob bewusst oder unbewusst, ob korrigiert und ausgewogen oder komplexartig, immer haben diese Bilder die Funktion, als Muster für die Lebensführung zu wirken. Lebensmuster drängen, verwirklicht zu werden.

Wir teilen die Lebensmuster wie folgt ein: a) Allgemeine Lebenserfahrungen; b) Über-Ich: Gebote, Verbote, Strafmuster; c) Einstellungen und Überzeugungen; d) Menschenbilder aller Art.

8) Der Geist und seine Funktionen in Traum und Imagination:

Das Wort "Geist" hat in der Geschichte der Philosophie viele Bedeutungen und stösst vielerorts auf Ablehnung. Manche meinen: Dieser Begriff taugt nichts. Es ist tatsächlich nötig, diese Grundkraft der Psyche genau, konkret und differenziert zu bestimmen. Manche weichen diesem Thema grundsätzlich aus, weil sie wohl ahnen, dass, wenn es diese Kraft wirklich gibt, sie verpflichtend wird. Das Ich muss sich unter den Geist unterordnen. Deshalb gibt es in der Psychologie die Liebe und den Geist nicht als zentrales Kernthema des psychischen Lebens.

Wir haben durch langjährige systematische Analysen festgestellt, dass in den Träumen eine gestaltende Kraft wirkt, die intelligent den Menschen führen will, die die unbewussten Lebensmuster zu einem neuen harmonischen Ganzen ordnen will, die den Zugang zu dem eröffnet, was als "Gott" oder "göttlich" bezeichnet werden kann, die die Liebe wachsen lassen will, die den Prozess des psychisch-geistigen Wachstums präzise lenkt, die zudem parapsychische Fähigkeiten hat, und die ihre eigene Sprache gestaltet. Weiter haben wir festgestellt, dass in der Imagination diese geistige Kraft sehr intelligent nach spezifischen Grundprinzipien wirkt und zum Leben genutzt werden kann. Das Ich kann mit dieser Kraft in eine Kommunikation kommen, kann diese aber letztlich nicht beeinflussen. Sie ist da: eigenständig, nur sich selbst verpflichtet, direktiv, ordnend, wertend, aber auch verdrängbar. Diese Kraft nennen wir GEIST. Dieser Geist lenkt von innen durch Träume und durch die Imagination die Persönlichkeitsbildung zum integrativen Prozess der Individuation.

Die Aspekte des Geistes sind: a) Sprache: Bilder, Symbole, Archetypen; b) Wertsystem; c) Traum, Imagination, Intuition; d) Codeprogramm der Individuation; e) Verarbeitungsdynamik und -tendenz; f) menschenführende Grundtendenz; g) aussersinnliche Wahrnehmung; h) transzendentale Verwurzelung.

9) Die Liebe als konstruktive Lebenskraft:

Dieses Subsystem dürfte im Feld der Persönlichkeitstheorien neu sein; nicht als Thema des Lebens an sich, sondern vielmehr als spezifische Grundkraft der Psyche. Wir stellen hiermit die These auf: Der Mensch hat in sich eine evolutive Grundkraft, die will wachsen, Sinn gestalten, Echtheit und Wahrheit leben, Verantwortung übernehmen, Interessen umsetzen und den Wert des Menschseins bzw. Daseins erhalten. Diese Grundkraft hat zudem die Fähigkeit, gewissermassen über sich selbst hinaus zu gehen, d.h. individuelle Bedürfnisse und den raum-zeitlichen Lebenskontext zu übersteigen, um einen höheren Wert zu verwirklichen. Die Liebe als Grundkraft hat in sich selbst einen Massstab für Gerechtigkeit, für Demut und Güte. Die Liebe ist die Kraft, die das Leben über das Haben stellt, die das Haben als eine Möglichkeit für das Leben der Liebe fasst. Obwohl die Psychologie, die Philosophie und Pädagogik dieser Grundkraft kaum wissenschaftliches Interesse beimessen, hat die Liebe immer schon als das Grundthema des Menschenlebens gegolten. Der negative Gegenpol dieser Kraft bedeutet: Hass, Abwesenheit von Liebe, Leugnung, Lüge, Negierung, Gier, Gleichgültigkeit, Egoismus, dionysisches Selbsterleben, Macht (im negativen Sinne), Regression, Achtlosigkeit, Stagnation und Reduzierung des Menschseins auf Funktionalismus und Materialismus, aber auch ideologische und dogmatische Lebensbindung.

Wir halten folgende Dimensionen der Liebe hier fest: a) Das lebenszugewandte Wert- und Sinnerleben; b) Das "Ja" zum Leben als Lebenshingabe; c) Echtheit und Wahrhaftigkeit; d) Verantwortung, Solidarität, Treue und Pflicht; e) Interesse an Erkenntnis, Handlung und Glück (auch Aesthetik); f) Das sich selbst Transzendieren; g) Demut und Güte (apollinisch), Versöhnungsfähigkeit; g) Leben als Daseinswert über dem Haben; h) Das evolutionäre, ganzheitliche Wachsen und Werden in Freiheit; i) Die Rückbindung an die Ganzheit des eigenen psychisch-geistigen Menschseins.

Abbildung: Evolutionäres Menschsein

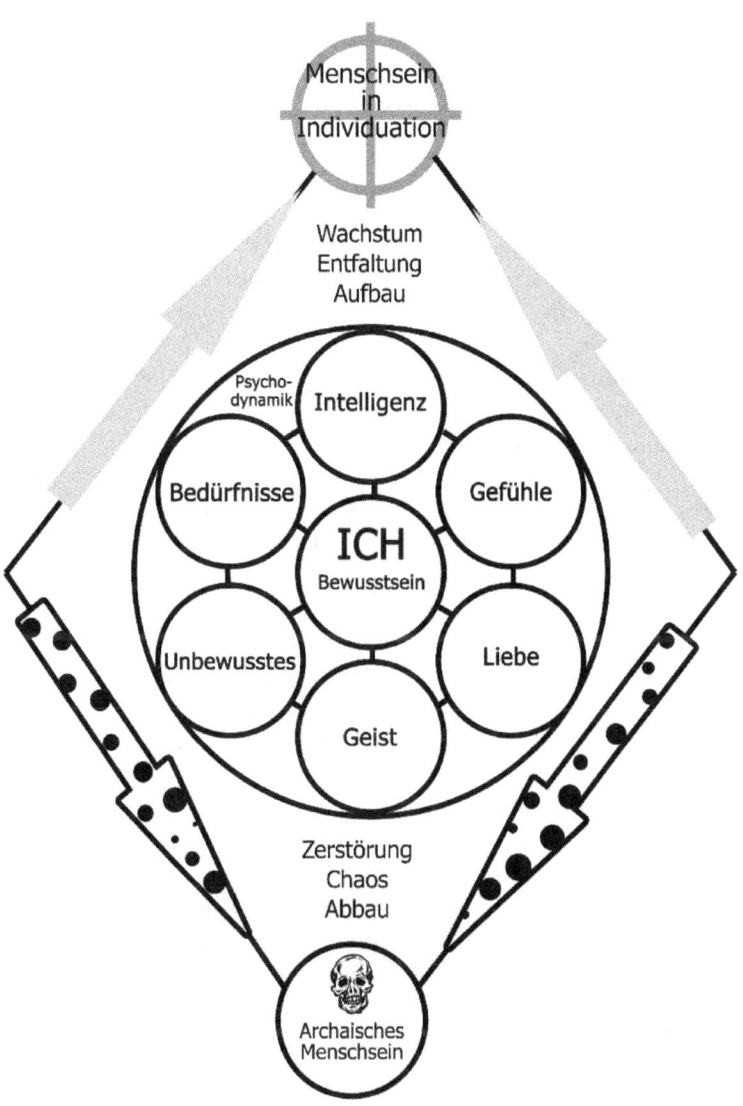

Der Individuationsprozess

Mit den Subsystemen und dem zu einem Ganzen gefassten psychischen System können wir den Prozess der Entfaltung, des Wachstums und der Lebensverwirklichung genau charakterisieren. Wir können zudem Korrekturen des durch das individuelle Leben gewordenen Zustandes bestimmen.

Wir unterteilen den Prozess der Individuation in drei Phasen:

1. Phase: Erkenntnis dessen, was vorliegt in allen Subsystemen; Verstehen wie das gelebte Leben diese Formungen hergestellt hat. Erlernen der Funktionsweise der einzelnen Subsysteme. Identifizieren des Veränderungs- und Wachstumsbedarfs.

2. Phase: Umwandlungen der einzelnen Kräfte. Stärkung und Entfaltung aller Subsysteme. Integration zu einer allseitig ausgewogenen Einheit. Die Sprache der Subsysteme verstehen und nutzen.

3. Phase: Herstellung der neuen Ganzheit. Verwurzelung der Ganzheit und der Lebensformen im Geist und in der Liebe. Aktualisierung dieser Ganzheit in der Lebensverwirklichung. Umfassende Verantwortung und Solidarität zum Menschsein leben.

Dieser Prozess vollzieht sich im Lebensraum und gestaltet diesen Raum zentriert im Menschen, d.h. in diesem psychisch-geistigen Wachstumsprozess. Der Abschluss der dritten Phase ist die höchste Stufe der menschlichen Entwicklung und psychisch-geistigen Evolution. Dies ist die Verwirklichung des höchsten Archetypus, der gleichzeitig im Menschen das widerspiegelt, was "Gott" ist. Wir erklären diesen Archetypus als das eigentliche Lebensprinzip, gemäss dem eine Weltgestaltung optimal evolutionär verläuft. Je mehr die Menschen auf dieses Grundmuster zuarbeiten, in dem sie innen so werden und nach aussen das leben, was dieser Archetypus abbildet, desto mehr entwickelt sich die Gesellschaft in Richtung psychisch-geistige Evolution.

Individuation ist der zentrale Bildungsbereich der Andragogik. Denn sie fördert die Liebesfähigkeit, die Lebensverantwortung, die Lebenskompetenzen und die Entfaltung. Individuation reduziert Krisen, Leiden, Schaden und Risiken. Individuation verankert das Leben allseitig ausgewogen in der psychischen Innenwelt.

Selbsterkenntnis und Persönlichkeitsbildung

Machen wir zuerst einen kurzen Rundgang durch diverse psychologische, philosophische und andere Lexika, um da einen allgemeinen (historischen) Einblick in das Verständnis von "Selbsterkenntnis" zu gewinnen:

Dorsch schreibt in seinem psychologischen Wörterbuch (1991, 600-601) über Selbsterkenntnis (auswahlweise): "Hinwendung des Erkennens auf das eigene Ich. Das Selbst als eine gestaltete und überdauernde Vorstellung in der Erfahrung des Menschen wird auf seine Eigenarten untersucht (eigenes Sein, Verhalten, Anlagen, Fähigkeiten, Einstellungen, Motivationen) ... Als Voraussetzung für die Entfaltung und Gestaltung der eigenen Persönlichkeit wurde Selbsterkenntnis schon bei den Griechen der Antike als Grundlage gefordert, wie es u.a. aus der Aufschrift des Apollotempels in Delphi hervorgeht: "Erkenne Dich selbst". Die Selbsterkenntnis, das Innewerden des Selbst, beruht einerseits auf der Selbstbeobachtung, anderseits auf Rückempfindungen, welche aus der Konfrontation des Menschen mit Problemen in seiner Umwelt und der zwischenmenschlichen Kommunikation erfasst werden ... Trotz der berechtigten Forderung nach Selbsterkenntnis (Pascal, Kant) hat es an skeptischen Stimmen ihr gegenüber nie gefehlt (Goethe, Nietzsche), welche auf die Neigung des Menschen hinweisen, sich (auch) vor sich selbst zu maskieren ..."

Im internationalen Freimaurer-Lexikon von Lennhoff und Posnier (1932, 1450) steht: "Erkenne Dich selbst ... (ist) nach Sokrates Vorbedingung der Sittlichkeit, Lessing nennt sie den Mittelpunkt aller menschlichen Weisheit, Kant aller menschlichen Weisheit Anfang. Im Lehrbriefe Wilhelm Meisters stehen die Worte: Wie kann man sich selbst erkennen? Durch Betrachten niemals, wohl aber durch Handeln. Versuche Deine Pflicht zu tun und Du weisst gleich, was an Dir ist."

Schöpf vertieft philosophisch den Kern der Selbsterkenntnis (in: Höffe, 1985, I, 154): "Erkenne Dich selbst ... wurde in der sokratisch-platonischen Philosophie so verstanden, dass der Mensch hinter die sinnlichen Inhalte seiner Erkenntnis zurückfragen und sich der Voraussetzung der Ideen, insbesondere der Idee des Guten, bewusst werden müsse ... Ebenso konnte in der aristotelischen Philosophie der Mensch nur zu einer richtigen Einschätzung seiner selbst kommen, wenn er sich als Mittler zwischen Tier und Gottheit begriff ... Was der Mensch ist, erfährt er nur durch die Wahrheit ... Der Sinn jeder Selbsterkenntnis kann also nur darin bestehen, "Dich zu erkennen", den personal anzusprechenden Gott ..."

Hügli und Lübcke (1991, 525) nennen aus philosophischer Sicht als Aspekte der Selbsterkenntnis: "1. Selbstbewusstsein; 2. Selbstreflexion; 3. Wissen um das eigene tatsächliche Leben (im Gegensatz zum Selbstbetrug); 4. Wissen um das eigene Wesen; 5. Wissen um den wahren Zweck des eigenen Lebens - oder Einsicht, dass es einen solchen Zweck nicht gibt, sondern nur das Absurde."

Der Pädagoge Wilhelm Dilthey sieht die Selbsterkenntnis so: "Was der Mensch ist, sagt ihm nur seine Geschichte." Gergen schreibt über Selbsterkenntnis (in: Filipp 1993, 75): "Wenn der Mann auf der Strasse beginnt, sich selbst zu 'entdecken' , wenn er über sein Verhalten, seine Moral, seine Gefühle, die Basis seiner Prinzipien und seiner Erwartungen nachdenkt...dann tut er nichts anderes als (was) ein Wissenschaftler (tut), der das menschliche Verhalten erforscht - nur eben laienhaft und unsystematisch ... Könnte der Laie wissenschaftlich vorgehen, ja könnte er sich auch nur die elementarsten Grundlagen der Wissenschaft aneignen, dann wären seine Chancen zur Selbsterkenntnis beträchtlich höher ..."

Der Psychiater und Philosoph Viktor E. Frankl sprach 1949 über "Was ist der Mensch?" im Gedenken an Auschwitz (1975, 334-338). Wir entnehmen daraus einige Gedankenfragmente: "Was ist der Mensch? ... Was waren die toten Kollegen (in Auschwitz)? ... Wir haben ihn kennengelernt, wie vielleicht noch keine Generation vor uns; wir haben ihn kennengelernt ..., wo alles Unwesentliche vom Menschen weggeschmolzen war; wo alles fortfiel, was einer besessen hatte: Geld, Macht, Ruhm, Glück, wo nur mehr das übrigblieb, was ein Mensch nicht 'haben' kann, sondern, was er 'sein' muss: was übrig blieb, war der Mensch selbst, verbrannt vom Schmerz und durchglüht vom Leid, wurde er eingeschmolzen auf das Wesentliche in ihm, auf das Menschliche ... Was also ist der Mensch? ... Er ist ein Wesen, das in sich gleichermassen die Möglichkeit birgt, auf das Niveau eines Tieres herabzusinken oder sich zu einem heiligmässigen Leben aufzuschwingen ... (das) Denken, (das) Bewusstsein, (das) Verantwortlichsein ... macht die Würde jedes einzelnen Menschen ..."

Wir kommen zurück zu unserem Modell über das psychische Leben. Die Vielfalt der psychischen Einzelkräfte macht deutlich, dass Selbsterkenntnis eine ganze Reihe von nützlichen Möglichkeiten enthält, die wir als Chancen im Leben bezeichnen wollen. Wer die Fülle seiner eigenen Kräfte kennt, der erlebt in der Stunde seines Todes inneren Frieden und Zuversicht: "Ich weiss, wer ich bin; ich weiss, weshalb ich so gelebt habe; ich weiss, wozu mein Dasein gut war; ich weiss vieles über mich, über mein psychisch-geistiges Sein und über das Leben; deshalb weiss ich auch, dass ich ewig lebe".

Selbsterkenntnis ist der Anfang aller Chancen im Leben. Manche psychischen

Kräfte müssen dabein minutiös zerlegt und analysiert werden, damit Veränderungen möglich werden. Viele Erneuerungsversuche scheitern, wenn die Verflechtungen mit den Kräften der Psyche nicht hinreichend beachtet werden. Ein hoher Einsatz an Zeit und Arbeit für das Erkennen aller Kräfte ist immer gerechtfertigt. Eine zentrale Erfahrung ist dabei, dass die Träume den Menschen zu seinem wahren psychisch-geistigen Sein durch innere Erfahrungen führen. Es gibt keine andere Kraft, die zum "höchsten" Menschsein führen kann. Selbsterkenntnis führt zu sich selbst und ist damit eine spannende Selbst-Entdeckung. Dies mag vielleicht Ernüchterung bewirken. Doch sie befreit dadurch vor Illusionen. Selbsterkenntnis baut automatisch eine Innenverankerung auf. Das psychische Leben selbst bestimmt den Verlauf des Wachstums. Alles, was es über das psychisch-geistige Menschsein zu sagen gibt, findet jeder durch systematische und gründliche Selbsterkenntnis in sich selbst. Die grössten Erschwernisse sind allerdings: Bequemlichkeit, fehlendes Wissen, fehlende innere Bildung, Dogmen, Arroganz.

Selbsterkenntnis hat viele positive, wertvolle Aspekte: Was man kennt, kann man steuern, verändern, korrigieren, bilden und bewusst entfalten. Man sieht bei andern die psychische Wirklichkeit nur soweit, wie man diese bei sich selbst kennt. Je mehr der Mensch sich selbst kennt, desto differenzierter kann er die Vielfalt des Lebens leben: Beziehungen, Sexualität, Freizeit u.s.w. Wer Selbsterkenntnis wichtig nimmt, nimmt sich selbst wichtig. Das ist Voraussetzung für die differenzierte Selbstliebe und die Liebe zum Leben. Selbsterkenntnis stärkt, denn: sie baut Aengste ab, fördert Echtheit, belebt neue Kräfte und gibt ein realistisches Selbstbild. Wer immer mehr sich selbst erkennt, fördert damit auch sein Lernen und seine Erneuerungswünsche.

Unser Systemmodell über das psychische Leben ist die Grundlage für die praktische Selbsterkenntnis. Keiner läuft da Gefahr, durch das Tor der Selbsterkenntnis plötzlich in irgendeine esoterische, ideologische oder dogmatische Sackgasse hineinzuschlittern. Es können sich keine verdeckten Interessen hineinschleichen, die dann den Blick wieder trüben oder einseitig konzentrieren. Die theoretischen Grundlagen sind diskutierbar und erweiterbar. Wenn von "Ganzheit" die Rede ist, so bringt unser System den Nachweis eines redlichen Versuchs, in dieser Richtung alle Möglichkeiten breit ausgeschöpft zu haben. Jeglicher Streit um psychologische Schulen und Positionen erübrigt sich.

Die Aspekte der grundlegenden Positionen sind weitgehend – zwar relativiert – berücksichtigt. Schöngerede über Selbstverwirklichung, Emanzipation, Freiheit, Vertrauen, Transzendenzerfahrung, Liebe, Glück und Erfolg haben hier keine Chancen. Das Modell bietet eine begründete Ordnung in der

Vielfalt des psychischen Lebens und seiner Entfaltungen. Der Rückbezug zum Leben ist gegeben. Die Persönlichkeitsbildung hat eindeutige wissenschaftliche Fundamente und verliert sich nicht in einseitige Daseinsinterpretationen.

Erste Grundfragen der Selbsterkenntnis, aus unserem Systemmodell entwickelt, sind:
1. Was können Sie über Ihr tägliches Handeln Charakteristisches sagen?
2. Wie ist Ihre Psychodynamik in der Tendenz?
3. Wie ist Ihr durchschnittliches Ich-Erleben und Ihre Ich-Steuerung?
4. Wie nutzen Sie im allgemeinen Ihre Denkfähigkeit und Ihre (wertende) Urteilskraft? 5. Welches sind Ihre aktuellen Bedürfnisse?
6. Wie sind zur Zeit Ihre Gefühle im Überblick?
7. Wie erleben Sie Ihr Unbewusstes, d.h. das Inventar Ihres gelebten Lebens?
8. Welche Beziehung haben Sie zu Ihren Träumen und zur Imagination?
9. Wie erleben Sie Ihre Liebeskraft?
10. Wie charakterisieren Sie den Stand Ihrer psychisch-geistigen Entwicklung?

Die psychischen Subsysteme erlauben, erste Fragen zur Selbsterkenntnis zu formulieren, wobei eine klare Ordnung und eine relative Gewähr für umfassende Ganzheit gewährleistet ist. Die Selbstbetrachtungen geben den Raster für den klaren Blick. Hinschauen, was da ist, und interpretieren, was erkannt wird, muss dabei jeder selbst. Lerndefizite, Korrekturnotwendigkeiten und Wachstumsrichtung kann jeder selbst durch Reflexion interpretieren. Die klaren Strukturvorgaben ermöglichen auch klare erste Lernziele zu formulieren. Der Fragenkatalog der systematischen Selbsterkenntnis soll zuerst offen formuliert werden. Er kann autodidaktisch angewendet oder im Rahmen des Unterrichts verwendet werden. Der Fragenkatalog hilft zu einer einfachen Strukturierung in der psychagogischen Beratung. Die Wissenschaftler können, woran immer sie arbeiten, mit dem Systemmodell ihren Blickwinkel erweitern, die Verbindungen bewusst halten und letztlich sich selbst als Forschende in ihrer eigenen Welt verstehen lernen. Denn, was immer der Forscher in der Pädagogik und Andragogik tut, er kann das Leben nicht als Rattenlabyrinth isolieren. Er ist immer auch ein Betroffener. Er forscht gleichzeitig immer auch über sich selbst.

Basierend auf den psychischen Subsystemen, dem psychischen Organismus sowie auf der Individuation als Entfaltungs- und Wachstumsprozess kann die andragogische Psychologie Persönlichkeitsmuster (Richtziele, grosse Bildungsziele), teils als Beschreibung bestimmter Formungen einzelner psychischer Kräfte, teils als Skizzierung von ganzheitlichen Charakterprägungen erfassen. Daraus ergeben sich Persönlichkeitsideale. Die gesellschaftliche Relevanz ergibt sich direkt und interpretierend. Die

Legitimation von Werten bzw. Idealen liegt in den psychischen Kräften und ihrer Wirkungsweise (je nach Formung) und nicht in einer Ideologie, nicht in einer Metaphysik, nicht in einer Dogmatik und nicht in einer subjektiven Willkür. Wir wollen hier einige allgemein formulierte Beispiele zur Diskussion stellen.

Persönlichkeitsideale, formuliert im Kontext mit dem Systemmodell des "psychischen Organismus" und der Individuation, sind vor allem:

1) Systematische und umfassende Selbsterkenntnis über die psychischen Subsysteme;
2) Differenziertes Selbst-Bewusstsein (Selbst-Bild);
3) Klares, vielschichtiges Menschen- und Welt-Bewusstsein;
4) Bewusstsein über die transzendente Wirklichkeit durch inneres Wachstum;
5) Daseinserleben in der Komplexität aller inneren und äusseren Lebensräume;
6) Kräftiges, dynamisches und positives Ich-Erleben;
7) Frei von Abwehr und Projektionen bei gleichzeitig klarer flexibler Abgrenzung;
8) Offene dynamische Integration aller Lebenswirklichkeiten;
9) Starker, bewusst geformter und integrierter Wille (Wollenskraft);
10) Ausgeprägte Selbststeuerung in der komplexen psychischen und äusseren Welt;
11) Vollständig befreites, bearbeitetes, geklärtes unbewusstes Leben;
12) Differenziertes Wahrnehmen der eigenen und fremden Wirklichkeiten;
13) Kreatives konstruktives Denken mit klarer Sprache;
14) Lernoffenheit bzw. stetige Bereitschaft zur Veränderung und Erweiterung;
15) Klar identifizierte und ausgewogen realisierte Grundbedürfnisse;
16) Vielseitig ausgewogenes und genutztes Gefühlsleben;
17) Tragfähige und einsatzfähige Liebeskraft in allen Lebensbereichen;
18) Flexible und vitale Psychodynamik, frei von verkrampften Gegensätzen;
19) Intensive Kommunikation mit dem Geist durch Traumarbeit und Meditation;
20) Tägliches Handeln in reflektierter Rückkoppelung zum psychischen Organismus;
21) Entfaltung des psychischen Organismus in Rückbindung an Geist und Liebe;
22) Leben und Werden in Richtung des lebendigen Abbildes des höchsten Archetypus.

Die Pädagogik stellt Persönlichkeitsideale an den Anfang der Begriffsbestimmung "Bildung": "Selbstbestimmung, Freiheit, Emanzipation, Autonomie,

Mündigkeit, Vernunft, Selbsttätigkeit" (Klafki 1993, 19). Derbolav, um ein Beispiel hervorzuheben, beginnt die Entwicklung seiner Bildungstheorie mit der "Letztzielbestimmung", womit er "Erwachsenheit" und "Mündigkeit" meint (Derbolav 1993, 26). Brezinka ist unserem Ansatz nahe: "Unter Erziehung werden Handlungen verstanden, durch die Menschen versuchen, das Gefüge der psychischen Dispositionen anderer Menschen in irgendeiner Hinsicht dauerhaft zu verbessern oder seine als wertvoll beurteilten Komponenten zu erhalten oder die Entstehung von Dispositionen, die als schlecht bewertet werden zu verhüten". "Psychische Dispositionen" setzt er mit "Persönlichkeit" identisch (Brezinka 1978, 45). Offen ist dabei allerdings das Problem, was mit dem Begriff "Persönlichkeit" bzw. "psychische Dispositionen" gemeint sein soll. Noch immer kreisen die Lernbereiche um die drei Ebenen: kognitiv, affektiv und psychomotorisch (Metzger 1992, 90-93). Krämer/Walter (1994, 65-67) operieren auf dieser Ebene: "Lernziele werden unterschieden nach den Lernbereichen, auf die sie sich beziehen: (in der pädagogischen Tradition:) affektive (Gefühl), kognitive (Denken) und psycho-motorische (Fähigkeiten) Lernzielbereiche ...". (siehe auch Kron 1994, 159). - Für den Bildungsbegriff der "Persönlichkeitsbildung" ist das viel zu eng. Wir klären dies mit neuen Anregungen in unserem Werk "Konzept der Individuation – Andragogische Psychologie".

Die andragogische Psychologie entwickelt gemäss unserem Vorschlag einerseits Systemmodelle über das psychische Leben, die für die Persönlichkeitsbildung und Individuation relevant sind. Anderseits setzt sie die Voraussetzungen zur Entscheidung über Ideale und Werte, indem sie entsprechende Variationen ebenfalls als Modelle (Charakterbilder, Ideale) deskriptiv festhält. Zu beiden Aufgabenbereichen gehört die Einbettung in übergeordnete Systemzusammenhänge mit den Lebenswelten. Auf diesen Grundlagen kann die Andragogik den Bildungsauftrag formulieren und zur Diskussion vorlegen. Menschenbildung ist damit umfassend substantiell definiert. Ergänzend dazu ist eine fachspezifische Didaktik zu entwerfen, die garantiert, dass solche Ideale bzw. Werte als Bildungsziele in ein "Strukturgitter" der konkreten Unterrichtsplanung aufgenommen werden können. Der Bildungsauftrag der Andragogik kann realisiert werden.

Die erwähnten Persönlichkeitsideale sind für das Gesellschaftsleben in der Zukunft von hochrangiger Bedeutung. Es seien dazu drei kritische Aspekte markiert:

1) Das Konzept der Begabungsförderung in der Berufswelt ist heute weitgehend nicht mehr massgebend. Der Arbeitsmarkt und die Gier nach Geld zwingen viele Menschen, sich in der Arbeitswelt den Möglichkeiten entsprechend zu bewegen. Hiess es früher "Wer etwas leistet, bringt es zu

etwas", so kann man heute feststellen, dass sehr viele von jenen, die "haben" (Geld, Güter, Karriere, Ansehen, Partizipation), dies nicht haben, weil sie etwas Besonderes mit grossem Einsatz und aus innerer Begabung leisten würden, sondern weil sie mit Tricks, mit Aggressivität und Machtverhalten sich dieses "Haben" aneignen. Wo bleibt die innere Resonanz zum beruflichen Dienen mit sachlicher und sozialer Kompetenz?

2) So wie der Mensch psychisch als Persönlichkeit (Person) geformt ist, so lebt er mit sich selbst, mit andern Menschen und mit seinem Lebensraum. Der Umgang mit dem eigenen psychischen Organismus zeigt sich im Umgang mit der Natur, mit dem Wasser, der Luft, der Erde und der Tierwelt. So wie die psychischen Kräfte geformt sind, so gestaltet der Mensch sich seine eigene Welt und so wirkt er auf die Lebenswelten.

3) Es gibt heute die Renaissance der totalitären Ideologie. Viel Gewaltbereitschaft ist zu erkennen. Es zeigen sich Ressentiments gegenüber den Werten der abendländischen Kultur, emotionale Unsicherheit im Volk, massenweise blinde Identifizierungen mit politischen und wirtschaftlichen "Führern", Regressionen und Anpassungen in ein Massenbewusstsein, männlich-aggressive Lebensformen im Beruf wie in der Beziehung zur Frau, Ausgrenzungen als Modell zur Konfliktlösung, auch Gleichgültigkeit (oder Desorientierung) in den moralischen Belangen des täglichen Lebens. Wenig erkannt wird, wie sehr das Denken der Menschen aller Bildungsstufen und Sozialschichten noch immer vom Geist der Inquisition durchtränkt ist. Welcher Ideologie und welchen Führern werden die Menschen in zwanzig bis dreissig Jahren zugeneigt sein?

Die Nekrophilie, wie sie der Psychoanalytiker und Philosoph Erich Fromm mit dem Beispiel das 'Gründungsmanifest des Futurismus von 1909' darstellt, ist ein Anlass über die Menschenbildung gründlichst nachzudenken (1979, 57-59). Das ist heute so aktuell wie anfangs Jahrhundert. Deshalb zitieren wir daraus die zentralen Passagen - eine Gelegenheit zu einem Grundsatzentscheid:

"1. Wir wollen die Liebe zur Gefahr besingen, die Vertrautheit mit Energie und Wagemut.
2. Mut, Kühnheit und Auflehnung sollen die wesentlichen Elemente unserer Poesie sein.
3. ... Wir wollen preisen die angriffslustige Bewegung, die fiebrige Schlaflosigkeit, den Laufschritt, den Salto mortale, die Ohrfeige und den Faustschlag.
4. Wir erklären, dass die Herrlichkeit der Welt sich um eine neue Schönheit bereichert hat: die Schönheit der Geschwindigkeit. Ein Rennwagen ... ein

aufheulendes Automobil, das auf Gewehrgeschossen zu laufen scheint ...

5. Wir wollen den Mann besingen, der das Steuer in der Hand hält, dessen Lenkachse mitten durch die Erde geht ...

7. Schönheit gibt es nur noch im Kampf. Ein Werk ohne aggressiven Charakter kann kein Meisterwerk sein ...

8. ... Zeit und Raum sind gestern gestorben. Wir leben bereits im Absoluten, denn wir haben schon die ewige, allgegenwärtige Geschwindigkeit erschaffen.

9. Wir wollen den Krieg verherrlichen - diese einzige Hygiene der Welt - den Militarismus, den Patriotismus, die Vernichtungstat der Anarchisten, die schönen Ideen, für die man stirbt, und die Verachtung des Weibes.

10. Wir wollen alle Museen, Bibliotheken und Akademien zerstören und gegen den Moralismus, den Feminismus und gegen jede Feigheit kämpfen ...".

Bildungsforschung, Erziehungswissenschaft und Pädagogik haben in ihrer kategorialen Primäraufgabe erheblich versagt. Sie haben auf die echten Bedürfnisse der Menschen in der Gesellschaft nicht geantwortet. Eine neue Menschenbildung mit neuen Idealen ist fällig, damit in Zukunft die Menschen den Anforderungen des Lebens und gleichzeitig denjenigen der Psyche gewachsen sind. Tut das die Pädagogik (Andragogik) nicht, dann wuchern Sekten, esoterische und pseudoreligiöse (spirituelle) Bewegungen sowie Fundamentalismus. Und dies ist Nährboden für faschistoides Denken.

6. Die fällige Wende in der Wissenschaft der Menschenbildung

Wir haben die drei Fachbereiche und Praxisfelder, die die Bildung des Menschen zum Thema haben, historisch aufgerollt. Charakteristisch zu dieser Vielfalt an Theorien und Praktiken der Menschenbildung im weitesten Sinne des Wortes ist, kurz zusammengefasst:

1) Die wissenschaftlichen Konzepte: unterschiedliche Menschenbilder in Umfang und Qualität; keine wirklich ganzheitliche Persönlichkeitstheorie; unterschiedliche wissenschaftliche Substanz und Qualität; unterschiedliche geistige Orientierung bzw. Verwurzelung; viele unklare und mehrdeutige Begriffsdefinitionen; erhebliche Einseitigkeit in Theorien und Modellen; keine klare Strukturierung in wissenschaftliche Sachbereiche; teils Technokratisierung des psychischen Lebens; trotz wissenschaftlichem Anspruch viele ideologische Elemente; teilweise religiöser oder philosophischer Dogmatismus; kommerzielle Interessen hinter Begriffsdefinitionen und Konzepten; wenig bis keine konstruktive Kommunikation zwischen den Positionen.

2) Die Praxis-bezogenen Methoden und Ziele: Divergenz zwischen theoretischen Zielsetzungen und Praxis; Vielfalt an vagen "Objekt"-Definitionen (Klienten, Sachthemen); Vielfalt und Durcheinander an Bildungsthemen bzw. Arbeitszielen; Vielfalt an sehr unterschiedlichen Praktiken; Tendenz zur Überbewertung einzelner Methoden; wenig wissenschaftliche innovative Rückkoppelung; zu wenig aussagekräftige Erfolgskontrollen; weitgehende Bereiche der Tätigkeiten ohne Evaluation.

3) Professionalisierung und Berufsimage: Kompetenz und Sachlichkeit definiert aus der eigenen Position; wenig Innovationsdynamik bei den Weiterbildungsinstitutionen; fachspezifisch sehr unterschiedliche Ausbildungsprofile; ideologische und kommerzielle Eigeninteressen der Träger; Fehlen von didaktischen Bildungskonzepten und Bildungsstrategien; Vielfalt an historisch bedingten Prägungen bei den Trägern; Mangel an sachspezifisch eindeutigen Berufsbildern; Vielfalt an Konzepten der Professionalisierung; keine postgraduate Weiterbildung in Philosophie und Pädagogik; Vielfalt an regionalen bis internationalen Gruppierungen.

Es ist naheliegend im Gesamtüberblick sich auch kurz mit dem Stichwort "Sekte" zu befassen. Verschiedene Organisationen im psycho-religiösen

Bereich sind mit diesem Ruf behaftet, aus welchen Gründen auch immer (Ruthven 1991; Baumgartner 1993; Schmid 1993; Haack 1993).

Allen ist tendenziell gemeinsam: keine offizielle staatliche Anerkennung als Kirche; keine Anerkennung als Wissenschaft im Rahmen staatlicher Strukturen; keine gesellschaftliche Anerkennung als gemeinnützige Dienstleistung; erhebliche finanzielle Interessen; Tendenz zur Bindung des Klientels zwecks Kapitalvermehrung; meist aggressive Marketingpraktiken; Schaffung von Bindungen zwecks Stärkung der Organisation; variable ideologische und dogmatische Lehren über Mensch, Welt und Gott; einseitige bis eigenartige Konzepte über die Psyche des Menschen; unlautere und illusionäre Versprechen über Glück und Heil.

Wir wollen auf das Thema hier nicht näher eintreten, nur darauf hinweisen, dass mehrere dieser Elemente auch im Bereich der Philosophie, der Psycho-analyse bzw. der Psychotherapie zu finden sind. Im aktuellen "Psycho-Markt" kann sich die Professionalität praktisch nur in der Bezugnahme zur Institution der Wissenschaft und zur akademischen Grundbildung unmissverständlich klar von Elementen des Sektenwesens abgrenzen. Die Tatsache, dass es neben dem empirischen Verständnis der Wissenschaften über den Menschen auch anerkannte und historisch bedeutsame geisteswissenschaftliche Konzeptionen gibt, erlaubt es, eine vielschichtige diskursfähige Andragogik zu entwickeln.

Im historischen Überblick zeigt sich eine interessante Tendenz: Manche Philo-sophen und Psychoanalytiker, die neue Ideen, neue Theorien und neue Konzepte vorgelegt haben, sind dadurch in schwierige Situationen geraten. Sie wurden von den eigenen Kreisen heftig abgelehnt, von Interessenvereinigungen ausgestossen und manchmal auch vom Staat geächtet. In der Pädagogik ist eine solche Tendenz im 20.Jahrhundert in der Weise weniger zu erkennen, wenn man von den Jahren 1931-1945 absieht. Machtkämpfe, Ausschlussgebaren und Aechtung sind – soweit aus der Literatur zu erkennen – deutlich seltener. Zu erwähnen ist am Rande, dass die Gebiete der Philosophie, Pädagogik und Psychoanalyse bisher zu rund 90 % eine Männerdomäne gewesen und noch immer sind. Ein Beispiel: Von 1012 hauptberuflichen Professoren/ Innen (1987) sind gerade 10,7% Frauen (Baumert, Roeder. In: Krüger/Rauschenbach 1994, 32). Geht man von der Tatsache aus, dass Erziehung wesentlich auch (wenn nicht sogar vor allem) eine von Frauen (Müttern/Lehrerinnen Grundstufe) wahrgenommene Aufgabe ist, dann widerspiegelt diese statistische Verteilung das althergebrachte archaische Patriarchat. Wir finden dies entschieden unakzeptabel, vor allem auch für die zukünftige Andragogik.

Bei den einzelnen Fachbereichen haben wir bereits erste Folgerungen für die Grundlegung der Andragogik formuliert. In diesem Abschnitt wird darauf aufbauend eine integrative Konzeption der Andragogik in Wissenschaft und Praxis erstellt. Es versteht sich, dass einige der oben zusammengefassten Charakteristiken schon im Ansatz ausgeschaltet werden müssen. In der Planung eines Konzeptes ist das theoretisch leichter zu entwerfen, als dann später darauf aufbauend das Projekt konkret umzusetzen.

Ausgangslage unserer Reflexionen ist ein lebenspraktisches Thema, pädagogisch und andragogisch zentral, immer schon höchstes geistiges Gut gewesen: die Menschenbildung. Dazu gehören elementar Selbsterkenntnis, Individuation und Lebensberatung. Wir haben dargelegt, dass sich viele Berufsgruppen und Personen breit gefächerter Provenienz damit befassen. Ganz unterschiedliche wissenschaftliche Fachgebiete lehren und forschen über Teilbereiche, oft mit der Tendenz des Ganzheitsanspruchs für eine Persönlichkeitsbildung, die selbst als solche meist nicht eindeutig identifiziert werden kann. Die Andragogik als eigenständiges Fachgebiet der akademischen Lehre und Forschung im Sinne der Menschenbildung (Persönlichkeitsbildung und Individuation) gibt es erst im Aufbau.

Eine Entwicklung wie in der Psychoanalyse und Pychotherapie darf es in der Andragogik nicht geben, wenn auch eine gewisse Pluralität im Menschenbild, in der Lebensphilosophie und in der Arbeitstechnik selbstverständlich erhalten werden muss. Es ist einerseits sehr positiv zu werten, dass in den demokratischen Gesellschaften die Freiheit besteht, fast jede Art an Menschenbildern und Lebensphilosophien zu lehren, Lebenshilfe mit beliebiger Theorie zu begründen und diese auf vielfältige Weise zu praktizieren. Anderseits aber verliert die Philosophie, die Pädagogik und die psychologische Beratung (inklusive die Psychoanalyse und die sogenannte Psychotherapie) ihre gesellschaftliche Autorität in Sachen Menschenbildung, wenn sie sich so sehr zersplittert und nicht einmal in ihren Grundlagen eine gemeinsame konzeptuelle Orientierung finden kann. Philosophie bleibt für Philosophen, Pädagogik für die Kinder bzw. für die Volksschule und die sozialen Institutionen, und die Psychoanalyse bzw. Psychotherapie für die psychisch Kranken oder für jene, die sich so klassifizieren lassen. Wir finden in allen drei Bereichen namhafte Vertreter und Konzepte, die die humanistische Menschenbildung im weitesten Sinne des Wortes einschliesslich ihrer gesellschaftlichen Relevanz mit grossem Engagement hervorheben. Die Lage ist in Bezug auf dieses Interesse uneinheitlich, ohne Identität und ohne Solidarität.

Die Andragogik in unserem Sinne ist von vier Interessenbereichen geleitet. Wir präsentieren diese im Überblick, mit Stichworten erläuternd:

a) Erkenntnisinteresse: Neugier, Drang zu verstehen, Hinwendungstendenz, Wissensdurst, Integrationsbedürfnis, Schöpfungsbewusstsein, Liebe zum Leben, Erfahrungen, Überblick haben.

b) Handlungsinteresse: Schaffensdrang, handeln, gestalten, schöpfen, nutzen, pflegen, umsorgen, bilden, erziehen, Pläne verwirklichen, entfalten, bewusst leben, Kultur leben.

c) Glücksinteresse: Lust, Freude, Liebe, Hoffnung, Zufriedenheit, Weisheit, Wohlbefinden, Erfüllung, Selbstverwirklichung (aller eigenen Potentiale).

d) Menschwerdungsinteresse: Persönlichkeitsbildung und Individuation als innerer Wachstums- und Entfaltungsprozess im Sinne der psychisch-geistigen Evolution.

Ein Argumentationsbereich der Legitimation der Andragogik dreht sich um die "Schlüsselprobleme" im Sinne von Klafki (1985, 21). Dazu erwähnt er Themen, die wir im Kontext mit der gesellschaftlichen Lage erweitert präsentiert haben: Massenmedien, Freizeit, Umwelt, Frieden, Arbeit bzw. Arbeitslosigkeit, Lebensformen, Sexualität u.s.w. Klafki verlangt hierzu ein "geschichtliches Bewusstsein und Mitverantwortung", sowie "die Bereitschaft, sich diesen Problemen zu stellen und am Bemühen um ihre Bewältigung teilzunehmen" (1985, 20). Die Schlüsselprobleme von Klafki sind ohne Zweifel enorm wichtig für den einzelnen wie für die Gesellschaft. Doch sind damit auch schon Prioritäten gesetzt? Ist diese Liste nicht vielleicht schon überholt? Wären da heute nicht die Sinnleere und das innere Leiden an Deutschland's Spitze der Liste der alltagsnahen Schlüsselprobleme zu stellen? Die Liste ist u.E. zu erweitern, z.B. mit Stressfaktoren (Hurrelmann 1994, 142), Risikofaktoren der seelischen Gesundheit (Tress, 1986, 50, 69-70) sowie soziologisch-sozialpsychologischen Problemen unserer Gesellschaft (vgl. Jungk/Müllert 1994, 30).

Vom Standpunkt des klassischen Bildungsbegriffs mit den Dimensionen des Moralischen, des Aesthetischen, des Kognitiven und des Praktischen mag Klafki's Liste der Schlüsselprobleme einen Nerv der Menschenbildung ansprechen. Doch erweitert man den Bildungsbegriff um das Thema des "Geistes", und damit um den Prozess der Individuation, dann fehlt in diesem Katalog das entscheidende Thema des Menschseins, um es in einem Bild kurz zu fassen: der Gral.

Damit wären ausserdem verschiedene psychisch-geistige Schlüsselprobleme in die Liste aufzunehmen: die Suche nach Sinn, das echte spirituelle Erleben, das überlastete Unbewusste der Menschen u.a.m. Das Fehlen der spirituellen

Dimension macht langfristig jegliche Bildungsbemühungen zu einer Sisyphusarbeit und jeden Versuch, die Schlüsselprobleme an den Wurzeln zu lösen, zu einer Alibiübung. Wenn die hochtrabenden Worte wie Emanzipation, Mündigkeit und Selbstbestimmung sowie das nie fehlen-dürfende-Beiwort "kritisch" nicht an das rückgebunden wird, was wir "Geist" nennen, dann schaffen Bildungsbemühungen in solche Zielrichtungen vielleicht vordergründiges Glück; dahinter aber Leid, Leere und destruktiv wirkendes Chaos im Innern des Menschen. Die "Erfahrung des Glücks", die "menschliche Erfüllung" und das "gute Leben" (Klafki 1986, 455 ff.) bleiben damit –aus der kontemplativen Sicht – nicht wirklich erreichbare Ziele.

Näher bei der "Persönlichkeit" fomuliert Klafki eine lange Reihe von Zielen, die um "Emanzipation, Selbstbestimmung und Solidaritätsfähigkeit" kreisen: "Kommunikation, Rollen, Frustrationstoleranz, Kritikfähigkeit, Kreativität, Problemlösungsfähigkeit, Beziehungsfähigkeit, angstfreie Integration von Trieb und Gefühlen, reflektierte Toleranz" u.s.w. (Klafki 1977, 27-29). Auch diese positiven Ziele erreichen den "Grund" der Menschenbildung noch nicht, obwohl sie ohne Zweifel "wohlklingen", wie auch immer der einzelne die Worte mit Inhalt füllen mag. Damit deuten wir an, dass gewisse Zielbegriffe einen breiten Interpretationsspielraum haben, und die Gefahr besteht, dass mit diesen Worten das nicht gedacht wird, was auch noch gemeint sein kann. Der "Emanzipationspädagogik" ist schon zu den Anfangszeiten entgegengehalten worden, dass es auch eine Bildung (Erziehung) zur Anpassung mit durchaus positiven Werten gibt (Rössner 1972, 606, 613, 616). Die Weitergabe gewisser kultureller Objektivationen sowie die Bindungsfähigkeit an die eigene Kultur enthalten Bildungswerte, die mit dem Slogan "Emanzipation" zurückgedrängt werden. Zudem stellt sich die Frage nach der Wertbindung, der Sinn- und Gewissensbindung; für uns nicht etwa im Sinne eines "kategorischen Imperativs" oder eines Normativismus oder einer "a-priori-Einsicht", sondern in der Ausrichtung auf die Individuation, die Liebe und den Geist (wie wir entworfen haben in "Empirie der Individuation". Schellhammer 1998).

Einen weiteren Legitimationsbereich finden wir im Umfeld der sog. "Allgemeinbildung". Hier setzt Klafki wiederum bei den "Schlüsselproblemen" an, erweitert diese mit einer Reihe von Anliegen wie zum Beispiel: Zugänge zu verschiedenen Möglichkeiten der Selbstverwirklichung, Vielfältigkeit der Verhaltensmöglichkeiten, individuelle Interessen und verschiedene Lebensformen (Klafki 1985, 29). Gewiss sind Bildungsziele "Antworten bestimmter Menschen oder Menschengruppen auf bestimmte geschichtliche Situationen unter dem Gesichtspunkt, wie sich die nachwachsende Generation gegenwärtig und zukünftig verhalten soll" (Klafki 1970, I, 23-25). Das ideologie-kritische Interesse ist dazu ein ernsthaftes

Anliegen. Die faktische Abhängigkeit von Geschichte ist in der Pädagogik heute eine allgemein anerkannte Tatsache. Dennoch kann die Legitimation der Andragogik (als Menschenbildung) hierin noch nicht fundamental, d.h. "kategorial" hergestellt werden.

In Anbetracht der immensen Wissenszunahme wird es immer wichtiger zu lernen, wie man mit dem Nicht-Wissen umgehen kann (Treml 1994, 536). Wissen und Nicht-Wissen ist ein ontologischer und phylogenetischer Ansatz jeder pädagogischen Konzeption. Verantwortungsvolles Handeln setzt Wissen voraus (Siebert 1994, 320). Wer seine psychischen Kräfte bilden will, das zwischenmenschliche psychische Leben verstehen und verantwortungsvoll gestalten will, muss folglich sich Wissen auch über das psychische Leben und Methoden über die Bildung dieses (seines) psychischen Lebens aneignen. Ohne dieses Wissen und Können ist weder eine kritisch-emanzipatorische Aneignung der Kultur, noch eine kritische Abgrenzung und progressive Neuorientierung möglich. Die Bildung des psychischen Lebens erachten wir als die zentrale Schlüsselqualifikation. Sie enthält generalisiert verfügbare dauerhafte Kompetenzen, die sich auf grundlegende und immer wiederkehrende Lebensaufgaben richten. Schlüsselqualifikationen werden in der Weiterbildung definiert mit der "Trias": "fachspezifische, soziale und methodische Kompetenzen"; sie sind heute zum "Qualifikationsquintett" umformuliert bzw. erweitert von Kaiser/Kaiser (1994, 187): fachspezifische Kompetenzen, Selbständigkeitskompetenz, Teamkompetenz, Systemkompetenz und Reflexivität. Diese Auffächerung ist u.E. unbedingt mit "Persönlichkeitsbildung" zu erweitern. Als Kompetenz formuliert heisst das: "Die Person ist fähig, sich selbst in allen Subsystemen des psychischen Organismus ein Leben lang stets weiter zu bilden im Sinne der Individuation". Diese Folgerung ergibt sich aus unserem bildungstheoretischen Ansatz im nachfolgenden Kapitel.

Gehen wir noch einen Schritt weiter, dann kommen wir zu den Grundfragen des Daseins und somit zum Problem der "Menschwerdung". Die letztlich gültigen Antworten dazu finden wir im Menschen selbst, und nicht in der Historizität des "Persönlichkeit"-seins heute, gestern oder morgen. Da bestehen allerdings immense Gefahren, ins Metaphysische abzugleiten, mit Schöngerede philosophische Entwürfe zu präsentieren oder gar theologisch-dogmatisch zu argumentieren. Der einzige konstruktive Ausweg, der nicht als Abwehr interpretiert werden kann, besteht darin, dass der Mensch als erfahrbare Wirklichkeit von der Andragogik vielseitig v.a. tiefenpsychologisch und spirituell erforscht wird. Denn unmöglich kann die "Menschwerdung" in einem Bildungsprozess ohne diese Tiefen geschaffen werden. Der kritisch-konstruktive Ansatz von Klafki (1970, III, 126-153, 1985) und der Diskurs von Habermas (1968, 168) erhalten in dieser Dimension eine neue Aufgabe:

immer müssen wir in heutiger Sprache ausdrücken, was historisch und individuell bedingten Ausdruck hat, aber dennoch jedem als "psychischer Organismus" eigen ist. Immer hat der Prozess der Menschwerdung (d.h. die Individuation) eine historische Ausgestaltung und basiert dennoch auf inneren Wachstumsprinzipien. Das zeitlich-räumlich-Gebundene zeitlos zu formulieren, ist ein schwieriges Unternehmen. Hier wird die andragogische Psychologie zur "andragogischen Anthropologie". Hier sind die tiefsten Wurzeln der Legitimation dieser Wissenschaft. Hierin definiert sich die "kategoriale Bildung" und der "andragogische Bezug".

Damit ist der Andragoge bzw. die Andragogin ein "Menschenerzieher" und nicht ein "Lehrer der betrieblichen Erwachsenenbildung", wie dies da und dort verstanden wird (z.B.Pribich 1994, 4). Auch scheint uns der Begriff "Bildungshelfer" bzw. "Sozialisationshelfer" (Arnold 1985, 109, 143) nicht das zu treffen, was Menschenbildung umfasst und professionell verlangt.

Jede Menschenbildung zielt auf Veränderung von psychischen Dispositionen. Das bedeutet: Im Bildungsprozess werden Menschen beeinflusst, bestimmte psychische Kräfte (zum Beispiel Gedankenformen, Einstellungen, Bildermuster) umzuformen oder neu zu formen oder in die vorgegebene Richtung zu stärken. Da kommt man nicht ganz darum herum zu fragen, ob das vielleicht nicht auch mit Manipulation zu tun haben könnte. Manipulation will u.E. die bewusste Reflexion und die wache Autonomie des Ich's umgehen. Die Indoktrination behauptet und setzt einen unfehlbaren Wahrheitsanspruch, meist sehr vereinfacht gegenüber der Realität des Lebens. Damit wird Verhalten normativ gelenkt (Reboul 1979). Eine Andragogik mit empirischem und geisteswissenschaftlich-kritischem Fundament und einer polytheoretischen Didaktik (z.B. im Sinne von Jank/Meyer 1991) kann unmöglich eine Menschenbildung schaffen, die als ein System der Manipulation und Indoktrination endet. Denn die Andragogik hat nichts zu verbergen, keine 'reine' Wissenschaftlichkeit vorzutäuschen, keine Fakten zu vertuschen oder zu verdrehen, keine Verführung zur Dummheit ins Programm einzubauen und keine projektiven Feindbilder herzustellen. Die Sprache erlaubt es immer, jede Art Standpunkt und jedes Argument mit Kunstgriffen zu manipulieren. Wer dazu noch neurolinguistisches Programmieren beherrscht, kann virtuose Kunststücke vollbringen, die für den schärfsten Verstand zur "Bananenschale auf dem Gehsteig" werden können. Man kann u.E. deswegen aber noch nicht jedes allgemeine humanistische Persönlichkeitsideal der Indoktrination verdächtigen und jeder agogischen Methode mit Suggestionselementen Manipulation unterstellen. Die Suggestionsmethoden in der Psychagogik sind keine Manipulationstechniken. Manche ganzheitlichen humanistischen Ideale über den Menschen und das Leben sind vielleicht mythisch oder illusionär, aber sicher nicht indoktrinär.

Wir begründen unsere Konzeption der Wissenschaft und Praxis zur Menschenbildung. Dabei knüpfen wir an bei der Charakteristik dieses Praxisfeldes, bei dem vorgegebenen wissenschaftlichen Hintergrund sowie bei den ideologisch-dogmatischen und kommerziellen Problemen. Wir formulieren die Aufgaben an eine solche Wissenschaft der Andragogik wie folgt:

Allgemeine Aufgabe der Andragogik

Die Wissenschaft der Andragogik liefert zur Menschenbildung, wie wir diese vorläufig skizziert haben: Modelle, Theorien und praktische Instrumente. Sie legt Analysen von vorhandenen impliziten Werten und Wertungen vor und entwickelt ein System der Werte für ihre Praxis mit den Begründungszusammenhängen. Das Berufsfeld ist eindeutig einzugrenzen, d.h. gegenüber den angrenzenden Fachgebieten klar zu definieren. Zwischen der Wissenschaft und der Praxis gibt es eine systematische Rückkoppelung. Als Wissenschaft definiert sie sich selbst ihre Wissenschaftlichkeit und ihre Methodologie. Sie ist teils interdisziplinäre Wissenschaft, teils Grundlagenwissenschaft.

Die Andragogik, hier als Menschenbildung im eigentlichen Sinne des Wortes, setzt sich somit aus vier Hauptfachbereichen zusammen:

1) Der psychische Organismus, Entfaltung und Individuation, Lebensprobleme und "kritische" (bedeutsame) Lebensthemen, sozial-kultureller Lebensraum;

2) Methoden der Menschenbildung, Diagnose und Lebensberatung; Didaktik der Lebensschulung;

3) Philosophische Anthropologie, Ethik;

4) Wissenschaftsverständnis, Methodologie.

Diese allgemeine Aufgabe lässt sich in vier Hauptteile ordnen:

Abbild: Systemmodell des andragogischen Bezugs

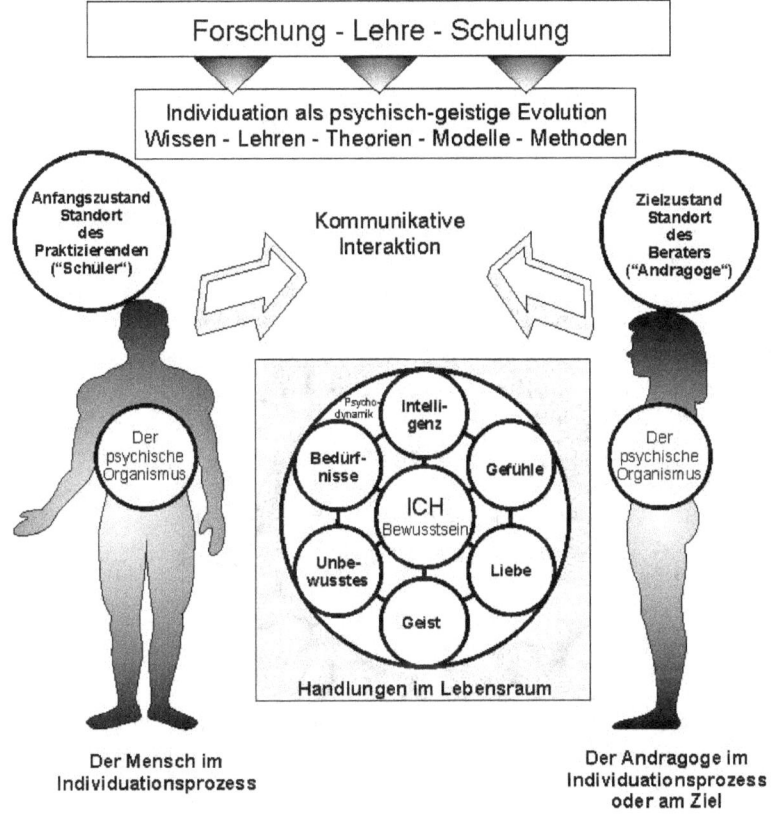

Der Mensch im Individuationsprozess

Der Andragoge im Individuationsprozess oder am Ziel

Erste Teil-Aufgabe der Andragogik:

Die Andragogik befasst sich mit dem Menschen als psychisch-geistige Person. Dazu erarbeitet die Andragogik integrativ-synergetisch Theorien, Analysen, Modelle, Konzepte und Begriffssysteme. Die Erarbeitung dieser Sachbereiche ist auf die Hauptaufgabe der Andragogik in der Praxis ausgerichtet. Die einzelnen Sachbereiche sind: Der psychische Organismus (die Persönlichkeit), die psychisch-geistige Entfaltung (die Individuation), die Lebensprobleme: Krisen, Konflikte, Störungen und Lebensleiden; die Wechselwirkungen mit dem sozial-kulturellen Kontext (gesellschaftliche Schlüsselprobleme).

Andragogik ist eine multidisziplinäre Wissenschaft und Praxis. Sie bezieht ihr Grundwissen aus Pädagogik, Psychologie, Tiefenpsychologie, Psychoanalyse, Psychagogik, Religionspsychologie, Sozialpsychologie, Lern- und Entwicklungspsychologie, Persönlichkeitspsychologie, Didaktik, Sozialpädagogik und Sozialpsychologie, Theorie und Praxis der Sozialarbeit, Bildungslehre, Konzepte der "Education permanente", psycho-andragogische Diagnostik, Soziologie, Kulturphilosophie, Beratungstechniken, Bildungstechnologie, Konfliktpsychologie, Lehren über Spiritualität und Transzendenz, Bio-Energetik, Ökopsychologie, Erwachsenen- und Altenpsychologie.

Zweite Teil-Aufgabe der Andragogik:

Die Praxis der Andragogik ist in ihrer Basisarbeit auf Persönlichkeitsbildung ausgerichtet, und damit auf das, was der Mensch als psychisch-geistige Person ist und wie er damit lebt. Der Selbsterkenntnis folgt die psychisch-geistige Entfaltung (Individuation). Der Mensch erlebt sich selbst auch mit Krisen, Konflikten, Störungen und Leiden des Lebens. Denn es gibt kein Leben ohne solche Herausforderungen. Der Mensch lebt immer seinen Lebenslauf im Spannungsfeld zwischen Psyche und Umfeld. Der Mensch kann darin nicht wachsen ohne Herausforderungen. Lebensprobleme sind positiver Bestandteil des Lebensverlaufes. Die praktische Andragogik befasst sich mit Diagnose, Lösung und Klärung solcher Lebensherausforderungen. Die Bearbeitung von Lebensthemen versteht sich als Bildungsleistung, nicht als technische Intervention.

Dazu bietet die Andragogik Instrumente zur Beantwortung der Grundfragen des Lebens, soweit diese Antworten im Menschen selbst zu finden sind. Die Andragogik hat die Aufgabe, zu ihrer eigenen Praxis Theorien, Konzepte, Modelle, Werte, Ziele, Techniken, Arbeitsinstrumente, Anweisungsraster, Didaktik, Strategien und Methoden zu entwickeln.

Die praktische Arbeit der Andragogik versteht sich als: Bildung durch Schulung (Vermittlung) von Wissen über Mensch und Leben; Bildung durch Training und Beratung in Selbsterkenntnis und Individuation; Beratung als Lebenshilfe bei Krisen, Konflikten, Schwierigkeiten und Leiden.

Nicht ein Leidensdruck bzw. ein spezifisches Problem ist Hauptmotiv und Fokus, sondern die Selbstbildung und Individuation als systematischer persönlicher Lernprozess. Ein akuter Leidensdruck und ein spezifisches Lebensproblem kann Anlass sein – und ist es wohl meist – zur Entscheidung: "So, jetzt ist es höchste Zeit für eine systematische Persönlichkeitsbildung." Individuelle Beratungen sind dabei allenfalls ergänzende Erweiterungen, die je nach Gegebenheit und spezifischen Interessen phasenweise mehrere Konsultationen neben laufenden Kursprogrammen zur Bildung umfassen können.

Die Träger einer solchen Praxis können sein: Institutionen der Erwachsenenbildung, Firmen, gemeinnützige Organisationen, Gemeinden, Fachleute der Andragogik in eigener Praxis bzw. Schule.

Mit den praktischen Aufgaben sind wir inmitten des "andragogischen Bezugs" und des "pädagogischen Grundmodells" (z.B. nach Derbolaw der "pädagogische Kegel", 1987, 17; Reifenrath 1983, 24). Die elf charakteristischen konstitutiven Elemente sind u.E. 1) der Schüler/Studierende (Educandus); 2) der Andragoge; 3) die Bildung (Ziele, Inhalte, Methoden, Mittel u.s.w.); 4) der historische und gesellschaftliche Kontext; 5) der psychische Organismus als die Substanz der Bildung; 6) die Individuation als Prozess; 7) die kommunikative Interaktion; 8) die Zeit-dimension des Geschehens; 9) die Andragogik als Forschung und Lehre im erweiterten Bezug; 10) die Ausgangslage (Bildungsbedürfnis), und 11) die Ziellage bzw. die Optionen. Sitzmann schlägt ein "pädagogisches Viereck" als methodologische Grundfigur der Erwachsenenbildung vor: 1) Personaler Aspekt mit a) Teilnehmer, und b) Erwachsenenbildner; sowie 2) Sachaspekt mit a) Aufgaben und Themen, sowie b) Organisation (Vermittlung) (In: Ruprecht/Sitzmann 1985, XIII, 95). Wir skizzieren im folgenden Diagramm eine Übersicht über den "andragogischen Bezug" gemäss unserem Konzept der Menschenbildung.

Dritte Teil-Aufgabe der Andragogik:

Andragogik als Theorie und Praxis ist immer verflochten mit philosophischen und anthropologischen Fragen, mit ideellen Reflexionen und mit Werten.
Das System der Werte darf keine politische Ideologie sein, darf keine Religion im Sinne des Glaubens sein, darf keine metaphysische bzw. ontologische

Spekulation sein und darf auch nicht auf esoterischen Glaubenssätzen und Ideen irgendwelcher Provenienz gründen. Denn diese alle sind dem Glauben, der Macht und dem Spiel der (neurotischen) Phantasie unterworfen. Alle Werte und Begründungen sind rückzubinden an den psychischen Organismus, an der Individuation und an vielseitig ausgewogene utilitaristische Interessen der demokratischpluralistischen Gesellschaft. Das Wertsystem ist dadurch erfahrbar, nachvollziehbar, wiederholbar und diskutierbar. Damit kann das Problem des Missbrauchs der Wissenschaft und Forschung durch Ideologie, Dogmatismus und reinen Kommerz abgebaut und gelöst werden.

Ethik ist eine Teildisziplin der Andragogik, weil sie als eigenständiges Wissenschaftssystem nicht nur Werte analysiert (deskriptiv), sondern auch Werte bzw. Ziele für ihre eigene Sache formuliert und operationalisiert (präskriptiv). Diese Ethik gründet auf Tatsachen des psychischen Organismus, des Individuationsprozesses und der Wechselwirkung zwischen Mensch und soziokulturellem Umfeld. Thematische Aspekte dieser Aufgabe sind: a) Philosophische Anthropologie, (Menschenbilder); b) Ethik mit gestuften operationalisierten Einzelzielen, (Werte, Normen); c) Symbolik der Psyche als Archetypenlehre (als Paradigma, Wegweiser).

Nach Klafki (1991) können Ziele konstruktiv-kritisch erstellt werden, womit die Vieldeutigkeit und Interpretation methodisch und diskursiv eingefangen ist. "Sittlichkeit", "Tugend", "Mündigkeit", "Gerechtigkeit", "Treue", "Wahrhaftigkeit", "Tapferkeit" und andere übergreifende Wertprinzipien bestimmen wir nicht aufgrund einer "Einsicht" oder eines "kategorialen Gewissens", sondern als Konstrukt aus den Wirkungsweisen der Subsysteme des psychischen Organismus und der Wachstumsprinzipien der Individuation. Die wissenschaftlichen Grundlagen dazu liefert die "andragogische Psychologie" (oder die: "Psychologie der Andragogik"). Der gesellschaftliche Kontext ergibt sich darin automatisch. Wir führen damit einen eher ungewohnten Aspekt in die Bildungstheorie ein. Nicht eine "Konsensustheorie" (Habermas 1968) und nicht ein "diskursiver Geltungsanspruch" entscheidet über die Richtigkeit von Werten, sondern die Rückbindung an das psychische Leben und den Lebensraum. Eine kategoriale Wertdiskussion bzw. Wertentscheidung wird umso konstruktiver, je mehr die Fachkompetenz mit der vollzogenen Individuation verbunden wird. Ein Beispiel mag die Tragweite dieser These andeuten: Ein "Bildungsphilister" spricht anders über Werte (Ziele) der Menschenbildung als ein Weiser (im Sinne der höchsten psychisch-geistigen Entfaltungsstufe d.h. der Individuation).

"Wer sich um Wertungen, Entscheidungen, Auswahl und Bekenntnis zum

Gewählten drücken will, kann weder zu Erziehungszielen noch zur Erziehung etwas beitragen." (Brezinka 1993, 259). "Hilfreiche Ideale" und "nutzlose Illusionen" sind voneinander zu trennen. "Wir sollten nicht nur wissen, dass Ideale und Erziehungsziele unentbehrlich sind, sondern auch ihre Gefahren kennen und unsere Grenzen beachten" (Brezinka 1993, 259). Es bleibt dazu zu ergänzen, dass menschliche Erfahrung im Lebensalltag meist einen subjektiven Sinn- und Wertbezug enthält, der zudem immer eine biographische Resonanz auslöst.

Wir halten es deshalb für eine Fehlentwicklung der Erziehungswissenschaft, die Ethik in den vor- oder ausserwissenschaftlichen Bereich auszusondern und ein naturwissenschaftlich-positivistisches Wissenschaftsverständnis als einzige Ausrichtung ihrer Konzeption zu verstehen.

Vierte Teil-Aufgabe der Andragogik:

Die Andragogik hat ihre eigene wissenschaftliche Methodologie, ihre eigene Forschungspraxis (Handlungsforschung) und ihr eigenes Wissenschaftsverständnis (Theorienbildung, Systembildung) zu entwickeln und zu begründen. Die Grundfragen sind: Welches sind die Wissenschaftskriterien für die Andragogik? Welchen Anspruch hat die "Vorhersage"? Welche Funktion hat die systematische Beschreibung, die Datenordnung und Klassifizierung? Was sind Typologien und Strukturen? Welche Bedeutung hat die Erklärung des Verhaltens? Ein idiographisches und nomothetisches Wissenschaftsverständnis ist von der Sache "Mensch und Psyche" her gefordert.

Im Zentrum stehen dabei divergente Aussagensysteme wie: a) analytisch-synthetisch (deskriptiv, strukturativ); b) empirisch-technologisch (deskriptiv, handlungsorientiert); c) phänomenologisch-hermeneutisch (deskriptiv-interpretativ); symbolisch-archetypisch (deskriptiv-interpretativ, deduktiv-normativ); normativ-philosophisch (ideell und utilitaristisch präskriptiv).

Als wissenschaftstheoretische Kernthese können wir formulieren: Die Andragogik kann sich nicht allein auf ein positivistisches Wissenschaftsverständnis stützen. Wir begründen dies:

Erstens ist die Menschenbildung der Pädagogik nicht eine "Natur"-Wissenschaft, wo alle Faktoren eindeutig operationalisierbar und messbar sind. Die meisten Variablen lassen sich überhaupt nicht aus dem Lebenskontext entfernen.

Zweitens hat die Menschenbildung ihre eigenen Kriterien der

Wissenschaftlichkeit zu definieren (Wissenschaftsverständnis), die dem "Objekt" der Forschung angemessen sein müssen. Was hypothetische und was theoretische Gültigkeit hat, unterliegt je nach "Objektbereich" und Erfahrungsweise unterschiedlichen Kriterien. So haben zum Beispiel die Träume, die Imagination, das Unbewusste und der Widerstand einen ganz anderen Empirie-Charakter und eine andere Logik als naturwissenschaftliche Objekte. Die Symbolsprache der Psyche ist eine Grundtatsache des Menschseins.

Drittens gibt es keine Pädagogik im abendländischen Verständnis ohne die Liebe. Die Liebe und zum Beispiel das Lebensglück (oder der Lebenssinn) lassen sich nicht auf Verhaltenskategorien operational reduzieren. Auch die Psychoanalyse und die Psychotherapie dürften die Liebe als wesentliche psychische Kraft akzeptieren.

Viertens ist die Operationalisierung im pädagogischen Feld grundsätzlich immer subjektiv und vielfältig. Das Problem der Falsifikation ist dem Objekt entsprechend zu klären und zu lösen. Sprachprobleme sind dabei nicht völlig ausschaltbar.

Und fünftens ist jedes wissenschaftliche Tätigsein in allen Schritten mit Wertungen verbunden. Dazu seien einige Stichworte angebracht: Auswahl der Forschungsfragen, Gewichtung der Probabilität, Interpretation und Assoziation, Selektion in der Vielschichtigkeit und Mehrdimensionalität, die praktische Arbeit (z.B. Wahl der Arbeitsinstrumente, Zieldefinition), die Praxis als Wert an sich, die Definition von Leiden und Störungen, Kritik am Forschungsfeld und Werturteile über die Forschungsergebnisse u.s.w.). Eine wissenschaftliche Wertneutralisierung des Sachbereiches halten wir nicht für realisierbar. Jeder Versuch in diese Richtung führt zu Unehrlichkeit und er-heblichen Gefahren für die Menschenbildung. Was für die Pädagogik gilt, hat auch Gültigkeit für die Andragogik. Zur Klärung und Handhabung dieser wissenschaftstheoretischen Problematik gibt es Wege und viele vorhandene Ansätze.

Bekanntlich hat die Disputation über den Positivismusstreit nicht zu einem Ergebnis im Sinn einer Lösung geführt. Zu den entscheidenden Weber'schen Thesen sind Gegenargumente ins Feld geführt worden (siehe: Stegmüller, Berlin 1973, 45-50; sowie die "Kritische Theorie").

Es ist ohne Zweifel sinnvoll, wissenschaftliche Aussagenkomplexe von Werturteilen frei zu halten (Albert; in Topisch 1970, 183) und die normativen Aussagensysteme eigenständig zu konzipieren. Ein positivistisches Verständnis der Wissenschaft (Weber 1968; Popper 1969) ist eine

Entscheidung zur Rationalität. Dieses Wissenschaftsverständnis ist aber auch eine Entscheidung zu einer bestimmten Lebenshaltung. Das Leben ist jedoch immer mehr als Rationalität. Wenn die Wissenschaft der Medizin Heilung zum Ziel hat, dann kann die Andragogik die Menschenbildung zu ihrem Ziel bestimmen. Welche Wissenschaftslogik kann das verbieten oder in den ausserwissenschaftlichen Bereich aussondern?

Die teilweise heftig geführten Diskurse zwischen den drei wissenschaftstheoretischen Hauptpositionen (dialektisch-materialistisch, empirisch-analytisch, hermeneutisch) scheinen sich heute aufgelöst zu haben. Die Idee, der Mensch könne durch Aufklärung zu einer menschenwürdigen Gestaltung der Gesellschaft geführt zu werden, muss als gescheitert betrachtet werden. Technokratische Projekte haben die Erwartungen nicht erfüllt. Kritisch-emanzipatorische Ideale scheitern an den realen Lebensbedingungen. "Anything goes" wird zum Paradigma der sog. "Postmoderne" deklariert (Klane 1991; zit. in: Jank/Meyer 1991, 126). Vinnai bringt ein Kernproblem des Sozialwissenschaftlers auf den Punkt: "... die Fähigkeit des Analytikers, seine eigene psychische Verfasstheit zu begreifen, ist Voraussetzung für eine richtige Erkenntnis" (Vinnai 1993, 234). Für alle psychischen Wirklichkeiten gilt u.E. der Grundsatz: "Der Wissenschaftler konstruiert durch seine Forschungsarbeit den Forschungsgegenstand. Deshalb bedarf sein Vorgehen der hermeneutischen Reflexion." (Jank/Meyer 1991, 128). Damit erhält die "Wahrheit" eine subjektive Erfahrungskomponente (Musolff/Hellekamps 1993, 686-688, 699). Dieser Bezug wiederum verlangt nach einer methodisch entwickelten Empathie: "Empathie müsste zur Matrix (zum Bezugs- und Relationssystem) werden, in die alle wissenschaftlichen Aktivitäten eingebettet sein müssen, wenn sie sich nicht immer weiter vom menschlichen Leben entfernen, wenn sie nicht unsere unmenschlichen Herren statt unsere Diener und Werkzeuge sein sollen" (Grimmer 1993, 295). Zum Wandel des Wissenschaftsverständnisses gesellt sich in der Erwachsenenbildung heute auch noch ein Wandel im Gegenstand der Erwachsenenbildung sowie ein Wandel im Theorie-Praxis-Verständnis (Dewe u.a. 1988, 42; siehe auch: VSEB 1991).

Die wissenschaftstheoretischen und methodologischen Publikationen der letzten dreissig Jahre füllen meterweise Regale. Das Resultat einer Unmenge an kritischen Reflexionen und härtesten Streitschriften ist: "Die Wissenschaftstheorie hat in der Erziehungswissenschaft bisher nicht dazu beitragen können, ein einheitliches Verständnis davon zu schaffen, was denn das Wissenschaftliche sei, was es zu leisten habe und wie in der Wissenschaft vorzugehen sei." (Merkens, in Roth 1991, 30). Das setzt Ansprüche und verlangt gleichzeitig Bescheidenheit von der Wissenschaft der Andragogik. Bescheidenheit meint zum Beispiel: "... Theorien (haben) keine allgemeine

Gültigkeit und keinen allgemeinen Wahrheitswert, müssen also weder falsch noch wahr sein; sie sind nur mehr oder weniger hilfreich und nützlich zur Analyse und möglicherweise intendierten Veränderung und Gestaltung von Wirklichkeiten" (Roth 1991, 63). Die empirische Erwachsenenbildung hat Grenzen, die ernst genommen werden müssen. Sie hat auch ihre internen Probleme, die im Interesse der Menschenbildung geklärt werden müssen, zum Beispiel dieses: "An den Universitäten wird Schwindel getrieben ... In Deutschland herrscht an den Universitäten in den philosophischen und sozialwissenschaftlichen Fakultäten die hegelsche Sprache ... Was bedeutet das? Es bedeutet, dass man mit niemandem diskutieren kann. Es kommt nicht zu einer Diskussion ..." (Popper 1994, 41).

Die grösste menschliche und wissenschaftstheoretische Herausforderung für die Andragogik ergibt sich aus der Tatsache, dass der zentrale Satz von Freud "Es gibt keine Instanz über der Vernunft" (Freud 1974, 162; "Die Zukunft einer Illusion") ganz sicher falsch ist. Damit schränken wir seine "religionskritischen Reflexionen" nicht ein; denn nicht das Dogma steht hier zur Diskussion. Die "Rationalität der Psychoanalyse" (Heim 1993) erreicht den Menschen da nicht, wo sein Sein wesentlich begründet und existentiell lebendig vorhanden ist, nämlich in der Liebe, im Sinn und im Geist. Die Kraft der Liebe, die Prinzipien des Geistes und damit die Sinnverwurzelung des Daseins verbieten es, die klassische Psychoanalyse als ein 'kategoriales' Bildungskonzept in Betracht zu ziehen. Durch die mit Liebe und Geist erweiterten und vertieften Lebens- und Sinnhorizonte ergeben sich echte Lebensnähe für die Bildungstheorie der Andragogik. Wer Menschen bildet, und diese Kategorien nicht erreicht, tut gut daran, diese Eingrenzung transparent zu halten. Sonst läuft man Gefahr, die transzendentale Selbstverweigerung wissenschaftlich zu legitimieren und kraft Wissenschaftsautorität als inexistent oder zumindest irrelevant zu betrachten.

Das ist das Kernproblem der Psychoanalyse und zum Beispiel auch der Verhaltenspsychologie, insofern diese letztlich sich auf ein Menschenbild beschränken, das auf einer rational erfassbaren Reiz-Reaktions-Mechanik (Trieb und Habit) gründet. Die Hauptwurzel des Missverständnisses liegt in der fixen Idee: "Die Sexualität ist Beweggrund und Angelpunkt unserer Welterfahrung als einer sinnlich-sozialen Erfahrung, und sie ist die Zentralachse der Welterfahrung zurück bis in die Uranfänge der Ontogenese" (Zitat in: Heim 1993, 451). Die nicht ausgewogen integrierte Sexualität bewirkt gewiss unsägliche individuelle und kollektive Dramen, mit und ohne frühkindliche Neurosengenese; doch wir sehen kein Argument, die Sexualität zum Angelpunkt des Menschseins und des Lebens zu deklarieren. U.E. liegt in der Psychoanalyse der grösste und letzte aller Widerstände verborgen vor: Die Leugnung des Geistes als zentrale Kraft im psychischen System. Damit wird die Erfahrung von Gott (Göttlichkeit des Lebens bzw. des Menschseins) ausgeschaltet. Der andauernd versuchte Gottesmord geschieht offensichtlich nicht nur durch die Verweigerung der Anerkennung des psychisch-geistigen Lebens generell, sondern auch im Versuch, den Trieb quasi als die Urachse des Menschseins und als die Grenze des Horizontes rationaler Erfahrung hinzustellen.

Wenn sich die Pädagogen und Andragogen einig werden können, was ihr Auftrag als Wissenschaftler (in Bezug auf die Menschenbildung) ist, weil sie diesen aus der Sache selbst systematisch entwickeln können, dann ist dies die konstruktive Entscheidungsgrundlage für die Politik als oberste Instanz der Wissenschaftspraxis. Die gegenseitige Kommunikation und gemeinsame Zielfindung, basiert dann auf Tatsachen, die beide Partner liefern und dialektisch zu einer Synthese führen.

Abbildung: Die Grundpfeiler der Andragogik

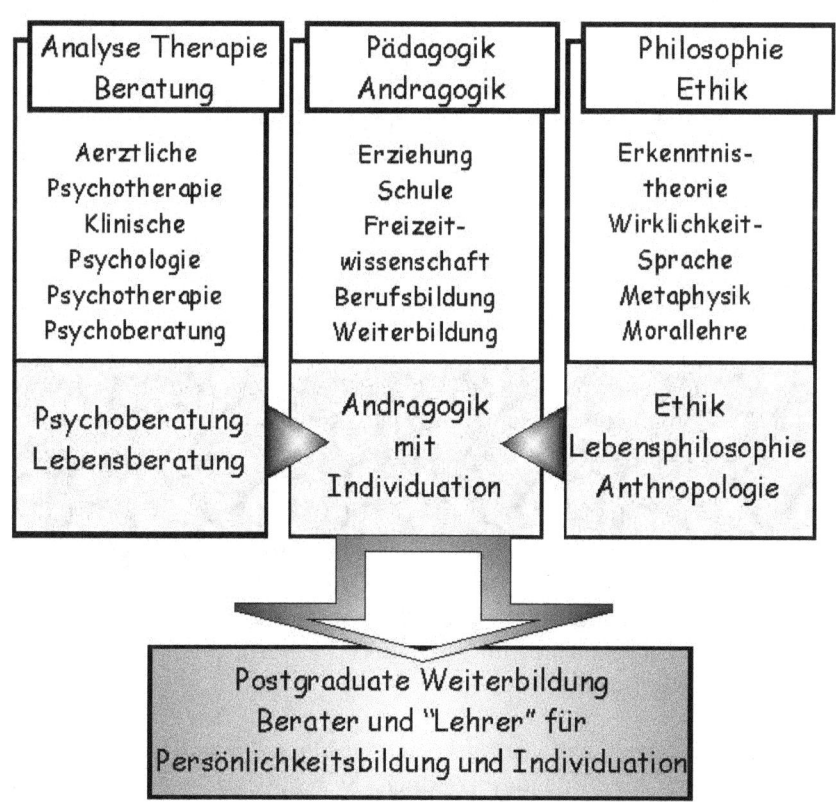

Als empirische Wissenschaft und als Geisteswissenschaft beschreibt die Andragogik Tatsachen und Zusammenhänge in Worten, Satzkonstruktionen und in Bildern bzw. Symbolen. Sie definiert die Methoden zur Erreichung bestimmter Ziele in der inneren und äusseren psychischen Lebenswirklichkeit. Als normative Wissenschaft folgert sie daraus Bildungsziele (Normen), die als Handlungsorientierung dienen. Diese Wertsetzungen haben einen empirischen Begründungszusammenhang und eine Verwurzelung in der philosophischen Anthropologie. Zentrales Kriterium der Wissenschaft ist somit: "Wichtig ist allein die Frage, ob die eingesetzten Methoden zur Erfahrungsgewinnung dem Gegenstand, dem Menschen in seiner historischen Realität, angemessen sind, ob sie in der Lage sind, der unverstümmelten und mächtigen Wirklichkeit der Seele von ihren niedrigsten zu ihren höchsten Möglichkeiten (Dilthey 1894) einigermassen gerecht zu werden" (Thomae 1988, 7).

Eine Pflicht kann die philosophische Anthropologie als Wissenschaft niemandem aufzwingen. Allerdings hat der Wissenschaftler für seine eigene Pflichtentscheidung Verantwortung zu tragen und diese vor der Öffentlichkeit zu vertreten. Darüber hinaus ist die Pflicht eine Sache des Individuums und allenfalls des Staates (Kamlah 1973, 95-98). Wir verstehen diese beiden Dimensionen des Wissenschaftsverständnisses dialektisch, als Teile, die sich gegenseitig kreativ und sinnvoll aufbauend ergänzen. Hier besteht weder für Ideologien noch für irgendwelchen Dogmatismus Raum.

Ein metatheoretisches Grundproblem zur Erwachsenenbildung ist: "Gibt es die Theorie der Erwachsenenbildung?" Tietgens meint (1986, 35): "Es fehlt an Theorie"; und was an Theorien angeboten wird, sei für die Praxis nicht relevant. Ferner können wir fragen: "Warum gibt es die Theorie der Erwachsenenbildung noch immer nicht?" Doch solche Formulierungen erachten wir als sprachliche Konstruktionen, die ein irreales Problem schaffen. Diese Fragen können nicht beantwortet bzw. ihr impliziter Anspruch kann nicht eingelöst werden.

Die "Theorie der Erwachsenenbildung" ist eine Fiktion. Denn es gibt verschiedene Verständnisse über die "Theorie", vielseitige (akzeptierte) Sachbereiche und ganz unterschiedliche institutionelle und individuelle Interessen. Eine Vielzahl an wissenschaftlichen übergreifenden Vernetzungen kann konstruiert werden, so zum Beispiel:

Soziologie, Wissenssoziologie, Interaktionismus, Deutungsmustertheorie, politische Ökonomie, Bildungsökonomie, Systemtheorie, sprachanalytische Theorien, Sozialisationstheorien (pädagogische, soziologische, interaktionistische, psychoanalytische etc.), Tiefenpsychologie, Lernpsychologie, Verhaltenspsychologie, Feldtheorie bzw. Ganzheitspsychologie, Geschichte bzw. Theorien über kulturellen Wandel u.s.w. (vgl. Dewe u.a. 1988; Arnold 1985; Nonne 1985; Baacke u.a. 1985; Kupffer 1990).

Wenn wir in Betracht ziehen, dass die Pädagogik erst seit rund 200 Jahren als eigenständige aufklärerische Disziplin etabliert ist, und dass es Modeströmungen immer schon gab und immer wieder geben wird, dass die Menschheit noch viele Jahrtausende ungeschriebene Geschichte vor sich hat (so hoffen wir), dann ist ein langfristig tragfähiges und richtungsgebendes Paradigma für die Erwachsenenbildung von grösstem Wert und Sinn; damit meinen wir: Die Menschenbildung ist in ihrer Kernsubstanz, nämlich im "psychischen Organismus" und der "Individuation", bildungstheoretisch und didaktisch für die Andragogik als Handlungswissenschaft grundgelegt und konzipiert. Das ist die längst fällige Wende der Wissenschaft der Menschenbildung, d.h. der Pädagogik und Andragogik.

Wir wollen zur praktischen Berufsbildung noch einige Anmerkungen festhalten:

Eine zentrale Botschaft unserer Studie ist: Die allgemeine Menschenbildung bzw. Persönlichkeitsbildung kann und soll (muss) als eigenständiger Fachbereich der Erwachsenenbildung konzipiert werden. Dazu gehört eine entsprechend spezifische postgraduate Bildung der Pädagogen und Andragogen, die sich von den "Kompetenz-Konzepten" für Erwachsenenbildner im Bereich "berufliche Weiterbildung", "Allgemeine Bildung" und "Politische Bildung" unterscheidet. Die Anforderungen an die Kompetenz von Kursleitern sind dort anders als in unserer Konzeption der Menschenbildung (vgl. Krämer/Walter 1993, 130-135); sie definieren sich dort in erster Linie didaktisch. In der sozialpsychologisch orientierten Erwachsenenbildung spielt die subjektive Seite pädagogischen Handelns für die Professionalisierung eine erhebliche Rolle. Darum fordert zum Beispiel Arnold (1985, 127): "Der Umgang mit den eigenen Deutungsmustern ist deshalb Voraussetzung für den Umgang mit fremden Deutungsmustern. Autobiographische Reflexion, d.h. Umgang mit sich selbst, ist deshalb Voraussetzung für pädagogisches Verstehen und den Umgang mit andern".

Die "professionalisierte Bearbeitung von Biographie und Identität" (Winkler 1993, 143) wird, so scheint uns, in den meisten (allen?) Konzeptionen der Erwachsenenbildung gefordert. Wir können es nicht genug hervorheben, dass der Vollzug der Individuation eine "conditio sine qua non" für jeden Pädagogen und Andragogen ist, der "Menschenbildung" bzw. Persönlichkeitsbildung umfassend und gründlich betreiben will.

Die praktische Berufsbildung der Andragogik besteht einerseits aus dem Training der Arbeitsmethoden. Anderseits ist es ein unverantwortbarer Widerspruch – das ist ein Werturteil, das sich aus der Sache begründet –, dass jemand Andragogik als Berufstätigkeit ausübt ohne eigene systematische und vertiefte Selbsterkenntnis und ohne eigene fortgeschrittene Individuation. Dieses praktische Studium und das eigene Training sind in eine postgraduate Fort- bzw. Weiterbildung einzubauen. Sie kann formal von einem entsprechend gegründeten Berufsstand kontrolliert werden, nicht aber vom Staat in die Wissenschaft eingegliedert werden.

Es ist die Forderung zu stellen, dass jeder Universitätsprofessor der Pädagogik und Andragogik und generell jeder Andragoge (in der Menschenbildung Tätige) eine fundierte systematische Selbstbildung im Sinne der Individuation, etwa ähnlich wie die Lehranalyse bei den Psychoanalytikern, absolvieren soll. Wir setzen die Ansprüche sogar höher, als es in der Psychoanalyse im allgemeinen verlangt wird. Die dritte Phase der Individuation müsste u.E. schon wesentlich erarbeitet sein, um einen solchen Beruf mit adäquater innerer Kompetenz und geistiger Verantwortung ausüben zu können. Statt "Lehranalyse" (oder "Studienanalyse"; siehe: Balint 1981, 328) schlagen wir vor, schlicht von der "eigenen Individuation" zu reden.

Zur Diskussion stellen wir ferner: Der Beruf der andragogischen Praxis soll Psychologen, Diplompädagogen, Heimerziehern, Heilpädagogen, Sozialarbeitern und Erwachsenenpädagogen (u.ä.m.) in gleicher Weise ermöglicht werden. Das Problem der unterschiedlichen Ausbildungsniveaus kann durch Ergänzungsprogramme gelöst werden. Die praktische Kompetenz schliesst u.a. ein: Arbeitstechniken, Systemdiagnostik, Verlaufsevaluation, Kasuistik, Supervision und Didaktik. Wir verfügen dazu über eigene Planungsentwürfe, die wir hier nicht weiter aufrollen können.

Damit sind die zentralen Problemsektoren für die Andragogik als Wissenschaft und Praxis der Menschenbildung umrissen:

1. Andragogik als eigenständiges systematisches interdisziplinäres Fachgebiet, einschliesslich ihr Wissenschaftsverständnis (Theorie-Praxis-Ethik)
2. Andragogisches Arbeitsfeld: Themen bzw. Aufgaben der Bildung, Zielgruppen; Definition und Diagnose von Krisen, Konflikten, Störungen und Leiden
3. Methoden der andragogischen Berufspraxis: psychagogische und alternative Arbeitsformen, Beratung, Schulung, Meditationsformen und Mentaltraining
4. Professionalisierung der Andragogik: Ausbildung (Curriculum, Voraussetzungen, Qualifikationsprofile, Organisation), Interessenträger

Mit diesen vier Aufgabenbereichen haben wir die Andragogik als Wissenschaft und Praxis der Menschenbildung umrissen. Nur als persönliche Einschätzung und Wertung kann der Verfasser anmerken, dass die Platzierung dieser Andragogik nicht als eine "Subwissenschaft der Pädagogik" verstanden werden sollte. Die Menschenbildung als ein Wissenschaftsgebiet sollte u.E. gar neben den Hauptbereichen der Sozialwissenschaften als vollständig unabhängige Wissenschaftsinstitution figurieren.

Doch aus unserem Standort können wir dazu bloss eine Meinung äussern, die allerdings auch andere vertreten: "Persönlichkeitsentwicklung (als Bildung des Erwachsenen) ist als eigener Sektor zu betrachten" (Dominicé/Finger 1991, 63). Das ermöglicht auch einmalige Chancen, für die die traditionellen Sozialwissenschaften noch nicht offen sind: ein inhaltlicher und wissenschaftstheoretischer Paradigmenwechsel (vgl. Capra 1992, 127-137; Grof 1993, 13-100).

Gegenüber den Fachbereichen der Philosophie, der Pädagogik (Erziehungswissenschaft) und der Psychoanalyse / Psychotherapie / Psychoberatung ergibt sich eine Aufteilung und Abgrenzung, wie sie schon mancherorts, allerdings ohne postgraduate Weiterbildung, praktiziert wird. Das folgende Diagramm gibt eine Orientierung über die Grundpfeiler der Wissenschaft der Andragogik.

Mit diesem Modell wollen wir einen Akzent hervorheben, nicht die Wissenschaft der Pädagogik auf den Kopf stellen. Natürlich sind da Begriffsprobleme, die zur kritischen Diskussion Anlass geben. In der Praxis der Wissenschaft erkennen wir eine Aufsplitterung der Pädagogik und der Erwachsenenbildung in einzelne Teildisziplinen. Wir sehen im Begriff "Andragogik" zuerst einmal eine Adressbezeichnung, und nicht ein Konstrukt, das in sich schon spezifische Theorien der Menschenbildung enthält (und andere ausschliesst).

Wir können unsere "Andragogik" auch als "Allgemeine Andragogik" bezeichnen, die schulische und berufliche Weiterbildung als "Spezielle Andragogik". Doch damit wird das Problem nicht gelöst. Da wird wohl zu erwarten sein, dass die kritische Infragestellung der sog. "Allgemeinen Pädagogik" auf unser Konzept übertragen wird. Dort ist vom "Fall der allgemeinen Pädagogik" (Winkler 1994) sowie vom "Rückzug der allgemeinen Pädagogik" die Rede (Krüger 1994).

Die Allgemeine Pädagogik wird auf "historische Sozialwissenschaft" reduziert, und: "Praktische Ansprüche wird sie (die allgemeine Pädagogik) besser keine erheben ... sie wird möglicherweise asketisch und skeptisch sein" (Winkler

1994, 113). Solche Amputationen erachten wir als eine Verunglimpfung, die mehr auf einem Protest basiert, als auf kritisch-meditativen Reflexionen über Menschenbildung. Ebenfalls kritisch äussert sich Krüger über den "Bedeutungsverlust der Allgemeinen Pädagogik" (Krüger 1994, 116-121), erstellt jedoch einen neuen Aufgabenkatalog, basierend auf neuen pädagogischen Grundgedanken: "Der Begriff des Lernens wird zu einer zentralen Prozesskategorie, Bildung als Aneignung von Wissen über die Welt ... wird zu einer richtungsweisenden Zielkategorie für pädagogische Handlungsprozesse inner- und ausserhalb von Bildungsinstitutionen" (Krüger 1994, 122).

Wir teilen dieses Bildungsverständnis nicht. Es ist viel zu eng und zeugt von einem Menschenbild, das entsetzlich reduktionistisch ist und ignorant gegenüber den Kategorien der Liebe, des Geistes und des Prozesses der Individuation. Wahrscheinlich widerspiegeln die Kritiken an der "Allgemeinen Pädagogik" vor allem eine persönliche Identitätssuche der Verfasser, die sich u.a. sicher dadurch ergibt, dass der Mensch in der (emanzipatorischen) Erziehungswissenschaft nur noch in empirischen Kategorien eingefasst wird.

Schaffen die Allgemeine Pädagogik und die (Allgemeine) Andragogik es nicht, die Bildung des Menschen psychisch-geistig und praktisch neu zu entwickeln, dann wird man sich später nicht wundern müssen, wenn immer noch mehr Leute für Sekten, für extreme politische Ideologien und dogmatische kirchliche Praxis ansprechbar werden. Was Galbraith (1979) als die "Arroganz der Satten" identifiziert und anprangert, können wir, etwas hart vielleicht, als "Arroganz des Empirismus und Materialismus" (die "behavioristische Doktrin"; Lorenz 1993, 8) in manchen pädagogischen Wissenschaftspositionen erkennen. Diese Doktrin trägt erheblich bei zum moralischen und kulturellen Zusammenbruch.

Die "Wende" in der Pädagogik bzw. Andragogik hat auch auf der Ebene der Experten - Professoren wie Bildungsforscher - erhebliche Konsequenzen: Neurose und Narzissmus haben da in der Zukunft keinen Raum mehr. Der Vollzug der eigenen Individuation wird unerlässliche Voraussetzung zur Berufsausübung sein und als Qualitätsmerkmal die Berufsperson bzw. seine agogische Kompetenz zeichnen.

7. Das Paradigma der Menschenbildung für das 21. Jahrhundert

Eine Neufassung der Bildungskategorie wird von der Erwachsenenbildung erwartet. Bildung ist seit der Aufklärung untrennbar verbunden mit Emanzipation und Befreiung von Feudalismus, Mythen und Aberglauben. Mit der Vernunft sollen die Fesseln der Unmündigkeit überwunden werden, damit "Freiheit, Gleichheit und Brüderlichkeit" werde. Bildung intendierte die Abschaffung der Privilegien des Adels und des Klerus. Und von Nietzsche bis Adorno (1970) war die "Halbbildung" ein oft beklagtes gesellschaftliches Übel, ja der Todfeind der Bildung. So stellten sich die Bildungsprobleme früher. Heute drängen sich andere Aspekte auf: "Unsere gefährdete Gesellschaft erfordert mehr denn je eine Rückbesinnung auf Vernunft, Verantwortung (d.h. sich den Folgen seines Handelns bewusst sein) und Humanität, also Bildung" (Siebert, in Mager u.a. 1991, 28).

Fragen schaffen neue Suchbewegungen: Sind die früheren Bildungskategorien nicht vielleicht immr noch aktuell? Wie steht es mit der Mündigkeit in Sachen Werbung, Fernsehkonsum, Sexualität, Sektenwesen und psycho-religiöse Bewegungen, multi-nationalen Konzernen, Banken- und Versicherungswesen, Auto und Mobilität, Umweltverhalten, Konsum- und Erlebniszwang ... um nur einige Stichworte zu nennen? Es ist mehr als fraglich, ob der Mensch allein mit Vernunft darin sich selbstverantwortet bilden und dann steuern kann; abgesehen davon: Will er das überhaupt? Kann der Mensch das wollen? Und welchen Preis ist der einzelne bereit zu bezahlen für seine private Persönlichkeitsbildung? Wir können auch aus der andern Perspektive fragen: Was kann die Wissenschaft der Erwachsenenbildung beitragen, vielleicht zusammen mit den Trägern der Einrichtungen, damit die Menschen Bildungsprogramme zur Bewusstseinsbildung (und Korrektur ihrer Deutungsmuster) besuchen, z.B. über "Entsolidarisierungsphänomene, Verdrängungen ökologischer und militärischer Bedrohungen, Konkurrenzdruck, Leistungsideologien, Neo-Konservativismus mit nationalistischen Ausprägungen, Wissenschaftshörigkeit und Wissenschaftsfeindlichkeit" (Müller, in: Mader 1991, 118)? Ohne Zweifel stellt die Gegenwart heute ihre eigenen Bildungsforderungen an die Wissenschaft und die Praxisinstitutionen, bei aller Abgrenzung gegenüber der Psychotherapie, der Psychoanalyse und der Sozialpädagogik bzw. Sozialarbeit. Ganz besondere Probleme stellen sich im Zusammenhang mit der Wiedervereinigung Deutschlands und generell mit dem Vereinigungsprozess Europas: "Sind wir gefragt?" (Lenzen 1994, 31).

Jede Bildungstheorie, soweit wir zurückschauen bis Kant, Humboldt, Herbart, Pestalozzi und andere, ist auch eine Antwort auf die historische Situation, und zwar in zweierlei Hinsicht: erstens die gesellschaftlichen Verhältnisse und zweitens das Wissen über den Menschen und sein psychisches Leben. Bildung ist somit immer dialektisch verstanden worden im Verhältnis von Mensch und Welt. Die Bildungsziele kreisen um Selbstbestimmung, Freiheit, Emanzipation, Autonomie, Mündigkeit, Vernunft und Selbsttätigkeit (Klafki 1993, 19). Damit diese Ziele nicht als subjektivistisch determiniert werden können, sind sie schon bei Kant eingebettet in "Humanität und Menschheit" (dabei rückgebunden an die Vernunft), bei Humboldt in die Wechselwirkung mit der konkreten Welt, und bei Pestalozzi verwurzelt in praktisch-werktätige Fähigkeiten bzw. Handlungen im Leben (verbunden mit dem, was er unter dem Wort "Herz" vielseitig anspricht). Das oberste Ziel der humanistischen Bildungskonzeption kreist um den Wert der weltweiten Humanität (Nationen, Völker, Kulturen), einschliesslich der Gemeinschaftlichkeit.

"Selbstverwirklichung", wie sie die klassische Bildungstheorie der Pädagogik seit 200 Jahren vertritt, ist mehr als Individualismus, mehr als Subjektivismus, mehr als Psychologismus und mehr als bloss rationaler bzw. kognitiv-emotionaler Funktionalismus. Durchgängig finden wir in den Bildungstheorien die Rückbindung an die konkrete individuelle und kollektive Lebensrealität, an das Prinzip der Vernunft (Ziel- und Sinnreflexion), an die sittlich-moralische Verantwortlichkeit sowie an ästhetische Dimensionen, d.h. die Bildung der Empfindsamkeit, der ästhetischen Urteilskraft, der Befähigung zu Spiel und Geselligkeit (Klafki 1993, 15-41). Insbesondere gehört auch die "Durchgeistigung der Seele" durch Kulturleben und Kulturschaffen und die "Berührung mit dem Göttlichen" zum Bildungsauftrag der Pädagogik (Spranger 1973).

Unsere Bildungstheorie der Andragogik steht in der Hinsicht in dieser Tradition, wobei ihre Wurzeln bis zurück zur griechischen Antike, zu Plato und Aristoteles, reichen. Bildung gab es schon vor 2500 Jahren, reflektiert unter verschiedenen Gesichtspunkten, u.a.: Kenntnis von Lebensalter und ihren Abfolgen, Problembewältigung diesseitiger Lebensführung, Erziehungsmethoden, Erziehungsfähigkeit und Erziehungsbedürftigkeit als anthropologische Voraussetzung, moralische Verbesserung als Ziel, öffentliches und privates Interesse sowie der wissenschaftlichen Reflexion (nach Wiersing 1986, 19-26). Immer wieder wird das metaphysische Element der "Bildung" neu gesucht und formuliert: Bildung soll den Menschen zu einem letztinstanzlich Unbedingten, zum Göttlichen, zum 'rein' Menschlichen erheben (Pleines 1986, 35).

Ob mit dem sog. logischen Empirismus (Schleichert 1975) die Metaphysik endgültig abgeschafft ist, oder ob allenfalls bloss neue Ansprüche an die Sprache der Philosophie gestellt werden sollen, sei hier dahingestellt. Die Herren Schlick, Carnap, Neurath, Hahn und Kraft (1968) haben da wohl das Kind mit dem Bad ausgeschüttet. Mit Sprachphilosophie bzw. analytischer Philosophie (vgl. von Savigny 1970) lassen sich verschiedene Grenzprobleme der Physik, der Evolution und der Parapsychologie (vgl. Koestler 1989) nicht klären, schon gar nicht aus dem Weg räumen. Ziele wie "Vervollkommnung der Persönlichkeit", "Vergeistigung des Menschen" oder "durch Bildung zur Freiheit" sind Formulierungen aus dem 19.Jahrhundert (Zdarzil 1986, 47, 49). Sie sind alteuropäische Anliegen und heute in neuen Worten wieder aktuell.

Zukunftsorientiert haben wir in unserem früher erschienen Buch "Unsere Zukunft in Ihrer Hand" (1988) zur Lage der Welt die Hauptlinien der dramatischen weltweiten Entwicklungen aufgezeigt. Im ersten Kapitel dieses Werkes hier sind einzelne Aspekte zur Lage unserer Zeit aufgegriffen. Die Bildungstheorie der Andragogik steht mit ihrer gesellschaftlichen Verantwortung (und ihrem Engagement) in diesem historischen Bezug. Persönlichkeitsbildung im Sinne der Individuation erfasst den einzelnen, führt zur Gemeinschaft, und gestaltet die Welt aus ihrem Formungsergebnis. Selbstverantwortung wird erweitert zur Verantwortung für die Mitmenschen, für den demokratischen Staat, für die Welt und damit auch für den Lauf der Geschichte.

Abbildung: Bildung in Vernetzung

Jeder einzelne von uns allen hat ein Anrecht auf eine hinreichende Bildung zur Befähigung, diese Verantwortung zu leben, wie dies die Bildungstheorien seit dem 18. Jahrhundert vertreten. Ferner hat jeder, wie wir denken, auch die Pflicht, diese Bildung sich anzueignen und zu verwirklichen. Konkret hat dies zur Schulpflicht und zur beruflichen Bildung geführt, sowie seit rund zwanzig Jahren zum Recht auf "permanente Bildung". Flitner formuliert die Notwendigkeit der Erwachsenenbildung deutlich:" ... dass erwachsene Menschen noch weitergebildet und erzogen werden sollen, hat Herbart als unzulässig bezeichnet. Es erschien ihm als unwürdig; Männer und Frauen sind mündig und für sich selbst verantwortlich; darauf beruht unser gesamtes gemeinsames Leben ... Faktisch werden wir immerfort gewahr, dass die Menschen unselbständig denken und 'nicht wissen, was sie tun'" (Flitner, W.: Erwachsenenbildung 1982; Aufgabe der Erwachsenenbildung heute (1966), 279). Das "lebenslange Lernen" wird zum Prinzip der Bildung erklärt, nicht ohne Ängste und Zweifel (Sitzmann 1984, 93-107): Soll der Mensch ein Leben lang die Schulbank drücken? Was hat das lebenslange Lernen für einen Sinn? Ist denn die Mündigkeit nie erreicht? Muss jeder immer Verhalten und Einstellungen neu lernen? Sitzmann meint: "Bildung ist prinzipiell unabschliessbar" (1984, 102-103). Bildung ist nicht nur ein äusserer Vorgang, sondern ebensosehr ein innerer Prozess, der in jeder Lebensphase neue Aspekte (Lebensthemen) erschliesst. Hier vollzieht sich ein individueller Beitrag zur kollektiven Evolution des Menschen. Das Prinzip des lebenslang Lernen erhält eine normative Kraft, die weit über eigentliche Lernprozesse hinausführt. Die menschliche Persönlichkeit wird zum "Wichtigsten im Leben" erklärt (Samolevcev, in Benning 1986, 10). Daran anschliessend können wir für die Persönlichkeitsbildung und Individuation dasselbe Recht und dieselbe Pflicht fordern. Die individuelle Freiheit des Denkens und des Lebens mag dabei auf den ersten Blick in Frage gestellt sein.

Betrachten wir deshalb kurz dieses Problem der Freiheit. Da ist zuerst die Freiheit angesprochen, die besagt, dass jeder mit seinem Leben tun und lassen könne, was er wolle: Er könne es auch wegwerfen oder auf beliebige Weise zugrunde richten. Da gibt es noch eine andere Art Freiheitsverständnis, das in unsere Bildungsidee nicht integriert werden kann: Die Idee, jeder könne nach eigenem Gutdünken sich "verwirklichen" (aktualisieren) und von den Ressourcen des Lebens nehmen, was er wolle und wieviel er wolle; oder sich der "Interessengleichgültigkeit und Impulslosigkeit" hingeben (Derbolav 1987, 125); oder philosophisch gefasst: Jeder könne Ideen vertreten und leben, die ihm gerade gefallen. Wir haben an verschiedenen Stellen dargelegt, dass dies einen Staat von innen zersetzt und langfristig zerstört. Die Zerstörung ist, nach Meinung vieler kritischer, auch wissenschaftlicher Stimmen in vollem Gang.

Die Freiheit, die wir meinen, reflektieren wir im Kontext mit dem inneren "Geist" in Traum und Imagination. Der Mensch hat zwar die innere Freiheit, die Kooperation mit dieser geistigen Kraft zu leben oder sie zu verweigern, sie sich zur Pflicht zu machen oder sie zu negieren. Philosophisch und weltlich konnte man bis heute diese Freiheit gewähren. Sozial und politisch ist sie im kommenden Jahrtausend im Kollektiv nicht mehr assimilierbar. Die Schwellengrenze des Zusammenbruchs ist zu nahe und damit für alle zu bedrohlich geworden. Freiheit ohne Rückbindung ("Religio") an den Geist und die Liebe führt im Kollektiv immer zu einer destruktiven Entwicklung. Das lehrt uns die Geschichte und die Gegenwart. Innere Harmonie und ganzheitliche Entwicklung des psychischen Lebens ist ohne den Geist und die Liebe nicht zu bewerkstelligen. Es sei am Rande vermerkt, dass der Begriff "Geist" hier eine andere Bedeutung hat, als zum Beispiel bei Spranger. "Geist" bedeutet für uns: die innere geistige Kraft, die durch Träume und Meditation zum Ich spricht und die durch innere Erfahrung des Hauptarchetypus (Kreis-Kreuz-Mandala sowie generell der Archetypen) die Begegnung mit dem inneren Göttlichen ermöglicht und eine intelligente Gestaltungsvielfalt im inneren psychischen Leben erlaubt.

Das Problem der Freiheit gegenüber dem inneren Geist und der Kraft der Liebe thematisiert implizit die Freiheit zur Individuation. Konkret gefragt: Hat der Mensch die Freiheit, seine Individuation zu leben oder zu verweigern? Betrachten wir das Problem bildungstheoretisch, dann heisst diese Frage: Ist der Mensch verpflichtet, sich zu bilden in allen seinen psychischen Kräften wie den Intelligenzfunktionen, den Gefühlen, den Bedürfnissen, der Liebe, des Unbewussten, des Willens, der Steuerung und allen andern psychischen Teilsystemen des psychischen Organismus? Wenn die Individuation mit dem Ziel, ein lebendiges Abbild des Kreis-Kreuz-Mandalas zu sein, die tatsächliche transzendentale und ursprüngliche psychisch-geistige Evolution ist, dann stellt sich die Frage der Freiheit nochmals anders: Hat der Mensch die Freiheit, in dieser evolutionären geistigen Rückbindung zu leben oder diese zu verweigern? Wir sprechen in diesem Zusammenhang von der "kollektiven Schuld", d.h. wir vertreten die These, dass dieser Prozess – diese "Religio" ("Rückbindung an das innere Ursprüngliche") – letztlich jeder Mensch sich selbst schuldet. Daraus folgern wir: Die Freiheit besteht ontologisch, philosophisch, geistig und psychologich in der Erfüllung des inneren Seins. Jede Unterdrückung und Flucht vor dieser Selbstverantwortung schafft immer innere und äussere Unfreiheiten. Im Klartext: Die Freiheit, die die meisten Menschen meinen, ist gar keine Freiheit.

Wiederum drängt sich der Begriff "Selbstverwirklichung" auf. Mit unserer Verankerung im Archetypus des Kreis-Kreuz-Mandalas erhält der Begriff

"Bildung" eine christliche Dimension, dort allerdings meist anders formuliert: Vollentfaltung der innewohnenden Formgesetze, Verwirklichung des gottgewollten christlichen Menschenbildes (Blaschek, 1986, 179). Der humanistische Bildungsbegriff erweist sich im Vergleich als 'rein bedürfnisbezogen', funktional und nicht teleologisch, lerntheoretisch verwurzelt und ohne "Telos" (Ruprecht 1984, 81-89). Schliesst Bildung "Sinn" mit ein, dann übersteigt dieser Begriff die rein empirische Faktenwirklichkeit. Braun sagt: "Das Leben ist der Ort, wo die Sinnfrage geklärt werden kann" (Braun, in: Benning 1986, 336). Doch das Leben enthält mehr als Arbeit und Freizeit, mehr als Wunscherfüllung und Kompetenzen, mehr als Fähigkeiten und Fertigkeiten, mehr als Menschenwürde und lernpsychologische Allgemeinbildung (wie z.B. klar denken und reden, genau hinsehen und geduldig hinhören, unterscheiden und entscheiden, imaginieren und verallgemeinern, gestalten und bewerten, neu lernen und umlernen; nach von Hentig 1985, 151). Das ist der Schlüssel des Problems: Wer den Prozess der Individuation nicht durchläuft, kann dieses "mehr" nie erfahren.

Damit erhält unsere Bildungstheorie eine transzendentale, geistige und philosophische Verwurzelung. Weicht der einzelne von dieser inneren Pflicht ab, so mag dies in manchen Fällen ohne Schaden von statten gehen (was allerdings nicht gesichert ist). In vielen Fällen führt dies zu einer destruktiven Entwicklung, was psychoanalytisch und psychologisch (auch "spirituell-psychologisch") vielfältig nachgewiesen ist. Weichen sehr viele Menschen dieser inneren Verantwortung (Selbstschuld) aus, so führt dies bei all den instrumentellen Möglichkeiten zur Lebensgestaltung und Staatenführung (Industrie, Wirtschaft, Kapital, Kommunikationssysteme, Waffenarsenale und vieles mehr) in naher Zukunft infolge des exponentiellen Wachstums in allen Lebenssystemen zu einer nicht mehr korrigierbaren weltweiten Katastrophe (Schellhammer 1988). Die "Bildung als Dispositiv des Friedens" (Heitkämper 1986, 275-279) lässt sich hier leicht integrieren. Atombomben, Kernkraftwerke und Genmanipulation als Möglichkeiten der totalen Selbstvernichtung macht Bildung zu einem "Dispositiv, auf das der Frieden angewiesen ist" .... damit "der Mensch nicht seine Grenzen zur Natur erprobt und damit die Menschheit vernichtet" (Heitkämper 1986, 278).

Das Kollektiv hat zu entscheiden, welche Freiheiten (ohne Geist und ohne Liebe) und welcher Selbst-Aktualisierungsraum (ohne Individuation) jedem einzelnen in der Gemeinschaft (Familie, Gruppe, Staat) gewährt werden soll und kann.

Es ist eine Tatsache, dass die Bildungstheorie der letzten 200 Jahre in der Umsetzung ihres Bildungsauftrages ihre Ideale bei weitem nicht lebendig machen konnte. Die im Neuhumanismus aufgegriffenen Ideale der griechischen Antike (das Gute, das Wahre, die innere Harmonie, die Tugenden u.a.m.) sind im Volk nicht zum Tragen gekommen. Weder die "ewigen Wahrheiten" der Metaphysik, noch die erfahrungsbezogene Grundlegung der Werte des Empirismus konnten durchschlagende "Erfolge" verbuchen. Versagt haben auch die "Gottesliebe" und "Weltliebe" von Augustinus, in gegenseitiger Verbindung als Ausdruck der ewigen Gesetzlichkeit des Göttlichen im Menschen (Jaspers 1959, 366/367). Auch Thomas von Aquin konnte das Menschengeschlecht nicht zu dem hinführen, was er mit dem "letzten Ziel" und "dem ewigen Gesetz" als die innere Pflicht vor Augen sah.

Die Kernfrage jeder Bildungstheorie und Didaktik heisst: Woher nehmen wir die oberste Sinngebung bzw. ihre Legitimation? Aus utilitaristischen Überlegungen als Alternative zu "göttlichen Gesetzen" (Frankena 1972)? Oder aus kritizistischen Denksystemen (Holzkamp 1972)? Oder aus einer Situationsethik? Die Reduktion auf Lust, Glück und Profit hat sich bis heute als Bildungsgrundlage nicht bewährt. Kant's kategorischer Imperativ ist und bleibt für Philosophen und solche, die dieses Abstraktionsniveau quasi als spiritueller Ersatz denken können: "... niemals anders verfahren als so, dass ich auch wollen könne ..." (Kant 1970, 40, 45). Die Vernunft ist das "göttlich wirkende Prinzip im Menschen", ist Ausdruck von Gott. So gründet das Sollen in der Vernunft, dem Willen übergeordnet (Kant 1966, 130-135). Der "kategorische Imperativ" – die "heilige Pflicht" – wird zum Element der Vernunft und des Willens. Die Antwort gibt uns später Nietzsche: Gott ist tot. Man setze die Werte gleichsam ins Nichts. Weder der "harmonische Mensch" von Schleiermacher, noch der "sittliche Mensch" von Pestalozzi, noch der "emanzipierte Mensch" von Mollenhauer konnten die Massen je erreichen. Die Menschen sind weitgehend nicht fähig geworden, ihre humanistische Verantwortung individuell und gesellschaftlich wahrzunehmen.

Ein Problem ist hier, ob wir mit unserem Bildungsbegriff den Rahmen der Wissenschaft verlassen und uns somit in spekulativen (metaphysischen) Sphären bewegen. Denn Wissenschaftlichkeit ist für die Erwachsenenbildung gefordert: "Wir bedürfen heute wissenschaftlicher Erkenntnis, um unsere Lebenswelt zu gestalten und um sie zu verstehen " ... "... es bedarf da der Vermittlung von Wissenschaft zum Zwecke der Lebensorientierung" (Zdarzil, in Benning 1986, 51, 54). Ohne Zweifel können Sinn- und Wertfragen nicht hinreichend auf empirische Kategorien zurückgeführt werden.

Die Entscheidung zu bestimmten Werten ist keine wissenschaftliche Erkenntnisleistung, allenfalls eine Beziehungsleistung des Wissenschaftlers gegenüber seiner Tätigkeit und seinem Forschungsergebnis. Es gibt Zielaspekte des Bildungsbegriffes, die sich empirisch-anthropologisch erfassen lassen, gewissermassen in behavioristischen Kategorien sprachlich und beobachtbar. Wir denken da an Menschenwürde, Tugenden, Liebe, Kreativität, Verantwortung, Solidarität, Mitmenschlichkeit u.a.m. Nie aber, so meinen wir, kann z.b. die Menschenwürde als "Ursprung und Ziel von Bildung" begriffen werden, wie das Ruprecht und Sitzmann mit ihrem Band XVI der Weltenburger Akademie (1988) unter vielen Gesichtspunkten aufrollen. Denn die Menschenwürde selbst ist nach unserer Konzeption wiederum ein Ausdruck der Möglichkeiten des "lebendigen Abbildseins des Kreis-Kreuz-Mandala".

Die Praxis der Bildungstheorie hat früher nicht über die heutigen wissenschaftlichen Erkenntnisse über den psychischen Organismus und den Individuationsprozess verfügt. Mit unserer Studie haben wir hier die umfassenden Grundlagen vorgelegt. Das Konzept der Bildungstheorie der Andragogik ist darin eingegrenzt. Der nächste Schritt ist die Erstellung einer Konzeption der Didaktik für die "Menschenbildung im Gruppenverband".

Die Menschenbildung ist in formaler Hinsicht "Allgemeinbildung" bzw. ein konstitutiver Teil der sog. Allgemeinbildung (Klafki 1993, 40): Sie ist allseitig; sie gilt für alle Menschen; sie schliesst die allen Menschen gemeinsame Lebenswelt mit ein; sie bildet die Grundlagen für konstruktive Kritikfähigkeit; sie bezweckt Aufklärung (in erster Linie über das psychische Leben und die Wechselwirkungen Lebensraum-Psychisches Leben); sie fördert die entsprechende Sach- und Handlungskompetenz; und sie bildet den Menschen in seinen psychischen "Grunddispositionen" (vgl. Jank/Meyer 1991, 177). Zur "kategorialen Bildung" (Klafki) gehört u.E. unverzichtbar die Menschenbildung, wie wir diese mit unserer Studie skizzieren. Kerstiens (1986, 261) definiert "Bildung" unter Berücksichtigung solcher Aspekte wie folgt: Bildung ist der "Prozess (oder dessen Ergebnis), in dem der Mensch die Erkenntnisse und Einsichten, Einstellungen und Haltungen, Bereitschaften und Fähigkeiten als Handlungsdisposition ausprägt, die er als Person, als Teilhaber einer Kultur und Mitglied einer Gesellschaft, in seiner Beziehung zur Gesamtwirklichkeit braucht, um in seiner Lebenswelt ein sinnerfültes Leben führen zu können." Dazu gehören übergreifende Ziele wie: Informiertheit, Urteilsfähigkeit, Wertorientierung, Kreativität, Handlungskompetenz, Beziehungsbereitschaft.

Klafki fordert ein neues Allgemeinbildungskonzept als Orientierungsrahmen für die Weiterentwicklung oder Reform unseres Bildungswesens – vom Kinde bis zur Erwachsenenbildung (Klafki 1993, 53). Er meint an derselben Stelle: "Ein solches Konzept...lässt sich nur als ein umfassender, zugleich pädagogischer und politischer Entwurf im Blick auf Notwendigkeiten, Probleme, Gefahren und Möglichkeiten unserer Gegenwart und der voraussehbaren Zukunft (begründen)." Dieses Anliegen finden wir auch bei Litt: "Klare Einsicht (ist notwendig) in die Verflechtung und Verantwortung aller, in das Wesen der demokratischen Grundordnung und in ihre vielfältige Gefährdung, etwa durch Ohne-mich-Haltung, durch Machtgier und Machtmissbrauch, Verketzerung des Gegners, Verwilderung des politischen Stils, Unredlichkeit und Ideologie, destruktive Kritik, Radikalismus und Totalitarismus, aber auch Verharmlosung: Es geht dabei nicht nur um Einsicht, sondern zugleich um Haltung und um Einübung des rechten Stils." (zit. in: Reble 1993, 370).

In die Allgemeinbildung integrieren Klafki, Mollenhauer, Derbolav, Brezinka und manche andere Pädagogen früherer Jahrzehnte gesellschaftliche Dimensionen ebenso wie psychologische, soziale und ethische Dimensionen: Frage- und Problemstellungen der historisch gewordenen Gegenwart, der sich abzeichnenden Zukunft, der (individuellen und kollektiven) Gefahren und Probleme, der entsprechenden Aufgabenstellungen, der früheren Denk- und Lösungsansätze; sowie anderseits: Bildung der kognitiven Möglichkeiten, der Ausbildung zwischenmenschlicher Beziehungsmöglichkeiten, der ästhetischen Wahrnehmungs- und Gestaltungsmöglichkeiten und der ethischen und politischen Entscheidungs- und Handlungsfähigkeiten. Siebert (in Benning 1986, 232-233) spricht von vier Typen der Erwachsenenbildung: 1) Wissensvermittlung; 2) Verhaltensänderung; 3) Selbsterfahrung; und 4) Berufsqualifizierung. Senzky (in: Ruprecht/Sitzmann 1986, 45-58) integriert drei Aspekte in die Bildung: das materielle Selbst (Körper), das soziale Selbst (Stellung, Rollen) und das geistige Selbst (Wertvorstellungen, Weltanschauung). Nach Siebert (1986, 131-136) impliziert eine lebensweltorientierte Allgemeinbildung insbesondere: 1) Differenzierung, Erweiterung des Selbst- und Weltverständnisses; 2) Selbstaufklärung; 3) Auseinandersetzung mit kulturellen Traditionen; und 4) Befähigung zu verantwortlichem Handeln. Das darin enthaltene anthropologische Grundbedürfnis ist für ihn selbstverständlich.

Betrachten wir in diesem Zusammenhang kurz den Begriff der "Qualifizierung". Im engeren Sinne wird damit die Befähigung zur Ausübung einer bestimmten Tätigkeit gemeint, vor allem berufliche Arbeitsfunktionen. Lehrgang und Diplom gelten als Hauptcharakteristiken dieses Begriffs. Wir können diesen Begriff auch erweitert unter dem Gesichtspunkt der Lebenskompetenzen betrachten. Wer Auto fahren will, benötigt einen Führerschein. Das impliziert die erfolgreiche Absolvierung einer theoretischen und praktischen Schulung mit Prüfungsabschluss. Zur Ehe und zur Kindererziehung benötigt der Europäer weder eine theoretische noch eine praktische Schulung, schon gar nicht ein Zertifikat. Die Lage ist bekannt: hohe Scheidungsraten, viele zerrüttete Ehen und in der Erziehung der Kinder ein enormes Ausmass an "Unfällen". In einer Gesellschaft mit einer schier schrankenlosen Modernisierung und Rationalisierung, mit einer nahezu grenzenlosen Mobilitätseuphorie und mit einem nicht mehr überblickbaren Konsumangebot kommen viele Menschen ins "Schleudern". Kriminalität, psychosomatische Leiden, soziale Konflikte, Umweltzerstörungen und Schaden aller Art sind die Folgen. Wir folgern daraus: Der Mensch in der hochindustrialisierten Gesellschaft benötigt besondere Qualifikationen für ein aufbauendes Leben in der persönlichen und gemeinschaftlichen Lebenswelt. Das dient der Schaffung stabiler Lebensgrundlagen, der Bildung einer eigenen Identität, der Lebensmeisterung, dem konstruktiven Beziehungsleben, der Kindererziehung und dem Umgang mit den Schwachen und Alten.

Damit erweitern wir den Begriff der Qualifikation von der Zweckrationalität (Berufsbildung, Umschulung etc.) hin zu Sinnelementen und Lebenspraxis. Wenn die Wissenschaft der Erwachsenenbildung eine Antwort auf die Lebenspraxis sein soll – und das wird in der Fachwelt überwiegend angenommen –, dann finden wir manche Lebensgegebenheiten, die nach einer Qualifizierung im Sinne der Aneignung bestimmter Lebenskompetenzen geradezu drängen. Betrachten wir die Qualifizierung im engeren Sinne auch als ein Instrument zur Lebensbewältigung, dann führt die (berufliche) Weiterbildung nicht einfach zu einem sozialen Aufstieg, sondern sie impliziert Schlüsselqualifikationen (Siebert 1977) wie Adaptationsfähigkeit und Transferleistungen von Grundfähigkeiten (Denken, Selbstmotivation, Selbststeuerung etc.), die in die persönliche Lebenswelt und in die Daseinsorientierung (Sinnfindung) greifen.

Wer Weiterbildung verkürzt nur als "wertsteigerndes Mittel der Ware 'Arbeitskraft'" interpretiert, unterschätzt u.E. die Chancen einer tiefer und breiter greifenden generalisierenden Wirkung. Das verlangt allerdings, dass die berufliche Weiterbildung nicht technokratisch reduziert wird, sondern die Persönlichkeitsbildung und Lebensbildung indirekt (z.B. durch rollenspezifische Reflexionen) miteinbezieht. Das Leben ist auch eine Art "Schule". Die Erwachsenenbildung kann dem Menschen diese "Schule" nicht abnehmen. Dennoch stellt sich durch die enorm gesteigerte Komplexität der gesellschaftlichen Verhältnisse auch für die Lebenswelt das Problem der Qualifizierung, damit der einzelne die psychisch und sozial gesteigerten Anforderungen meistern kann. Die pragmatischen Grössen wie Wirtschaftswachstum, Arbeitslosigkeit oder technischer Wandel setzen der Erwachsenenbildung Ansprüche, um für die Anforderungen bzw. Kompetenzdefizite Schulungskonzepte zu erarbeiten. Die Menschen sind jedoch auch Bewahrer des geistig-kulturellen Gutes. Das darf bildungstheoretisch nicht getrennt und in der Praxis nicht vernachlässigt werden. Wir sehen also zwischen der beruflichen Qualifizierung und der lebensbezogenen Qualifizierung eine dialektische Verflechtung.

Es gibt u.E. in der Erwachsenenbildung keine Monopolzuerkennung in der Bearbeitung empirischer Problemstellungen zu Arbeit und Freizeit. Die Sinnfrage stellt sich in allen Lebensbereichen, auch in der beruflichen Weiterbildung. Die Interaktionen zum Beispiel haben stets symbolischen Bedeutungsgehalt, am Arbeitsplatz meist über das rein technische Handlungsrepertoire hinausgehend. Veränderungen am Arbeitsplatz, durch neue technische Ansprüche und durch subjektiv biographische Faktoren, drängen nach Hilfestellungen durch die Wissenschaft der Erwachsenenbildung, sei es im Kontext mit Anpassungsanforderungen, sei es im Verbund mit der altersbezogenen psychischen Entwicklung (z. B. midlife crisis und Identitätsbildung, Antizipation des dritten Alters). Zur Befähigung gehört die sinnhafte Reflexion, im Privat- wie im Berufsleben. So kann der Begriff "Bildung" auch nicht verstanden werden als "rein empirisch" einerseits und "rein hermeneutisch" (mit Sinn behaftete Handlungen) anderseits. Bildung ist Subjekt-bezogen, impliziert biographische und sozial-kulturelle Aspekte; Bildung in der Arbeitswelt erfasst den Bereich der tieferen Vernetzung zum Subjekt und zu seiner Lebenswelt. Die Erwachsenenbildung als Wissenschaft findet hier genügend Legitimation, ihrer Praxis diese Zusammenhänge aufzuzeigen und gleichzeitig Neues einzubringen, wo das Alltagsbewusstsein und die subjektiven Erfahrungen in jeder Hinsicht verkürzte und vereinfachte Vorstellungen (Vor-Wissen, Vor-Theorien) enthält. Die damit erreichbare Umstrukturierung und Erweiterung der Deutungsmuster (Arnold 1984) enthält Chancen für das Individuum und die Gesellschaft.

Für die Bildungstheorie der Andragogik ergänzen wir den Katalog der "Allgemeinbildung" mit: "alle psychischen Subsysteme und die Individuation als psychisch-geistiger Bildungsprozess". Dies darf verstanden werden als eine Weiterentwicklung der "Typologie des Seelenlebens" von Spranger, insbesondere seines Anliegens, den "ganzen Menschen" (mit dem "objektiven Geist" und dem Göttlichen) erzieherisch (bildend) zu erfassen. Die Individuation ist u.E. die Antwort auf die gesuchte "Endform des reifen und mündigen Menschen" (Roth). Sie ist frei von Ideologie und Dogmatik; sie ist die wissenschaftlich fundierte sachliche Rückkoppelung an den psychisch-geistigen Menschen und seinen Lebensraum. Dies ist u.E. die einzig vernünftige Alternative zu einer Verankerung der Bildungstheorie bzw. der "höchsten Ziele" in die "Gesetze Gottes" oder in ein (zum Beispiel) leninistisch-marxistisches Menschenbild mit all den entsprechenden Folgerungen. Allenfalls bliebe noch der Status Quo als Realität oder das "Nichts" als Ausgangslage zur Ziel- und Wertbestimmung (Kraft 1968, 101). Das erachten wir aber nicht als diskussionsfähige Variante.

Soziologen und Pädagogen zeichnen ein Bild der Lage des Menschen in

Europa, das zwei Hauptcharakteristiken enthält: Risiken und Wertverlust (Beck 1986, Brezinka 1994; um hier nur zwei Autoren zu nennen). Die Menschen sind stark aussengeleitet, freigesetzt von früheren Zwängen (auch von Mythologien) und durch Angebote und Kaufkraft gefesselt an die "hier und jetzt Erlebenskultur". Dies führt zu einer starken Vereinfachung der Realität und zu einer Persönlichkeitsbildung unter Ausklammerung von Werten. Die starke Erlebnisorientierung (Schulze 1992; Opaschowski; in: Klein 1993) bewirkt Unbeständigkeit in Normen und eine Orientierungslosigkeit. Die "wertunsichere Gesellschaft" steckt in einer "Kultur- und Wertkrise" (Brezinka 1994). So wird wieder eine wertorientierte Erziehung gefordert (Brezinka 1994), eine Entfaltung der Persönlichkeit mit Teilelementen wie "kritisches Selbstverständnis, konkrete Handlungsfähigkeiten, soziale Verantwortung, ja zum eigenen Leben" (Wollenweber 1994, 3-26) sowie "moralische Sensibilität, Reflexivität, rationale Argumentationsfähigkeit" (Hufer, 1993, 314-316). Die Erwachsenenbildung ist wieder an Werte zu binden.

Wertbindung als Bildungsauftrag ist u.E. eine Bildungsaufgabe der Andragogik. Darin unterscheidet sich die Andragogik von der heutigen "Erwachsenenbildung", obwohl gewisse Überschneidungen zweifelsohne gegeben sind. Auch die berufliche Weiterbildung kann eine Wertbindung intendieren, aber in anderem Sinne als die Persönlichkeitsbildung und Individuation.

Das Erlernen einer Sprache, einer Technologie, einer Rechtshandhabung oder einer fremdländischen Kochkunst kann den Menschen bilden (z.B. zu Einstellungen). Doch wer in einen Sprachkurs geht, will die Sprache erlernen; wer einen Computerkurs im eigenen Betrieb realisiert, bezweckt bestimmte sachbezogene Qualifikationen und nicht "Psychokatharsis", "Gewissensbildung" oder "Willensstärkung".

Berufliche Weiterbildung bzw. betriebliche Schulung halten wir nicht für "kategorial" im Sinne unserer theoretischen Grundlagen zur Andragogik. Darum schlagen wir in der Berufsbezeichnung eine Einteilung vor: Andragogen sind zuständig für die Menschenbildung; "Erwachsenenbildner" sind Lehrer in einem bestimmten Fachbereich der beruflichen Wirklichkeiten und gewisser Lebenswirklichkeiten. Die Unterschiede sind hinreichend deutlich, so dass wir ferner eine Einteilung in "allgemeine Andragogik" (d.h. Menschenbildung i.e.S.) und in "spezielle Andragogik" (d.h. fachliche Weiterbildung) als gerechtfertigt erachten.

Was wir hier unter dem Oberbegriff "Didaktik" darlegen, wird zum Beispiel in der amerikanischen Literatur als "andragogisches Konzept", "angewandte

Andragogik" oder "andragogischer Prozess" bezeichnet (Ingalls 1973; vgl. SVEB 1980, Nr.4, Übersetzung Rohrer). Die sieben Schritte dieses Prozesses sind: 1) ein Lernklima schaffen; 2) eine Struktur für beidseitiges Planen finden; 3) Interessen, Bedürfnisse und Wertsetzungen abklären; 4) Ziele formulieren; 5) Lernaktivitäten entwerfen; 6) Lernaktivitäten durchführen; 7) Ergebnisse evaluieren (wobei die Evaluation auch als Bedürfnisabklärung verstanden wird). Wir meinen, dass dieser Prozess erst dann "andragogisch" wird, wenn dieser auf einer Bildungstheorie zur Menschenbildung aufgebaut ist. Didaktisch übersetzen wir die Bedürfnisabklärung mit "bei der Disposition der Teilnehmer ansetzen".

Die "Kundenorientierung" als strategische Leitidee wirft schon mit der Werbung Probleme auf. Es wäre für die Andragogik problematisch, und müsste als reiner Kommerz bezeichnet werden, wollte die Andragogik nur das lehren, was "auf dem Markt gefragt ist". Wir wissen nicht, ob es möglich ist, mit einer umfassenden publizistischen Aufklärung (Werbung) jene Bedürfnisse zu erzeugen bzw. bewusst zu machen und freizulegen, die die Menschenbildung in ihrem Kern ansprechen will. Da mag, um es etwas krass zu sagen, die Pornographie in Deutschland ihren Umsatz von rund 60 Milliarden DM pro Jahr schneller auf 100 Milliarden expandieren, als die Menschenbildung der Andragogik auf eine bescheidene Milliarde DM Umsatz gelangen.

Oder ein anderes Beispiel: Wie kann man den zu Gewalt geneigten jungen Menschen auf der Strasse klar machen, dass sie ihre psychische Situation (einschliesslich die Verideologisierung ihrer Gefühlslage und ihres Bewusstseins) zuerst verstehen lernen sollen, um dann mit Liebe und mit Geist Lösungswege zu suchen bzw. zu gehen? Oder: Wie kann man jene Menschen, die alles Fremde und Andersartige mit Hass behandeln, dazu bringen, dass sie sich selbst in ihrem psychisch-geistigen Leben bilden, um daraus dann mit dem Fremden und Andersartigen angemessen umgehen zu können? Solche Beispiele liessen sich mit vielen Schlüsselthemen erweitern, z.B: Freizeitgestaltung, Unfallgefahren, Suchtgefahren, Kriminalität, Bandenwesen, Beziehungen, Sexualität, Erziehung, Gesundheitsrisiken, Umweltverhalten, Liebesfähigkeit u.s.w. Es wird viel Öffentlichkeitsarbeit notwendig sein, um die Erwachsenen europaweit in Ost und West zur Selbstbildung zu motivieren.

Wir haben ein Konzept der Andragogik entworfen, das in der Konfrontation mit der Praxis ein entscheidendes Problem aufwirft. Fragen wir die Experten der Praxis, was die Herausforderungen der Erwachsenenbildung sind, dann erhalten wir vom Europäischen Kongress "Erwachsenenbildung im künftigen Europa", gehalten in St.Gallen (Schweiz, 2.9.-8.9.1991), folgende Stichworte:

Nationalismus, Fremdenhass, Bevölkerungswachstum (im Süden), Rüstung, Umweltverschmutzung, Emigration, Kriegsgefahr, islamische Feindbilder, Gewalt, Archaisches, dramatische Veränderungen in Europa, wachsende Freizeit, Kulturbegegnungen, Nationalitätenbildung und die Bedürfnisse der Wirtschaft bzw. Industrie (Siehe: SVEB 1992, 9, 21, 42, 43, 47, 48, 60). Die Erwachsenenbildung soll zur Bewältigung und beim Verstehen der politischen, wirtschaftlichen und sozialen Veränderungen helfen (Oglesby, SVEB, 1992, 9). Die neuen Arbeits- und Lebensbedingungen sind die zentralen Aufgabenbereiche des "adult educators". Die "dramatischen Veränderungen in Europa" (dramatical changes) sind die eigentlich neuen Herausforderungen für die Andragogik.

In diesem Bericht (Vorträge, Gespräche, Zusammenfassungen) ist der Bereich der "Persönlichkeitsbildung" kaum zur Diskussion gestellt. Da heisst es knapp thematisiert: "Frauen müssen vor allem psychologisch geschult werden, um ihr Selbstbewusstsein zu stärken und um zu lernen, sich zu wehren, um ihre Anliegen zu kämpfen" (Dörig, in: SVEB 1992, 83). Hoggart weist auf die spirituellen Zielsetzungen hin, die im 19.Jahrhundert in der Erwachsenenbildung noch lebendig waren:

"Einsicht in die persönliche Entfaltung" (Hoggart, in SVEB 1992, 32) ist für ihn ein Ziel der Erwachsenenbildung; dazu gehört auch der Glaube an Sinn und Zweck. Müller verweist auf die Notwendigkeit, neue Dimensionen des Weltverständnisses zu erschliessen, die erstarrten Vorstellungen zu revidieren und Formungsprozesse in Gang zu setzen (Müller, in: SVEB 1992, 20-27). Vereinzelt nur taucht das Wort "Persönlichkeitsbildung" auf.

Weder über eine substantielle Menschenbildung noch über die vitalen "Schlüsselprobleme" des Lebens, die jeden im Laufe des Lebens "treffen", finden wir in diesem Bericht etwas. Wenn "Andragogik" als "berufliche Weiterbildung" interpretiert wird und die Bedeutung "andragogisch" auf allgemeindidaktische Gesichtspunkte reduziert wird (Dubs, in: SVEB 1992, 35), dann hat diese Art Erwachsenenbildung in der Zukunft Folgen. Wenn die Erwachsenenbildung am Grundsatz der Kundenorientierung, an Bedarfsanalysen in Betrieben und an Gewinn-orientierten Strategieansätzen (der Industrie und Wirtschaft) ausgerichtet wird, dann bleibt ein wesentlicher Teil des Menschen auf der Strecke. Das hat unabwendbare "Spätfolgen". Denn soviel hat die Psychoanalyse unmissverständlich und eindeutig nachgewiesen: Das unterdrückte und nicht progressiv-konstruktiv gebildete (entfaltete) psychische Leben des Menschen, schlägt immer destruktiv, individuell wie kollektiv, zurück. Die psychischen, die sozialen, die politischen und die ökologischen Folgen kosten ein Vielfaches mehr als eine umfassend vernetzte Menschenbildung für alle Altersstufen und Menschengruppen in ganz Europa.

Ohne Zweifel ist mit diesem Kongress eine Trendwende in Richtung eigentliche Menschenbildung markiert. Bildungsprogramme, die das multikulturelle Zusammenleben in einem "neuen Europa" fördern sollen, sprechen den Menschen in seiner psychisch-geistigen und psycho-sozialen Disposition an. Mit unserer Konzeption der Andragogik gehen wir noch einen Schritt weiter bis zum "inneren" Menschen: Die psychisch-geistige Menschenbildung durch alle Lebensphasen hindurch ist die grundlegende Aufgabe der Andragogik in der Zukunft. Jede Form der beruflichen Weiterbildung und der Allgemeinbildung, sei sie auch noch so multikulturell und auf internationale Verständigung ausgerichtet, wird vom psychischen Leben langfristig untergraben, wenn dieses nicht umfassend und kategorial gebildet wird.

Darum sprechen wir von der "allgemeinen Andragogik", wenn wir Menschenbildung meinen, und lassen es offen, ob die Wirtschaft und Industrie ihre Erwachsenenbildung als "spezielle Andragogik" oder schlicht als "Weiterbildung" bezeichnen will.

Die angesprochenen Schlüsselprobleme, also zum Beispiel Fremdenhass, wachsende Freizeit, Kulturbegegnungen und Gewalt, sind durchaus ein Thema der Menschenbildung, wenn sie eingebaut werden in die umfassende Persönlichkeitsbildung und nicht bloss als "Sachthemen" doziert werden. In der Grundlegung unserer Didaktik verzahnen sich Wissen, Erfahrung und Bearbeitung der Erfahrungen. Das erst ermöglicht echte Menschenbildung.

Halten wir kurz Rückschau zur Diskussion über den Begriff 'Bildung' im ersten Kapitel. Bekanntlich kann man das Wort 'Bildung' nicht auf englisch, spanisch und französisch übersetzen. "Bildung ist ein deutscher Begriff." (Becker 1992, 13). Heisst das nun, dass 'Bildung' nur für die Deutschen existiert? Was die sog. deutschen Begriffsbestimmungen enthalten, finden wir in der englischen, spanischen und französischen Literatur unter den Worten 'education', 'educación' und 'education'. Also können wir 'Bildung' mit 'Erziehung' gleichsetzen. Wir haben damit allerdings nur das Problem der Definition verschoben. Ein anderes Problem ist zudem das Empfinden des Deutschen (und Schweizers/Österreichers): 'Erziehung' hat einen unangenehmen Beigeschmack für jeden Erwachsenen, der emanzipiert sein will. Der Versuch, eine klare wissenschaftliche Sprache mit eindeutigen sachlichen Begriffen zu nutzen, droht am emotionalen Erleben der Alltagswelt (-sprache) zu scheitern. Das mag innerhalb der Wissenschaft klärbar sein; an der Front der Erwachsenenbildung stellen sich jedoch erheb-liche Probleme: Mit welchen Begriffen muss ein Marketing operieren, um die potentiellen Klienten ansprechen zu können? Und: Wie kann man eine Menschenbildung 'verkaufen', die den Sinn nicht bloss in einer Zweckrationalität ansiedelt, (also zum Beispiel operationalisierte handlungsorientierte Ziele), sondern auch in der 'reinen Menschenbildung', die den Kern des Sinns in der inneren Menschenbildung und nicht ursprünglich in der Weltgestaltung ansiedelt?

Schon in der Begriffsklärung begegnen wir enormen philosophischen, wissenschaftlichen und alltagsbezogenen Problemen. "Der Sinn der menschlichen Existenz ist nicht vorgegeben", schreibt Lenz (1987, 160). Und ein anderes Beispiel: "Wir verstehen unter Bildung also nicht die Entfaltung der Persönlichkeit um ihrer selbst willen, sondern ihre Ausstattung zum Leben in unserer Welt und zur Handlungsfähigkeit in dieser Welt" (Becker 1992, 16). Als Affront gegen die kirchliche Erwachsenenbildung schreibt er weiter: "Erwachsenenbildung darf nie religiöse Verkündung sein" (Becker 1992, 79). Aber politische und wirtschaftliche 'Verkündung' darf sie sein? Wie sollen wir dieses Problem lösen, wenn wir 'religiös' mit 'ursprünglich' übersetzen und in diesem neuen psychisch-geistigen Sinne die Verwirklichung der Liebe, des Geistes und den Prozess der Individuation meinen? Oder: Wie dürfen wir den Begriff 'Bildung' nutzen, wenn wir 'Aufklärung' (das deklarierte Ziel der emanzipatorischen Erwachsenenbildung) auch im Zusammenhang mit dem Unbewussten, dem Geistprinzip und der Verwirklichung des lebendigen Abbildseins des Kreis-Kreuz-Mandalas interpretieren? 'Verkünden' meint doch v.a. 'mitteilen' und 'lehren', also auch Aufklärung.

In der Erwachsenenbildung geht es auch um moralische Bildung: "Ohne Moral in den politischen Entscheidungsstrukturen wäre die Wiederholung von Auschwitz nicht zu verhindern" (Oser/Althof 1992, 11). Das können wir als einen Auftrag an die Andragogik mit einem gewaltigen emotionalen Appell an das Gewissen interpretieren. Hier lassen sich unzählige Stichworte hinzufügen, die ebenso an Menschenbildung appellieren, zum Beispiel: Umweltzerstörung, Atomkrieg, Armut, Hunger, Ausbeutung, psycho-soziales Leid, Kriminalität, Arbeitslosigkeit, Übervölkerung und viele weitere 'Schlüsselprobleme', die wohl bei allen Wissenschaftlern der Erwachsenenbildung als Legitimation zu Bildung herangezogen werden. Die Biographieforschung erweitert diese Themenliste: die Geschlechterrollen verändern sich; die traditionellen Lebensentwürfe sind anders geworden; die Zeit des Ruhestandes ist viel länger als früher; die persönliche Identitätsbildung erfolgt unter neuen Lern- und Entwicklungsphasen u.s.w. (siehe Alheit/Dominicé 1994, 375-377). Der Bildungsbegriff hat sich in der Erwachsenenbildung enorm gewandelt und die ständig wachsende Literatur setzt immer wieder neue Akzente. Doch was weiss der Erwachsenenbildner, der Wissenschaftler der Erwachsenenbildung von seinen

Konsumenten/Klienten/Studierenden?

Das neue "Biographie-Paradigma" (Alheit 1993, 59) soll hier Türen öffnen, den Menschen (die "Black-Box") in seinen Bedürfnissen, Plänen, Enttäuschungen, Wünschen zu verstehen. Die Relevanz biographischen Suchens und Verstehens steht ausser Zweifel: Der Fragende schafft sich seinen Zugang zur eigenen Lebensgeschichte; er findet verstehend Zugang zu fremden Lebenswelten; und über dies kann damit auch die verdrängte kollektive Geschichte aufgearbeitet werden (Schuchardt 1993, 92-98). "Jedes Verstehen von fremdem Sinn (basiert) auf der Selbstauslegung der eigenen Erfahrungen" (Kade 1983, 43). Persönlichkeitsbildung ist somit immer auch biographische Reflexion.

"Biographieforschung können wir als Grundlagenwissenschaft für eine künftige Erwachsenenbildung auffassen" (Apitzsch 1993, 114). Biographische Selbstreflexion ist nicht Psychotherapie (Gudjons 1994, 11, 20). Die Ziele sind Menschenbildung durch: aufzeigen, sensibilisieren, begreifen, annähern, verstehen, fruchtbar machen für die eigene Identitätsbildung, Veränderungsmöglichkeiten wahrnehmen u.a.m (Gudjons 1994, 18-35).

Kritisch möchten wir hier einbringen, dass die Biographieforschung bis heute kein Konzept der Persönlichkeit vorgelegt hat (wir halten das "Selbstkonzept" nicht für hinreichend), sich an keinem Modell des inneren Wachstums orientiert, die "Tiefen" des Unbewussten nur oberflächlich streift, die Widerstände zu wenig bildungsorientiert berücksichtigt, psychoanalytische Modelle zu pauschal übernimmt, eine Mixtur an Erfahrungsmethoden aus den "Sensitivitytrainings" der 70er Jahre praktiziert ohne theoretische und didaktische Fundierung. Da ist fast alles möglich, was der Psycho-Trend heute anbietet bis zum reflektiven Umgang mit Materialien wie Fotos, Tagebücher, Zeichnungen, Musik, Briefe u.s.w. (Fuchs 1984, 170-171, 261-262). Da treffen gar drei Welten aufeinander, wenn Fuchs (1985, 437) meint: "Die Biographie erhält für die Soziologie neue Möglichkeiten ... (stellt) den perfekten Typ soziologischen Quellenmaterials (dar)". Auf der zweiten Seite steht die Psychologie bzw. Tiefenpsychologie und auf der dritten Seite die Bildungstheorie bzw. Andragogik, samt ihrer Didaktik.

Immer wieder haben wir Fragen an die aktuellen Paradigmen der Erwachsenenbildung: Was bedeutet 'Emanzipation', wenn gleichzeitig der Mensch in seinem eigenen Unbewussten gefangen ist? Welchen Wert hat 'Mündigkeit', wenn beispielsweise die Menschen ihre frühkindlich fixierten Lebensmuster im Erwachsenenalter in neuen Varianten ihr Leben lang reproduzieren? Was ist von der zielorientierten Leitidee "kritisch und selbstreflektiv" zu halten, wenn die Menschen weder richtig imaginieren noch kontemplieren können? Wie sollen die Menschen die Schlüsselprobleme lösen können, wenn sie mit ihren Gefühlen nicht aufbauend umgehen können?

Wie will die Erwachsenenbildung 'Selbstverwirklichung' in ihrer Praxis handhaben, wenn sie den Prozess der Individuation, und damit auch das Traumleben des Menschen, nicht einmal zur Kenntnis nimmt, geschweige denn ein Konzept zur diesbezüglichen praktischen Bildung vorlegt? Was ist die 'Freiheit' wert, wenn die Menschen ihre künstlichen Bedürfnisse nicht verstehen und gleichzeitig nur wenig ihre Grundbedürfnisse erkennen?

'Kritisch-emanzipatorisch' ist das Schlagwort der deutschen Erwachsenenbildung. Wie steht es dabei um die spirituellen Erfahrungsmöglichkeiten des Ursprünglichen im Menschen? Mythologie gehört der Vergangenheit an; ein Verdienst der Bildungsbemühungen im Sinne der Aufklärung seit rund 200 Jahren. Doch wie steht es um die innere Erfahrung von Ur-Symbolen, zum Beispiel des 'Grals' oder der 'Mandalas'?

Muss man da nicht kritisch-emanzipatorisch fragen, ob die Erwachsenenbildung vielleicht gegenüber dem inneren Menschsein und dem wirklichen Leben zu oberflächlich ist? Von Freud wissen wir, dass die Psychoanalyse immer wieder vor allem zuerst eine Widerstandbearbeitung und ein "Kampf gegen die Lüge" ist. Diese Aspekte stehen auf keiner Traktandenliste der Theoriebildung in der Erwachsenenbildung, auch nicht in der Pädagogik und Sozialpädagogik. Wie antwortet handlungsorientiert die Erwachsenenbildung auf die 'Alltagsprobleme' des Menschen, wie z.B. Minderwertigkeit, Einsamkeit, Beziehungskonflikte, sexuelle Schwierigkeiten, Frustrationen, Unsicherheiten, Stress, Lebensangst, Bedrücktsein, Aggressionen, Überforderungen, Geldsorgen u.s.w.? Die Praktische Psychologie befasst sich mit solchen Lebensthemen, ohne eine Bildungstheorie zu haben. Die Erwachsenenbildung dreht sich um Bildungstheorien, ohne aber für solche Lebensthemen des Menschen substantielle Bildungskonzepte vorzulegen, mit Ausnahmen wie z.B. für Stressbewältigung, segmentierte Persönlichkeitsbildung, Lernen zu lernen, Kommunikationstechniken. In der Tat, die Erwachsenenbildung ist eine junge Wissenschaft. Sie hat ihre Identität erst noch zu formen. Das ist ihre grosse Chance für das 21. Jahrhundert.

Mit dem Begriff 'Bildung' spannen wir einen Bogen vom Lebensraum über die Lebenswelten bis zum psychischen Innenleben des Menschen. Bildung verstehen wir in dieser komplexen Vernetzung. Das lässt sich gewiss auch auf englisch, auf spanisch und französisch mitteilen, einschliesslich der philosophischen Frage: Was soll denn das ganze irdische Bühnentheater, wenn der tiefste Sinn nicht teleologisch verankert ist in der Transzendenz?

Wir geben mit dem nachfolgenden Diagramm einen Überblick zu den Dimensionen (oder Aspekten) der Menschenbildung, wie wir sie vernetzen.

Biographische Selbstreflexion heisst, bedeutende Lebensthemen und "kritische Ereignisse/Handlungen" von der Gegenwart bis zurück in die früheste Kindheit aufrollen.

Die Zeiteinteilung kann entwicklungspsychologisch, sowie sozialisations- und Lebenslauftheoretisch bestimmt werden (Whitebourne/Weinstock 1982), oder rein pragmatisch, z.B so: Früheste Kindheit (0-5 J.); frühe Kindheit (5-12 J.); spätere Kindheit (12-15 J.); Jugendzeit (15-18 J.); junges Erwachsenenalter (18-25 J.); frühes Erwachsenenalter (25-35 J.); mittleres Erwachsenenalter (35-50 J.); hohes Erwachsenenalter (50-65 J.); spätes Erwachsenenalter (65+ J.).

Im Zusammenhang mit der Biographieforschung und den "kritischen Handlungen" haben wir in diesem Werk sowie in "Empirie der Individuation" die bedeutenden Lebensthemen aufgerollt. Die Stichworte sind: Beziehungen in der Familie, inkl. Erziehungserfahrungen, Freundschaften, Liebesbeziehungen, Ehe, eigene Familie, Kinder, Freizeitorte, Hobbies, Spiel, Urlaub, Wochenende, Mobilität; Vorschule, Schule, Berufsbildung, berufliche Tätigkeiten, religiöse Praktiken, politische Sozialisation, Kulturelles Leben, Lektüre; Wohnen, Quartierqualität, Körper, Sexualität (Mannsein, Frausein), Badezimmerkultur, Krankheiten, Störungen, Leiden, Konsumgüter, Kleider, Essenskultur, Geld, Wertsachen; Haushalten, Lebensverwaltung, Schlafen (Gewohnheiten), besondere Ereignisse, Zeitgeschehen.

Die erste selbstreflexive Fragestellung richtet sich auf: Was war wie? Erinnerungen durch Nachdenken und Imaginationen (Rückführungen), Tagebücher, Fotoalben, Briefe, Kleider, Möbel und Nippsachen eröffnen den Zugang. Viele Fragen zur Charakteristik und verstehenden Interpretation lassen sich stellen.

Der zweite Typus selbstreflexiver Fragestellung orientiert sich am Modell des psychischen Organismus. Ausgehend von jedem psychischen Subsystem können wechselseitig unzählige Fragen formuliert werden, die viel mehr als die üblichen Selbstbildkategorien (Thomae 1988, 48) erfassen und weiter reichen als psychoanalytische und psychologische Theorien, wie sie in der Erwachsenenbildung referiert werden. Mit diesem Modell hat jeder, der biographisch selbstreflexiv sich bilden will, eine klar strukturierte und vielseitig theoretisch fundierte Orientierung. Entsprechend dient sie auch dem Andragogen.
Zu den Lebenssystemen, ohne dabei eine Praxeologie theoretisch

grundzulegen:

- Alltagswelt: Beruf, Familie, Erziehung, Lebenspartner (-in), Freund (-in), Verwandte, Freunde, Bekannte, Nachbarn, Fremde, Vorgesetzte, Arbeitskollegen, Ausländer, Kindererziehung, Sport, Unterhaltung, Freizeit, Haushaltarbeiten, Auto, Wohnumgebung, Wohnraum, Massenmedien, Konsum/Einkauf, Ferien, Geld, Selbstverwaltung, Sexualität, Gesundheit, Energie, Abfall u.s.w.

- Lebenswelt: Religion, Kirchen, Wirtschaft, Parteien, Politik, Militär, Sozialwesen, Gesundheitswesen, Energie, Verkehrsnetz, Kultur und Kunst, bebauter Lebensraum, Amtswesen, Konsumgüter, Dienstleistungen, Bildungswesen, Gesetzeswesen, Gericht, Steuerwesen, Versicherungswesen, Polizei, Kriminalität u.s.w.

- Exo-Lebenswelten: Lebenswelt anderer Staaten, Gesellschaften, Kulturen u.s.w.

- Lebensraum (Natur- und Tierwelt): Wasser, Luft, Boden, Tiere, Pflanzen, Rohstoffe, Naturkräfte aller Art u.s.w.

Unsere Konzeption von "Bildung" ist vielschichtig, mehrdimensional und dynamisch offen. Metatheoretisch verlangen wir Eindeutigkeit der Begriffe, Theorieergiebigkeit für die Praxis, die empirische Rückbindung, die eindeutige Nachvollziehbarkeit durch Erfahrungsprozeduren, die Fundierung auf wissenschaftlichen Erkenntnissen bei gleichzeitiger Offenheit ("Suchbewegung"), die mehrdimensionale Vernetzung Mensch-Lebenswelt-Historie-Prozessprinzipien (der Lebensphasen und der Individuation), den didaktischen Aufbau der Bildung sowie die Verankerung aller Verlaufsaspekte der Bildung des Menschen in der Erfahrung des Geistprinzips (Traumdeutung, Imaginationen, Kontemplationen und psycho-energetische Symbolübungen; siehe Schellhammer 1987, 1987, 1998).

Diese Kriterien zur Grundlagentheorie der Menschenbildung (vgl. Ruprecht 1985, 6-15; und: Zdarzil 1985, 78-86) erschliessen grundsätzlich alle Ebenen der gängigen Definitionen des Begriffs "Bildung", wie zum Beispiel: die psychischen Kräfte des Menschen, die psychisch-geistige Entfaltung, Fähigkeiten und Fertigkeiten für Beruf und Privatleben, Kultur und Gesellschaft, Politik und Soziales, Freizeit und Konsum, Naturwelt, persönliche Lebenssituationen, Lebensgeschichte, Schlüsselprobleme der Gesellschaft, Sinn- und Wertgebung der wahrgenommenen Wirklichkeit. Eine allseitige Ausgewogenheit, konzentriert auf die Teile bei vielseitig vernetztem Zusammenspiel, einschliesslich der erfahrbaren und sprachlich-symbolisch fassbaren transzendentalen Wirklichkeit, ist gewährleistet.

Unser Paradigma vermittelt dieses Rüstzeug für das reale Leben. Doch die Perspektiven sind noch viel weitreichender: Die Menschenbildung unseres Konzepts führt zum "Vollzug der Individuation" sowie in ihrer letzten und höchsten Form zum "Gralskönigsein".

Das ist weder Literatur, noch Mythologie, noch Religion im herkömmlichen Sinne, noch eine Phantasie des Verfassers. Der "Gral" ist ein symbolisches Abbild einer gebildeten psychischen Realität im Menschen. Wir setzen den Anspruch an die Andragogik, dass sie die metatheoretischen, die theoretischen und die methodischen Instrumente schafft, um diese Wirklichkeiten unseres Bildungsbegriffes zu erschliessen. Wir heben hervor: Der Preis, den der Andragoge dafür zu "bezahlen" hat, ist, dass er sich selbst auf die Prozeduren einlassen muss, will er diesen "Gral" als Geheimnis finden (und verstehen), darüber forschen und lehren sowie andere Menschen auf dem Weg der Individuation bilden.

Und nochmals sei zum Paradigma hervorgehoben: Pädagogik bzw. Andragogik ist zuerst "ganzheitliche" (umfassende) Menschenbildung. Diese Menschenbildung schafft die Schlüsselqualifikation für das persönliche Leben. Sie formt die Kompetenzen für Beziehungen (Freundschaft, Ehe, Familie, Arbeitswelt, Freizeit, Kulturleben). Sie reduziert viele Risiken im persönlichen Lebenslauf und in der gesellschaftlichen Vernetzung des eigenen Lebens und sie führt hin zu einem allseitig ausgewogen gebildeten psychischen Organismus in stetig progressiver Entfaltung. Sie integriert hohe ethische Verantwortung für sich, für andere, für den Beruf, für die Gesellschaft und für die Lebenswelten. Das ist Individuation und diese erreicht den Menschen in seinem tiefsten psychisch-geistigen Sein, auch in den entscheidendsten Sinnfragen des Daseins. Individuation formt einen Menschentypus, der in der Zukunft das Bild des Pädagogen (Andragogen) in Lehre, Forschung und Praxis mitprägen wird.

Die gesellschaftlichen Entwicklungen, die im 21.Jahrhundert zu erwarten sind, schaffen eine gewisse Dringlichkeit, die Frage nach dem paradigmatischen Standort der Pädagogik bzw. der Erziehungswissenschaft (Bildungswissenschaft, Bildungsforschung) und ihrer Vertreter (Pädagogen, Andragogen) aufzuwerfen. Die Hauptströmungen der Entwicklungen seit 1968 sind eindeutig zu identifizieren: Chancengleichheit, Ausschöpfung der Begabungsressourcen, Schulreform, Fachdidaktik, Lehrerbildung u.ä.m. Jedes neue zukunftsorientierte Paradigma muss sich an dieser Lage orientieren und seine erweitere Perspektive begründen.
Überblickt man die Forschungsarbeiten aus der Zeit von 1975 bis zur

Jahrtausendwende (siehe: Gretler, A.: Die Schweizerische Bildungsforschung der Nachkriegszeit..., SGB, Nr.1, 2000, S. 111-142), dann zeigt sich am Beispiel Schweiz, dass über 80% aller Forschungstätigkeiten die schulischen Teilsysteme betreffen. Gerade mal knapp 4 % der Projekte erschliessen die allgemeine Erwachsenenbildung.

Diese Projekte befassen sich mit Curricula und Lehrinhalten, mit Lernzielen und Lernprozessen, mit den Lehrenden und Lernenden, mit Strukturen und Organisation, mit Interaktionsprozessen, mit Beurteilungen der Lern- und Lehrleistungen, mit den Determinanten des Lernens und den Voraussetzungen bei den Lernenden, auch mit den vernetzten Lebenswelten. Sicher gibt es auch Forschungsprojekte zur Freizeit-, Familien- und Altenpädagogik sowie zur allgemeinen Menschenbildung. - Dieser Status der Bildungswissenschaft gilt in der Tendenz wohl für den gesamten deutschsprachigen Raum Europas.

Repräsentiert dieses Themenfeld die Wissenschaft der Pädagogik bzw. Andragogik, die Erziehungswissenschaft und die Bildungsforschung? Oder muss man diese Tendenzen gar als Unterwerfung der Pädagogik und Bildungsforschung unter die Macht der Wirtschaft deuten? "Weiterbildung" als paradigmatischer Begriff statt "Erwachsenenbildung"?

Mit dem Begriff "Weiterbildung" kann man bewusst oder unerkannt auf Distanz zur allgemeinen Sache der Pädagogik (bzw. Andragogik) gehen und dieses "Lern-Paradigma" wird so zu einem Dienstleistungsunternehmen der wirtschaftlichen Interessen. Eine gut funktionierende Wirtschaft ist zweifelsohne wichtig. Die Bildungswissenschaft hat hier gewiss eine zentrale Aufgabe. Doch: *Die Wirtschaft ist noch nicht das Leben des Menschseins. Wirtschaftlicher Erfolg macht noch kein gutes Leben und keinen gesunden Staat.* Das fundamentale Kernthema der Pädagogik wird bei einer solchen "modernen" Neuorientierung offenbar einigen Professoren im stillen Kämmerchen überlassen. - Das widerspiegelt eine Vision des Wirtschaftswachstums, nicht aber eine Vision der Menschenbildung für das 21. Jahrhundert. Ist dies das offizielle neue "Paradigma" der Wissenschaft der Menschenbildung?

Was lässt sich daraus erkennen? Die Erziehungswissenschaft ist reaktiv, nicht visionär-aktiv. Sie antwortet auf die Bedürfnisse der Wirtschaft (zum Beispiel: Wissen, Fähigkeiten), auf die Entwicklungen der neuen technischen Arbeitsgeräte (zum Beispiel: Personalcomputer, Internet) und auf die Europäisierung (zum Beispiel: Englischunterricht, Angleichung von Studiengängen, Diplomanerkennung). Doch sind das wirklich die zentralen gesellschaftlichen Erwartungen an die Pädagogik? Oder ist da die Pädagogik und die Bildungsforschung schlicht mit dabei beim Tanz um das goldene

Kalb? Wohlverstanden: Das "goldene Kalb" ist hier nicht das Problem. Das Problem ist, dass, wer da mittanzt, der will keine Selbsterkenntnis und keine ganzheitliche psychisch-geistige Menschenbildung.

Ist die Selbsterkenntnis nicht der Anfang aller (allgemeinen) Menschenbildung und somit die Basis eines zukunftsorientierten neuen pädagogischen bzw. andragogischen Paradigmas für die Bildungsforscher, die Experten der Erziehung, die Professoren der Pädagogik und selbstverständlich für die erzieherisch (andragogisch) Tätigen in allen möglichen Arbeitsfeldern?

8. Markierungen zur Didaktik der Menschenbildung

Didaktische Grundlegung

Die Andragogik arbeitet auf zwei Ebenen: Unterricht und Training sowie Beratung zur Individuation und zu aktuellen Lebensherausforderungen (Krisen, Konflikte, Störungen, Schwierigkeiten, Lebensleiden). Die Beratung als Intervention lehnt sich überwiegend an die Theorien aus dem Bereich der Psychologie und Psychoanalyse bzw. Psychotherapie an. Die erwachsenenpädagogische Beratung ist jedoch keine Psychotherapie und keine Psychoanalyse (vgl. Petersheim 1993, 165-204), erschliesst aber dennoch alle (!) "Tiefen" des psychischen Lebens. Wir können das Thema "Beratung" hier nicht aufrollen, ebenso wie wir auf eine inhaltliche Systematik der Lebensherausforderungen (Lebensprobleme, "kritische" Handlungen) verzichten müssen. Mit der Arbeitsform von Unterricht und Training sind wir inmitten didaktischer Problemstellungen.

Aufbauend auf unserer Bildungstheorie wollen wir zur Didaktik der Andragogik bzw. der Menschenbildung einige zentrale Grundzüge markieren. "Didaktik" meint "die Gesamtheit des unterrichtlichen Geschehens". Klafki nennt zehn Charakteristika der geisteswissenschaftlichen Didaktik (1993, 87-89), von denen wir auszugsweise hervorheben wollen: Zielentscheidungen, Auseinandersetzung mit den Entscheidungsinstanzen (gesellschaftliche Mächte), Kompetenz des Staates als Träger, Ansprüche des Lernenden (aktuelle und zukunftsorientierte), Methoden im Kontext mit Inhaltsentscheidungen, Fachwissen-Unterrichtswissen, Praxisinteresse. Klafki ergänzt das historische Verständnis der Didaktik mit seinem kritisch-konstruktiven Ansatz: "Didaktik (ist) die übergreifende Bezeichnung für erziehungswissenschaftliche Forschung, Theorie- und Konzeptbildung im Hinblick auf alle Formen intentionaler (zielgerichteter), systematisch vorbedachter Lehre (im weitesten Sinne von reflektierter Lernhilfe) und auf das im Zusammenhang mit solcher Lehre sich vollziehende Lernen" (1993, 91). Mit "kritisch" ist die permanente Reflexion über die Hemmnisse zur Erreichung der Bildungsziele und ihre Durchsetzung angesprochen. "Konstruktiv" setzt den Akzent auf den aktuellen und prospektiven Praxisbezug (Kron 1994, 128-136).

"Curriculumtheorie" interpretiert Brezinka (1978, 214, 232) als Teil der normativen Pädagogik, da es sich auch um die Entscheidung über Persönlichkeitsideale, also um Werturteile, handelt. Curriculum- bzw. Unterrichtstheorie fassen wir unter dem Begriff "Didaktik" zusammen.
Didaktik ist nicht nur empirische Erziehungswissenschaft. Sie ist auch

normative Philosophie und impliziert anthropologische Kategorien.

In allen Teilen der didaktischen Praxis beruht ihre Argumentation und ihr Material auf empirischen, einschliesslich introspektiv erfassten Tatsachen. Die "kritische" Dimension von Klafki lässt sich erweitert verstehen als kritische Reflexion über alle Entscheidungsabläufe und Entscheidungsinhalte, gewissermassen die permanente Offenheit für Erneuerung und Erweiterung. Für unsere Konzeption der Andragogik bedeutet "kritische Didaktik" im Ansatz: die reflektierte Kontrolle der Rückbindung der Bildungsprozesse bzw. der Schulung (Bildung) an das psychische System und die Lebenswirklichkeit. Die gesellschaftskritische und die emanzipatorische Aufgabe der Pädagogik finden wir unter anderen besonders bei Mollenhauer, Blankerts, von Hentig, Giesecke, Gamm sowie zum Beispiel in besonderer Prägung als "Praxeologie" bei Derbolav (1987, 22).

Die didaktische Praxis bezieht sich somit auf: Ziele und Zielentscheidungen, Auswahl der Inhalte (Lebensanknüpfungspunkte), Aufbau des Ziel- und Stoff-programmes (Stufen und Schritte), Methoden des Lehrens und Lernens (Unterricht als Erfahrungsraum, exemplarisches Lernen), Aktivitäten des Lehrenden und Lernenden, Medien des Lehrens und Lernens, Evaluationskontrolle zur Förderung der Lernprozesse (im Unterricht und im Leben), Voraussetzungen des Lehrenden und Lernenden sowie die sozialen Beziehungen zwischen allen Beteiligten. Das Instrumentarium zur Entwicklung der einzelnen Sachbereiche sowie zu ihrer eigenen Evaluation ist die Unterrichtsforschung (Ingenkamp 1970, I, 272-442; Klimsa 1993, 121-203; Kron 1994, 102-193).

Diese knapp gehaltene Eröffnung der didaktischen Fragestellungen in der Menschenbildung verdeutlicht, dass die Andragogik, wie die Pädagogik bzw. das erziehungswissenschaftliche Feld eine eindeutige Dreiteilung enthält (Brezinka 1978): empirische (und geisteswissenschaftliche) Wissenschaft, Philosophie der Andragogik und praktische Andragogik. Die Entwicklung einer fachspezifischen Theorie der Didaktik (Curriculumtheorie) kann umfassend auf die Forschungen und Erfahrungen der Pädagogik zurückgreifen. Dabei ergeben sich einige Vereinfachungen, einige Besonderheiten und vor allem andere strukturell-organisatorische Gegebenheiten. Die "Didaktische Planung ökologischer Erwachsenenbildung" (Müller U. 1993) ist ein Vergleichsbeispiel.

Die Ausgangslage: Es gibt unseres Wissens in der Schweiz und in Deutschland keine wissenschaftliche und keine praktische Andragogik bzw. Menschenbildung, wie wir sie hier als Wissenschaft und Praxis sowie als gesellschaftliche Organisation und Professionalisierung vorschlagen. Die

Probleme der "Curriculumreform" (Schulreform, Lehrplanreform) entfallen hier. An Stelle dessen ergibt sich das praktische politische Problem der Einführung einer Bildungsorganisation zur Menschenbildung bzw. Individuation. Ob dies einmal im Rahmen der vorhandenen Strukturen der "Erwachsenenbildung" geschieht (organisatorisch in der Schweiz zum Beispiel über die "Schweizerische Vereinigung der Erwachsenenbildung"; SVEB) oder von Grund auf eigenständig und neu, kann von uns nicht entschieden und auch nicht prognostiziert werden. Wir lassen dieses Problem und generell alle Aspekte der äusseren Organisation und Entscheidungsabläufe offen. Das haben jene zu entwickeln, die eine Konzeption der Andragogik in dem hier vorgeschlagenen Sinne wollen und konkret institutionalisieren, ganz im Sinne der "Mitbestimmung-Mitverantwortung" gemäss der aktuellen pädagogischen Leitideen. Die Gesellschaft hat in demokratischen Prozessen mitzuentscheiden, welche Art Menschenbildung sie in ihr Bildungssystem (v.a. Sektor Erwachsenenbildung) integrieren will. Oder die unberechenbaren Kräfte der freien Marktwirtschaft bestimmen allein.

Vereinfacht gegenüber der Schuldidaktik ist der Fächerkanon. Die Andragogik ist thematisch eingegrenzt durch die Sachbereiche der psychischen Systeme, der Individuation und ihrer lebenspraktischen Relevanz (Lebenssysteme). Ein erstes "Gesetz" der Curriculumtheorie (nach Derbolav 1987, 124) verlangt, dass die Aufgaben der Bildungswelt (hier: die psychischen Systeme, die Individuation und ihre Persönlichkeitsideale bzw. Bildungsziele) den späteren Lebensaufgaben (Handlungen im Lebensraum, gesellschaftliche Relevanz) entsprechen müssen. Diese Verbindungen haben wir hervorgehoben. lhre didaktische Integration in unsere Persönlichkeitsbildung ist hier nur im Ansatz zu bewerkstelligen. Sie ist eine zentrale Aufgabe der Didaktik der Andragogik. Klafki erwähnt fünf "epochaltypische Schlüsselprobleme": die Friedensfrage, die Umweltfrage, die gesellschaftliche Ungleichheit, die technischen Gefahren und Möglichkeiten, die Ich-Du-Beziehung (Klafki 1993, 56-60). Wir haben in der Einleitung das gesellschaftliche Themenspektrum dargelegt. Weitere Themen liefert die Biographieforschung sowie die Sozialpsychologie (Hurrelmann/Ulich 1991) und die soziologischen Analysen des Gesellschaftslebens (vgl. Eggers/Steinbacher 1977).

Das zweite Gesetz (nach Derbolav) betrifft den Schichtenbau (Elemente der Stufen und Schritte) des Lehrplanes. Ein erster Ansatz ist die Struktur der Wissenschaft, zum Beispiel entsprechend dem "psychischen Organismus" und der "Individuation". Unsere Taxonomie der Lernziele (Bloom 1972) baut auf dem Systemmodell des psychischen Organismus auf und ist damit viel weiter gefasst als die Einteilung in "kognitive, affektive und psychomotorische" Leistungsaktivitäten (vgl. Kron 1994, 159). Ein zweiter Ansatz ist die Reihenfolge der inneren psychisch-geistigen Entwicklung, die einzelnen Phasen der Individuation. Hier ergibt sich die Frage nach dem inneren Zusammenhang zwischen lernpsychologischen Bedingungen und Möglichkeiten bei Erwachsenen einerseits und den inneren Wachstums- und Entfaltungsabfolgen anderseits. Die lernpsychologischen Prozesse bzw. Formen und Schritte sind in der Psychologie bzw. Pädagogik vielfältig erforscht worden (vgl. Gage/Berlinger 1986). Die Persönlichkeitsideale bzw. ihre Bildungsziele, wie wir sie kurz gefasst vorgestellt haben (siehe auch in: Empirie der Individuation 1998) sind angleichend an die neun Wandlungsstufen der Individuation (ebenda) auszudifferenzieren. Ein dritter Ansatz ist praxeologisch: Die gegenwärtigen und zukünftig zu erwartenden Lebenssituationen des Menschen in den demokratischen industriellen Gesellschaften sind ein Kriterium von Auswahl und Aufbau des Stoffes bzw. der Trainingsübungen. Persönlichkeitsziele sind erweitert im Kontext der Lebenswirklichkeit zu entwickeln. Hier kann die gesellschaftliche Relevanz direkt eingebaut werden. Ihre Hauptschwierigkeit besteht in der theoretischen Verknüpfung von den gebildeten psychischen Kräften mit den vielfältigen Lebenssituationen (vgl. Biographieforschung).

Eine zentrale didaktische Aufgabe ist die Gewährleistung der Bildungsziele durch organisierte Wissensvermittlung und durch systematisches Training. Mit der Curriculumtheorie der Andragogik verbunden ist zudem die Evaluation der Bildungsleistung im Unterricht und im Leben. Quer durch alle oben erwähnten didaktischen Problemstellungen zieht sich ferner die Frage der angemessenen Methoden und Medien dieser Persönlichkeitsbildung. Zur praktischen Kurs- und Seminargestaltung gibt es bereits eine Fülle an Literatur (vgl. Müller K.R. 1994; Klimsa 1993; Frommer 1991). Als Überbau ergibt sich schliesslich die Konzeptualisierung der Professionalisierung (Sagebiel 1994, 284). Wir haben über 500 Titel zum Thema "Professionalisierung in der Erwachsenenbildung" gefunden (Pädagogische Arbeitsstelle des DVV, Literaturrecherche).

"Didaktisches Handeln in der Erwachsenenbildung hat progressive Lösungsstrategien zu fördern, wenn sie ihren gesellschaftlichen Auftrag ernst nimmt." (Siebert, in: Mader 1991, 21). Progressive Lösungsstrategien sind gemäss Darlegungen von Siebert an die Reflexionsfähigkeit über sich und die Schlüsselprobleme gekoppelt. Das beinhaltet Verarbeitungsformen wie: überwinden, bewältigen, entwickeln, lösen, kämpfen, erneuern. Die Tragweite wird erst so richtig deutlich, wenn wir uns das Gegenteil vor Augen halten: Nicht-reflektieren schliesst mit ein: bagatellisieren, abkehren, fliehen, resignieren, sich entfremden, sich entstellen, verzichten, stagnieren. Das Alltagsbewusstsein ist dadurch entsprechend eng, die Wahrnehmung reduziert, die Muster sehr vereinfachte Vorurteile und die Anpassung eingeschliffen. So gibt es kaum ein konstruktiv-kritisches Lernen, weder über sich (Selbstreflexion), noch über die Beziehungen (psycho-soziale Vernetzung) und auch nicht über die Lebensprobleme. "Erwachsenenbildung kommt nur da zur Wirkung, löst nur da mentale Prozesse aus, wo das Vorstellen von Wirklichkeitsinterpretationen und die Bereitschaft zur Bearbeitung von Wirklichkeitsinterpretationen zu einer Passung gelangen." (Tietgens, Vorwort in: Arnold 1985, 7).

Wir folgern daraus: Die Nicht-Determiniertheit durch Instinkte (Gehlen, Portmann) wird ersetzt durch die Determiniertheit der Dummheit, d.h. Abwesenheit von Reflexion ("postmodernes" Charakteristikum; Vester H.G. 1993). Man kann keine Verantwortung realistisch wahrnehmen ohne eine allseitig gerichtete Reflexion. Persönlichkeitsbildung als Bildung zur Selbstreflexion erschliesst u.a.: Diskursfähigkeit, Lernfähigkeit, Solidaritätsfähigkeit, menschen-zentrierte Wert- und Sinnbildung, sozialpsychologische Aspekte wie Handlungs- und Kommunikationsfähigkeit einschliesslich Verarbeitungskapazität im Lebensalltag sowie Flexibilität der Ich-Identität, Deutungsmuster-Revision, Erweiterung von Alltagswissen durch Erfahrung (Arnold 1985, 13) und eben Individuation (vgl. Winkler 1993, 141). Gründet die Didaktik der Menschenbildung auf einer Bildungstheorie mit Persönlichkeit, Individuation, Lebensgeschichte (Biographie) und Lebensalltag, dann kann diese Art Erwachsenenbildung ihren humanitären Anspruch einlösen, sonst nicht bzw. nur partiell. "Mit der starken Betonung von Vernunftleistungen wird eine Fülle anderer Entwicklungsmöglichkeiten ausgegrenzt" (Meueler 1993, 159). Es ist tatsächlich eine schwierige Frage, wie die Erfahrungen dessen, was wir die "Funktionsweise des Geistes" und das "lebendige Abbildsein des Kreis-Kreuz-Mandalas" bezeichnen, didaktisch (und damit operational) gefasst werden kann. Die Schwierigkeiten beginnen schon beim Thema des Unbewussten, das wir in "Empirie der Individuation" (1998) weitgehend "entzaubert" und "entmystifiziert" haben. Wir sind der Auffassung, dass es methodische Wege gibt, Meditation (Imagination und Kontemplation) mit kreativ-analytischem Denken zu verbinden.

Unsere didaktische Position ist bildungstheoretisch hinreichend verankert (vgl. Klafki 1993, 251). Unser Bildungsbegriff ist in die Didaktik integriert. Wir haben die zentrierenden, übergeordneten Orientierungs- und Beurteilungskategorien für alle andragogischen Einzelmassnahmen festgelegt. Die Wurzeln dieses pädagogischen (andragogischen) Bildungsverständnisses reichen zurück bis zur kultur- und gesellschaftskritischen Position von Rousseau, Herder, Kant und anderen (vgl. Lehner 1989). Differenzieren wir in einigen weiteren Abschnitten zu unserer bildungstheoretischen Fundierung einige spezifische didaktische Problemstellungen.

Die allgemeine Didaktik der Pädagogik (Kron 1994) und der Andragogik (Pöggeler 1974; Raapke/Schulenberg 1985) liefern uns den wissenschaftlichen systematischen Rahmen für die praktische Bildungsarbeit in Gruppen (Unterricht). Für die Persönlichkeitsbildung und Individuation ergeben sich einige spezifische Elemente, die als "Fachdidaktik" bearbeitet werden müssen. Unsere eigenen Erfahrungen sind diesbezüglich noch nicht umfassend genug, um daraus wissenschaftliche Aussagen formulieren zu können. Wir skizzieren grob die entscheidenden Aufgaben bzw. Problemstellungen:

Abbildung: Bildung des psychischen Organismus

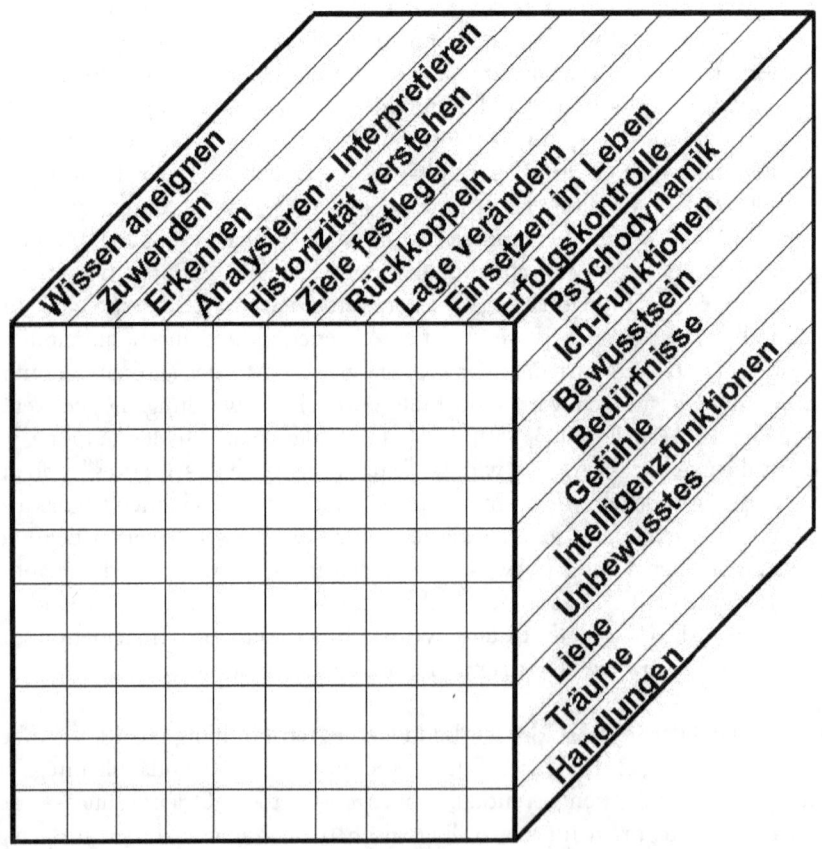

Didaktische Problemstellungen:

1) Theoretischer Ansatz: Die verschiedenen Theorieansätze sind zu einer neuen systemischen Theorieeinheit zusammenzufügen; dazu gehören: Lerntheorien, Informationstheorie, kommunikative Interaktion, Bildungstheorie u.a.m. (Peterssen, in: Roth 1991, 664-667; Pöggeler/Wolterhoft 1981; Mader 1991; Dewe u.a. 1988).

2) Stufendidaktik: Das altersspezifische Lehren und Lernen (Beckmann, in: Roth 1991, 675) verlangt insbesondere bei der älteren Generation spezifische Berücksichtigungen. Eine Frage ist zum Beispiel: Wie können und sollen altershomogene Gruppen geschaffen werden? Anders gefragt: Können junge Menschen mit älteren Menschen (ca. ab 60 Jahren) in gleicher Weise didaktisch geführt werden (Whitebourne/Weinstock 1982, 134-154)?

3) Offene Curricula: Wie und wann kann eine Mitentscheidung der Teilnehmer an der Stoffauswahl, an der Unterrichtsgestaltung und am Miteinbezug des "persönlichen Materials" eingebaut werden (Schorch, in: Roth 1991, 707; Müller K.R. 1994)?

4) Transparenz, Ideologiekritik und Diskurs (Klafki, Habermas): In welchen Formen können die Teilnehmer in die entscheidenden "kritisch-konstruktiven" Prozesse miteinbezogen werden (sog. "Teilnehmerorientierung")?

5) Unterrichtssituation als Lernraum mit exemplarischer Lebenswirklichkeit: Was kann und soll im Unterricht "Erfahrungsgegenstand" sein? In welchem Verhältnis stehen Schülervoraussetzungen und Inhalte (Schorch, in Roth 1991, 710)?

6) Erfahrung und Rationalität: In welchem Verhältnis stehen Rationalität, Erfahrung und Evaluation bzw. Qualifikation (Peterssen, in Roth 1991, 668)? Konkret: Welche Qualifikationen der Selbstbildung können heute für die Lebensbewältigung in unserer Gesellschaft sowie für die Menschenführung in allen möglichen Berufszweigen bestimmt werden?

7) Interaktionen: In welcher Beziehung stehen die einzelnen Personen in der Lerngruppe zueinander und gleichzeitig zum Inhalt (themenzentrierte Interaktion; Kohn 1975, 160-175)? Diese Frage betrifft auch die Erwachsenenbildner selbst (Wahl 1993).

8) Evaluation: Wie können und sollen die gesellschaftlichen und lebensgeschichtlichen Implikationen wissenschaftlich erfasst, bewertet und im

Bildungsprogramm rückgekoppelt werden (Klafki 1985; Dieterich 1987)?

Ein didaktisches Modell enthält verschiedene Elemente aus den unterschiedlichsten Bezugswissenschaften, insbesondere Sozialisationsbedingungen (Kaltschmid 1986, 210, 219). Wir begrenzen unsere Erörterungen auf fachspezifische Problemstellungen.

Einige Aspekte wollen wir nachfolgend aufrollen, insbesondere die Stoff-thematik eingrenzen. Unsere praktischen Werke zur Grundstufe und Oberstufe Individuation sind ein Versuch, die hier diskutierte Bildungstheorie und Didaktik in praktische Lernprogramme umzusetzen. Zum vertieften Verständnis des nachfolgenden Abschnittes ist ein Blick in diese praktischen Bildungsunterlagen von Vorteil.

Standardisierung der Persönlichkeitsbildung

Wir haben die "Bildungsidee" der Andragogik entworfen und die didaktischen Eckpfeiler zur Persönlichkeitsbildung skizziert. Die einzelnen Teilbereiche der Persönlichkeitsbildung und der integrative Bildungprozess der "Menschwerdung", die bis zur höchsten Stufe des psychisch-geistigen Menschseins führt, haben wir in unserer "andragogischen Psychologie" entworfen. Persönlichkeitsbildung ist nicht einfach "Lebenshilfe". Sie ist mehr als "psychologische Volksbildung". Sie ist nicht bloss "Selbsterfahrung" oder "humanistische Psychologie". Individuation ist viel mehr als ein "Sensitivity-Training" oder ein Kurs mit "themenzentrierter Interaktion", mehr als eine "analytische Gruppentherapie" und nicht zu vergleichen mit der Mehrheit der Angebote auf dem esoterischen Markt. Die öffentlichen Kursangebote der Weiterbildung in den Fächern "Geisteswissenschaften" (z.B. an Volkshochschulen und privaten Weiterbildungsinstituten) basieren auf einer anderen Bildungstheorie als der unseren. Selbstverständlich können diese Weiterbildungsmöglichkeiten als Teilelemente oder "Additum" der umfassenden Persönlichkeitsbildung verstanden und in diese integriert werden.

Mit dem Prozess der Individuation wird die allgemeine Andragogik zum wissenschaftlichen "Lehrsystem" über das "höchste Gut" des Menschen. Dieses "Gut" kann man nicht einfach "verkaufen". Sein Bildungswert lässt sich auch nicht mit raffinierter Werbung dem Menschen zum Bedürfnis "machen". Interesse weckende Werbung, Einführungsvorträge, einführende Wochenendkurse und sachlich interessant gestaltete Informationsunterlagen sind sicher andragogisch sinnvoll, gewissermassen eine bildende Vorarbeit.

Der Andragoge und die Andragogin, wie wir diese verstehen, sind

"Verwalter" dieses "Gutes"; sie sind auch "Weise", zumindest auf dem fortgeschrittenen Weg dazu. Denn sie haben auch die berufliche Aufgabe, dem Menschen die Wege zu den Antworten der Grundfragen des Daseins zu ebnen. Sie haben den umfassenden Bildungsauftrag, den Lebensverlauf – insbesondere nach der Lebensmitte – zu transzendieren, d.h. mit Sinn und Geist, mit Liebe und Wert zu erweitern, für die Lebensverwirklichung und auch im Hinblick auf die Endlichkeit des Lebens (Pöggeler 1970; Pöggeler 1974, 284; Dienelt 1984). Wir haben die vitale Notwendigkeit der umfassenden Persönlichkeitsbildung unter vielen Gesichtspunkten dargelegt und begründet. Pöggeler hat schon 1974 deutlich darauf hingewiesen: "Die Unerwachsenheit mancher Erwachsener ist eine der grössten Gefahren für eine in Freiheit lebende Gesellschaft ... Das Schicksal der demokratischen Gesellschaft wird in Zukunft davon abhängen, ob es gelingen wird, durch lebenslange Bildung den Geist der Freiheit und Verantwortung wach zu halten." (Pöggeler 1974, 288).

Der Teilnehmer an Bildungsprogrammen der Individuation ist Lernender. Er hat viel zu lernen. Es gibt keine Persönlichkeitsbildung ohne Selbsterkenntnis. Es gibt keinen ganzheitlichen Wachstums- und Entfaltungsprozess ohne umfassende Selbsterkenntnis. Der Lernende muss verschiedene Prozesse der Erneuerung, der Wandlung, der Differenzierung, der Integration, der zunehmenden Einheit erarbeiten. Dies geschieht in der Andragogik nicht mittels Dogmen und Glaubenslehren oder mythischen Geschichten. Der Bildungsweg ist die innere Erfahrung und die innere Bildung, bei substanzieller Wissensvermittlung, Training der Erfahrungsmethoden und integriertem Lebensbezug (selbstreflexive Biographie). Individuation lässt sich nicht an einem "Wochenendkurs" erreichen. Ein Programm von drei Monaten (z.B. bei wöchentlich 2 Lektionen) vermag gewiss eine vertiefte Einführung zu vermitteln, oder einen Ausschnitt eines psychischen Subsystems aufzurollen. Wie klein auch eine Blockeinheit organisiert wird, immer steht jede Bildungseinheit in einem Plan des Prozesses und in der Verankerung zur Bildungsidee. Dies ist unsere Leitidee zur Organisation des Stoffes in der Persönlichkeitsbildung.

Wer heute eine ganzheitliche und umfassende Persönlichkeitsbildung im Sinne der Individuation will, hat eine riesige Auswahl verschiedenster Richtungen. Welche Art "Ganzheit" er wo erreicht, muss jeder selbst beurteilen. Er wird sich für eine "Richtung" entscheiden müssen. Oder er erstellt sich selbst einen Plan über die Ganzheit der Persönlichkeitsbildung und sucht auf dem Markt die entsprechenden Bausteine.

Ein solcher Versuch dürfte allerdings ziemlich schwierig sein. Wie kann sich ein Interessent einen Plan erstellen, ohne das nötige Wissen zu haben? Wie kann er einen Aufbau organisieren, obwohl die Bausteine auf dem Markt keinen gemeinsamen Standard der "Ganzheitlichkeit" des psychischen Lebens und des Prozesses enthalten, d.h. überhaupt nicht aufeinander abgestimmt sind? Wie soll jemand Bausteine aus verschiedenen Richtungen der Persönlichkeitsbildung zusammensetzen können, ohne dass eine didaktische Grundlegung dazu vorliegt? Wir wollen im nachfolgenden Abschnitt anhand einer ersten groben Stofforganisation einen Lösungsvorschlag unterbreiten.

Manche innere Prozesse wird der einzelne allein oder mit einer ergänzenden Individuationsberatung bearbeiten wollen. Wir konzentrieren uns in den nachfolgenden Überlegungen auf den gestalt- und planbaren Bildungsprozess. Dazu ist der organisierte Unterricht geeignet und nötig. Viele Lernprozesse können durch Unterricht organisiert werden. In der Unterrichtsorganisation verbinden sich psychologische Theorie, Handlungstheorie, Werttheorie und didaktische Theorie mit der Bildungsidee und dem Konzept des Gesamtprozesses (Mollenhauer 1972, 17-18). Individuation impliziert allerdings ein Wachstum, das nicht einfach mit Lern-(Stoff-)einheiten geschaffen werden kann, wie z.B. ein Computerkurs.

Die Wissenschaftsstruktur der einzelnen psychischen Wirklichkeiten, die Lebensraumstruktur und die Struktur des Individuationsprozesses bieten die Grundlagen, eine Standardisierung der konstitutiven Bildungseinheiten zu entwerfen. Die Standardisierung der zentralen Bildungsprozesse ermöglicht einem Interessenten, dass er sich die verschiedenen Bildungseinheiten an verschiedenen Orten bei verschiedenen Andragogen aneignet. Auf diese Weise kann sich jeder seine eigene Bildung gemäss seinen Möglichkeiten und Wünschen langfristig individuell planen und realisieren. Wir erinnern dazu: Diese andragogische Persönlichkeitsbildung ist vor allem eine Lebensform und nicht eine "schnellstmöglichst zu absolvierende Schulung". Dazu kann jeder Interessent ein sog. "Bildungsbüchlein" führen, wie es zum Beispiel die "Schweizerische Vereinigung für Erwachsenenbildung" (SVEB) für den ganzen Bereich der persönlichen Weiterbildung anbietet. Darin können alle besuchten Kurse, Vortragsreihen, Kongresse, Unterrichtseinheiten und Trainingsprogramme eingetragen werden.

Führt diese Art Bildungsorganisation zur "Verschulung und Infantilisierung" (Dewe 1988, 56)? Wir sehen kein gewichtiges Indiz für eine ernstzunehmende Gefahr. Die Infantilisierung geschieht im Leben, in der Erlebniskultur und in der Werbung. Zwanzig Stunden Fernsehen pro Woche infantilisiert den Erwachsenen mehr als vier Stunden "Schulbank ", um nur ein Beispiel zu nennen. Regressionen aller Art finden wir im täglichen Leben des Kollektivs zuhauf.

Die Abwehrkräfte zum Beispiel, sind nach Freud das Kernthema jeder psycho-analytischen Arbeit. Viele Ausdrucksformen von Abwehr widerspiegeln entwicklungspsychologische Frühstufen. Die Abwehrmechanismen sind primär ein psychologisch-anthropologisches Faktum, nicht ein psychopathologisches Charakteristikum, wie die Psychoanalyse oft den Eindruck schafft (vgl. Wurmser 1993).

Die Wirklichkeit erleben wir. In ihr handeln wir. Mit der Sprache beschreiben wir die Wirklichkeit, schaffen wir Wissen und fassen wir "Sinn" (Biller 1994, 126-127). Wissen ist elementarer Bestandteil für Erfahrung und Handlung, für Sinnverstehen und Sinngebung (Biller 1994). Will eine "integrative Bildung" den ganzen Menschen erreichen, dann ist umfassendes Wissen über das psychische Leben eine unerlässliche Voraussetzung, um überhaupt praktische Persönlichkeitsbildung leisten zu können. Das kann nie allein durch Selbsterfahrungstraining geschehen. Das Wissen hat eine zentrale Stellung im didaktischen Funktionsmodell (vgl. Lehner 1989, 187) und ist aus dem heutigen Qualifikationsbegriff nicht mehr wegzudenken (Merk 1993, 44-47). Die Mediendidaktik (Klimsa 1993; Müller 1994 u.a.m.) kann die Persönlichkeitsbildung und Individuation nicht schaffen, wenn das Grundwissen nicht wissenschaftlich, lebenspraktisch und lernpsychologisch vorbereitet wird. Deshalb erachten wir die Stoffbearbeitung für die Stoffaneignung in der praktischen Bildung als elementarer didaktischer Baustein (Kaiser 1985; Kade 1983).

Eine persönliche Bildungsplanung setzt nebst der Standardisierung des Bildungsprogrammes auch eine organisierte Berufspraxis der Andragogik voraus. Jeder Lehrende und Lernende in der Schweiz, in Deutschland und in Österreich (um hier den deutschsprachigen Raum einzugrenzen) kann sich an einem anerkannten standardisierten Bildungsprogramm orientieren. Die Andragogik (als Bildungsinstitution) kann übergreifend ein Grundprogramm festlegen und ein "Additum" an Unterrichtseinheiten vorschlagen bzw. offen lassen.

Unsere Curriculumentwicklung ist gemäss unserer theoretischer Grundlegung der Didaktik offen und erlaubt eine grosse individuelle Vielfalt in der inneren Planung ebenso wie in der äusseren Organisation von erweiterten Bildungseinheiten. Damit können individuelle Neigungen und Interessen der Lehrenden wie der Lernenden mitberücksichtigt werden. Denn Individuation schafft weder einen "Einheitsmenschen" noch ein "uniformes" Programm.

Suchen wir zuerst eine Orientierung für die Standardisierung im Stoff. Dabei geht es uns um die wesentlichen Grundzüge und nicht um eine Detailausarbei-tung. Diese haben die Vertreter der Andragogik in der Zukunft gemeinsam zu erarbeiten. Sie ist zudem eine interdisziplinäre Arbeit (PAD 1993) mit entscheidend auch soziologischen Anteilen (Eggers/Steinbacher 1977; Dewe u.a. 1988).

Organisation des Stoffes

Wir gehen davon aus, dass der Stoff der Persönlichkeitsbildung sich zwar an die Einzelwissenschaften anlehnt, Wesentliches davon entnimmt, aber keine Repräsentation dieses Wissensumfanges darstellt. Wir setzen zudem fest, dass die Auswahlkriterien nebst dem "Basis-Stoff" vor allem die lebenspraktische Relevanz ist. Die Wissenschafts-Orientierung geht soweit, wie es zur konkreten Lebens- und Wachstumsprozess-Orientierung notwendig ist. Eine gewisse Erweiterung ist vor allem da offen zu lassen, wo das Kulturgut eine persönliche Bereicherung und ein persönliches Interesse der Teilnehmer anspricht. Elemente für thematische Bereiche bzw. Interessenschwerpunkte sind zum Beispiel: Lebensformen, Familie, Sexualität, Freizeitgestaltung, Kulturleistungen, Umweltthemen, Religionen, Literatur (inklusive Mythologie und Märchen) sowie Wert- und Sinnfragen (Biller 1994).

Daraus folgt ein grundlegendes Strukturierungskriterium: Auf jeder Bildungs-stufe sind Sachwissen (psychisches Leben) und Lebensthemen (Lebensanknüpfungspunkte, biographische Themen, "kritische" Probleme) aufzuteilen in einen "Grundstoff" und in frei verfügbare "additive Materialien" (Klafki 1993, 182-184). Der Gesamtumfang von Grundstoff und "Additum" richtet sich nach dem Kriterium der Relevanz und Notwendigkeit für die einzelnen Bildungsprozesse, abgestuft in die drei Phasen der Individuation.

Gemäss unserem Systemmodell des psychischen Lebens (siehe: Diagramm 1) können wir entsprechend der einzelnen Subsysteme folgende Stoffeinteilung (Blockeinheiten) vornehmen: 1) Die Handlungen; 2) Die Psychodynamik; 3) Das Ich und seine Hilfsfunktionen; 4) Die Intelligenzfunktionen; 5) Die Gefühle; 6) Die Bedürfnisse; 7) Das Unbewusste; 8) Der Geist in Traum und Imagination; 9) Die Kraft der Liebe.

Übergreifend und umfassend haben wir diese psychischen Subsysteme in den Prozess der Individuation gestellt und drei Stufen bzw. Phasen definiert. Diese entsprechen dem Wachstums- bzw. Bildungsverlauf, wobei entwicklungspsychologische Modelle (vgl. z.B. Flammer 1993) wissenschaftlich erheblich ausdifferenziert werden können (müssen). Die erste Phase bezeichnen wir als "Grundstufe", die zweite Phase als "Mittelstufe" und die dritte Phase als "Oberstufe" des Bildungsprogrammes (Phaseneinheiten); in Stichworten: 1. Phase: Selbstmanagement und

Lebensbildung; Einstieg in die Selbsterkenntnis; 2. Phase: Systematische Selbsterkenntnis; Hauptwandlungen und Auflösung der Gegensätze; 3. Phase: Entfaltung und Schaffung der neuen Ganzheit.

Diesem "Stoff" gegenüber haben wir den Lebensraum in eine erste Grobeinteilung mit folgenden Bereichen systematisiert: Beziehungen, Begegnungen, Familie; Güter, Nahrung, Kapital; Arbeit, Arbeitswelt; Schule, Bildung; Unterhaltung, Kultur; Umwelt, Natur; Religion, Ethik, Philosophie; Gesellschaft, Politik.

Alle psychischen Kräfte stehen gewissermassen in einem leeren Raum, wenn wir diese nicht in Bezug setzen zum Lebensraum. Die "Öko-Psychologie" hat hierzu ein breites Themenspektrum eröffnet (Kruse 1990; Roszak 1994). Jede psychische Kraft findet in vielen Lebenssituationen einen Aktionsradius und einen Ausdruck. Umgekehrt formen all diese Lebensrealitäten die psychischen Kräfte des Individuums. Insofern lässt sich der "psychisch-geistige Stoff" nicht von der "Lebenswirklichkeit" trennen. Die Auswahl aus der Fülle der Lebenswirklichkeiten erfolgt, begründet in den Lerngesetzen, gemäss der Gegenwartsbedeutung der "kritischen" Lebensgeschichte und der Zukunftsrelevanz. "Lebensanknüpfungspunkte" ermöglichen zudem günstige Lernprozesse und schaffen auch eine erhöhte Motivation. Der Stoff für den Unterricht zur Persönlichkeitsbildung besteht somit im Kern aus den psychischen Bereichen, entnimmt als Rahmen und Lebensausdruck verschiedene Elemente aus den biographischen Lebenswirklichkeiten.

In Anlehnung an unsere Darlegungen über die selbstreflexive Bearbeitung der eigenen Biographie sowie über die Stofforganisation zur Bildung des psychischen Organismus wollen wir ein praktisches Beispiel der Stofforganisation "psychischer Organismus versus Lebenswelt" zur Diskussion stellen.

Wir betrachten die "Lebenswelt" unter dem Gesichtspunkt der biographischen Selbstreflexion und strukturieren in drei Schritte:

1. Schritt – Einstieg: Was war wann wie?

"Die nachfolgenden Übungen bezwecken den Einstieg in die Selbstreflexion über die eigene Lebensgeschichte. Beschreiben Sie jeweils in Stichworten oder mit einem Satz 5 bedeutende hervorstechende Charakteristiken zur Hauptfrage: *Was war wann wie?* Setzen Sie bei Beginn einer Beschreibung zuerst Ihr Alter in der entsprechenden Gegebenheit (in Klammern). Gehen Sie in Gedanken Jahr für Jahr in Ihrem Leben zurück, soweit Sie Erinnerungen haben. Lassen Sie den Gedanken und Erinnerungen freien

Lauf. Schreiben Sie spontan, was Ihnen zuerst einfällt, ohne zu selektionieren. Es ist unwichtig, ob Sie Wichtiges vergessen und viel oder wenig Erinnerungen haben."

Variante: Man kann zuerst die einzelnen Themen durchlesen und jeweils 3-5 gerichtete Fragen formulieren, bevor gemäss der Hauptfrage Erinnerungen gesucht werden. Das ist vor allem für eine Gruppenarbeit ein anregender kreativ-explorativer Einstieg.

Dieser erste Schritt in die Reflexion über die eigene Lebensgeschichte platzieren wir in der allgemeinen PERSÖNLICHKEITSBILDUNG, d.h. bei der "1. STUFE INDIVIDUATION" sowie zu Beginn der "2. STUFE INDIVIDUATION".

Die Themenbereiche der selbstreflexiven Biographie sind:

1. Familie: Eltern, Stiefeltern, Geschwister, Verwandte, Erziehungsstil, Bildung, Arbeit, soziale Verhältnisse, Abwesenheiten (Trennung, Tod)
2. Beziehungen ausserhalb der Familie: Bekannte, Nachbarn, Arbeitskollegen, Pfarrer, Arzt, Berater, Lehrer, ethnische Gruppen u.s.w.
3. Freundschaften, Liebesbeziehungen, Ehe
4. Eigene Familie, Kinder, Familie des Lebenspartners, Beziehungsmuster
5. Wohnen, Wohnatmosphäre, Wohnqualität, Quartierqualität, Umzüge
6. Körper, Sexualität, Aufklärung, Mannsein/Frausein, Badezimmerkultur, Schwangerschaften (Verlauf, Abbruch), Menstruation
7. Ernährung, Ess- und Trinkkultur
8. Krankheiten, Störungen, Leiden, Operationen, Therapien, Abhängigkeiten (Alkohol, Tabak, Medikamente, Drogen, Essen, Spiel)
9. Vorschule, Schule, Fortbildungen, Lernen, Bildung, Schulfächer, Zeugnisse, Schulwechsel, Schulkarriere
10. Berufsbildung, Arbeiten, berufliche Tätigkeiten, Arbeitsplatz, Arbeitslosigkeit
11. Freizeitorte, Freizeitaktivitäten, Hobbies, Spiel, Urlaub, Wochenende, Mobilität
12. Religiöse Praktiken, Glauben, Lebensphilosophie, Esoterik, Sekten, psycho-religiöse Bewegungen
13. Politische Sozialisation, politische Ereignisse, Aktivitäten, ökologische Bewegungen
14. Kulturelles Leben, Lektüre (Zeitungen, Zeitschriften, Bücher), Musik, Kunst, Film, Theater, Fernsehen
15. Gegenstände, Konsumgüter, Kleider, Geld, Wertsachen
16. Psycho-soziale Hilfswerke: Arbeitslosenkasse, Fürsorge, Beratungen, Auffangstationen, Heime, Versicherungsleistungen

17. Haushalten, Lebensverwaltung
18. Schlafen (Rahmen, Gewohnheiten, Träumen)
19. Kriminalität (Opfer, Täter)
20. Ökologische Umwelt: Luft-/Wasserverschmutzung, Verkehr, Lärm, Strahlen, Gifte, Übervölkerung, Armut, Abfall, Naturverschandelungen, Tierquälerei, Energieverbrauch, Katastrophen, kriegerische Gegebenheiten

2. Schritt – Wirkungen der eigenen Biographie: Was hat prägend gewirkt?

Diese erste *Vertiefung* in die eigene Lebensgeschichte platzieren wir teils in der allgemeinen Persönlichkeitsbildung, teils in der 1. und 2.Phase der Individuation. Zentrale Lebensthemen gehören ebenfalls zur ersten Bewusstseinsbildung. Wichtige Kernfragen heissen hierzu: *"Wie haben die biographischen Gegebenheiten Ihre psychischen Kräftesysteme mitgeprägt?"; oder: Wie leben Sie privat und im Beruf?; oder: Wie gehen Sie mit Ihren Träumen um? Wie meditieren Sie?*

Eine Grundbeschäftigung ist: "Gehen Sie Ihre Angaben zu den 20 biographischen Themen durch und versuchen Sie zu erspüren, wie Ihre Lebenserfahrungen zu all diesen Themen Ihr psychisches Leben geprägt haben. Notieren Sie jeweils in einem kurzen Satz die Wirkungscharakteristik bei den einzelnen Subsystemen:"

1. Das Handeln ("kritisches Handeln", Gewohnheiten, Rollen, Schemen):
2. Die Psychodynamik (Anspannung-Entspannung, Intro-/ Extraversion, Lebenskraft):
3. Das Ich (Ich-Erleben, Bewusstsein, Abwehr, Integration, Wille, Steuerung):
4. Die Intelligenzfunktionen (Wahrnehmung, Denken, Sprache, Lernen):
5. Die Gefühle (das Sinn- und Werterleben):
6. Die Grundbedürfnisse und die Ersatzbedürfnisse (künstliche Bedürfnisse):
7. Das Unbewusste (Erfahrungsmuster, Menschenbilder, Einstellungen, Werte/Normen):
8. Das Träumen und die Imagination (Meditation, Phantasie):
9. Die Kraft der Liebe (humanistische, transzendentale, schöpferische Aspekte):
10. Die psychisch-geistige Entfaltung (Individuation):

3. Schritt – Komplexe Vernetzung mit dem psychischen System: Wie sind die "Mikro-Vernetzungen"?

Diese sehr systematische Vertiefung in die eigene Lebensgeschichte platzieren wir in anfangs 2. Phase der Individuation. Die Bearbeitung erfolgt immer abgestuft in kleinen Schriten. Es wirkt sich günstig aus, wenn der erste Schritt der biographischen Selbstreflexion nach der 1.Phase der Individuation zuerst nochmals wiederholt wird. Es darf erwartet werden, dass nach dieser Bildung weit mehr und differenziertere Angaben zu den 20 biographischen Themen gemacht werden. Der Studierende hat inzwischen gelernt, aufmerksamer und klarer das vorher Unbedeutende wahrzunehmen und mit präzisen Fragen gründlich Lebensrückschau zu halten. Eine weitere Hilfeleistung gibt die Bearbeitung des Analysebogens "Bildungsbedürfnisse" mit einer grossen Fülle an Einzelfragen zu den psychischen Kräften (siehe im Studienbuch: Empirie der Individuation, Anhang). Der Studierende hat somit auf der einen Seite eine differenzierte biographische Situationsanalyse und auf der andern Seite ein differenziertes Bild über seine aktuell geformten psychischen Kräfte. Dieses Material ist die Ausgangslage für diese gründliche biographische Selbstreflexion.

Die eine Arbeitsebene ist die präzise Wahrnehmung der prägenden Vernetzungen von biographischen Gegebenheiten mit allen Einzelkräften des pychischen Systems. Die andere Arbeitsebene bezieht sich auf die Frage: *Was will ich wie neu bilden, ausdifferenzieren und besonders fördern?* Das impliziert präzise Formulierungen von Bildungszielen und abgestuften Schritten der Selbstbildung zur Erreichung dieser Ziele.

Eine wertvolle Stofferweiterung ist die selbstreflexive Analyse der Bewältigungsstrategien (Halsig, in: Brüderl 1988, 37-75; Thomae 1988, 79-110). Hauptstrategien der Bewältigung sind gemäss dieser Autoren u.a.: Leistung (kognitiv, aktiv, Handlung, Können, Verwirklichung, Verantwortung, Behauptung und Durchsetzung, Chancen aufgreifen); Anpassung (an Situationen, an eigene Bedürfnisse, an Forderungen, Korrektur der Erwartung, Rat und Hilfe suchen und nutzen, Identifikation); Flucht (Aktionsaufschub, Weggehen, Einschränkungen, Verantwortung delegieren/ablehnen, Ablenkung); sowie defensive, depressive, resignative und aggressive Strategien.

Der Blick kann sich bei der Bearbeitung der Bewältigungsstrategien auf zwei Bereiche richten: Erstens: Wie bewältigt der Studierende seine biographische Aufarbeitung? Und zweitens: Welche Bewältigungsstrategien lassen sich bei den 20 Themenbereichen in der Biograhie und in der Gegenwart erkennen? Mit unseren didaktischen Anregungen können viele Varianten der Auseinandersetzung mit solchen Reaktionsformen kreativ entwickelt und in Gruppen realisiert werden.

Abgesehen von den substantiellen Bildungszielen der selbstreflexiven Beschäftigung mit der eigenen Biographie in der Art, wie wir diese hier vorstellen, bewirkt eine Gruppenarbeit in diesem Zusammenhang: Menschen kommen ins Gespräch; man lernt sich gegenseitig besser verstehen; Phantasie wird geweckt; die Sichtweise wird erweitert; Kooperation und Solidarität über Lebensschicksale werden gefördert; das Bewusstsein wird erweitert; Gemeinsamkeiten werden entdeckt; Isolation wird durchbrochen; Mut in die Selbstreflexion wird gefördert; Selbsterkenntnis wird zu einem sachlichen Diskurs; Potentiale werden entdeckt; Hoffnungen in die Veränderungsmöglichkeiten werden geweckt; die Intuition wird zusammen mit dem analytisch-reaktiven Denken gefördert; Selbständigkeit und Autonomie in der praktischen Selbsterkenntnis und Selbstbildung werden substantiell fundiert aufgebaut; Kompetenzen über Menschenkenntnis und Umgang mit andern nehmen zu; die Kommunikation über das psychische Leben wird differenziert; eine positive Selbstbestätigung wird schrittweise konkret aufgebaut; und nicht zuletzt formt sich jeder seine eigenen Einstellungen über das psychisch-geistige Wachstum, frei von Manipulation, Indoktrination, emotionalen "Höhenflügen" und "Worthülsen".

Die autodidaktische Erarbeitung dieser vertieften und gründlichen Selbstreflexion und Selbstbildung ist bei dem Stoffumfang relativ schwierig und mühsam. Wir raten ab, sich hier einsam und ohne Hilfen auf dieses "Abenteuer" einzulassen. Zudem sind hier mehr als "Fragebogen-Arbeiten" möglich und sinnvoll, wie wir im Zusammenhang mit der Biographieforschung dargelegt haben (vgl. auch: Gudjons 1994). Die Arbeitsformen können Workshopcharakter haben, sind teilweise meditativ und kreativ-gestalterisch. Auch Rollenspiele über biographische Gegebenheiten sind denkbar. Der Andragoge und die Andragogin haben hier einen breiten Spielraum, ihre Kreativität sowie ihre Neigungen und Erfahrungen gestalterisch einzusetzen. Wir haben dazu drei Workshops mit je einem Arbeitsheft von 40 Seiten entwickelt: A) Selbsterkenntnis und Individuation; B) Traumdeutung und Meditation; C) Soziale Kompetenz und Lebenstechniken.

Wir organisieren das Bildungsprogramm in Anlehnung an die drei Phasen der Individuation: Grundstufe, Mittelstufe und Oberstufe. Jede Stufe besteht aus einem fest strukturierten Bildungsprogramm und einem detaillierten flexiblen Trainingsprogramm. Das Bildungsprogramm besteht aus der Kernsubstanz, die vielseitig lebensnah und auch mit Einzelwissen erstellt werden kann. Dabei gehen wir davon aus, dass der Teilnehmer am Trainingsprogramm sich nebenbei durch Lektüre und frei gewählte Angebote aus der psychagogischen Erwachsenenbildung weiterbildet. Es kann sich bei einem fest strukturierten Standardprogramm nur um die Kernstruktur des Wissens handeln. Lebenspraktische, psychologische und lebensphilosophische Themen sind weitläufig gestaltbar. Unsere Standardprogramme erheben somit nicht den Anspruch, alles Wissen zu erfassen, das zur jeweiligen Stufe nützlich ist, sondern bloss das grundlegend notwendige Wissen mit vielen flexiblen (offenen) Erweiterungsmöglichkeiten.

Zur Dauer der einzelnen Phasen ist hervorzuheben, dass viele individuelle Faktoren diese determinieren: eine Lebensgeschichte von 30 Jahren hat im allgemeinen deutlich weniger an "Material" aufzuarbeiten als eine von 50 Jahren. Eine belastete Kindheit und Jugendzeit sowie schwere Schicksalsschläge bestimmen die Dauer mit. Nicht alle Personen haben gleichviel Zeit pro Woche für ihre Bildung. Es ist auch normal, dass man phasenweise weniger intensiv an sich arbeiten kann oder will. Individuelle Lebensereignisse können Unterbrüche bewirken. Das Lerntempo ist zwischen den Menschen unterschiedlich, was als 'normal' gilt. Jeder steht an einem anderen Ausgangsort, wenn er mit dem Bildungsprogramm beginnt, bringt eigene Erfahrungen mit und lebt in Situationen, die den Verlauf erheblich mitbestimmen können. Jeder hat andere Vorerfahrungen und ein unterschiedliches Wissen über den Menschen.

Das Trainingsprogramm ist mit variablen Blockeinheiten aufgebaut. Dazu gehören
u.E. in eine Lerneinheit von ca. 2 Stunden (wöchentlich, bei einem Jahreskurs) :

❑ 20-30 Min.: Analyse "kritischer Ereignissituationen" (KES) Vorstellung und Bearbeitung von 2-3 als "kritisch" erlebten Handlungen (von 2-3 Teilnehmern) mit der Ausrichtung auf Analyse, Ziele und Veränderungsansätze
❑ 20-30 Min.: Traumdeutung: 2-3 Teilnehmer können einen Traum vorbringen, Deutung und Diskussion, Lebensbezug (Entscheidungen) besprechen
❑ 20-30 Min.: Entspannung, Mental-Training, Kontemplation: Abwechslungsweise verschiedene Übungen eintrainieren und deren Ergebnisse systemisch reflektieren
❑ 20-30 Min.: Imagination und analytisch-reflektive Bearbeitung: Abwechslungsweise Übungen zu den Subsystemen: Unbewusstes, Liebe, Bedürfnisse, Gefühle, Intelligenzfunktionen, Ich-System
Zusatz: 10-20 Min.: Aufgrund unserer besonderen Kenntnisse und Neigungen führen wir zum Abschluss jeweils verschiedene psychoenergetische Übungen und Rituale durch (siehe Schellhammer 1987).

Das Trainingsprogramm ist aus diesen Gründen flexibel: alle psychischen Subsysteme werden im regelmässigen Turnus wiederholt bearbeitet, immer wieder in neuen Aspekten betrachtet und in den aktuellen und biographischen Lebenskontext gestellt. Das Bildungsprogramm gibt dem Andragogen einen

Rahmen, in dem er sein Übungsprogramm gestalten kann. Die Übungen sind teils imaginativ, reflexiv, gestalterisch, diskursiv u.s.w. Der Andragoge kann hier seine Neigungen und besonderen Fähigkeiten vollumfänglich einsetzen, ohne dass das Programm Gefahr läuft, ziellos im "Gefühls- und Erlebnisbad" zu schwimmen oder in einer einzigen theoretisch begründeten Betrachtungs- und Handlungsweise eingeengt zu sein. Wir schlagen hiermit eine Struktur der Trainingsgestaltung vor. Das Bildungsprogramm setzt den Weg, die Themen, die praktischen Methoden und die Ziele fest. Damit kann der Andragoge konstruktiv und systemisch arbeiten.

Mit psycho-energetischen und mentalen (meditativen) Verfahren können folgende Erlebnisziele erreicht werden: Entspannung, psycho-energetische Zentrierung, Revitalisierung (Stärkung), Psycho-Katharsis, Aktivierung von Wandlungsprozessen, Vollzug der Hauptwandlungen, Erfahrung von Archetypen, Harmonisierung von kosmischer Energie in Räumen sowie Erfahrungen zur Wirkungsweise der psychischen Energie generell. Nebenbei angedeutet: die heilungsfördernde Wirkung bei allen psycho-somatischen Belastungen beurteilen wir infolge der tiefen Entspannungswirkung als sehr hoch (Schellhammer 1985, 1987).

Ein Trainingsprogramm kann zeitlich variationsreich angeboten werden. Im allgemeinen werden Bildungsprogramme in der Erwachsenenbildung quartalsweise, halbjährlich, oder als Jahreseinheit mit wöchentlich 2 Stunden an einem Abend angeboten. Es ist aber auch möglich, Blockeinheiten (Samstage, Wochenende, Bildungswochen) in regelmässigen Abständen zu realisieren.

Unsere Stofforganisation basiert auf langjährigen Erfahrungen, die wissenschaftlich noch nicht ausgewertet sind. Gewisse intuitive, persönliche Entscheidungen spielen in der Ausarbeitung gewiss mit. Der Verfasser hat die erste Phase der Individuation mit einigen hundert Personen bearbeitet. Für die Stofforganisation ab der Mitte des Individuationsprozesses verfügen wir noch über zuwenig Erfahrung. Unsere Ausarbeitung dieses Bereiches bedarf deshalb in Zukunft der Erweiterung.

Die Abgrenzung zwischen den Phasen ist theoretisch nur schwerpunktmässig definierbar. Der eine mag aufgrund innerer Entwicklungen gewisse Bereiche der psychischen Subsysteme tiefer bearbeiten als ein anderer, gleichzeitig aber andere Bereiche noch wenig geklärt haben, während ein anderer hier fortgeschrittener ist. Solche Unterschiede in den Bildungsprozessen sind unvermeidbar. So ist der Übergang von der ersten in die zweite Phase und von dieser in die dritte Phase fliessend. Wir sehen den Übergang selbst als einen Prozess, der sich über einige Monate erstrecken kann.

Die Bildungsprogramme Grundstufe und Mittelstufe, des theoretischen Stoffes der ersten und zweiten Phase der Individuation also, können als Lernprozess durchaus ohne grossen zeitlichen Unterbruch absolviert werden. Es steht jedem frei, das Bildungsprogramm III schon früh zu studieren, um zu wissen, was ihn alles erwartet. Der innere Bildungsprozess kann allerdings nie in diesem Tempo absolviert werden. Deshalb verstehen wir diese Bildungsprogramme auch als "Werkmaterial", das immer wieder im Trainingsprogramm beigezogen werden kann und muss. Wir raten jedoch davon ab, das Bildungsprogramm III gleich in Anschluss an das Bildungsprogramm I und II zu absolvieren. Ein praktisches Trainings-programm sollte zwischengeschaltet werden.

Die Stofforganisation, die wir hier vorlegen, basiert auf den hierzu parallel erstellten praktischen Werke zur Grundstufe und Oberstufe Individuation sowie auf der wissenschaftlichen Studie "Empirie der Individuation – Andragogische Psychologie".

Im Überblick können wir den Stoff und das Bildungsprogramm wie folgt organisieren:

Allgemeine Grundbildung (kleine Blockkurse / Seminare / Workshops):

Themen: Selbstanalyse, psychisches Leben, biographische Aufarbeitung, evolutionäres Menschsein, Individuation, Sozialkompetenzen, Traumdeutung und Meditation. Unsere Praxis: frei gestaltet in Seminarien mit insgesamt 40 Themeneinheiten.

1. Stufe Individuation: Entwicklung
Beschäftigung mit Konzept, Methoden, Lebensthemen, Bildungsbedürfnissen u.s.w.
Wissen und Erfahrung der psychischen Systeme und der Individuation
10 Einheiten, ein Aufwand entsprechend mindestens 100 Lektionen

GRUNDSTUFE: TRAININGSPROGRAMM
1-2 Jahre; wöchentlich 2 Lektionen (oder Blockeinheiten in Intervallen)

2. Stufe Individuation: Wachstum
Systematische Selbsterkenntnis und damit Einleitung aller Wandlungsprozesse
Vertiefte Bildung über jedes psychische System, den Prozess und deren Methoden
10 Einheiten, ein Aufwand entsprechend mindestens 100 Lektionen

MITTELSTUFE: TRAININGSPROGRAMM
2-3 Jahre; wöchentlich 2 Lektionen (oder Blockeinheiten in Intervallen)

3. Stufe Individuation: Erfüllung
Inneres Wachstum bis zur Festigung der Einheit und Ganzheit
Ferner gehören zu dieser Phase der Individuation ausgewählte Einzelthemen zu Philosophie, Religion, Kultur, Mythologie, Gesellschaft, Symbolik, Lebensthemen u.s.w. 10 Einheiten, ein Aufwand entsprechend mindestens 160 Lektionen

OBERSTUFE: TRAININGSPROGRAMM
Standardisierung ist nicht möglich. Diese Stufe dauert bis das Ziel erreicht ist.

Wir erinnern: In der Menschenbildung ist eine Trennung von Umwelt (Lebenswelt), Biographie und Persönlichkeit (psychischer Organismus/Individuation) weder theoretisch noch praktisch möglich. Das Menschenbild, das unserem "Stoff" zugrunde liegt, enthält ein klar strukturiertes dynamisches Modell, das die Forderung nach einer "neuen Konzeption vom Menschen" einlöst (Dienelt 1984, 103, 132, 152).

Zielfomulierungen

Für die Unterrichtsplanung ist die Zielformulierung eine entscheidende Grundlage. In der Pädagogik bzw. Erziehungswissenschaft gelten als oberste Leitideen: Emanzipation, Selbst- und Mitbestimmungsfähigkeit, Mündigkeit, Fähigkeit zur Solidarität, autonome Handlungsfähigkeit u.ä.m. (Klafki 1993, Brezinka 1978, Derbolav 1987). Dies sind die Zielformulierungen auf der allgemeinsten Ebene. Für die allgemeine Andragogik können wir als oberste Zielsetzung etwa folgende Umschreibungen festlegen: ganzheitliche umfassende, innen allseitig ausgewogene, harmonische und gebildete psychische Kräfte. Diese höchste innengerichtete Zieldefinition (der Individuation) impliziert den äusseren Aspekt: Umsetzung (Aktualisierung bzw. Verwirklichung) dieser inneren Ganzheit im Lebensraum für sich selbst, für die Mitmenschen, für die Gesellschaft und die Lebensraumgestaltung (womit Platos Idee von der inneren Harmonie und der Harmonie im Staat in neuer Form aktualisiert wird). Diese Zielorientierung versteht sich als dauernde Weiterentwicklung und Differenzierung ein Leben lang. Zu dieser Zielebene gehört ferner: Verfügen und Handhaben aller Methoden, die die Bildung der psychischen Kräfte betreffen, zum Beispiel Entspannungstechniken, Mental-Training, Traumdeutung, Meditation (Imagination), analytische Selbst-Reflexion sowie die Fähigkeiten, diese neu geformten psychischen Kräfte im Leben konstruktiv einzusetzen.

Die angrenzenden Zielbereiche enthalten Zielformulierungen, die sich auf mehrere psychische Subsysteme, und nicht auf die Ganzheit beziehen. Hier sind einzelne Techniken der Selbst-Bildung und Selbst-Erfahrung miteingeschlossen. Solche Ziele sind zum Beispiel: vollständiges Bereinigen der gelebten Vergangenheit, Sexualität integriert leben, flexibler und überlegter Umgang mit den eigenen Gefühlen, Integration der Kooperation mit dem inneren Geist (Traumdeutung, Meditation) ins tägliche Leben und in die weiterführende Entfaltung, ausgewogenes Leben der Grundbedürfnisse unter Berücksichtigung der Kraft der Liebe, Rückbindung des Wert- und Sinnerlebens an die Liebe und den inneren Geist, angemessene Umsetzung der inneren Kräfte im täglichen Leben, zielorientiertes Reden bei selbstkritischem Denken, Nutzung der Intelligenzfähigkeiten und der Kreativität in allen Lebensbelangen, Vollzug der einzelnen Wandlungsschritte der Individuation u.s.w.

Die daran anschliessende Zielebene (die Ausgangslage aller Lernprozesse) bezieht sich auf die einzelnen psychischen Subsysteme, ihre inneren Teilsysteme mit den einzelnen Kräften, zum Beispiel:

Erkennen und Umgehen können mit den einzelnen psychischen Kräften; Fähigkeit, diese Kräfte stetig weiterzuentwickeln, Blockiertes zu befreien und als konstruktive Kräfte in die Ich-Führung zu integrieren; zuwenden und ernst nehmen der eigenen psychischen Innenwelt, realisiert und geübt schrittweise in allen Subsystemen; verstehen der Zusammenhänge zwischen einzelnen psychischen Kräften und der äusseren gelebten Alltagsrealität, insbesondere auch ihrer Entstehungsgeschichte; entwickeln eigener Werte und Einstellungen, Lebensmuster generell, zu allen Lebensthemen, und vor allem zu jedem einzelnen Ziel: Umsetzen der Selbsterkenntnis und Selbstbildung in allen möglichen Lebenssituationen.

Auf allen Zielebenen (siehe Diagramm 6) sind die Ziele immer einerseits orientiert auf die Innenwelt und anderseits als Handlungsziele ausgerichtet auf das tägliche Leben. Eine detaillierte Strukturierung können wir hier nicht vornehmen. Dies ist eine zu umfassende Aufgabe. Die Ziele haben, da sie rückgebunden sind an den psychischen Organismus, eine feste Grundstruktur. Dennoch kann (und muss) ein Curriculum offen strukturiert werden. Jede Organisation von Lernprozessen muss flexibel gehalten werden, allerdings ohne dabei den "Faden zu verlieren". Jeder Schüler (Erwachsene) bringt sich selbst und sein Leben (mit der Biographie) in alle Lernprozesse mit ein. Der Andragoge selbst steht nicht ausserhalb der Thematik, womit die Lehr- und Lernprozesse immer als Interaktionsprozesse ablaufen. Das, was alle Teilnehmer an einem solchen Lernprozess einbringen, ist "lebendiges Lebensmaterial" und damit auch konfliktträchtig für die gruppendynamischen

Prozesse.

Hier können exemplarische Lernprozesse vollzogen werden. Nebst der Vermittlung von Grundwissen hat das Lebensinventar jedes Teilnehmers und die Einübung der Methoden einen zentralen Stellenwert im Unterrichtsgeschehen. Jedes Thema, das Gegenstand der unterrichtlichen Beschäftigung ist, enthält als Teil die Methoden der Erfahrung und des Umganges mit diesen psychischen Realitäten (Gestaltungsformen, Techniken, Verfahrensweisen). Wissen ohne Rückkoppelung an die innere Erfahrung und an das eigene konkrete Leben würde an den Bildungszielen vorbeiführen. Die Unterrichtsplanung und -gestaltung integriert gleichzeitig: Zielebene, innerpsychisches Thema, Lebensraum, Darstellungsmöglichkeiten und Methoden, innere Erfahrung und gruppendynamische Prozesse. Unterrichtsplanung in der Andragogik orientiert sich am Prinzip der Offenheit: in der Zielformulierung, in der Mitbestimmung, in der Medien- und Methodenwahl, in der Lernstrategie und Evaluation.

Die aktuelle Persönlichkeitsbildung auf dem freien Markt offeriert Ziele wie "Selbstverwirklichung", "Ganzheitlichkeit, "Selbstentfaltung" und viele mehr. Insbesondere die humanistische Psychologie und all jene, die sich ihres Vokabulars bedienen, etikettieren ihre praktischen Programme mit solchen höchsten Zielen. Soweit sich überblicken lässt, hat ein grosser Teil der Praxis der Persönlichkeitsbildung (Selbsterfahrung, Psychotherapie, Encounter u.ä.m.) der Didaktik keine konstitutive Bedeutung beigemessen. Thematische Ausnahmen bewegen sich um die Erkenntnis: "Emotionale Zuwendung ist ein Grundbedürfnis des Menschen und fördert das Lernen." (Tausch-Tausch 1971; Rogers 1973; Maslow 1973). Die kognitiv-emotive Psychologie bestätigt diesen Sachverhalt (Hoffmann 1979; Foppa 1981). Eine wichtige Aufgabe der Bildungstheorie und Didaktik der allgemeinen Andragogik ist, die vielen Einzelziele und Werte derart in eine Taxonomie einzubauen, dass sie einerseits in Richtung tatsächlicher umfassender Ganzheit formuliert werden, und dass sie anderseits auch wirklich alle psychischen Subsysteme und Einzelkräfte erfassen.

Wir erachten dies als eine ausserordentlich wichtige Bedingung, da sonst wohlklingende Ziele wie "weg von den Fassaden, vom Erfüllen kultureller Werte, vom den andern zu gefallen, vom eigentlich-sollte-ich und hin zu Prozess-sein, Komplexität, Erfahrungsoffenheit, Akzeptieren der andern, Selbstvertrauen" (Rogers 1973, 167 ff.) nicht zur intendierten Bildungsleistung führen können. Ähnlich problematische Ziele und Werte formuliert auch Maslow: "Vollkommenheit, Vollendung, Mühelosigkeit, Ganzheit, Güte, Gesetzlichkeit" (Maslow 1973, 94). Das positive Menschenbild von Menninger enthält u.a.: "Unbefangenheit, Nutzen der schöpferischen

Anlagen, Fähigkeit zu Stressanpassung, optimales Bedürfnisgleichgewicht, Identifizierung mit ethischen Werten ..."(Menninger 1968, 148). Solche Formulierungen verdeutlichen: Ziele sind Werturteile, teils im Sinne von "das ist gut" (wertend), teils im Sinne von "das Gute sollst Du tun" (Imperativ) (Hare 1972, 21).

Darüber hinaus ist eine Rückbindung an die Alltagswirklichkeit in der Zielformulierung unerlässlich. Dieser Arbeitsprozess enthält Entscheidungen über Seins- und Wachstumswerte (Maslow 1973, 41, 94-95, 160) und auch Entscheidungen in der Hierarchisierung (Frey 1971, 166; Meyer 1972, 15). Dazu sind Zielebenenmodelle (ZEM) (Aregger 1972, 78-79, 110-120) zu erstellen: Leitideen, Dispositionsziele, operationalisierte Lernziele.

Wir haben an verschiedenen Stellen Persönlichkeitsziele und Persönlichkeitsideale formuliert, ohne Rücksicht auf eine ausdifferenzierte Lernorganisation. Wir wollen diese Ansätze thematisieren und formale Kriterien für die Stofforganisation zielorientiert vorlegen. Dabei setzen wir wiederum bei der Bildungstheorie unserer Konzeption der Andragogik an. Das folgende Diagramm setzt die einzelnen Komponenten bzw. Ebenen in Relation zueinander.

Die Tatsache, dass die "Krise unserer Zeit" zentral auch eine Sinn- und Wertkrise ist ("Sinn ist unersetzbares Moment von Bildung", Biller 1994, 228), eine moralisch-ethische und geistige Krise (Habermas 1992; Oser/Althof/Garz 1986; Maier 1986; Dienelt 1984), drängt dazu, dem Problem der Ideal- und Zielbestimmung im Kontext zum psychischen und gleichzeitig zum realen äusseren Leben höchste Bedeutung beizumessen. Horkheimer (1968, 81) fragt: "Gibt es auch nur eine Schandtat, die nicht schon einmal mit gutem Gewissen begangen worden wäre?" Wir meinen, dass eine wirklich ethisch-geistige Bildung mit der verpflichtenden Rückbindung an den inneren Geist und an die Liebe möglich ist, wenn diese eingebaut wird in den Prozess der Individuation als strukturiertes und geplantes umfassendes Bildungsprogramm.

Auf allen Zielebenen lassen sich verschiedene Charakteristiken zur Zielformulierung beiziehen (Schorch; in: Roth 1991, 710; Peterssen; in Roth 1991, 670-671). Formal-differenzierend können Makro- und Mikro-Ziele unterschieden werden. Makro-Ziel meint: Orientierung, Skizzierung, Einstieg, Einführung. Mikro-Ziel meint: Vertiefung, Mikro-Systematisierung, Präzisierung, Differenzierung, Beherrschung.

Die klassischen Kategorien sind: 1) Wissen: psychische Kräfte, Subsysteme und ihre Teile, Gesamtsystem, Lebenswirklichkeiten, Relationen mit

Lebensraum, Erfahrungsmethoden; 2) Können: Erkennen, Erfahrungsmethoden, verändern, entfalten, einsetzen, steuern, antizipieren, interpretieren, kommunizieren; 3) Werten: Defizite und Werte (Sinn) erfassen, deuten, gewichten, setzen, begründen und Verantwortung (als ethisches Prinzip) übernehmen; 4) Entscheiden: auf der Ebene von Wissen, Können und Werten, Entscheidungsmöglichkeiten erkennen, begründen, realisieren. – Diese klassischen Kategorien können in Makro- und Mikroziele (-ebene) eingeteilt werden.

Die Zielformulierung enthält ethische, psychologische, weltliche, methodische und bildungsbezogene Elemente (Brezinka 1977). Verbinden wir ein Ziel mit dem konkreten Lebensraum, dann wird dieses konkret (inhaltlich) und somit immer auch Teil unseres Gewissens, unserer Verantwortung und unserer Betroffenheit. Wir formulieren ein Ziel, weil wir dieses für "gut" befinden, im Kontext mit Mensch-Psyche-Welt begründen (also: lebensrelevant) und demokratischen Konsens erwarten. In diesem Konsensprozess ist die Klärung der Begriffe bedeutsam. Jeder enwickelt ein eigenes System von "gut-böse", "richtig-falsch", "sinnvoll-sinnlos" und "nützlich-unnütz". Eine gewisse "Normierung", d.h. allgemeine Anerkennung des Wert-Standards bzw. der Handlungsnormen, gehört mit zu einem gesellschaftlich anerkannten und wissenschaftlich begründeten Bildungsprogramm (Albert 1972, 127, 148). Die Sprache ist die Ebene der Zieldiskussion und der Zielformulierung. Einige Bedingungen erleichtern die Kommunikation: einfach, eindeutig, anwendbar, logisch, begründbar, denkoperational zugänglich, wider-spruchsfrei, entwicklungsfähig, aufbaubar (Leinfellner 1967, 14-17; Brezinka 1977). Die (normale) Verschiedenheit der Symbolbildungen ist im Austauschprozess zu klären. Das Gemeinsame aus der Summe von verschiedenen Formulierungen soll in Zukunft eine Orientierung für den einzelnen werden. Wenn das Detail im Blickpunkt ist und das Ganze dabei nicht aus dem Bewusstsein fällt, vielmehr das Ganze immer auch erkannt wird, dann kann in der Andragogik in der Zukunft ein überindividueller Zielkatalog als Arbeitsunterlage geschaffen werden. Es gehört zur Bildungsidee der Andragogik, dass die Formulierungen stets kongruent sind zwischen Mensch und Lebensraum. Die Berücksichtigung von Gegenwarts- und Zukunftsinteressen ergibt sich ebenfalls aus der Bildungsidee. Kein Ziel soll auf Kosten eines andern Zieles festgelegt werden. Die Entscheidungen und Formulierungen erfolgen in der Konkordanz zwischen Wissenschafts-Orientierung und Lebens-Orientierung (vgl. Tietgens 1981, 33, 185, 195, 199; Mager 1970). Die Ziel-Organisation (Reihenfolge, Aufbau) erfolgt weiter unter Berücksichtigung der allgemeinen Lerngesetze und der Wachstums-prinzipien des psychischen Lebens (Entwicklungspsychologie des Erwachsenen).

Die Didaktik der Pädagogik hat in den letzten zwanzig Jahren erhebliche Theorie- und Praxisbeiträge entwickelt (zum Beispiel: Blankertz 1971/1977 (10); Klausmeier 1978; Schulz 1980; Reich 1977; Petersson 1983; Heursen 1984; vgl. auch die Übersicht in: Kron 1994, 117). Die Didaktik der Andragogik kann darauf aufbauend ihre eigenen didaktischen "Strukturgitter" (Ziele, Inhalte, Methoden, Medien etc.) und Strategien entwickeln.

Dies bietet Gewähr für eine echte ganzheitliche und umfassende Bildung zum "innen harmonischen Menschen" und zur individuellen und kollektiven Lebensgestaltung als äusseres Abbild dieser inneren neu geschaffenen Wirklichkeit.

Im Gesamtüberblick zur Didaktik (auch der Erwachsenenbildung) überwiegen mechanistische Modelle, ein Denken in Grössen wie Kontrolle und Herrschaft, Effizienz und Nutzen. Uns scheint dass in der Erwachsenenbildung, insbesondere in der Menschenbildung, der subjektiven Seite mehr Rechnung getragen werden sollte. Lehrende wie Lernende sind mit ihrer (Lern-)Biographie, mit ihrem Lebens- und Bewältigungsstil sowie mit ihrem Charakter die zentralen aktiven Gestalter. Beide sollten wohl auch Spass am Lernen (Lehren) und am sich Bilden haben dürfen. Der Kreativität sollte ebenso breiten Raum gegeben werden wie der persönlichen Sprache und dem individuellen Bildinventar (aus den Lebenserfahrungen). Ein Input-Output-System mit klar definierten Zielen, Mitteln und Wegen erreicht diese subjektiven Aspekte nicht. Neue dynamisch-selbststeuernde Lernkulturen sind für die Andragogik zu entwickeln.

Unterrichtsgestaltung

Streifen wir in diesem Abschnitt einige weitere Elemente zu den didaktischen Problemstellungen der Persönlichkeitsbildung und Individuation:

Abbildung: Lernen durch lebensnahe Motivation

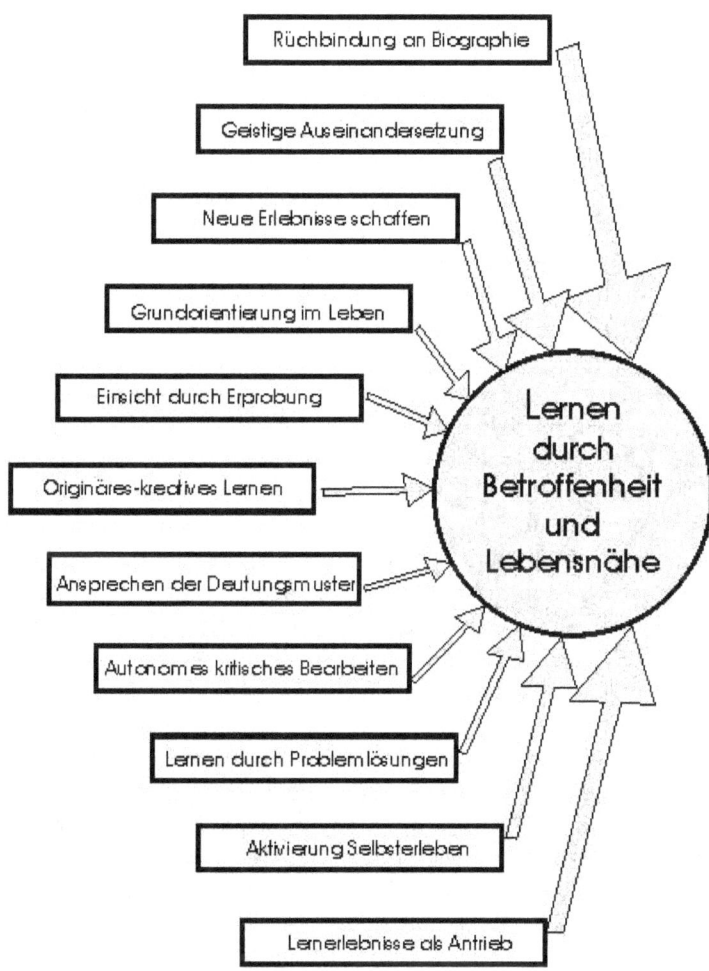

Element: Lernprinzipien

Das Verhältnis zur Lernpsychologie ist in der Unterrichtsgestaltung immer wieder entscheidend für den Lernerfolg (Koskenniemi 1971; Kron 1994, 230-292). Jeder Lernprozess hat seinen eigenen Verlauf, z.B. "Anwärmen" (Anbahnung), Entfaltung und dann Gestaltung (Schulz 1972, 25-26). Klare Zielformulierungen ermöglichen ein Erfolgserleben und eine Erfolgskontrolle. Allerdings, so scheint uns, können wir nur im didaktischen Strukturgitter so klar trennen, was theoretisch bzw. wissenschaftlich dazu grundgelegt ist. In Wirklichkeit können wir Psyche, Sprache, Werte und Welt konkret nicht trennen. Der Unterricht selbst kann als Erfahrungsraum organisiert werden (von Hentig 1973, 25; Gudjons 1994; Aebli 1994/8). Lerngesetze anwenden impliziert den Miteinbezug des Lehrerverhaltens (Wahl 1993).

Wir haben in unseren Seminarien die Erfahrung gemacht, dass die Interessenten eine sehr heterogene Population repräsentieren, dies auch bei ganz gezielten Ansprechformen (Inserate, Programmpräsentation). Die Unterrichtsplanung hat diesem Umstand Rechnung zu tragen und die innere Differenzierung entsprechend zu planen. Unsere Leitlinien dazu sind aus diesen Erfahrungen: 1) Alle Teilnehmer sollen individuell optimal gefördert werden; 2) Die Selbständigkeit in den Lernaktivitäten ist zu aktivieren; 3) Die unterschiedlichen Dispositionen gelten als Ausgangslage der Lernprozesse; 4) Die Kooperation ist in das organisierte Lernen einzubauen und zu fördern; 5) Die individuellen Lebensthemen sind als Lebensanknüpfungspunkte zu nutzen; und 6) Die Motivation ist wach zu halten und individuell zu fördern (Frommer 1991; Raapke/Schulenberg 1985).

Der Grundsatz "vom Menschen ausgehen, da, wo er steht (sog. "Teilnehmer-Orientierung") gilt bei allen geplanten Lernaktivitäten. Somit müssen in der Unterrichtsplanung für jede Stufe bzw. Phase auch die Lernvoraussetzungen berücksichtigt werden. Dies bedeutet, dass in einer Lerneinheit in Kleingruppen nach unterschiedlichen Lernprinzipien gearbeitet werden kann und allenfalls muss. Wir können hier die Lernprinzipien nicht detailliert bearbeiten. Wir wollen aber in Erinnerung rufen: Kognitives Verinnerlichen, sprachliches Wiederholen, Diskriminationslernen, motorisch-behavioristisches Lernen, exemplarisches Lernen, symbolisch-assoziatives Lernen, emotionales Lernen, Problemlösungslernen, gestaltstrukturelles Lernen, operantes Lernen, Interaktionslernen, Begriffslernen, hermeneutisches Lernen (Sinnerfassen), Wiederholungslernen (alles breit bearbeitet in der aktuellen Literatur zur Didaktik).

Nur mit Stichworten können wir hier auf die Implikationen einer selbstreflexiven Persönlichkeitsbildung hinweisen. Die Begründungszusammenhänge liegen zuerst im Bereich anthropologischer Bildungskategorien. Wir deuten dies an mit einigen historisch bekannten Begriffen wie Aufklärung, Offenheit, Autonomie, Spontaneität, Wachsen-lassen, Selbsttätigkeit und Selbstverantwortung (vgl. Gieseke 1991, 81; Siebert 1991, 19-32). Diese pädagogischen Leitideen weisen in ihrer Umkehrung auf Gefahren hin. Zu nennen sind da u.a. Fremdbestimmung, Kontrolle, Apathie, Halbbildung, Fassade, angepasste Routine, Entfremdung und in der Folge Inhumanität. Zweitens ermöglicht selbstreflexives Lernen die Entfaltung eines breiten anthropologischen Potentials. Das hat für die Didaktik einige richtungsweisenden Konsequenzen. Die Persönlichkeitsbildung ist didaktisch so zu gestalten, dass dieses Potential hervorgebracht, gefördert und genutzt werden kann. Banal heisst das zum Beispiel "Hilfe zur Selbsthilfe" durch Anregungen (Impulse) zu eigenständigen Lernaktivitäten (Wiederholungen, Verknüpfungen mit Bekanntem, Erfahrungsaustausch, Konfrontation, Lernplanung, Identifikation u.s.w.). Zu diesen allgemeindidaktischen Elementen gehören u.E. ferner das Einüben des Metadenkens (denken über das eigene Denken) sowie die Reflexion über die Verknüpfungen zwischen Wissen und individualisierten Handlungsschritten (vgl. Wahl 1993, 72). Dazu gehört zudem auch der breit gefächerte Aspekt der Bewältigungsstrategien. Das ist praktische Selbsterkenntnis.

Der teleologische Charakter aller Lernschritte wirkt zentral als lernfördernder Faktor. Dies ist in der Unterrichtsplanung im Kontext mit Lernprozessen zu beachten. Das erlebnismässige Lernen am eigenen Lebensinventar erfasst diesen Aspekt. Das "Problemlösungslernen" am Material steht über allen andern Lernprinzipien (z.B. operantes Konditionieren, kognitives Lernen, gestalt-strukturelles Lernen, motorisches und sprachliches Assoziationslernen, Diskriminationslernen und Begriffslernen). Sinnzusammenhänge, die den Lebensalltag des Lernenden erreichen, wirken lern- und motivationsfördernd. Das Erfolgserleben kann sich dadurch direkt in Alltagssituationen ergeben. Der andragogische Unterricht ist somit als ein strukturierter geschützter Lebensraum zu gestalten. Hier wird gelernt, erfahren und geübt, was ausserhalb der Lektionen zur Realität werden soll. Rollenspiele und themenzentrierte Interaktion erhalten hierin eine zielgerichtete und lebensrelevante Funktion. Die Protokolle zur Erfassung "kritischer Ereignissituationen" (siehe in: Empirie der Individuation) erfassen das aktuelle "kritische" Lebensinventar der Teilnehmer.
Auch die 20 biographischen Themen lassen sich in Protokollform für kreativ-reflektive Auseinandersetzung didaktisch präsentieren. Erlebnisbezogene Beispiele aus der Alltagswirklichkeit zu allen psychischen Subsystemen gelten als das "Material" für das problemlösungsorientierte Lernen. Der Schritt vom Erleben zur Einsicht und dann zur Pflicht kann weder konditioniert noch

erzwungen werden. Im Unterricht geschaffene Erfolgserlebnisse am Lebensmaterial (auch das Selbsterleben bezeichnen wir als "Lebensinventar") fördert die Integration des Erlernten in den Lebensalltag, fördert auch die Motivation weiter zu lernen bzw. sich selbst zu bilden.

Zum Erwachsenenlernen sind nach Krämer/Walter (1994, 35-37) folgende Voraussetzungen zu beachten: "Erwachsene sind keine 'unbeschriebenen Blätter' ... Erwachsene sind kritische Lerner ... In der Regel sind Erwachsene freiwillige Lerner ... Sehr viele Erwachsene haben klare Ziele, die sie mit dem Lernen verknüpfen ... Erwachsene lernen anwendungsorientiert und zielgerichtet ... Erwachsene lernen am besten, wenn der Stoff logisch nachvollziehbar ist und eine geistige Auseinandersetzung ermöglicht ... Erwachsene erzielen die besten Ergebnisse dann, wenn sie das Lerntempo individuell bestimmen können". Wir würden aufgrund unserer Erfahrungen in der Persönlichkeitsbildung gewisse Einschränkungen anmelden, insbesondere was die "klaren Ziele" und das Verhältnis zwischen (rationaler) Wissensaneignung und erlebnisbezogenem Lernen betrifft. Allerdings: Nicht alles in der Menschenbildung durch Individuation lässt sich operationalisieren und "didaktisch greifen". Unabhängig davon stellt sich die didaktisch wichtige Frage: Wie lassen sich solche Rahmenbedingungen, Vorgaben der Teilnehmer, in der Menschenbildung bzw. ihrer didaktischen Konstruktion berücksichtigen? Folgende Schrittfolge hat sich bewährt: Von ersten Erlebnissen (Erfahrungen) zu Grundwissen und Zielformulierungen; und von dieser neuen Grundlage wiederum zu erlebnisbezogenem Lernen; weiter wiederum zu Zielformulierungen und darauf aufbauend zielgerichtete Wissenserweiterung, die als Strukturgrundlage (als organisiertes Wissen) für neue erlebnisbezogene Erfahrung gilt.

Dieser Stufen-Regelkreis fördert Motivation und schafft neue Motive für Motivation. Die Beschäftigung mit den Ergebnissen des erlebnisbezogenen Lernens und der gleichzeitige Rückbezug zur Alltagswelt des Lernenden und zur Biographie seiner Deutungsmuster (Arnold 1985, 101) dürften diesen lernpsychologischen Bedingungen gerecht werden, zumal die Reflexion und die stetige Wissenserweiterung direkt Lernprozesse bewirken. Bildungsprozesse stehen darin in einer Wechselwirkung von Identitätsarbeit und Realitätsarbeit (z.B. der Selbst-Konzept-Ansatz von Winkler 1993). Ein solcher Bildungsprozess läuft gewiss auf der Linie des Grundpostulates "Höherentwicklung der Menschheit" (Benner 1983, 297; zit. in: Arnold 1985, 119). "Teilnehmer-Orientierung" heisst für uns einerseits "da ansetzen, wo der Teilnehmer steht", und andererseits den Bildungsauftrag aus den tatsächlich vorgegebenen Bildungsbedürfnissen realistisch wahrnehmen. Sehr viele wissen überhaupt nichts über das psychisch-geistige Leben und das evolutionäre Menschsein. Und wenn wir von Unterricht reden, sollten wir nicht übersehen, dass die Lernprozesse zu einem Erfolg im Leben führen sollten. Da sind zudem noch andere Faktoren mit im Spiel, die ausserhalb der Bildungsprozesse liegen.

Element: Unterrichtsgestaltung

Die Lernschritte (der Aneignungsvorgang) sind Planungselement zur Unterrichtsgestaltung: Erarbeitung des theoretischen Wissens, konkrete Fallbeispiele (modellhafte Veranschaulichungen) bearbeiten, sprachliches Erfassen der äusseren und inneren Erfahrung, die intellektuelle Verinnerlichung und sprachliche Wiederholung (Festigung durch Erleben und Wiederholen), die praktische Anwendung der sprachlichen Einheiten in Handlungseinheiten, sowie der Transfer in verschiedene persönliche und kollektive Lebenswirklichkeiten (flexible Verfügbarkeit) (Bönsch; in: Roth 1991, 719-723, 729; Horney u.a. 1970, I, 757-763). Elemente zur praktischen Unterrichtsgestaltung sind: Kennen lernen, Fallbesprechungen, Brainstorming, Übungen, Erfahrungsaustausch, Plenumsdiskussion, Podiumsdiskussion, Themenbearbeitung, Vorführen/Vorzeigen, Kooperation und Feedback, Einbau kommunikativer Kompetenz, Schaffung von Betroffenheit, Wahrnehmung von Gefühlsprozessen, Bearbeitung von Gruppenkonflikten, Besprechung von Lernhemmungen, Informationsvermittlung, Anleitung (Unterweisung), Vermittlung von Fähigkeiten, Orientierung im Lebensraum, Orientierung im psychischen Raum, Diskussion in Kleingruppen zur Verarbeitung, Rollenspiel, Projekte (Anwenden, Umsetzen, Lernen), "Anwärmen" (Anbahnen, Entfalten, Gestalten), Impulsmethode: Thesen, Stichworte und Fragen zur Reflexion und Diskussion (vgl. Müller U. 1993, 229; Klimsa 1993, 305-320).

An den Volkshochschulen sind Veranstaltungen mit oft erheblich grossen Teilnehmerzahlen von 50 bis 80 Leuten nicht selten. Damit sind gewisse Grenzen in der Methodenwahl gegeben. Üblich sind hier etwa: Kurzreferat, dann Gruppengespräch und schliesslich ein abschliessendes Plenargespräch (Pöggeler 1974, 209-210). Wir orientieren uns in unserer didaktischen Abhandlung an Gruppengrössen von 8-15 Teilnehmern. Grössere Gruppen (bis 40 Teilnehmer) verlangen eine organisierte Untergruppen-Arbeit, wofür wiederum verschiedene Arbeitsschemen vorliegen: Kleingruppen mit 6 Personen ("Methode 66") mit je einem leitenden Teilnehmer, dann Podiumsgespräch mit den leitenden Personen, die das Gruppenergebnis vortragen und abschliessende Zusammenfassung durch den Andragogen. Varianten sind das Paargespräch und das Rundgespräch. Geplante Regieführung kann hier das Unterrichtsgeschehen interessant und lebendig machen. Individuelle Fähigkeiten der Teilnehmer können in diese Arbeitsformen eingebaut werden (Tietgens 1981, 45-48, 198-199). Die sozialen Arbeitsformen gelten als wichtiges Planungsinstrument, je grösser die Teilnehmerzahl ist. Die gesamte Organisation der Lehr- und Lernprozesse ist pro Unterrichtseinheit bzw. pro Gesamtprogramm auch nach diesem Planungsaspekt vorzunehmen. Damit berücksichtigen wir die unterschiedlichen Leistungsdispositionen der Teilnehmer bezüglich: Menge, Komplexität, Zeitaufwand, Motivation, Grad der Selbständigkeit und Kooperationsfähigkeit.

Element: Medien und Materialien

Viele Arbeitsmaterialien können zur Unterrichtsgestaltung beigezogen werden. Das sind konkret: Wissenseinheiten, Theorien, Modelle, Sachinformationen, Zitate, Einzelfakten, Statistiken, Fallbeispiele, Dokumente, Bilder, Tests, Checklisten, Photos, Dias, Filme, Grafiken, Stichwortlisten, Übungen, Erlebnismaterial, Theseneinheiten u.s.w. Für die Präsentation stehen die bekannten Instrumente zur Verfügung: Schreibtafel, Moltonwand, Hellraumprojektor, Videogerät und anderes mehr. Dazu gibt es heute eine grosse Menge an Literatur (vgl. Langner-Geissler/Lipp 1994; Weidenmann 1991; Will 1994; Müller K.R. 1994; Brühwiler 1994).

Element: Evaluation

Ein besonders schwieriger Aspekt ist die Überprüfbarkeit eines vollzogenen Aneignungs- und Auseinandersetzungsprozesses. Einerseits lassen sich Wissen und Methoden operationalisiert überprüfen (Multiple-Choice-Test).

Dabei meinen wir eine Reduktion auf behavioristische und kognitive Lernprozesse. Es lassen sich durchaus auch erweiterte (hermeneutische und symbolische) Kriterien zur Umschreibung des zu erfassenden Bildungsstandes miteinbeziehen (Derbolav 1987, 129). Der Vollzug der inneren Bildungsprozesse und die Umsetzung (Bewährung) im Lebensraum sind in eine Erfolgskontrolle (zwecks Lernmotivation) mit einzubeziehen. Die Selbsteinschätzung des Lernenden spielt dabei eine zentrale Rolle. Sie ist bei allen Lernzielen (-ebenen) selbst ein Lernziel. Dennoch müssen objektive bzw. erweiterte Kriterien definiert werden, die substantiell den Stand erfassen können.

Die Tiefenpsychologie (aller Richtungen) darf hier aufgrund ihrer jahrzehntelangen Erfahrungen durchaus besonders kritisch und ernstvoll Einwände und Zurückhaltung vorbringen. Denn tatsächlich kann eine Person durch alle analytischen Erfahrungsprozesse hindurch ein tiefliegendes unbewusstes Problem vor sich selbst und vor allen andern verdecken. Es gibt auch Leute, die Träume konstruieren, um "besser" dazustehen, oder perfekt etwas nachahmen bzw. vorspielen können, ohne sich innerlich bis in die Tiefen des Unbewussten bzw. in die Wurzelbereiche aller psychischen Kräfte gebildet oder neu und erweitert geformt zu haben. Die "endliche und unendliche Analyse" (Freud 1940) reflektiert dieses Problem in etwas anderem Zusammenhang. Es gibt gewisse Problemstellungen im Unbewussten, die nur mit äusserster Anstrengung und gründlichster Selbstreflexion (mit Innenschau) geklärt werden können, die u.E. aber deswegen noch nicht als "Krankheit" deklariert werden können, so z.B. Ödipus-/Elektrakomplex, strengste und rigide Über-Ich-Konstellation, psycho-soziale Leiderfahrungen, starre ideologisch-dogmatische Einstellungen, schichtspezifisches Selbsterleben u.a.m. Es gibt auch Schicksalserlebnisse (als Opfer und Täter), deren Konsequenzen mehrere Jahre intensivster Selbstbildung erfordern, um innerlich damit konstruktiv-akzeptierend leben zu können (z.B. Invalidität, wirtschaftlicher Zusammenbruch, Scheidung). Wir meinen, für die Zielebenen gibt es klare Orientierungen, sodass in der Andragogik das "Problem der unendlichen Analyse" sich in der Form nicht stellt. Wir haben zudem die Erfahrung gemacht, dass sich die Auswirkungen vom Entstellen und Zudecken unbewusster bzw. noch ungeformter Kräfte, langfristig immer von selbst zu erkennen geben. Hier ist die Qualifikation des Andragogen angesprochen, der fähig sein muss, "in der Melodie die falschen Töne zu erkennen".

Als Lösungsmodell nehmen wir Bezug auf unsere eigenen beruflichen Erfahrungen: Die Träume und die Imaginationen einer Person informieren sehr genau über den Stand einer inneren Bildung (in einem bzw. mehreren psychischen Systemen). Orientiert man die Erfolgskontrolle parallel bzw. gleichzeitig auf die Innenwelt, auf die äussere Lebenswelt dieser Person, auf die Innenerfahrung (Traum, Meditation) und auf die aktive Mitgestaltung im Unterricht (als Lern- und Übungsfeld), dann lässt sich ein differenziertes Bild über den Stand der vollzogenen einzelnen Lernschritte erstellen. Die andragogische Psychologie kann dazu Checklisten als Netz zur Erfassung der "Bildungsbedürfnisse" bzw. der erreichten Ziele konstruieren.

In der allgemeinen lebensbezogenen Erwachsenenbildung werden für die Evaluation eines Seminars folgende Standarditems vorgeschlagen: 1) Dieses Seminar hat mir gefallen; 2) Meine Erwartungen und Ziele wurden erfüllt; 3) Ich habe in diesem Seminar viel neues hinzugelernt; 4) Ich habe jetzt einen tiefen Einblick in mein ...-verhalten; 5) Das Seminar war hilfreich für meinen Berufsalltag; 6) Die Arbeitsatmosphäre war angenehm; 7) Mit der Seminarleitung bin ich zufrieden; 8) Ich kann das Seminar weiterempfehlen (Klupp 1992; Wahl u.a. 1993, 44-45). Weitere Aspekte empfehlen Krämer/Walter (1994, 86-87): Zeitliche Gestaltung, Medieneinsatz, fachliche Kompetenz, Verständlichkeit, Teilnehmerorientierung, methodische

Sicherheit, Arbeit des Dozenten sowie weitere Fragen zum äusseren Rahmen (Küche, Tagungshaus etc.).

Abbildung: Das Netzwerk des Erfolges

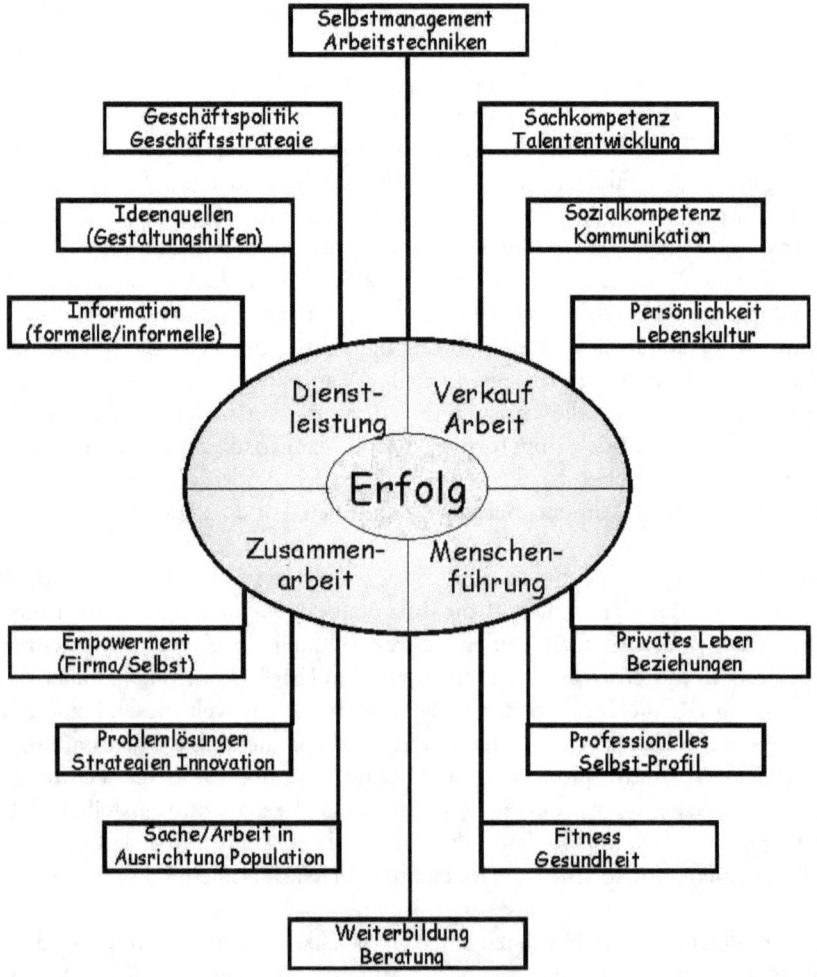

Element: Baukasten-System und Bildungseinheiten

Wir haben in der Stoff-Organisation eine Unterteilung in Stufen- bzw. Phaseneinheiten vorgenommen. Dabei haben wir hervorgehoben, dass dieses Bildungsprogramm als Baukasten-System zu einem Teil des "Bildungslebens" gehört. Jeder kann jederzeit Bausteine nutzen, die Bildung unterbrechen oder abbrechen. Dennoch stellt sich die (oft gestellte) Frage: Wie lange dauert dieser Bildungsprozess bis zum Ziel der Individuation? Mit andern Worten:

Wie viele Unterrichtseinheiten sind nötig, um den gesamten Prozess der Persönlichkeitsbildung und Individuation zu erfassen? Das hängt von vielen Faktoren ab und kann nicht bloss mit thematischen Lerneinheiten festgelegt werden. Die meisten Interessenten für die andragogische Bildung dürften (so die Erfahrungen des Verfassers bis heute) zwischen 30 und 50 Jahre alt sein. Das Spektrum der individuellen Lebenserfahrungen und der jeweils aktuellen Lebenswirklichkeiten ist enorm breit in Quantität und Qualität. Ebenfalls ist die Motivation sehr unterschiedlich.

Die einzelnen Personen unterscheiden sich stark bezüglich Bildung, Lebensstandard, berufliche Verantwortung, Vorwissen, Erfahrungen mit Selbstbildung, aktuelle Konflikt- und Krisenlage, Bezugspersonen u.s.w. Viele müssen erst lernen, dass die Selbstbildung einen beachtlichen persönlichen Einsatz erfordert (Lektüre, Traumtagebuch führen, tägliches entspannen und meditieren u.s.w.). Abgesehen von diesen Vorbedingungen benötigt der innere Wachstumsprozess seine minimale Zeit. Der innere Prozess ist zudem spiralförmig und zyklisch. Das heisst: Die einzelnen psychischen Subsysteme sind nacheinander wiederholend immer tiefer zu bearbeiten; und: der innere Wachstumsprozess hat eine Eigendynamik, die nicht beliebig beschleunigt werden kann. Jeder Mensch hat seinen individuellen Rhythmus von "Wachstumsschüben".

Wir schätzen die Dauer des Gesamtprozesses auf durchschnittlich etwa sieben bis zehn Jahre bis zur Erreichung des Zieles der Individuation, bei regelmässigem Einsatz. Es soll hier aber ausdrücklich hervorgehoben werden, dass das vitale Bildungsziel der Andragogik nicht zuerst dieses höchste Ziel, sondern das "Leben im Prozess der Individuation" ist. Somit ist es wenig sinnvoll, wenn nicht gar abträglich, wollte man ein Curriculum erstellen, das auf optimalem Weg und in optimaler Zeit das höchste Ziel anstrebt. Gemäss unseren Erfahrungen sei auch darauf hingewiesen, dass sehr viele Menschen, die über ca. 50 Jahre alt sind, kaum mehr die Offenheit und Motivation finden, diesen Prozess anzugehen. Es gibt bei vielen mit zunehmendem Alter auch eine zunehmende gesamtcharakterliche Verhärtung. Schliesslich ist hervorzuheben: Das Leben geht nach der Zielerreichung 'normal' weiter; neue Lebensherausforderungen verlangen neue, andersartige Bildungsprozesse.

Element: Voraussetzungen bei den Teilnehmern

Die Unterrichtsplanung in der andragogischen Bildung hat theoretisch ein breites Spektrum an individuellen Dispositionen der Lernenden mitzuberücksichtigen. De facto bestimmt die Nachfrage eine Kursrealisation. Ein Kurs ist ausgeschrieben und die Anzahl Anmeldungen ist meist nicht voraussehbar. Wir wollen hier von diesem Problem absehen, dieses unter "Werbung" besprechen. Die andragogische Praxis ist weder eine Mittelschule, noch eine Universität, noch eine fachspezifische (berufliche) Weiterbildung. Die Teilnehmer kommen aus dem Leben, sind vielfach schon über der Lebenshälfte. Sie haben ihre Geschichte und ihr Schicksal, ihre Leiden und ihre Not, ihre Schuld und ihre Verantwortung (Pöggeler 1974, 214). Die Voraussetzungen können teilweise durch die Ausschreibung eines Kurses kanalisiert werden, sind aber selten homogen planbar. Sie beeinflussen jedoch erheblich das Unterrichtsgeschehen (Tietgens 1981, 34-35, 102, 125-127, 184, 189, 197-198; Ebner 1991, 218-227).

Aspekte der möglichen (vielfältigen, unterschiedlichen) Voraussetzungen sind: 1) Biographie: Alter, Geschlecht, Lebensgemeinschaft, Lebensstandard, Beruf u.s.w.   2) "Kritische" Lebenssituationen, Lebensgeschichte, gesellschaftlicher Rahmen; 3) Vorkenntnisse: Wissen, methodische Fähigkeiten, Kurserfahrungen; 4) Motivation: konkrete Beweggründe, Potential der Motivation; 5) Lernerfahrungen, Lerngewohnheiten, Lerneinstellungen und Lernfähigkeiten (Lernstress); 6) Kognitiv-emotionale Fähigkeiten: Abstraktion, Transfer, Aufnahme, Verarbeitung; 7) Problemlage, Problemerkennungsfähigkeit und Problemlösungkapazität; 8) Veränderungsbereitschaft, Veränderungsfähigkeit, Widerstände; 8) Offenheit und Toleranzschwelle (ideologisch-dogmatische Bindungen); 9) Vorstellungen, Erwartungen, Hoffnungen und Ansprüche an die "Bildung"; 10) Kooperationsfähigkeit, Initiative, Einsatzfähigkeit von Kreativität und Intuition; 11) Sprachcode: Assoziationsschemen, Denk- und Interpretationsformen, Redeweisen; 12) Verantwortung, Pflichtbewusstsein, moralischer Charakter.

Planungselement vor der Unterrichtsrealisation: Werbung

Die Erwachsenenbildung im allgemeinen, aber auch die Persönlichkeitsbildung wie sie heute angeboten wird, unterliegt den Marktprinzipien von Angebot und Nachfrage (Bedürfnis). Die "Fragilität" ist ein ernst zu nehmendes Problem (Tiegens 1981, 76-77, 192-193). Verschiedene Marktfaktoren spielen hier eine Rolle:

Population, wirtschaftliche Entwicklung, gesellschaftliche Aktualitäten und die Medien. Es gibt für diese andragogische Bildung kein drängendes Kernmotiv, wie zum Beispiel in der Psychotherapie.

Zentraler Wirkfaktor bei der Nachfrage ist die Motivation, denn "der Weg zum freien Geist ist Anstrengung und harte Arbeit" (Meueler 1993, 175). Die Frage bleibt offen: Wer will denn diesen "Dienst am Menschen" (Kürzdörfer 1981, 177)? Für das Angebot ergibt sich somit die Frage: Wie kann die vorhandene Motivation angesprochen oder überhaupt erst eine Motivation geschaffen werden (Siebert 1991, 154-164)? Und danach erweitert: Wie kann diese im Unterrichtsprozess erhalten und gefördert werden? Die extrinsische Motivation erscheint uns als sekundär. Die Persönlichkeitsbildung bietet wenig Gelegenheit für Geltung und Anerkennung. Individuation ist kaum gefragt im industriellen marktwirtschaftlichen Prozess und stellt weder in der Freizeit noch im Konsum irgendeinen Standard dar. Eine "Schulpflicht" besteht für die Menschenbildung bis heute auch nicht. Somit hat die intrinsische Motivation bei den real Interessierten und bei einer allfälligen Aktivierung einer Nachfrage besondere Bedeutung. Tietgens und andere schlagen vor, dass schon die Werbung einen (pädagogischen) Bildungsauftrag enthalten soll.

Die Kurzlebigkeit unserer Zeit stellt sich einigen didaktischen Prinzipien entgegen. Gefragt sind häufig "Wochenendkurse", die schon in einem grossen Schritt zu Liebe, Glück, Weisheit und Wohlbefinden führen sollen. Auch der lustorientierte Konsum- und Unterhaltungs-"Zeitgeist" und die Charakteristiken der "Postmoderne" stellen sich gegen ein andragogisches Bildungsprogramm. Man kann mit langfristig orientierten Nützlichkeitsargumenten wenig Menschen motivieren, nebst den "Mühen" des Alltags auch noch regelmässig über einen längeren Zeitraum Neues zu lernen. Weiter sind in Betracht zu ziehen: Mangel an Lernfreude und Lernoffenheit, Abwehr gegen das Unbewusste, Desinteresse an geistigen Themen, mangelndes Verantwortungsbewusstsein für das eigene "Schicksal" sowie der Umstand, dass diese Bildung keine direkten Kapitalinteressen erfüllt. Uns scheint, dass diese Hemmnisse mit einer Theorie der Didaktik nicht gelöst werden können. Mit dem Beginn des Lernprogrammes können diese Faktoren jedoch als "Lebensinventar" in das Problemlösungslernen schrittweise als "exemplarisches Lernen" integriert werden, um dieser "Kurzlebigkeit", dieser "Lustorientierung" und dieser "Abwehr gegen das Innenleben" entgegenzuwirken.

Für die Werbung schlagen wir in Stichworten angedeutet vor: Ansprechen der Vorstellungssyndrome; Eingehen auf Vorwissen; Bedürfnisweckung; Bedarfssuche und Bedarfsansprechung; Zielgruppenbestimmung (gerichtetes Anbieten); Ansprechen der Bildungsbereitschaft; Antizipation des Lernerfolges; Herstellung der Aufmerksamkeit; Auffangen (Steuern) der Reaktionsvarianten; Verständigung (Information durch mündliche Kommunikation); Informierende Kontakte mit Trägerorganisationen; Transparenz der Wissenschaftlichkeit und der anthropologischen Basis.

Wir haben auf die vielfältigen Probleme des psycho-esoterischen Marktes verschiedentlich hingewiesen. Es überwiegen substanzleere Worte, übertriebene Versprechungen, Dilettantismus, Sektenwesen und spirituellreligiöse Verideologisierungen. Die meisten Angebote sind weder "umfassend" noch "ganzheitlich". Der "Zwang" der Marktlage verlangt "Schnell-Bildung" und "Erlebnisse". Die Überbietung der Konkurrenz drängt manche zu täuschenden Formulierungen über Programme und Ziele.

Doch Andragogen sind keine Werbeexperten und auch keine "Kleider-Verkäufer". Einerseits wird die gesellschaftliche Entwicklung mit zunehmenden kollektiven Problemen und Belastungen eine umfassende Nachfrage erzeugen, so ist zu erwarten. Anderseits kann die Andragogik in den eigenen Reihen (Verbänden, Vereinen, Organisationen, Berufsgruppen) eine neue Professionalisierungsidentität schaffen und gemeinsam eine Marktstrategie entwerfen und schon diesen Schritt als Bildungsaufgabe (Aufklärung) handhaben. Wir meinen: Die Andragogik soll ihr wertvolles "Gut" nicht unter den Tisch stellen.

Insgesamt ist bei der Planung einer Werbestrategie ein gewisser Realismus zu halten. Es gibt Populationsgruppen, die sind für diese andragogische Bildung kaum ansprechbar. Durch alle Sozialschichten und Berufsgruppen hindurch gibt es viele Individuen, die nicht daran denken würden, ihre Persönlichkeit ganzheitlich zu bilden. Wir sind der Auffassung, dass die allgemeine Andragogik den älteren Menschen, auch jenen, die ihren Lebensabend in Altersheimen verbringen, vieles an persönlicher Bereicherung zu geben vermag. Allerdings sind hier nebst den allgemein zu erwartenden Widerständen teilweise auch gewisse Lernprobleme gegeben. Viele Leute in unserer Gesellschaft sind kaum mehr in der Lage, ein Buch zu lesen. Sie schreiben auch selten und interessieren sich nicht für Dinge, die einen "geistigen" Wert haben.

Die Vorurteile gegenüber der Selbsterkenntnis und Selbstbildung sind in vielen Volksgruppen massiv. Dann gibt es Personenkreise, die zuerst eine Psychotherapie nötig haben. Nicht zu unterschätzen sind jene, u.E. grossen Kreise in der Gesellschaft, die elementare menschliche Werte missachten und damit vielfach grossen Schaden anrichten. Diese Personengruppe dürfte kaum zur Persönlichkeitsbildung motiviert werden können. Schliesslich ist auch zu sehen, dass viele Menschen enorm auf ihr monatliches Budget achten müssen und kaum eine Flexibilität in der Prioritätensetzung haben. Dies allerdings darf nicht dazu verleiten, die Persönlichkeitsbildung als "Billigware" zu verschleudern. Wer nicht gewillt ist, einige Jahre zugunsten der psychisch-geistigen Entfaltung und Lebensbereicherung eine kleinere oder grössere Einschränkung auf sich zu nehmen, wird die Individuation nie erlangen können.

Element: Umsetzung in praktische Bildungsleistungen

Es sei hier nochmals hervorgehoben: Andragogik ist weder Psychotherapie, noch Psychoanalyse, noch psychologische Beratung im heute gebräuchlichen Sinne. Im andragogischen Bildungsprozess hat der Lernende eine erhebliche Bildungsleistung zu vollziehen. Das setzt gewisse Lehrleistungen von Seiten des Andragogen voraus. Wir wollen dazu einige praktische Aspekte im Kontext mit den Lernprinzipien für die Unterrichtsgestaltung andeuten (vgl. Klimsa 1993, 204-274):

Die Lernprozesse setzen zuerst beim Stand des Wissens (des Bewusstseins) des Studierenden an. Was immer über das psychische Leben an Wissen angeeignet und an Bildung bewirkt werden soll, die Erfassung der Ausgangslage erachten wir als prinzipielle didaktische Notwendigkeit. Zudem wurzeln darin auch die Motivation und die persönliche Betroffenheit. Dies kann mit folgenden Fragen bzw. Arbeitsaufgaben im Sinne des klassischen "Brainstormings" eingeleitet werden: "Welche ersten Fragen ergeben sich für den Studierenden aus dem Thema? Welche Stichworte kann der Studierende zum Thema einleitend beitragen? Welche Assoziationen hat der Studierende zum Thema allgemein? Was will der Studierende zum Thema vor allem wissen? Welche Alltagsbezüge kann der Studierende zum Thema spontan herstellen? Welche praktischen Interessen hat der Studierende zum Thema?"

Ist das Thema durch ein Kurzreferat sowie durch Thesen, Stichworte und Fragen (sog. Impulsmethode) aufgerollt, kann der Studierende wiederum eigene Beiträge leisten, die lernpsychologisch durch Reflexion bildend wirken: "Wie erlebt der Studierende das Thema? Mit welchen eigenen Ideen kann der Studierende das Thema erweitern? Welche Themenelemente haben für den Studierende zur Zeit eine Aktualität? Welche Stichworte zu den einzelnen Aspekten kann der Studierende beitragen?"

Wiederum denkerisch, zur Speicherung und Kontrolle, zur Reflexion über die subjektive Wahrnehmung und Verarbeitung des Themas, sind Lernaktivitäten organisierbar, zum Beispiel mit der Aufforderung: "Fassen Sie das Wesentliche zusammen! Welches sind für Sie die offenen Fragen zum Thema?"

Die Förderung der Intuition und Kreativität ist didaktisch und methodisch elementar in der Aufarbeitung der eigenen Lebensgeschichte, aber auch in der Auseinandersetzung mit dem "Stoff" des psychischen Lebens. Wir meinen damit in erster Linie folgende Aspekte: Imaginieren, Szenen ins Gegenteil umkehren, Probleme umformulieren, neue Werte hinzufügen, Polaritäten auflösen und weitere Brennpunkte mit Phantasie schaffen, in die Zukunft extrapolieren, Analogien schaffen, aus einer Problemlage eine Märchengeschichte erfinden, Zufälligkeiten interpretieren, neue Szenen hinzufügen, aus einem Problem das Positive formulieren, bei der Beschreibung die zentralen Begriffe der Alltagssprache ändern, spontane Einfälle platzieren u.s.w.

Die Bildungsleistung des Studierenden bezieht sich einerseits auf die Verarbeitung des Themas, anderseits auf die Zielrichtung. Jeder Studierende hat sich zu jedem Thema seine eigenen Bildungsziele zu formulieren. Die einen Ziele sind kurzfristig bzw. auf die aktuelle Situation bezogen. Die erweiterten Ziele setzen eine Perspektive von einigen bis mehreren Monaten: "Formulieren Sie kurzfristige Bildungsziele, die für Sie wichtig sind! Formulieren Sie mittelfristige Bildungsziele, die Sie erreichen möchten!"

Mit der Zielbestimmung hat der Studierende ein hohes Mitbestimmungsrecht und eine hohe Autonomie in der Bildungsleistung. Damit diese Prozesse lernpsychologisch strukturiert werden, und nicht dem Zufall unterliegen, setzen wir weitere Fragen als Lernanregung. Damit kann der Studierende seinen persönlichen Lebensbezug herstellen und eigene Werte finden. Zudem setzt hier die Umsetzung im Alltag an: "Wie begründen Sie Ihre kurz- und mittelfristigen Bildungsziele? Formulieren Sie einige Leitideen für Ihren Alltag!"

Darüber hinaus können die einzelnen Themen unter verschiedenen Aspekten reflektiert und in der Gruppe diskutiert werden. Mit kleinen Checklisten kann die Situation des Studierenden erfasst werden. Damit ist auch ein Aspekt der praktischen Anwendung des Wissens eingesetzt. Dazu gehören ferner der Kontext des Lebensraumes, die gesellschaftlichen Verhältnisse, die eigene Lebensgeschichte sowie die Erfahrungsmethoden:

"Wie erleben Sie dieses Thema bei Ihnen? Wie können Sie mit diesem Thema (als Ihre Realität) umgehen? Wie sehen Sie dieses Thema bei andern Menschen? Wie gehen andere mit diesem Thema um? Welche Bedeutung hat dieses Thema für das gesellschaftliche Leben? Welche Bildungsbedürfnisse erleben Sie zu Aspekten dieses Themas? Wie handhaben Sie den Zugang zur Realität dieses Themas bei Ihnen? Wie erleben Sie die persönliche Bedeutung der Thesen zu diesem Thema?"

Mit solchen Fragen können die verschiedensten Lernprozesse aktiviert und das Lerngeschehen gesteuert werden. Zu allen Fragen ergeben sich Erfolgserlebnisse und Interaktionen (mit den andern in der Gruppe und mit dem Andragogen). Das Wissen wird umgestaltet in persönliches Wissen und eingefügt in den persönlichen Lebenskontext, auch in der Zeitperspektive (Vergangenheit-Gegenwart-Zukunft). Im Gruppenverband sind vielseitig ausgewogene Bildungsleistungen gewährleistet, wobei gleichzeitig jeder

Studierende lernt, sich selbst seine Ziele, Begründungen, Adaptationen und Anwendungen zu organisieren. Manche unserer Fragen bzw. Aufforderungen lassen sich in spielerischer Art bearbeiten (Rollenspiele, Interviews, kleine Umfragen u.a.m. im Sinne eines "Projektunterrichts"). Das nennen wir die eigentliche Bildungsleistung des Studierenden. Zudem ist mit dieser didaktischen Strukturierung gewährleistet, dass die Lernaktivitäten nicht in eine psychologische Selbsterfahrungsgruppe ausscheren. Wir haben diese Art Umsetzungen bzw. Einleitung von Bildungsleistungen in unseren Werken zur Grundstufe und Oberstufe Individuation angewendet.

Element: Qualitätskriterien zur Professionalisierung der Andragogik

In Anlehnung an das Qualitätskonzept von Arnold (1994, 6-9) zur Weiterbildung können wir im Überblick zu unserer Didaktik bzw. Bildungsorganisation festhalten:

1) Input-Qualität: Das Konzept ist erklärt und erwachsenenpädagogisch begründet; die Planung ist wissenschaftlich grundgelegt, bedarfsgerecht und teilnehmerorientiert; das Angebot ist transparent kontinuierlich und formenvariant.

2) Troughput-Qualität: Die vorgeschlagene Infrastruktur ist lernförderlich und versorgend; die Professionalität ist fachkompetent grundgelegt in unserem Konzept, beratend ebenso wie pädagogisch gerichtet; die Didaktik enthält motivierende Elemente, schliesst Erfahrungen der Teilnehmer mit ein, ermöglicht Handlungen (im Leben) und das Lernen ist weitgehend reflexiv.

3) Output-Qualität: Die Stoffeinheiten sind mit klaren Zielen eingegrenzt und im Leben sofort verwendbar; die Zufriedenheit der Teilnehmer lässt sich privat ebenso wie im Beruf feststellen; die Bildungsziele schaffen Grundlagen für Lebenskompetenzen, die Karriere sicher nur fördern können; die Persönlichkeitsziele sind eindeutig und unmissverständlich stabilisierend und schlüsselqualifizierend.

Wir können als Zielgruppe unserer Menschenbildung alle Rollenbereiche ins Auge fassen, ob Freizeit oder Arbeit, Schulung oder Beratung, Verkauf oder Zusammenleben, immer steht der Mensch in Interaktion. Und wo geht es da nicht um soziale Kompetenz? In welcher Art Interaktion ist Sachkompetenz irrelevant? Aus allen bisherigen Betrachtungsaspekten geht eindeutig hervor: Über 50% im Leben ist Psychologie, sei es als Theorie, als Fakten, als Vorurteil, als subjektive Theorie oder als Lebenswissen. Dies darf wohl eine Leitlinie sein für die Konzeption der Menschenbildung in der Zukunft.

Abbildung: Der Mensch in Interaktion

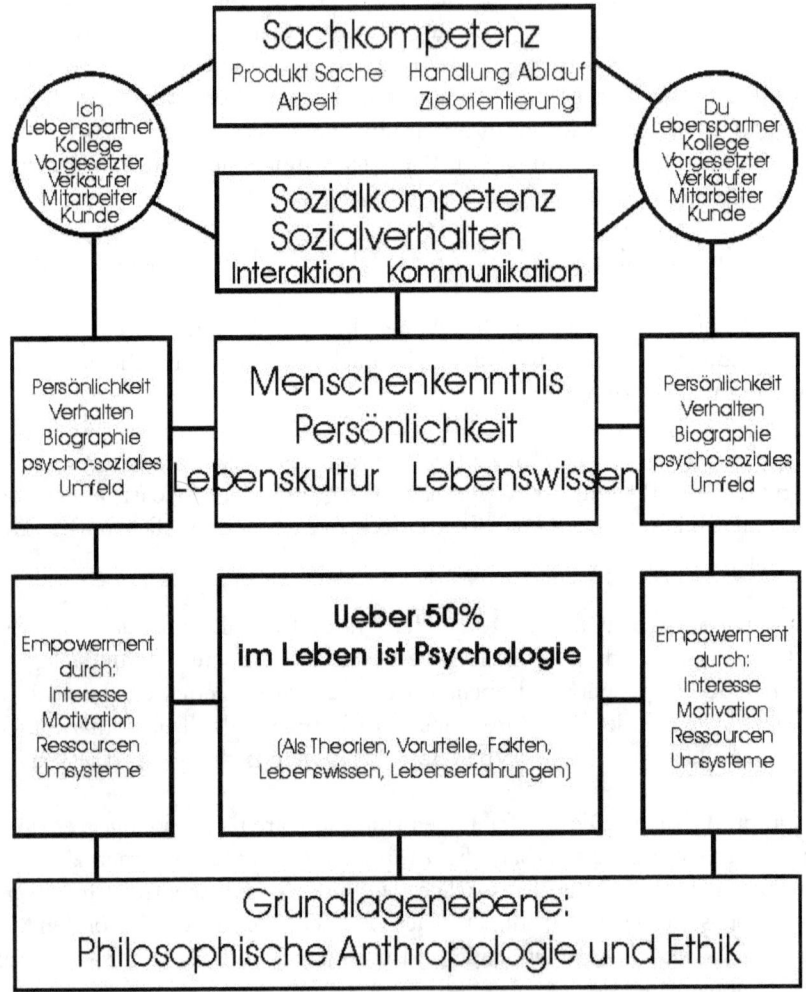

Abschliessend sei nochmals ein sehr sensibler Aspekt der Qualitätssicherung der andragogischen Arbeit hervorgehoben: Welcher Professor für Pädagogik lehrt noch "Weisheit" und "Liebe"? Welcher Lehrer und welcher Experte für Menschenbildung ist in seinem Herzen wirklich ein echter Pädagoge (Andragoge)? Welche Bildungsforschung und Erwachsenenbildung befasst sich noch mit der psychisch-geistigen Bildung, mit der Liebe, dem Geist und der Wahrhaftigkeit? Solche Fragen sind durchaus sehr relevant für die Pädagogik. Sie treffen den Lebensnerv der Wissenschaft der Pädagogik bzw. Andragogik. Und sie treffen jeden einzelnen Pädagogen bzw. Andragogen persönlich:

1) Ein Pädagoge, der seine eigene Biographie nicht aufarbeitet, ist nichts als das lebendige Resultat seiner Biographie. Er ist die Summe von all dem, was er ab vorgeburtlicher Zeit aufgenommen hat. Damit lebt und praktiziert er bestimmt nicht die allseitige Ausgewogenheit all seiner psychischen Kräftesysteme.

2) Ein Pädagoge, der sein Unbewusstes (z.B. Komplexe) und seine Schatten nicht bereinigt bzw. integriert, ist von diesen Kräften beherrscht und diese widerspiegeln sich unter anderem in seinen Projektionen auf sein pädagogisches Arbeitsfeld. Wirkt innen Verdrängung und Abwehr, so auch aussen in der Arbeit.

3) Ein Pädagoge, gefangen in Neurose oder Narzissmus, kann keine Pädagogik betreiben, die den Menschen allseitig ausgewogen bildet. Die Psychodynamik seines pädagogischen Tätigseins unterliegt der unausgewogenen psychischen Entwicklung seiner Gesamtperson. Daraus entsteht ein erheblich gestörter pädagogischer Bezug.

4) Ein Pädagoge, der wenig liebesfähig ist, der seine Träume nicht ernst nimmt, der keinen tiefen Zugang zu seinem Innenleben hat, der nicht regelmässig meditiert, der unangemessen mit seinen Gefühlen und psychischen Grundbedürfnissen umgeht, der seinen inneren gegengeschlechtlichen psychischen Pol (Anima, Animus) nicht integriert und ausgewogen formt, kann diese psychischen Wirklichkeiten weder vermitteln noch bei andern aufbauend bilden. Er bildet nur den äusseren Menschen.

5) Ein Pädagoge, der die Selbsterkenntnis (Selbstanalyse) und die Individuation nicht gründlich betreibt - und somit die archetypischen Transformationen der psychisch-geistigen Entfaltung nicht vollzieht -, hat das Wesentliche des psychisch-geistigen Menschseins noch nicht begriffen. Sein Menschenbild "greift" das umfassende psychisch-geistige Menschsein nicht, seine Konzeption der Pädagogik (Andragogik) bleibt partikulär und seine agogische Praxis ist entsprechend reduziert.

Man stelle sich vor: Der Psychoanalytiker arbeitet ohne eigene Lehranalyse. Unvorstellbar in Lehre und Praxis! Aus diesen fünf knapp skizzierten Aspekten lässt sich folgern, dass der Pädagoge bzw. Andragoge - von der Etage der Lehre und Forschung bis zur Front im Alltagsleben der Gesellschaft - von Berufes wegen seine eigene Individuation als eine Form der Lehranalyse vollziehen muss. Erst diese eigene Erfüllung qualifiziert ihn als Pädagogen (Andragogen, Bildungsexperten). *Der Vollzug der eigenen Individuation ist die kategoriale Voraussetzung für jede verantwortliche Arbeit in der (allgemeinen, eigentlichen) Menschenbildung.*

Nun bleibt zur andragogischen Vision zu ergänzen, dass der dargelegte Themenkatalog über das psychische Leben irgendwann in ferner Zukunft auch Unterrichtsgegenstand der Volksschule von der Grundstufe und Oberstufe bis zum Abitur (Matura) werden muss. Dieses Programm didaktisch auszuarbeiten wird Aufgabe der Pädagogen im 21.Jahrhundert sein. *Geeignete psychologische Kenntnisse und Fähigkeiten sind nötig, damit der Mensch in der Zukunft sich selbst angemessen verwirklichen kann.*

9. Zur Verjagung der Philosophischen Anthropologie aus den Bildungswissenschaften

Was ist der Mensch? Was soll der Mensch sein? Was ist Sinn und Wert des Menschseins? Das sind die Kernfragen der philosophischen Anthropologie, nebst der Erkenntnisfrage: "Was kann ich wissen?". Das sind die Grundfragen, die seit der griechischen Antike die Philosophie beschäftigen. Jede Art Religion versucht Antworten auf diese Daseinsfragen zu geben. Das sind auch die unliebsamen Fragen, die keiner gerne hört in den "Pferderennställen" der Erziehungswissenschaft. In der Postmoderne der Erziehungswissenschaft spielt man das Spiel mit der Sprache: "anything goes; ja nur nichts ernst nehmen". Verbindlichkeiten will keiner heraufbeschwören. So herrscht denn ein "Wildwuchs vieler hochgestochener Theorien über hochgestochene Theorien", meint Benning (1982, 13). Ratlosigkeit zur Sache Mensch und Werte verbirgt sich dahinter: "Das blinde Taumeln von einer pädagogischen Modeerscheinung zur andern" (Kern 1978; in: Benning 1982, 13).

Werfen wir zuerst einen kurzen Blick auf die Vielfalt der Menschenbilder in der Philosophie bzw. Philosophischen Anthropologie:
Plato: Der Mensch gehört der Ideen- und der Erscheinungswelt an.
Aristoteles: Der Mensch besitzt ein lebensstiftendes Prinzip, eine Psyche mit Vernunft.
Epikur: Des Menschen Glück besteht aus massvollem Lebensgenuss, in der Beherrschung der Begierde durch den Verstand (durch Einsicht und Weisheit).
Augustinus: Das Böse des Menschen ist die Hinwendung vom Höheren zum Niedrigeren, weg von Gott zum Ich.
Thomas von Aquin: Derjenige Mensch ist böse, der die volle Entfaltung der natürlichen Möglichkeiten verhindert.
Luther: Der Mensch ist Sünde, Schwäche, dunkler Schatten.
Hobbes: Der Mensch ist des Menschen Wolf ("homo homini lupus").
Sartre: Der Mensch ist zur Freiheit "verdammt" und kann sich stets selbst entwerfen, aber auch belügen und täuschen.
Machiavelli: Der Mensch ist von Natur aus schlecht, sucht bloss nach persönlichem Gewinn.
Leibnitz: Der Mensch ist letztlich nicht-materieller, seelischer Natur.
Descartes: Der Mensch ist eine Maschine, in welcher ein unsterblicher Geist lebt.

Rousseau: Der Mensch ist degeneriert unter den Händen der Menschen ("animal corrumpu").

Herder: Der Mensch ist das Sprachgeschöpf. Der Mensch ist der erste Freigelassene der Natur. Er wird sich selbst Zweck und Ziel der Bearbeitung.

Fichte: Der Mensch wird nur unter Menschen ein Mensch.

Bergson: Der Mensch hat ein schöpferisches Bewusstsein und einen schöpferischen Willen und lebt in schöpferischer Entwicklung.

Goethe: Das Unbewusste ist die grösste schöpferische Quelle des Menschen.

Kant: Der Mensch ist zur Selbstbestimmung fähig, hat einen freien Willen, der durch die Gesetze der Vernunft bestimmt wird.

Marx: Der Mensch gestaltet sich sein Leben durch Arbeit und dadurch seine Möglichkeiten, um sich zu entwickeln und zu verwirklichen, ist jedoch überwiegend durch Arbeit selbstentfremdet.

Schopenhauer: Der Mensch ist das Tier, das prügeln kann.

Feuerbach: Der Mensch ist, was er isst. Sein Gott ist seine Projektion.

Nietzsche: Der Mensch ist das kranke, noch nicht festgestellte Tier. Vieles ist noch Wurm im Menschen; er ist ein "Zwischenfall" der Natur.

Swedenborg: Der Mensch ist im wesentlichen Geist.

Descartes: Die Seele des Menschen ist Bewusstsein.

Pestalozzi: Der Mensch besteht grundlegend aus Verstand, Gefühle und Schaffenskraft.

Bolk: Der Mensch ist ein infantiler Affe mit gestörter innerer Sekretion.

Schiller: Der Mensch ist das Wesen, das will und nicht nur muss.

Pascal: Der Mensch ist das schwächste Schilfrohr, aber ein denkendes.

Kierkegaard: Der Mensch steht zwischen Natur und Gott, kann sich zu sich selbst und zum Leben in freier Beziehung verhalten.

Scheler: Der Mensch ist ein Nein-sagen-könner.

Gehlen: Der Mensch ist ein Mängelwesen; ein Kultur schaffendes Wesen.

Monod: Der Mensch ist ein Zufallsprodukt der Evolution.

Schelsky: Der vom Naturzwang erlöste Mensch unterwirft sich dem Produktionszwang.

Jaspers: Mensch-sein ist unaufhörliches sich-selbst-schaffen.

Weber: Je nach der letzten Stellungnahme ist für den einzelnen das eine Gott und das andere der Teufel.

Lévi-Strauss: Der Mensch ist Träger unbewusst wirkender Strukturen.

Heidegger: Der Mensch kann zu einem Hirten des Seins werden.

Hartmann: Religion vernichtet den Menschen als moralische Person.

James: Der unausrottbare, biologisch wertvolle Glaube des Menschen ist im Gefühl.

Dilthey: Das Seelenleben des Menschen ist teleologisch.

Dewey: Die relative Freiheit des Menschen ist eingegrenzt in ein biologisches, psychologisches und soziologisch-historisches Wechselspiel.

Buber: Der Mensch wird Mensch durch eine Beziehung zum Menschen.

Haeckel: Der Mensch ist die höchste Entwicklung des organischen Eiweiss.

Ortega y Gasset: Der Mensch hat keine Natur; er hat nur Geschichte.

Portmann: Der Mensch verfügt über eine erblich geordnete Organisation der Orientierung, als Aufgabe seiner Vernunft.

Bloch: Der Mensch kann hoffen; sein utopisches Potential liegt in seiner Phantasie, seinen Tagträumen und seinen Wunschvorstellungen.

Marcuse: Der Mensch lebt und stirbt rational und produktiv, als ersetzbares Objekt der technischen Organisation.

Uexküll: Der Mensch ist unendlich gesteigert weltoffen.

Plessner: Der Mensch kann lachen und weinen.

Lorenz: Die Menschen leben in fortschreitender Infantilisierung durch Über- und Unterfunktion ihrer stammesgeschichtlich gewordenen Instinktsysteme.

Teilhard de Chardin: Die Evolution nimmt im Menschen eine Wende ins Geistige. In diesem Vergeistigungsprozess öffnet sich der Mensch dem Göttlichen, wobei die Liebe die menschliche (geistige) Kraft ist, die zur Vollendung führt und selbst die Freiheit in dieser Funktion steht.

Guardini: Dem Menschen ist die Ausgestaltung seines einmaligen, unwiederholbaren Lebens aufgegeben.

Freud: Der Mensch besteht aus einem psychischen Apparat: Ich, Es und Über-Ich.

Fromm: Der Mensch kann um der Zerstörung willen zerstören und um des Hasses Willen hassen.

Jung: Das Handeln des Menschen wird von überindividuellen Kräften mitbestimmt.

Koestler: Der Mensch ist ein Irrläufer der Evolution.

Rogers: Der Mensch ist naturgemäss ein positives soziales Lebewesen, mit starken positiven Richtungsneigungen und dies trotz Destruktivität, Angst, Regression, Abwehr und Grausamkeit.

Maslow: Jeder Mensch hat das natürliche Potential zur kreativen gesunden Selbstverwirklichung.

Watson: Die Psyche des Menschen ist objektiv, experimentell erfassbar, voraussagbar, kontrollierbar und manipulierbar.

Frankl: Das Menschlichste im Menschen ist die bedingungslose Sinnträchtigkeit des Lebens.

Langevelds: Die Lebensgeschichte des Menschen ist eine Sinngeschichte; Personagenese (=Menschwerdung) ist Sinnverwirklichung.

Roth: Der Mensch ist erziehungsbedürftig und erziehungsfähig.

Zdarzil: Der Mensch hat vier Wesensmerkmale: Reflexivität, Selbstbestimmung, Selbstgestaltung und Selbstdarstellung.

Murphy: Alle Fähigkeiten des Menschen, ob normal oder metanormal, körperlich oder ausserkörperlich unterliegen den durch unsere ererbte oder gesellschaftlich konditionierte Natur hervorgerufenen Beschränkungen und Verzerrungen.

In der Selbsterkenntnis als Idee und Konzept ist immer auch ein Menschenbild:

Clemens von Alexandrien (Gnostiker, gestorben 216): "Es ist dann, wie es scheint, die grösste aller Lehren sich selbst zu erkennen. Denn wenn ein Mensch sich selbst kennt, so wird er Gott erkennen". (Jung, C.G.: Olten 1978, 238)

Da wird heute allenfalls gesagt, dass man keine universellen Wesensaussagen über den Menschen machen kann. "Ihr universalistischer Anspruch hält einer historischen, ethnologischen, konstruktivistischen Perspektive nicht stand ... Anthropologiekritik hat deutlich gemacht: Anthropologie kann nur als historische Anthropologie sinnvoll betrieben werden", meint Wulf (1994, 7). Zirfas doppelt im gleichen Buch kräftig nach: "Die Anthropologie kann heute keine Begründungsfunktion der Ethik (für die Pädagogik) mehr übernehmen ... noch kann Anthropologie als normative Deutung der Ethik gelten" (Wulf 1994, 142). Kann man das wirklich nicht? Ist es so, dass kein "gemeinsames Menschenbild" und keine "allgemeinverbindliche Ethik" entwickelt werden kann (Kamper 1992, 311)?

Die Kritik an der philosophischen Anthropologie ist massiv: Die Philosophische Anthropologie hat kein einheitliches Menschenbild hervorgebracht, keine allgemeinverbindliche Ethik geschaffen, keine akzeptable Sinngebung des menschlichen Lebens vorgelegt; sie hat die Übersicht verloren, ist im Eklektizismus stecken geblieben, im Vollzug gescheitert und kann deshalb keinen Sonderstatus beanspruchen (Kamper 1992, 311-312). Vielleicht ist das "Humanum" letztlich wirklich unergründlich (Bollnow 1980) und ein "gesichertes Menschenbild" wird nie möglich sein (Zdarzil 1980). Doch was heisst "gesichert"? Was ist denn in der Physik "letztlich gesichert"? "Die moderne Physik muss auf die dingliche Objektivität der Natur verzichten" (Kraft 1968, 44). Da hat der Behaviorismus zu lernen!

Eklektizismus herrscht auch in der Erziehungswissenschaft. Kaum vereinbare Theorien und Konzepte gibt es in der (empirischen!) Erziehungswissenschaft so sehr wie in der Anthropologie. Sie reden alle vom Menschen und von Bildungszielen, nicht selten in babylonischem, postmodernem Sprachgewirr. Die einen lehnen anthropologische Menschenbilder (Leitbilder) ab; andere fordern sie. Wie soll man das noch verstehen? Im Bildungswesen hat sich offensichtlich "ein lähmender Pessimismus und Skeptizismus ausgebreitet" (Pöggeler 1970, 170).

Was bietet die Erziehungswissenschaft als Alternative? "Es erscheint das Zerrbild eines Menschen, das sich als funktionsmässig regierende Apparatur karikieren liesse" (Löwisch 1982, 18). Von mancher Seite (nicht von allen Seiten!) wird das Ende der (pädagogischen, philosophischen) Anthropologie angekündigt (Kamper 1992, 311). Gleichzeitig aber gibt es weder eine Psychologie noch eine Pädagogik ohne implizites Menschenbild (Thomae 1991, 109-121). Zudem: "Keine Erwachsenenbildung ist denkbar, die nicht irgendwelchen anthropologischen Leitbildern folgt" (Pöggeler 1970, 175). Auch kein Leitbild ist ein Leitbild in der Menschenbildung.

Schon 1970 mahnte Pöggeler: "Das heute weithin registrierbare Fehlen von Wertmassstäben und lohnenswerten Zielen des Erwachsenseins ist Symptom einer generellen Sinnentleerung des Menschseins und einer an die Fundamente des Daseins greifenden anthropologischen Unsicherheit (Pöggeler 1970, 168). Eine Ursache dieser Krise der Anthropologie ist sicher in der Sprache zu suchen. Gegen die "Sprachschöpfungen" der Metaphysik, die vor allem "Fabelwesen" produziert haben, wenden sich u.a. Kamlah/Lorenzen (1967, 24). "Die Philosophie (ist) durch den Mangel an kritischer Reflexion auf das eigene Reden immer wieder auf Irrwege geraten" (Kamlah 1973, 12). Eine klare Absage an die metaphysische Sprache der Anthropologie wird vom Wienerkreis erteilt (Kraft 1968, 26-38). "Wertdurchtränkte Welt- und Menschenbilder ... dienen einer emotionalen Verhaltenssteuerung" (Topitsch 1970, 20). Das sind z.B.: Naturrecht, Wertordnung, Schöpfungsordnung, göttliches Weltgesetz, Urgrund, das Unbedingte, Gott, objektiver Geist, Ding an sich u.s.w. Die philosophische und religiöse Metaphysik ist ein "gefährliches, vernunftschädigendes Narkotikum" (Carnap 1975, 176). Die "Überwindung der Metaphysik durch logische Analyse der Sprache" fordert deshalb Carnap (1975, 149-176).

Damit ist die Frage nach der "Psyche" des Menschen allerdings nicht abgeschafft. Und selbst wenn der "makabre Theologenscherz" stimmt, den Beck (1994, 232) erwähnt, "Ich müsst' nicht schlecht lachen, wenn unsere ganze Religion erlogen wär'", bleiben alle transzendentalen Fragen der philosophischen Anthropologie offen. Da mag alles zutreffen, was Deschner's Untersuchungen (1988) zum "gefälschten Glauben" aufdecken; die Frage nach dem "Mikrokosmos Mensch", eingebunden in den Makrokosmos des Universums wird umsomehr zum Kernthema der philosophischen Anthropologie. Die geistigen Traditionen aller Kulturen und Religionen lehren uns, dass ohne den "inneren Weg" die Antworten auf das Sein und das Dasein des Menschen nicht zu finden sind.

Der Mensch mag "das Mass aller Dinge" sein und "alles sich im Fluss der Geschichte" befinden, eine existentialistische Anthropologie führt nicht da hin, wo echte Antworten (vielmehr: Fragmente von Antworten) gefunden (erfahren) werden können. Der "sekundäre Nesthocker" (Portmann) ist ohne

Zweifel ein pädagogisch relevanter Sachverhalt (Gerner 1982, 132-147). Für die Menschenbildung (des Erwachsenen) können wir philosophisch-anthropologisch mindestens erkennen, dass jeder Mensch seine eigene psychisch-geistige Evolution immer wieder unter den Bedingungen der elterlichen Zuwendung (Liebe!) beginnen muss, und dass jeder Erwachsene dadurch in der nachfolgenden Generation sich selbst als Aufforderung in diesem Sinne reflektieren kann. Ist nicht die Lebensgeschichte eines jeden Menschen eine "Sinngebungsgeschichte" (Langeveld 1968)? Das "In-der-Welt-sein" ist die fundamentale Daseinsverfassung mit ihren zentralen Phänomenen wie Arbeit, Liebe, Herrschaft, Spiel und Tod (Fink 1979).

"Es gilt also, zunächst in einer philosophischen Anthropologie die Illusionen der modernen Profanität zu durchschauen, die Lage des Menschen zu erkennen, alsdann in Ethik zu erfragen, was wir inmitten von Leiden, Schuld und Vernichtung leben können und was wir zu tun haben." Mit Bock meinen wir dazu: Trotz allen Wandels sind die Grundzüge zu suchen, die das Menschsein konstituieren (1991, 100); die Sprachregeln zur Vermeidung einer "Wahrheitsromantik" sind formuliert: "Die Wahrheit, zu der wir im bestmöglichen Falle gelangen, wird also auch wieder Aussagenwahrheit sein, eine Wahrheit, die sich stets der Nachprüfung durch den vernünftigen und sachkundigen Gesprächspartner offenhält" (Kamlah 1967, 148). Ferner hält Kamlah (1973, 16) die Umgangssprache für verlässlicher als die "Bildungssprache". Will die philosophische Anthropologie aufklären und Ziele für die Lebenspraxis bestimmen, so hat sie verständlich zu reden. So gilt für uns: Die saubere analytische Entwicklung der Grundbegriffe ist das Fundament aller Wissenschaften (Seiffert 1973, 8). Allerdings: "Die Idee der idealen Exaktheit ist eine Schimäre" (Savigny 1970, 65).

Philosophisch-anthropologisches Reden enthält nicht aufhebbare Probleme: Reden wir zum Beispiel von "Liebe", dann haben wir in unserem Hintergrund einen komplexen Bedeutungsinhalt (siehe in: Empirie der Individuation 1998), während der Zuhörer bzw. der Leser mit Bestimmtheit seine eigenen Vorstellungen in den Verstehensprozess einbringt. Ist ein Gedankengang über "Liebe" vom Leser integriert (durch seine kognitive Tätigkeit; "Akkommodation" nach Piaget), dann ist sein Bewusstseinszustand in irgendeinem Sinne verändert, und zwar nicht einfach im Sinne des angebotenen Gedankenganges, sondern zuerst als eine erweiterte Konstruktion der vorher vorhanden gewesen Bewusstseinsinhalte zu diesem Thema.

Das gilt u.E. für alle zentralen Themen bzw. Begriffe der philsophischen Anthropologie. Wir meinen deshalb: Die philosophische Anthropologie kann mit ihrem Aussagensystem nicht eine festgelegte Neuordnung in den "Köpfen" der Menschen schaffen; das kann nicht ihr Ziel sein. Sie kann aber Bewusstseinszustände durch neue Wissenselemente erweitern, und zwar im Sinne ihres Anliegens, nämlich immer mehr in Richtung eines ganzheitlichen Menschenbildes, das die Biographie des Lesers, seine Lebenswirklichkeit, seine Bewusstseinsinhalte und sein Daseinserleben integrieren lässt. Nur so kann anthropologisches Wissen Prozesse der Selbstreflexion und Wertverantwortung bewirken. Das ist auch eine Voraussetzung für interkulturelle Verständigung über das Menschsein.

Die philosophische Anthropologie sammelt Erkenntnisse aus diversen Einzelwissenschaften und versucht, ein einheitliches Gesamtbild zu zeichnen. Die Einzelwissenschaften sind u.a.: Psychologie, Soziologie, Biologie, Ethnologie, Kultur und Historie. Nun gibt es heute viele Anthropologien: die soziologische, die biologische, die psychologische, die philosophische, die marxistische, die theologische, die pädagogische und nota bene auch die andragogische Anthropologie. Da sind Schwierigkeiten: Was unterscheidet diese verschiedenen Anthropologien? Und: Welche Massstäbe können festgelegt werden, um sagen zu können: "Das ist jetzt ein einheitliches Gesamtbild"? Und: Welche philosophisch-anthropologischen Wissensbestände sind andragogisch relevant? Tatsächlich ist die Bandbreite menschlicher Erscheinungs- und Ausdrucksmöglichkeiten enorm (Bock 1991, 99-108). In Sachen Kultur meint Gehlen (1971, 22): "Es gibt nichts, was es nicht gäbe". Nicht einfach ist es, da das Zeitlose und das Invariante herauszukristallisieren. Das ist mit erheblichen methodologischen Problemen verbunden (Schöpf 1991, 93). In der pädagogischen Anthropologie machen sich Ermüdungserscheinungen und Enttäuschung breit; wir zitieren zusammengesetzt: "Die Anstrengungen um die Erzielung eines Konsenses über ihre Fragestellung und Aufgabe ... haben ihren Zenit überschritten"; "eine einheitliche Auffassung von pädagogischer Anthropologie ist nicht gefunden worden" (Benner 1994, 115-116). Muss denn da alles "einheitlich" sein? Wir empfehlen, "Einheit" und "Ganzheit" als etwas Organisches zu verstehen, das wir nach offenem methodischem Prinzip zu erfassen versuchen.

Ein weiterer Anspruch wird an die philosophische Anthropologie gestellt, wobei wir hierzu auch die Ethik (vom Menschenbild zu Leitbildern und Werten) zählen wollen: Die Anthropologie ist die Grundlage für die Festlegung von Sinn und Werten. "Sinngebung (ist) eine Voraussetzung zum Glücken eines menschlichen Daseins für den Einzelnen wie für die Gruppe" (Portmann 1965, 249).

Dem wird wissenschaftstheoretisch entgegengehalten, dass man aus einer IST-Aussage logisch keine SOLL-Aussage formulieren kann (Brezinka 1978,

92-104). Für die Wissenschaft als Satzsystem wird Werturteilsfreiheit gefordert. Das hat Max Weber schon 1917 verlangt (Weber 1988, 489-540). Wir müssen uns also daran halten, normative Sätze von Tatsachenaussagen klar zu trennen. Problematisch ist, was Brezinka formuliert: "Die letzten Wertmassstäbe eines Menschen ... sind wissenschaftlich nicht beweisbar" (1978, 101). Was bedeutet "wissenschaftlich" und "beweisbar"? Welches Sinneserlebnis hat denn Brezinka dazu? Gar nicht eindeutig ist zudem seine Behauptung, dass diese Wertmassstäbe "von der Weltanschauung, vom Glauben, vom Gewissen des einzelnen (abhängen)". Wir meinen, es gibt Gegebenheiten im menschlichen Leben, die einerseits zwar Tatsachen sind, die anderseits aber (gewissermassen die Rückseite der Münze) immer einen Wert mitenthalten. Das Problem ist also nicht in erster Linie, ob es im Leben des Menschen unabhängig von seinem Gewissen und seiner Weltanschauung Werte gibt, sondern wie der Mensch sich zu den "Seinswerten" gewisser Tatsachen einstellt und wie er diese formuliert bzw. deformiert. Nehmen wir dazu wiederum das Beispiel der Liebe. Können wir Situationen bzw. Verhaltensweisen der Liebe empirisch hinreichend beschreiben, ohne den Wertaspekt offenzulegen? Wir wissen heute empirisch, was das Fehlen der Liebe im Leben bewirkt, nämlich: Das Defizit emotionaler Zuwendung führt zu erheblichen Entwicklungsrückständen (Spitz 1967). Wir können ein weiteres Beispiel ansprechen: Die Konstruktion einer Atombombe lässt sich rein empirisch beschreiben; ebenso die Folgen (z.B. Hiroschima). Fügen wir hinzu: Gemäss empirischer, wahrscheinlichkeitstheoretischer Analyse sollte nur etwa alle ein Million Jahre ein "GAU" (d.h. "grösster anzunehmender Unfall"), d.h. ein Atomkraftwerkschaden mit unermesslich weitreichenden Schadenwirkungen auftreten. Vielleicht haben wir, gemäss diesen Berechnungen, jetzt "Ruhe" für die nächste Million minus 30 Jahre. Der Schaden und das Leiden von Tschernobyl sind gewaltig. Der "Supergau" war das noch nicht, obwohl in ganz Frankreich erhöhte Strahlen gemessen wurden und in der Schweiz das Fischen im Luganerseee für einige Zeit verboten war. Können wir da, wo es den Menschen trifft, das empirische Sein von Wert und Sinn trennen? Das "reife Gesamtgewissen der Menschheit" (Derbolav 1980) wird für jeden, den es "trifft", zu einer Verantwortungsfrage. Diese lässt sich an Erkenntnis rückbinden (Kraft 1968, 102-110).

Näher bei der Andragogik sind die allgemeinen Bildungsziele bzw. Werte wie zum Beispiel: Tugend, Kritikfähigkeit, Emanzipation, Sorgfalt, Ernsthaftigkeit, Ehrlichkeit, Mündigkeit, Sittlichkeit, Verantwortung und andere mehr. Da wäre also zuerst zu fragen, welches die konkreten Gegebenheiten im Lebensraum sind, die solche Werte klar zum Ausdruck bringen. Ist die eindeutige Beantwortung nicht möglich, dann sind solche Begriffe nichts als Leerformeln, die soviel bedeuten wie metaphysische Seifenblasen. Wir folgern: Sein und Wert sind zwei Aspekte derselben

Wirklichkeit des Menschseins. Portmann mahnt dazu: "Ist die Gefahr eines Menschenbildes, das sich durch Reduktion auf die naturwissenschaftlich fassbaren Daten beschränkt, schon gross genug, so wird sie durch die Dominanz wertfreier wissenschaftlicher Feststellungen noch bedrohlicher. Bei solcher Dominanz schrumpfen wichtige Dimensionen der Innerlichkeit zu Unbedeutendem zusammen" (Portmann 1965, 249-250). Modelle und Wege zur Menschwerdung (Personagenese) unter Miteinbezug von Sinnfindung sind zu entwickeln. Das ist eine philosophisch-anthropologische Aufgabe!

Insgesamt wollen wir dazu folgende These formulieren: Die Begründung von Bildungszielen wurzelt letztlich in der Ethik und diese wiederum in der Philosophischen Anthropologie, d.h. im gesetzten Menschenbild. Die Vielfalt der philosophisch-anthropologischen Fragen und Aussagen über das existentielle Sein verdeutlicht die Komplexität. Es seien dazu einige Thesen zum Thema der "letzten (höchsten) Bildungszielen" vorgestellt (entnommen aus Löwisch, D.-J., 1982; Zahlen in Klammern entsrpechen den Seiten).

- Worauf aber kann und soll der einzelne Mensch hoffen dürfen? (S. 168)
- Was ist das menschliche Leben heute noch wert? (S. 162/164)
- Nicht einen Besitz der Philosophie häufen, sondern das Philosophieren als Bewegung vertiefen (Jaspers) (S. 173)
- Der Fluch des unaufhaltsamen Fortschritts ist die unaufhaltsame Regression; Die Freiheit in der Gesellschaft (ist) vom aufklärenden Denken unabtrennbar (Horkheimer/ Adorno) (S. 158/159)
- Alles Rationalisierte ist entgeistigt; der Einzelmensch wird entwertet, ja entgeistigt (Cohn) (S. 155)
- Aufklärung ist der Ausgang des Menschen aus seiner selbst verschuldeten Unmündigkeit (Kant) (S. 139)
- Glück, Gesundheit, Gerechtigkeit, Frieden, Freiheit, Mündigkeit enthalten ein imperativistisches Moment (S. 138)
- "Emanzipation" will frei machen von nicht rational ausmachbaren und ausweisbaren Zwängen (Hartmut von Hentig) (S.132)
- Ein Akt der Selbstreflexion, der ein Leben ändert, ist eine Bewegung der Emanzipation (Habermas) (S. 130)
- Freiheit ist ein Letztgrund, der nicht mehr auf einen weiteren Grund zurückgeführt werden kann. Die Freiheit des Menschen ist jedoch keine uneingeschränkte, beliebige Freiheit, sondern autonome Freiheit, die sich selbst ihr Gesetz gibt (Annemarie Pieper) (S. 116)
- Ohne Verpflichtung auf die Gesetze, Werte, ja 'Grundwerte' des Menschlichen ist Freiheit eine Illusion (Heinrich Rombach) (S. 117)
- Bekenntnis und Lebensweise in Liebe, Wahrheit, Gewissenhaftigkeit,

Individualität, Freiheit, Subjekthaftigkeit können exaktwissenschaftlich nicht bewiesen werden (S. 114)

- Der Mensch muss lernen, Hoffnungen selbst zu gründen (S. 110)
- Pädagogik (hier: Menschenbildung) muss normativ sein, ... will sie dem Menschen helfen, zu einem Handeln zu gelangen, das sich abhebt von gelegten Geleisen und fremdgestellten Weichen, das sich frei weiss von Routen und Routenvorschriften mit eingebauten Ersatzrouten (und darf dabei) dennoch nicht in Indifferentismus, Anarchismus, Skeptizismus, Nihilismus, Kritizismus ... landen (S. 109)
- Menschenbildung bedeutet: erste und vornehmste Aufgabe ... einen Menschen werden zu lassen (S. 72)
- Der wahrhaft freie Mensch: will nur, was er kann und tut, was ihm gefällt (Rousseau) (S. 72)
- Unsere ganze Weisheit besteht in knechtischen Vorurteilen (Rousseau) (S. 69)
- Das Licht der Vernunft ist uns von Gott mitgegeben; der Mensch ist zur Bindung an Gott freigegeben (Thomas von Aquin) (S. 59/60)
- Das göttliche Licht (ist) der Ursprung der Erkenntnisfähigkeit des Menschen und seiner Einsichtfähigkeit (Augustinus) (S. 53)
- Der Mensch weiss nicht um das Wirkliche und weiss auch nicht um sein Nicht-Wissen (Plato; hier den Gedanken kurz gefasst) (S. 48)
- Der Mensch ist aufgrund seiner nicht leugbaren prinzipiellen Geistigkeit ein entscheidungsfreies und handlungsoffenes Wesen, dem es aufgegeben ist, durch seine Geistigkeit sich selbst in seinem Entscheiden und Handeln, Denken und Wollen zu erleisten, damit sich seine Welt zu schaffen und seine Geistigkeit in allen seinen Denk- und Handlungsvollzügen zu bewähren (Löwisch) (S. 35/36)
- Personale Sittlichkeit lässt sich nicht an der Handlung als solcher, sondern nur an der Qualität des zugrundeliegenden Willens ausmachen (Höffe) (S. 174)

Imaginieren wir folgende Situation: Alle grossen Erleuchteten der Menschheitsgeschichte – das sind: Rama, Krishna, Hermes, Moses, Orpheus, Pythagoras, Plato, Buddha, Konfuzius, Laotse, Jesus, Mohammed, Meister Eckhart und wohl noch einige mehr – würden heute leben. Sie alle hätten Philosophie, Psychologie, Pädagogik, Soziologie, Sozialpsychologie, Psychoanalyse und Wissenschaftstheorie studiert und wären gemeinsam an einem "Wissenschaftlichen Institut für philosophische Anthropologie" Professoren und Forscher. Sie wären die grossen Lehrer der "königlichen Wissenschaft", beispielsweise in Berlin, Frankfurt, Wien oder Zürch. Was würden sie lehren? Sie würden vielleicht auf zehntausend Seiten belegen, dass sich der Mensch keinen Namen und kein Bild von Gott machen solle, dass es ein ewiges Leben gibt, dass es kosmisch-geistige Ordnungsprinzipien gibt, dass der Mensch in seiner Seele ein "lebendiges Abbild" des Kreis-Kreuz-Archetypus (der grossen Mandala's) werden soll, dass es menschliche (verpflichtende) Werte gibt, dass es kein transzendentales Argument (und damit keine geistige Legitimation) gibt für die Todesstrafe, dass das Leben eines Menschen Konsequenzen im Leben nach dem Tode mit sich bringt, dass die Schöpfung 'Erde' von den Gralskönigen der geistigen Welt geplant und geschaffen ist, dass die ganze Menschheitsgeschichte einen Schöpfungsplan zu verwirklichen hat. – Nehmen wir an, diese grossen Gestalten der Geschichte würden dies alles lehren und nachvollziehbar begründen, frei von jeglichem irdischen Religionsstandpunkt und durchaus interkulturell vielfältig mit unterschiedlichen Wertprioritäten. Nehmen wir weiter an, sie seien ziemlich entsetzt und wütend, wie die Menschen die Schöpfung zerstören, wie sie sich gegenseitig bekriegen, niedermetzeln, ausbeuten und sadistisch quälen und wie sie mit ihrer Lebensweise den psychisch-geistigen Evolutionsprozess der Menschheit abwürgen. Imaginieren wir weiter in freier Phantasie, sie würden deshalb verkünden, es seien in der geistigen Welt neue Gesetze erlassen worden (vielleicht haben sie alle das geträumt), damit die Seelen nach dem Tode in der geistigen Welt für ihr Tun endlich angemessen zur Rechenschaft gezogen werden können. Sie würden damit auch sagen, dass die Milliarden Seelen in der geistigen Welt nicht wie gelangweilte Fledermäuse an geistigen Bäumen rumhängen, sondern in einer gesetzlich geregelten Organisation ihren Platz einzunehmen haben, wie das auf der Erde auch üblich ist. So wie die Geburt das Tor in eine irdische Organisation (Familie, Gemeinde, Staat) ist, so gilt der Tod als der Übergang in eine geistige Lebensgemeinschaft, wo es Rechte, Pflichten und Verantwortungen gibt. Das sind philosophisch-anthropologische Aussagen, wie wir sie seit den frühen Hochkulturen in vielen Formen, Bildern und Worten kennen.

Wie würden die Wissenschaftler der Pädagogik (der Erziehungswissenschaft!) und der Erwachsenenbildung auf ihre Lehren reagieren? Wir stellen uns da einige Reaktionsmuster vor, in Stichworten: Kritisieren, demontieren, dekonstruieren, neidisch sein, mehr Recht haben wollen, besser sein wollen, sich selbst eine Krone aufsetzen wollen ohne die entsprechenden psychisch-geistigen Leistungen zu vollziehen, sich auflehnen gegen eine solche "geballte" Autorität und letztlich sagen: "Wir tun, was wir wollen; wir praktizieren wertfreie Wissenschaft; das geht uns alles nichts an". Einige würden sich wahrscheinlich gebärden wie die beiden Stiefschwestern von Aschenbrödel. Die Politik würde diese "erleuchteten Professoren" entlassen, weil die Wirtschaft klagt, sie würden manche Geschäfte kaputt machen. Die esoterischen "Volksblätter" würden ihnen die Türe vor der Nase zuknallen (weil ihre Chefredaktoren päpstlicher sind als der Papst) und die

Fachbuchverlage würden dankend ihre Manuskripte zurücksenden: "Wir bedauern, unser Programm ist 'rein' wissenschaftlich" (oder 'rein' volksnah). Die Presse würde sie als "versponnene Metaphysiker" abstempeln, wahrscheinlich sich eher in Schweigen hüllen (aus Schuld, versteht sich!), da sie weder über Gasbomben, noch über Waffen, noch über Kapital, noch über Fernsehstationen verfügen und zudem weder indoktrinieren, noch manipulieren, noch Zwang ausüben, und leider auch keine haarsträubenden Sexaffären liefern können. Unwahrscheinlich ist auch, dass einer dieser Wissenschaftler irgendwelche Wunder vollbringen könnte. Das macht ihre Sache völlig uninteressant. Ihre Denkprozesse und Kontemplationen wären im Fernsehen langweilig und deshalb nicht gefragt (Reduktion der Zuschauerzahlen bedeutet Reduktion der Werbeeinnahmen). Das Projekt dieser Herren (leider fehlen da die Frauen) wäre zum Scheitern verurteilt. Man würde sie aus den Bildungswissenschaften vertreiben. Bildung und Weiterbildung für die Wirtschaft ist gefragt, nicht psychisch-geistiges Menschsein und nicht ein Gesellschaftsleben mit den transzendental verankerten Grundwerten der Individuation. Bedingen einander persönliche Identität und moralische Integrität (Oser/ Althof/Garz 1986, 361), dann bleiben Lebenssinn und menschliche Werte auf der Strecke, wenn der Mensch seine innere Bildung sich verweigert.

Wir haben auf der Suche nach den aktuellen Titeln zur Anthropologie der Pädagogik eine ganze Reihe von Zeitschriftenaufsätzen und Bücherartikeln gefunden, deren Autoren um die 28 bis 35 Jahre alt sind. Sie sind wissenschaftliche Mitarbeiter, Ober- / Assistenten, Lehrbeauftragte, Leiter von Institutionen der Erwachsenenbildung u.ä.m. Sie schreiben über Menschenbilder, Bildungstheorie der Erwachsenenbildung und Ziele der Menschenbildung. Was sind das für Leute? Wir imaginieren in Erinnerung an eigene Erfahrungen in der Wissenschaftsinstitution:

Sie sind Single, oder "Doppel-Single" (und damit Doppelverdiener), verbringen 2 Wochen Ferien in Mallorca oder an Griechenland's Küste, sie fahren Audi oder Golf, ihr Wohnen bewegt sich zwischen alternativem Stil oder nach der Lebenskultur von "Schöner Wohnen", abends gehen sie in die Pizzeria oder ins 'Pub' in der Altstadt, der eine oder andere macht eine "Psychotherapie" oder nimmt an einer Selbsterfahrungsgruppe teil. Was wissen diese Wissenschaftler über das Menschsein? Mit dieser Frage suggerieren wir nicht die Forderung, sie müssten ein paar Jahre Kunde im Rotlichtmilieu sein, kriminellen Kreisen angehören, als Söldner nach Bosnien gehen, als Ethnologe mit der Handlungsforschung ernst machen und ein paar Jahre im Busch leben oder einige Wochen in Elendsvierteln, China bereisen, eine Weile in islamischen Kreisen weilen, Obdachlose betreuen, mehrere Monate ins Kloster gehen, oder was auch immer. Wir haben aber enorme

Zweifel, ob ein junger Wissenschaftler, der von der "Welt" überhaupt nie bis ins Innerste und nie bis an seine äussersten Grenzen herausgefordert wurde, in der Lage sein kann, über Menschenbildung philosophisch-anthropologisch bis auf den Grund kompetent zu schreiben, Plato zu dekonstruieren, über "Verstehen" Theorien aufzustellen und die philosophische Anthropologie aus der Pädagogik bzw. aus der Bildungswissenschaft zu vertreiben.

Eigenartigerweise ist der Schweizer Pädagoge Johann Heinrich Pestalozzi (1746-1827; ein Experte in Menschenbildung und Volkserziehung) ungebrochen der Dauerbrenner der pädagogisch-anthropologischen Forschung. Böse Zungen sagen, dies sei nicht wegen dem Erkenntnisinteresse, diese "Zitrone sei längst bis zum letzten Tropfen ausgepresst". Es sei, weil die Pädagogikprofessoren und das gesamte akademische Kader in ihrem Umfeld im Unbewussten einen unwiderstehlichen pädagogischen Drang verspürten, Pestalozzi nachzufolgen und auch eine solch gewaltige menschliche Leistung für die Humanität zu leisten, aber seit der Fernsehsendung über die Arbeit von Mutter Theresa im Elend der Armut von Kalkutta, diesen Drang unmöglich ins Bewusstsein hochkommen lassen können. "Die Erfüllung der eigenen Bestimmung" führt ihr Dasein als abstrakter wissenschaftlicher Reflexionsgegenstand. Vielleicht ist das eine Art "sublimierte Berufung", oder eine Verschiebung der verdrängten Berufung.

Unser Reflexionsfeld ist die Menschenbildung. Was uns also interessiert, ist nicht der aufrechte Gang des Menschen als anthropologisches Charakteristikum. Die wohl etwas enge Schau mancher früherer anthropologischer Konzepte ist gewiss überholt.

Der Mensch ist viel mehr als bloss das Produkt gesellschaftlicher Verhältnisse (Marx), mehr als ein zoologisches Wesen (Haeckel), nicht nur Geistwesen (Hegel), und alles andere als ein Zufallsprodukt der Evolution (Monod). Die Andragogik bestimmt die Fragestellung:

Welches sind die allgemeingültigen (universellen) Aussagen über den Menschen, d.h. "das heute und immer Wahre" (Kamlah 1973, 11), das für die Menschenbildung von konstitutiver Bedeutung ist? Das gibt es nicht; es kann sich hier allenfalls darum handeln, die "menschlichen Erscheinungs- und Ausdrucksweisen unter bestimmten historisch-gesellschaftlichen Bedingungen" zu untersuchen (Wulf 1994, 15). "Pädagogische Anthropologie ist konstruktive Anthropologie (als ob alle früheren anthropologischen Forschungsbeiträge nicht 'konstruktiv' gewesen wären), d.h. sie geht nicht davon aus, das 'Wesen' des Menschen in anthropologischer Forschung und Reflexion erfassen zu können" (Wulf 1994, 17).

Schon im groben Überblick der Kritik an der philosophischen Anthropologie kann man sehr Menschliches entdecken: Die deutschen Erziehungswissenschaftler haben Angst vor Autorität, Angst vor Innenschau, Angst vor Festlegungen und Bindungen, Angst vor verbindlichen Werten und Leitbildern, Angst vor allem, was transzendent ist, d.h. das Empirisch-Materielle überschreitet. Die Frage nach Gott zu stellen oder Weisheit – d.h. das "Wissen um das Wesentliche, um die letzten Gründe und Ziele des Seienden ... um Gottes walten und die gottgewollte Ordnung aller Dinge" (Brugger 1992, 453) – als Bildungsthema zu artikulieren, ist für einen Erziehungswissenschaftler mehr als suspekt; das bedeutet Disqualifikation. Sie wollen "reine Wissenschaft" betreiben (Benning 1982, 19-31), nicht aus der "Pferderennbahn" der Erziehungstechnologien ausscheren und immer an der Spitze der Modeströmungen (zur Zeit die Postmoderne) mit virtuoser und komplizierter Rhetorik u.a. das Computer-, Medien- und Weiterbildungszeitalter beschwören. Einer einheitsstiftenden Vernunft wird neuerdings die Absage erteilt; "Sprachspiele" sind "in". Perspektivlosigkeit, kritisierendes und destruierendes Denken nehmen Platz ein; Selbstverwirklichung und Emanzipation: "ja", aber bitte nicht mit Geist, nicht mit Liebe und Wahrhaftigkeit; jede Gewissheit des Wissens wird bestritten; es gibt kein "oberstes Prinzip" und Sinnhorizonte sind kaum noch zu erkennen (Hamann 1993, 170-175).

"Was man im positivistischen Betrieb als redliche wissenschaftliche Bescheidenheit ausgibt, nämlich nur eine bestimmte Art von subjektlosem Erfahrungswissen zuzulassen, ist in Wahrheit ein Versagen gegenüber den wirklichen Problemen von Menschen " (Vinnai 1993, 18).

Die empirische Forschung ist eine Form angepasster Realitätsverleugnung. Staat und Wirtschaft finanzieren sie, von Ausnahmen abgesehen. Ist das nicht auch ein Versagen des eigenen Menschseins dieser Wissenschaftler? Könnte es sein, dass diese "Pädagogen" der Frage nach dem "Wesen des Menschen" aus dem Weg gehen, um selber nicht in die eigenen Wesenstiefen schauen zu müssen, um gewissen lebenswelt-bezogenen Wertpflichten ausweichen zu können? Dies erinnert uns an den grossen evangelischen Theologen Dietrich Bonhoeffer, der tief gelitten hat für seine Wertethik und wegen seinem Engagement im Widerstand gegen Hitler am 9.4.1945 erhängt wurde. Da muss man sich wohl fragen, ob Bonhoeffer (und mit ihm unzählige Opfer) nicht der Betrogene war, ob die Menschen solche historischen Gestalten überhaupt "verdienen". Der Spruch "Oh Herr, vergib ihnen, denn sie wissen nicht, was sie tun" ist wohl eine demagogische Verdrehung; es muss da wahrscheinlich heissen: "Oh Herr, bestrafe sie, denn sie wissen genau, was sie tun". Das würde vielleicht einen geschützten Raum schaffen für mutige Menschen, die ihr Leben einsetzen für Lebenssinn und Werte aus dem

Tiefsten des psychisch-geistigen Lebens. Berufung verwirklichen (Pädagoge-sein sei eine Berufung, hiess es früher) wäre wieder angstfrei möglich. Denn es gibt nicht viele Pädagogen in der Wissenschaft, die ihr Leben für die höchsten Werte des Menschseins einsetzen. Damit kann man sich nicht profilieren, höchstens die Finger verbrennen und Verlierer werden. Das muss man wissen, wenn man Bücher über pädagogische Anthropologie liest und zu diesem Thema suchend (und stets kritisch) vorwärtsdenkt. Wenn doch nur alle, die das "emanzipatorisch-kritische Interesse" in ihren Wissenschaftsmethoden propagieren, mit sich selbst auch so akribisch und scharfsinnig "kritisch" wären!

Wir versuchen also, dem Menschenbild näher zu kommen, den Menschen in einem grösseren Ganzen zu erfassen und Wissensbereiche zu ordnen aus den Einzelwissenschaften, um ein Leitbild für die allgemeine Andragogik vorzubereiten, das allgemeine Gültigkeit und andragogische Relevanz enthält. Unser Standort ist klar ersichtlich aus unserer Bildungstheorie und insbesondere aus unserem Konzept der Individuation (siehe in: Empirie der Individuation 1995). Wir implizieren psychisch-geistige Dimensionen, wenn wir über das "Wesen des Menschen" grundlegende Aussagen formulieren. Hier sind bestimmte Begriffe zentral, die der Neopositivist, der Erlebnisgeplagte und der an Geld und Macht fixierte Mensch meiden "wie der Teufel das Weihwasser": Liebe, Geist, Wahrhaftigkeit, innere Gotteserfahrung, Gral, Weisheit, Ewiges, Transzendenz, Rückbindung an die geistigen Prinzipien, Gottesverwirklichung, Kontemplation, Traumdeutung, Archetypen, Leben nach dem Tod, psychisch-kosmische Energie, persönliches und kollektives Unbewusstes sowie manches mehr.

Die Vertreibung der philosophischen Anthropologie aus der Bildungswissenschaft ist verständlich, aber nicht akzeptabel. Philosophische Anthropologie ist unverzichtbare Bezugswissenschaft zur Pädagogik und Andragogik (Böhm 1988, 30); sie ist es auch zur Politik und Wirtschaft.

Die Frage nach der Ganzheit eines Menschenbildes enthält ein methodisches (und natürlich ein erkenntnistheoretisches) Problem und sollte nicht absolut interpretiert werden. Wir haben in in unseren Studienbüchern und Werkheften versucht, eine Fülle von psychologischem Einzelwissen zusammenzutragen und sind in der Beschäftigung damit im Laufe der Jahre immer mehr zum Schluss gekommen, dass der Mensch in seiner psychischen Gliederung ein sinnvoll zusammenhängendes Gebilde ist, wo die einzelnen Teile (Kräfte, Dispositionen, Subsysteme) eine erfahrbare Bedeutung für das Ganze haben (vgl. Lassahn 1993, 51). Wäre die philosophische Anthropologie in der Lage, heute ein definitives ganzheitliches Menschenbild zu entwerfen, ihre Lehrstuhlinhaber könnten in den Ruhestand treten: "Job ausgeführt;

adieu". Wir interpretieren "Ganzheitlichkeit" nicht als etwas Endgültiges und Abgeschlossenes (Kron 1972, 251-257), sondern als stetige Aufgabe. Die Wege dazu sind phänomenologisch, hermeneutisch, transzendental und v.a. auch symbolisch. Alle Fakten, seien sie biologisch, empirisch oder kontemplativ erschlossen, bedürfen immer der Interpretation. Eine rein rationale Erkenntnis wäre eine Verstümmelung des Menschseins. Sachlichkeit als methodische Grundhaltung (Hengstenberg 1972, 65-83) meint die "Zuwendung zum Seienden um des Seins willen", also nicht "Dinglichkeit" oder "Nützlichkeit". Methodische Prinzipien bestimmen die Frageformen, nach Bollnow (1972, 19-36): 1) Relativierung aller ausserzeitlichen Sinnsphären (z.B. Kultur) und Zurückführung auf den Menschen; 2) Das menschliche Leben von den objektiven Gebilden her verstehen; 3) Beachtung der Formen des Daseinserlebens (z.B. Angst, Schuld); 4) Deutung der Einzelphänomene in Richtung eines Ganzen nach dem Prinzip der offenen Frage, d.h. der Offenheit gegenüber den Einzelphänomenen.

Zum Theorieverständnis in der Erwachsenenbildung meint Siebert (1981, 100): "Eine Theorie sollte empirisch gehaltvolle, logisch zusammenhängende Aussagen zur Beschreibung, Erklärung, Begründung und Zielsetzung eines Wirklichkeitsbereichs machen und so eine begründete Handlungsorientierung erleichtern". Für die philosophische Anthropologie stellt sich dabei die Frage, in welcher charakteristischen Weise die Elemente eines Menschenbildes sich von einer "Theorie der Erwachsenenbildung" unterscheiden.

Wir können dieses wissenschaftstheoretische Problem hier nicht weiter verfolgen. Ein metatheoretisches bzw. wissenschaftstheoretisches Konzept liegt unseres Wissens für die philosophische Anthropologie nicht vor. Grund zu einer gewissen Skepsis, zumindest Vorsicht, liefern uns die Erfahrungen in der Pädagogik: "Die von Giesecke 1982 vorgetragene Einschätzung, die wissenschaftstheoretische Auseinandersetzung hätten der Pädagogik (!) nicht nur keinen Ertrag gebracht, sondern sie darüber hinaus an der Erfüllung 'eigentlicher Aufgaben' gehindert, scheint zum weithin geteilten 'common sense' geworden zu sein" (Pollak/Heid 1994, 3).

Aus dem kurz gefassten Überblick über die kritischen Aspekte zur Lage können wir für die philosophische Anthropologie einige wissenschaftsorientierte Leitlinien formulieren:

1. Philosophische Anthropologie erarbeitet ganzheitliche Menschenbilder und Werte, die als Leitideen dienen für die Menschenbildung, für die Selbstbildung, für die Lebensgestaltung, für das tiefere Verstehen des Lebenssinns sowie für das kulturelle wie interkulturelle Zusammenleben. Das ist weit mehr als "integrative Datenverarbeitung".

2. Die Aussagensysteme der philosophischen Anthropologie sind lebenswelt-orientiert. Sie sind der äusseren und inneren Erfahrung zugänglich und stehen insofern innerhalb dessen, was wir dem "psychischen Organismus" eingegliedert haben. Das bedeutet, dass allgemeine und abstrakte Aussagen im Lebenszusammenhang konkretisiert werden müssen, ohne dabei am sozio-historischen und biographischen Tatbestand hängen zu bleiben oder gar von aktuellen Modeströmungen eingenommen zu werden.

3. Die Aussagensysteme sind pluralistisch. Damit meinen wir: Sie tragen den Tatsachen Rechnung, dass verschiedene Worte dasselbe aussagen können, dass verschiedene Modelle mit unterschiedlichen Akzenten denselben Sachverhalt erfassen können, dass derselbe Sachverhalt interkulturell unterschiedliche Äusserungsformen annehmen kann, dass es vielfältige Lebensformen gibt, dass jede Kultur und gesellschaftliche Situation in ihrer eigenen historischen Entwicklung und Konstitution unterschiedliche Prioritäten und Wertakzente setzen kann, und dass manche Modelle über Menschenbilder ineinandergreifen, sich teilweise überschneiden.

4. Die philosophische Anthropologie integriert die Vielfalt der subjektiven Individualität (personale Konkretheit) in ihre allgemeinen Aussagen in der Weise, dass jeder einzelne auf seine Weise den psychisch-geistigen Evolutionsprozess vollziehen kann, ohne in seinen evolutionären Potentialen beschnitten zu werden. Das evolutionäre Transformationspotential existiert in allen Kulturen und bei allen Menschen.

5. Philosophische Anthropologie formuliert auch Aussagen, die das Menschsein im Lichte der Transzendenz erfassen, ohne dabei durch das Vokabular einer spezifischen Religion andere religiösen Lehrsysteme prinzipiell auszugrenzen. Insofern ist philosophische Anthropologie nicht Theologie und auch nicht rückgebunden an Dogmen irgendwelcher Religion oder esoterischer Lebensanschauung. Die Frage nach der menschlichen Fortexistenz und ihre kosmologische Einordnung (Nickel 1973) ist auch eine andragogische und damit philosophisch-anthropologische Herausforderung.

6. Philosophische Anthropologie bearbeitet Einzelwissen zu einer Gesamtschau aus Psychologie, Pädagogik, Psychoanalyse, Tiefenpsychologie, humanistischer Psychologie, transpersonaler Psychologie, Sozialpsychologie, Soziologie, Parapsychologie, Biologie, Mystik und aus jeder Form von kontemplativ (symbolisch/archetypisch) erfahrenem Wissen (insbesondere Weisheit). Sie versucht ebenso das Menschsein zu erschliessen aus den Erkenntnissen über die Prozesse der Bildung bzw. Individuation.

7. Philosophische Anthropologie formuliert universelle Aussagen in der

Weise, dass der Rückbezug zum Individuum, zum psychischen Organismus, zur Individuation, zur Lebenssituation und zu Handlungen erkennbar und erhalten bleibt. Das ist (wir vermuten) in der höchsten Abstraktion nur durch Symbollehren (mit Anwendungsanweisungen) möglich und verlangt somit ein hierarchisch abgestuftes und systemtheoretisches Zielebenenmodell für Sprache und Bilder/Symbole.

8. Erkenntnisse der philosophischen Anthropologie sollen den einzelnen eine Hilfe sein, sich selbst, sein Leben und das Dasein besser verstehen und bewältigen zu können. Dazu gehört auch die Sinnfrage des Menschseins, deren Wurzeln transzendental sind und nicht bloss historisch-situativ oder technologisch-praktisch. Ferner soll philosophische Anthropologie ihren fachspezifischen Beitrag zur Bewältigung der "grossen Probleme der Menschheit" leisten.

9. Philosophische Anthropologie integriert Nicht-Erklärbares und Nicht-Rationales in der Weise, dass mit solchen Sachverhalten dennoch konstruktiv umgegangen werden kann. Wir denken hier insbesondere an grenzpsychische Erfahrungen aller Art. In gewisser Hinsicht ist die Erkenntnis durch Kontemplation (Archetypenerfahrung) auch ein Wirklichkeitsbereich, der nicht "erklärbar" ist im Sinne der empirisch-rationalen Wissenschaft. Doch sind nicht die Symbole ein unerlässlicher Schlüssel zum Verständnis des Menschen (Cassirer 1991 bzw. 1923-1929; Kessler 1977)?

10. Philosophische Anthropologie formuliert Werte, Normen und Sinnaspekte aus ihren Menschenbildern, die im Gesamtzusammenhang begründet und an das Alltagsleben rückgebunden sind. Damit ist Offenheit, Flexibilität und Diskurs in der Leitbildbestimmung, in der Werterfassung und Wertgestaltung gewährleistet.

11. Philosophische Anthropologie berücksichtigt verstehend und integrierend die Vielfalt der menschlichen Lebenswirklichkeiten: Kranke, Invalide, alte Menschen, Kinder, Kriminelle, Neurotiker, psychisch Kranke, Mittellose, Aussenseiter, Homosexuelle, Lesben, Prostituierte, Süchtige, Verzweifelte, Vereinsamte, Hilflose, Ungebildete, Reiche, Machtmenschen, Spieler, Fanatiker, Leidende, Suchende, Singles, Eltern, Unternehmer, Arbeitslose, Unterdrückte, Opfer u.s.w. Mit diesen Stichworten deuten wir an, dass auch Lebenskrisen und Lebenslaufthemen philosophisch-anthropologisch zu reflektieren sind (siehe z.B.: Kürzdörfer 1981, 124-128).

12. Philosophische Anthropologie ist die "Königswissenschaft". Sie verlangt von ihren Sachverwaltern (in höchster Instanz) den Vollzug der Individuation. Sachkompetenz und Vollzug der Individuation verleiht ihnen

die höchste geistige Autorität in der Gesellschaft. Zur Sachkompetenz gehören entsprechende andragogische Erfahrungen.

Wir haben hiermit versucht klarzustellen, dass die Vertreibung der philosophischen Anthropologie aus der Bildungswissenschaft jeglicher Sachgrundlage entbehrt, dass es ebenso weder angemessen ist, diesen Wissenschaftszweig reduktionistisch in den Hinterraum der Pädagogik bzw. Andragogik zu stellen, noch im Gegenteil zu mancher neuer Modeströmung eine erweiterte und für die Menschenbildung konstitutive Wissenschaftskonzeption der philosophischen Anthropologie zu unterschätzen. Mit Plessner (1965, 26) formulieren wir den Grundsatz: "Ohne Philosophie des Menschen keine Theorie der menschlichen Lebenserfahrung in den Geisteswissenschaften. Ohne Philosophie der Natur keine Philosophie des Menschen".

Streifen wir kurz die zentralen Themenbereiche der philosophischen Anthropologie:

Erstens können wir den Menschen mit seinen psychischen Funktionen eingrenzen. Jeder Mensch hat eine Psychodynamik, ein Ich (Identitätsbildung), einen Willen, eine Abwehrfunktion und eine Steuerungsinstanz. Jeder Mensch hat ferner ein Bewusstsein über sich, über andere, über die Welt und in irgendeiner Weise über die Transzendenz. Wir haben weitere "psychische Subsysteme" bestimmt: die Gefühle, die Bedürfnisse, das Unbewusste, das Traumleben, die Kraft der Liebe und ein "intelligentes Wirkungssystem" mit der Wahrnehmung, der Sprache, dem Denken, dem Urteilen und dem kognitiven Lernen. Wenn wir Reflexivität, Identität, Personalisation, Selbstbestimmung, Selbstgestaltung, Selbstdifferenzierung, Selbstbegrenzung (Scheler 1966, 11) als "Wesensmerkmale" bestimmen (Zdarzil/Olechowski 1976, 50), so immer rückgebunden an den psychischen Organismus und an die Vielfalt des Lebensraumes. Ist das empirische Psychologie? Experimentelle Psychologie? Wir rufen in Erinnerung: "PSYCHE" heisst auf deutsch "LEBEN" und "SEELE". Zum Leben gehört wesensmässig der TOD: "...als ein Bestandteil der unendlichen Lebenslinie des Stammes, die sich durch jeden Tod – in der Reihenfolge Leben-Tod-Leben – fortsetzt" (Kerényi 1971, 176). Die Endlichkeit impliziert die Frage nach der Unendlichkeit (Rothacker 1970, 199). Völlig zu Unrecht besteht in den Sozialwissenschaften noch immer das irrationale Vorurteil, Parapsychologie sei keine "seriöse Sache". Eine grosse Anzahl von grenzpsychischen Phänomenen sind heute mindestens soweit erforscht, dass die Psychologie (als Wissenschaft) ihre Augen davor nicht mehr verschliessen kann, will sie in ihrer Grundhaltung dem Menschsein gegenüber ernst genommen werden. Philosophische Anthropologie beginnt da, wo die empirische Psychologie Halt macht.

Zweitens können wir das menschliche Handeln vielfältig aufgliedern und betrachten, z.B. Kommunikation (Dialog), Sozialität, Fähigkeiten bzw. Fertigkeiten, Rollen, Arbeit, Beschäftigungsformen aller Art, Beziehungsgestaltungen, Selbstumgang, Kultur-schaffen, gesellschaftliches bzw. politisches Engagement, ökologisches Verhalten, Spiel, Umgang mit Wissensbeständen u.s.w. Der Mensch kann sein Handeln planen, reflektieren, antizipieren und verweigern. Da wäre ferner z.B. zu untersuchen, warum viele Erwachsene ihr "lebenslanges Lernen" (ihre Selbstbildung) verweigern und die Selbstreflexion (Selbsterkenntnis) mit aller Hartnäckigkeit von sich weisen. Das "Bedürfnis nach Erweiterung des Handlungsspielraumes und des Verfügenkönnens charakterisiert das genus humanum überhaupt" (Gehlen 1964, 75). Das Handeln hat einerseits eine naturhafte Seite und anderseits natürlich eine psychische "Innenseite". Eine der zentralsten Fragestellungen der philosophischen Anthropologie ist das Problem der "Lebenslüge", des sog. kollektiven Schwurs: "Decke nie das innere psychische Leben auf; sag darüber nie die Wahrheit!". Schaut man gründlich hinter die Kulissen der Äusserlichkeiten im Gesellschaftsleben, so könnte man durchaus zum Schluss kommen, dass zwischen einer totalen Diktatur und der "kapitalistischen Erlebnisgesellschaft" (Schulze 1992) in den tiefsten psychischen Schichten in entscheidenden Aspekten der Humanität und Innerlichkeit kein Unterschied besteht. Das kann und muss philosophisch-anthropologisch aufgedeckt und bewältigt werden.

Drittens ist die Leiblichkeit zu erwähnen. Trieb- bzw. Instinktsystem ist auch für den Menschen überlebensnotwendig (Cube 1991, 122-131): Nahrung, Sexualität, Neugier, Aggression, Revierverhalten, Funktionslust. Da wäre die menschliche Natur als biologisch-kybernetisches System noch auszuarbeiten, um bestimmen zu können, was "Achtung der menschlichen Natur" impliziert und als Wert konkret bedeutet. Denn ein zuviel und ein zuwenig an Triebenergie bzw. Triebbildung hat destruktive Wirkung. Es ist u.E. sehr bedeutsam, den Menschen philosophisch unter dem Gesichtspunkte der biologischen Evolution zu betrachten. Das Faktum geschlechtsspezifischer Differenziertheit ist nicht nur ein Thema der Sexualität, sondern muss erweitert unter philosophisch-anthropologischen Aspekten differenziert werden. Der Mensch ist immer Naturwesen. Er vermag jedoch seine Natur zu reflektieren, zu bilden und Entscheidungen dazu zu treffen. Es gibt u.E. kein einziges transzendentales (metaphysisches) Argument, die Leiblichkeit als etwas Minderwertiges zu bestimmen. Das gilt nicht nur für die Sexualität, die heute im Christentum noch immer überwiegend mit Morallehren unter Zwang und Schuld eingeklammert wird. Die Auslese in der Evolution des Menschengeschlechts wird auch vom sozialen Verhalten beeinflusst: "Vom

Verhalten und der Tätigkeit der Organismen gehen ebenfalls Wirkungen auf den Ablauf der Evolution aus" (Overhage 1965, 126). "Geist und Leben sind aufeinander hingeordnet – es ist ein Grundirrtum, sie in eine ursprüngliche Feindschaft, in einen ursprünglichen Kampfzustand zu bringen" (Scheler 1966, 87). Aus dieser Sicht hat die Menschenbildung gewiss eine entscheidende Verantwortung wahrzunehmen.

Viertens sehen wir in der Biographieforschung entscheidende Fundamente zur Entwicklung von Menschenbildern für die Menschenbildung. Ansätze dazu finden sich z.B. bei Bühler/Ekstein (1973, 349-385), die Lebenslaufstudien unter fünf Aspekten untersucht haben: entwicklungspsychologisch, psychoanalytisch, soziologisch, behavioristisch und humanistisch. Ferner ist z.B. die "Pädagogische Anthropologie der Lebensalter" von Bock (1991) sowie die Untersuchung von Pöggeler (1970, 73-110) zu erwähnen. Danebst verweisen wir auf die verschiedenen Werke, die wir in dieser Studie an anderer Stelle referiert haben. Eine Kernfrage bezieht sich auf die möglichen Konstanten in der Wandelbarkeit und Vielfalt möglicher Lebensläufe. Es gibt Themen im menschlichen Lebenslauf, die interkulturell und unabhängig vom historisch-gesellschaftlichen Kontext dem Menschen aufgetragen sind. Ferner stellen hier Schicksalsereignisse manche sehr ernsthafte philosophische Fragen. Das Menschsein und damit die Menschenwürde haben auch unter körperlich und materiell eingeschränkten Bedingungen allerhöchsten Wert. Wir denken da an Invalide, Kranke, Arbeitslose, Alte Menschen und Minderbemittelte. Die Gesellschaften sind weltweit überwiegend nicht ausgewogen auf eine vollumfängliche Integration dieser Menschengruppen eingerichtet. Auch ihnen gehört die Welt, möchten wir sagen. Und schliesslich ist das Zusammenspiel zwischen Vergangenheit, Gegenwart und Zukunft, sei es als psychologisches Faktum, sei es als Generationenproblem, oder sei es als Problem der Antizipation einer gewünschten und nicht gewünschten Zukunft, philosophisch-anthropologisch relevant und einer vertieften Reflexion zugänglich.

Fünftens finden wir in allen Kulturen Religion und Glaube als zentrales Charakteristikum menschlichen Lebens. Dabei liegt es uns fern eine "Theologische Anthropologie" zu entwerfen, etwa im Sinne Benning's (1992, 71 ff.). Aber die Kernfrage ist anthropologisch und andragogisch bedeutsam: Lassen sich zwischen den Religionen und Kulturen im Überblick über die letzten Jahrhunderte (Jahrtausende) Gemeinsamkeiten erkennen? Immer wieder taucht die Frage nach Göttern und Gott auf (Wittgenstein 1994, 85). Der religiöse Glaube als existentielles Phänomen des Menschseins lässt sich nicht mit "das sind bloss Mythen oder Dogmen" entwerten und ad acta legen. Religiöse Erfahrungen sind nicht religionsspezifisch; wir finden sie in allen Formen der Meditation (Kontemplation) und in vielfältigen Vorstellungen über die Transzendenz. Das Überschreiten der Biosphäre des Menschen in die Noosphäre (des Geistes; Teilhard de Chardin) überwindet den Anthropomorphismus (Sartre; Existenzphilosophie). Immer schon hat sich die Philosophie mit dem befasst, was "jenseits des Physischen" liegt; dies gewiss nicht aus Lebensangst, Lebensverweigerung und Lebensflucht.

Ein zentrales Problem, das für die Menschenbildung nach Lösungswegen ruft, ist in diesem Zusammenhang: "Im Zuge der Aufklärung und der Industriekultur hat sich bei den meisten Menschen an der Stelle, die früher ein transzendentaler Glaube besetzte, ein emotionaler Hohlraum entwickelt, in den bei so verwandelter Lage Gefühle einströmen, die ihrer Natur nach unbegrenzt elargierbar sind und sich mit einem rationalistischen Nützlichkeitsdenken leicht verschmelzen" (Gehlen 1970, 130). Nach Scheler (1966, 92) sind "Mensch- und Gottwerdung gegenseitig aufeinander angewiesen ... Der Mensch kommt erst im Laufe seiner Entwicklung und seiner Selbsterkenntnis zu jenem Bewusstsein seines Mitkämpfertums, seines Miterwirkens der Gottheit". Wir formulieren diesen Prozess im Rahmen der Individuation.

Sechstens ist der Mensch auch im Spannungsfeld von Kultur, Gesellschaft und Umwelt zu betrachten. Da zeigen uns schon die unterschiedlichen Anliegen der Erwachsenenbildung in fünf Kontinenten (Leirman/Pöggeler 1979), wie sehr die Bildungsfragen je nach den Lebensweltbedingungen variieren können. Bildsamkeit und Bildungsbedürftigkeit (auch Begabung) sind nicht nur in psychologischer Perspektive zu untersuchen. Sie stehen in einer Wechselwirkung mit den äusseren Lebensbedingungen, einschliesslich der Arbeitsverhältnisse und den politischen Machtstrukturen. Somit sind auch Sozialisation und Lernfähigkeit (Lerntheorien) in diesem historisch bedingten Kontext anthropologisch zu reflektieren (Zdarzil/Kolechowski 1976, 22-23, 50). Zur Bedeutung der Kultur formuliert Gehlen ein mahnendes Wort: "Wenn die äusseren Sicherungen und Stabilisierungen, die in den festen Traditionen liegen, entfallen und mit abgebaut werden, dann wird unser Verhalten entformt, affektbestimmt, triebhaft, unberechenbar, unzuverlässig" (Gehlen 1971, 59). Das mag einerseits heissen: "Zurück zur Kultur!", wie es Gehlen daraus folgert. Wir können darin auch schlicht die Notwendigkeit der Menschenbildung erkennen. Ökologische Problemstellungen sind einzubetten im grundlegenden Verhältnis Mensch-Naturwelt. Die Menschen haben weitgehend kein Bewusstsein darüber, dass sie als Teil des irdischen Lebens nicht "über" der Welt stehen (und damit kein totales Verfügungsrecht haben), sondern organisch in das biologische Leben eingebunden sind. Die Probleme der Umweltzerstörung sind deshalb nicht allein auf der Ebene des Handelns, sondern auch (oder: vielmehr zuerst) auf der Ebene der grundlegenden Beziehung und Einstellung zur naturhaften Welt zu reflektieren. Wir sehen hier eine wichtige philosophisch-anthropologische Fragestellung.

Siebtens gibt es ein vielfältiges Transformationsvermögen und manche Wege zur Transformation (vgl. Murphy 1994). Psychotherapieverfahren, Meditationsformen, Hypnose, spirituelle Heilweisen, aussersinnliche Fähigkeiten, Autoregulation der psycho-somatischen Gesundheit sind nur einige Stichworte dazu. Als Herausforderung für die philosophische Anthropologie sehen wir das menschliche Vermögen zur psychisch-geistigen Evolution. Wir sehen zwar die "menschlichen Potentiale im 21. Jahrhundert" nicht in parapsychischen Fähigkeiten oder Wunderereignissen. Unser Konzept der Individuation orientiert sich im Vergleich zu diesen Tatsachen deutlich näher am "profanen" psychisch-geistigen Leben: In der Erfahrung und im Vollzug der Individuation liegen die tiefsten Wurzeln für Sinn und Werte des Menschseins. Evolutionäre Transformation erweist sich als der eigentliche Lebenssinn, wenn wir das Leben teleologisch verstehen. Insofern sind unsere Modelle über den psychischen Organismus (Diagramm 1) und die psychisch-geistige Evolution (Diagramm 2) ein philosophisch-anthropologisches Menschenbild.

Wir haben mit diesen sieben Punkten einige zentrale Aspekte gestreift. Da sind noch manche Themen, die das Forschungsspektrum der philosophischen Anthropologie erweitern, zum Beispiel: Freiheit, Verantwortung, Zeugung, Bestimmung, Reinkarnation, Schuld, die Vernetzung des Einzelnen mit dem kollektiven Unbewussten u.a.m. Das sind Themen, die das Menschsein vital betreffen – gestern, heute und morgen. Das sind die verschiedenen Zugänge zum Menschen heute. Gehen wir etwas auf Distanz zur Zeit, so wissen wir wohl, dass der heutige Mensch in einem Evolutionsprozess steht, der kaum erst begonnen hat. Die Menschheit hat die totale Selbstvernichtung heute möglich gemacht. Aber ebenso verfügen wir über einen Wissensbestand, der diese schwierige Herausforderung zu meistern vermag. Was wissen wir über das Menschsein in einer Million Jahren? Nichts.

Doch genügt es denn nicht, den Allgemeinheitsanspruch ("die universellen Aussagen") an das Menschenbild vorläufig auf einige hundert Jahre zu beschränken, z.B.: auch im Jahre 2500 haben die Menschen Gefühle, ein Unbewusstes, Träume, eine Kommunikation, Kulturen, Meditationsformen, Handlungsmuster u.s.w. Immer wird der Mensch (bleiben wir bis zum Jahr 2500) Sinn und Wert erleben, danach fragen, um das Rätsel des Daseins zu verstehen.

Und auch dann wird es noch viele offene Fragen geben, immer wieder auf neue Weise gestellt. Ist es nicht vielleicht gar so, dass wir mindestens für die nächsten Jahrzehnte genügend Wissen über den Menschen, über seine Natur, über seine Sozialität, über die Welt und über "grenzpsychische

Wirklichkeiten" haben, und dass es heute darum geht, dieses Wissen philosophisch-anthropologisch zu verarbeiten und den Menschen nutzbar zu machen für das tägliche (Zusammen-)Leben, für die Selbstreflexion, für die Personagenese, für die Selbstbesinnung sowie für den konstruktiven Umgang mit den Grundfragen des Daseins:

Was ist der Mensch? Wie soll der Mensch leben? Diese Fragen sind Ausgangspunkt der Philosophie. Sind dies nicht auch die beiden Kernfragen des Menschseins, deren vorläufige Beantwortung heute einen enormen Beitrag zur Lösung der Schlüsselprobleme der Menschheit und ebenso des einzelnen in seinem Lebenslauf zu leisten vermögen?

Ein zentrales Problem unserer Zeit ist nicht das philosophische Bekenntnis "Ich weiss, dass ich eigentlich nichts weiss", sondern die Verdrängung des Wissens und damit die Leugnung der Verantwortung über dieses Wissen. Die Grundfrage der Ethik ist nicht, ob es "allgemeingültige Werte" für die gesamte Menschheit geben könnte. Es gibt sie, z.B.: die Leiblichkeit, der psychische Organismus, die Potentiale der psychisch-geistigen Evolution, der Lebensraum (Naturwelt), die Vielfalt der Kulturen (als Lebensnotwendigkeit und als schöpferische Möglichkeit). Die entscheidene Frage ist, wie diese Seinswerte geachtet, geschützt und weltweit durchgesetzt werden können, ohne gegen diese Grundwerte zu verstossen. Eine andere offene Frage betrifft die weltweite Realisierung einer Menschenbildung, die an solche Seinswerte rückgebunden ist.

Wir denken, es wäre schon sehr viel erreicht, wenn es der philosophischen Anthropologie gelingen würde, all diese Aspekte "diskursfähig" zu machen, die philosophischen Antworten am Leben rückzubinden und durch Menschenbilder (mit vielen Facetten) Leitbilder zu schaffen für die psychisch-geistigen bzw. menschlichen Probleme des täglichen Lebens. Das vermag Motivationen zu aktivieren, sich mit sich selbst und mit den Grundfragen des Daseins zu beschäftigen. Würde sich die Mehrheit derjenigen Menschen, und vor allem jene, die die Geschicke der Gesellschaften weltweit in der Hand haben, damit auseinandersetzen, gewissermassen als Teil der Persönlichkeitsbildung und Individuation, die Erde wäre schon fast ein Paradies. Als Folgerung vermerken wir hier den zentralen anthropologischen Grundsatz von Löwisch (1982, 35-36):

"Der Mensch ist aufgrund seiner nicht leugbaren prinzipiellen Geistigkeit ein entscheidungsfreies und handlungsoffenes Wesen, dem es aufgegeben ist, durch seine Geistigkeit sich selbst in seinem Entscheiden und Handeln, Denken und Wollen zu erleisten, damit sich seine Welt zu schaffen und seine Geistigkeit in allen seinen Denk- und Handlungsvollzügen zu bewähren". Wir verweisen darauf hin, dass "Geist" in unserem Sinne eine transzendental-kosmische Kraft (Prinzip) ist, die in Traum und Imagination/Kontemplation für alle Menschen erfahrbar ist, jedoch nichts mit "Intelligenz" und "Kultur" (sog. "objektiver Geist") zu tun hat. Die nach innen gerichtete Selbsterkenntnis mit methodisch klaren (evaluierten) Vorgehensweisen ist die "Eintrittskarte" für die Entdeckungsreise ins "innere Universum" (Mikrokosmos).

Wir können kein Argument finden, die philosophische Anthropologie aus den Bildungswissenschaften zu verjagen. Philosophische Anthropologie gibt es als Begriff zwar erst ab ca. dem 16. Jahrhundert und als Wissenschaft erst seit diesem Jahrhundert. Die Grundfragen des Menschseins aber sind immer schon zentraler Gegenstand der Philosophie gewesen, im Abendland seit Beginn der griechischen Hochkulturen. Die einen sahen den Menschen als die "Krone der Schöpfung", eingebunden in den Kosmos. Andere haben Vernunft und Geist als Wesensmerkmale herausgearbeitet. Immer wieder drehten sich die Fragen um Sittlichkeit und Gewissensbildung. Manche haben materialistisch-biologistische Aspekte untersucht (von Demokrit bis Darwin und Nietzsche). Seit Marx (1818-1883) kennen wir das Menschenbild unter den Gesichtspunkten von Arbeit, Produktion, Selbstentfremdung und Klassenkämpfen, eine Mensch-werdung in dialektisch-historischem Prozess.

Heute prägen Menschenbilder im Lichte der humanistischen Psychologie, der transpersonalen Psychologie und noch immer des Behaviorismus das anthropologische Denken, ergänzt durch psychoanalytische, sozialpsychologische und kybernetische (systemtheoretische) Modelle. Nicht unerwähnt soll die molekularbiologische Betrachtung menschlicher Verhaltensweisen sein (Vester 1983, 1993). Ein erweitertes Menschenbild in der Perspektive der Transzendenz und Grenzpsychologie wird heute zunehmend mit ausgewiesenen Fakten gefordert (vgl. z.B. Capra 1986; Grof 1993; Emde 1981; Murphy 1994). Und nicht zuletzt hat die Tiefenpsychologie von C.G.Jung (wir denken vorab an seine Untersuchungen "Aion" 1978 und "Westliche Religion" 1973) das christliche Menschenbild enorm tiefgründig erforscht. Die hermeneutischen Tiefenanalysen von E. Drewermann (z.B. "Tiefenpsycholgie und Exegese" 1987) sind in der Zukunft für ein erweitertes christliches Menschenbild unerlässlich.

Alle formulieren philosophisch-anthropologische Reflexionen bzw. Schlussfolgerungen für die Menschenbildung und das tägliche Leben, die einen mehr aus der Sicht der Erziehungs- bzw. Bildungsphänomene, andere mehr aus konkreten Lebenssituationen und wieder andere aus grenzpsychologischen oder spirituellen Erfahrungen, immer wieder ausgerichtet auf die Grundfragen, wie sie Kant an den Anfang jeder philosophischen Beschäftigung mit dem Menschen gesetzt hat: "Was ist der Mensch?", "Was soll ich tun?" und "Was darf ich hoffen?" Die Diskussion zur pädagogischen Anthropologie von König/Ramsenthaler (1980) ist ein Beleg über die Aktualität philosophisch-anthropologischer Grundfragen in den Bildungswissenschaften. Zahlreiche Experten der Pädagogik belegen darin, tendenziell übereinstimmend: 1) Erziehung und Bildung als Bedürfnis und Notwendigkeit sind anthropologische Tatsachen; 2) Die Vernetzung Mensch-Umwelt (beides als "Organismus") ist in die Frage nach dem Menschsein einzubinden; 3) Grundsätzlich für das philosophische Fragen und speziell für die Erziehung ist die Frage der Bestimmung des Menschen konstitutiv in allen anthropologischen Reflexionen zur Menschwerdung (Personagenese); 4) Die normative Fragestellung kann nicht aus den wissenschaftlichen Reflexionen ausgegrenzt und in das Privatleben des einzelnen abgeschoben werden; 5) Der menschliche Werdungsprozess (und damit die Menschenbilder) ist "multidimensional" zu erschliessen ("datenverarbeitende Integration") und für die Bildungstheorie fruchtbar zu machen; 6) Die Bildungswissenschaft ist in allen Teilbereichen eng verflochten mit den Grundfragen des Menschseins, von der Ausgangslage, über den Prozess bis hin zur Zielbestimmung.

Beck (1994, 256-267) hat 13 Standpunkte zur Leib-Seele-Frage aus der Geschichte der Philosophie bzw. philosophischen Anthropologie herausgearbeitet. Soll das nun bedeuten, dass die philosophische Anthropologie abgeschafft werden soll? Wir denken 'nein'. Die Frage nach dem Menschen, nach der Psyche (dem Leben) wird noch für viele Jahrhunderte Rätsel offen lassen. Auf dem Weg sein, d.h. immer wieder neue und erweiterte Zugänge zu den Grundfragen des Daseins erarbeiten, erachten wir als eine dem Menschen aufgetragene geistige Herausforderung, die in sich schon konkretes 'Leben' bedeutet, ganz nach der Leitidee: der Weg ist so wichtig wie das Ziel; ist schon Ziel. Philosophisches Denken ist 'Motor' und 'Energie' für den gesellschaftlichen Fortschritt im Sinne der Humanität, für die psychisch-geistige Evolution des Menschen.

Da mag allerdings die Frage offen bleiben, wie es bei einer so gewaltigen Menge an philosophisch-anthropologischen Reflexionen über das Menschsein, über Humanität und Bildung möglich war, dass Europa fast die ganze Welt in Kriegskatastrophen unermesslichen Ausmasses (vorab 1. und 2. Weltkrieg) hineinreissen konnte. Wer heute ernsthaft philosophisch-anthropologische Forschungen betreiben will, kommt nicht darum herum, gewissermassen als "Detektiv" hinter allem zuerst einmal die Verdrängungen, die Lügen und die Heucheleien aufzudecken, beim Einzelnen, beim Volk, in der Politik, in der Wirtschaft, generell in den Sozialwissenschaften, und wohl auch in eigener Sache. Im Wissen um die verdeckten Wirklichkeiten, die wir damit andeuten, können wir nur wünschen: Die Menschen und der Staat mögen sich mit der philosophischen Anthropologie und ihren "individuierten" Vertretern (in der Zukunft) ernsthaft auseinandersetzen. Sie bearbeiten eine geistige Wirklichkeit, die jeder Mensch in sich birgt; wir nennen diese den "Gral", ohne uns dabei konkretistisch an die historische Tradition dieses Themas zu binden. Die Frage nach dem Sinn führt den Menschen letztlich zu sich selbst. Sicher ist: "Sinn ... muss gefunden werden" (Frankl 1993, 155). Das bedeutet "harte Arbeit" an sich selbst. Wer den "Gral" nicht sucht, wird ihn nicht finden. Was auch immer die Menschen mit dem Begriff "Gott" meinen, und welches andere Wort auch immer für diese Wirklichkeit verwendet wird (wir denken, viele Varianten sind je nach Kultur möglich), im Prinzip gilt: "Gott erlöst den Menschen nicht; der Mensch muss Gott in sich erlösen". Wie das bewerkstelligt werden kann, haben wir in unseren Werkheften praktisch entwickelt, im Studienbuch "Empirie der Individuation" (1998) theoretisch aufgearbeitet und in diesem Werk bildungstheoretisch, didaktisch und philosophisch-anthropologisch eingerahmt.

Hans Georg Gadamer hat zusammen mit andern Philosophen einen Appell an alle Parlamente und Regierungen der Welt geschrieben. Unter anderen steht darin (von uns ausgewählte und übersetzte Satzteile): "Die Welt ... benötigt heute mehr denn je Personen, die in philosophischem Denken gebildet sind ... Dies ist die unabdingbare Voraussetzung für jede wahre Begegnung zwischen Menschen (Völkern) und Kulturen...um vorhandene Gegensätze zu überwinden und um fähig zu sein die Menschheit auf den Pfad des Guten (der Tugend) zu führen" (SAGW 1993, 34-35).

Die stets offene Frage und das nie abgeschlossene Menschenbild zwingen den Menschen, solange er zur Selbstreflexion fähig ist, sich immer wieder neu auf sich selbst zu besinnen. Das halten wir für ein entscheidendes Charakteristikum des Menschseins.

Vielleicht ist das in Anbetracht der potentiellen, heute möglich gewordenen Totalvernichtung der Menschheit und der Schöpfung Erde, die einzige 'Versicherung', dass der Mensch nicht dionysisch 'durchdreht' und geblendet in seiner Hybris nebst der Erde, dem DU (dem andern), auch noch das ganze Universum manipulieren, kontrollieren und beherrschen will. Teilhard de Chardin greift das menschliche Dilemma an den Wurzeln: "Entweder strebt das Leben keinem Ziel zu, das sein Werk aufnimmt und vollendet: und dann ist die Welt absurd, selbstzerstörerisch...Oder aber, es gibt Etwas (Jemanden), in dem jedes Element nach und nach in seiner Vereinigung mit dem Ganzen die Vollendung dessen findet, was in seiner Individualität an Rettbarem aufgebaut wurde: dann lohnt es die Mühe, sich der Mühsal zu beugen und sogar sich ihr zu weihen ..." (Teilhard de Chardin 1965, 115-116).

Diese Selbstbesinnung hat entscheidende Konsequenzen für die Pädagogik bzw. Andragogik. Was lehrt die agogische Wissenschaft für ein Menschenbild, wenn sie das Phänomen der Projektion und der Abwehrmechanismen nicht in dieses Bild integriert? Was ist das für ein Menschenbild, wenn die Bildungswissenschaft das Unbewusste mit all den Inhalten - die Komplexe, das Überich etc. - ignoriert? Wie kann ein Menschenbild in der Pädagogik bzw. Andragogik bestehen, wenn die Träume mit der Kraft des Geistes pädagogisch und andragogisch als irrelevant bezeichnet werden? Was ist das für eine agogische Wissenschaft, die die Liebe als entscheidene Kraft der Psyche und des Lebens nicht in den Mittelpunkt stellt, gar als "wissenschaftliches Objekt" aussondert? Wem dient die Pädagogik und Andragogik, wenn sie als Wissenschaft und Praxis die psychischen Grundbedürfnisse und damit auch die Individuation nicht über die Ansprüche der Wirtschaft stellt?

Was die Professoren, die Bildungsforscher, die Experten und die Praktiker nicht in das Menschenbild integrieren, das nehmen ihre Studenten - die späteren Lehrer und Erzieher - und somit die Menschen im Alltag dann auch nicht ernst. So lernt das Kind in der Schule und lernen die Erwachsenen in der Erwachsenenbildung, dass die Projektionen, die Abwehrmechanismen, das Unbewusste, die Liebe, die Träume, der Geist im psychischen System, die psychischen Grundbedürfnisse und die Individuation ignoriert werden können und ganz bestimmt keiner Bildung bedürfen.

Die logische Nebenerscheinung ist, dass der Pädagogikprofessor und Bildungsforscher, der Experte und Praktiker sein eigenes Unbewusstes nicht aufarbeitet, seine eigenen Träume nicht ernst nimmt und sie auch nicht deuten kann, seine eigenen Projektionen und Abwehrmechanismen nicht in die Ich-Führung integriert, seine eigenen psychischen Grundbedürfnisse vernachlässigt und die Liebe allenfalls als Privatsache pflegt.

Von der Spitze der Bildungshierarchie bis zur Basis werden alle unfähig, das psychische Leben ernst zu nehmen und für die höchsten Werte des psychisch-geistigen Menschseins Solidarität und Verantwortung zu praktizieren.

Individuation als das angemessene Konzept und als eine (notwendige) Form der Selbstanalyse und Selbstbildung für Bildungsexperten und Bildungspraktiker ist jedenfalls in den Wissenschaften der Menschenbildung unbekannt. In diesem Aspekt ist die Pädagogik bzw. die Andragogik im Geist des 18./19. Jahrhunderts steckengeblieben. Im Vergleich zur Psychoanalyse, die die "Lehranalyse" längst als Pflicht und Selbstverständlichkeit für Lehre und Praxis pflegt, ist diese Vernachlässigung in der Pädagogik und Andragogik eine Peinlichkeit sondergleichen. Diese erwähnte Aussonderung von essentiellen Bereichen des psychischen Lebens fördert den Egoismus, den Narzissmus und vor allem die Lebenslüge, ist gar in sich selbst eine Lebenslüge und ein Selbstbetrug. Es kann also nicht wundern, dass das ganze Volk in dieser Lebenslüge und in diesem Selbstbetrug verstrickt ist.

Die Lösung ist mehr als bloss die Integration weiterer psychischer Bereiche in die Forschung und Lehre der Bildungswissenschaften. Die Lösung beginnt mit einer Selbstbesinnung (der Wissenschaft wie der darin Tätigen) auf das eigene Menschenbild und in der Folge auf die eigene philosophische Anthropologie. Das ist mehr als eine Erweiterung der Bildungsaufgabe. Das ist auch viel mehr als blosse philosophische respektive wissenschaftliche Verantwortung. Denn Umweltzerstörung, unmenschliche Bebauungen, Naturkatastrophen, Gewalt, Betrug, psychisches und soziales Leiden, Sucht aller Art, Sekten und esoterisch-spiritueller Sumpf, Exzesse der Lust- und Fun-Gesellschaft, Habgier und Neid, Unfälle mit vielen tausend von Toten und hundert-tausenden Verletzten (in allen Lebensbereichen) werden von Menschen gemacht, eben vor allem von Menschen, die die Liebe, den Geist und die Individuation für völlig unwichtig halten - oder diese gar nicht kennen. Man muss wohl sagen: Die "Königswissenschaft" - das ist die philosophische Anthropologie, Hand in Hand mit der Pädagogik - des 20.Jahrhunderts hat versagt.

Will diese "Königswissenschaft" im 21. Jahrhundert mehr als bloss Diener der Wirtschaft, der Freizeitindustrie und politischen Verwaltung sein, will sie das Menschsein, die Humanität, den Geist und die Liebe als grundlegende Kraft der Gesellschaft formen und fördern, muss sie ein evolutionäres philosophisch-anthropologisches Menschenbild integrieren und als Bildungsprogramm realisieren.

Es gibt in der Wissenschaft und Praxis sowie in der Gesellschaft generell unzählige Stimmen und Fakten, die eine solche Wende verlangen. Werfen wir einen kurzen Blick dahin. Da sind zuerst einige Menschengruppen, die spezifische Erwartungen an die Pädagogik (Andragogik) haben können:

1) Pensionierte, die nicht/selten am aktiven Gesellschaftsleben teilnehmen;
2) Menschen, die wegen Krankheitsanfälligkeit überwiegend ans Haus gebunden sind;
3) Alte Menschen im Pflegeheim oder Altersheim;
4) Kranke oder Verletzte zuhause oder im Spital, im Pflege- oder Erholungsheim;

5) Kinder, Jugendliche und Erwachsene in sozialen Institutionen (Heimen);
6) Verurteilte im Gefängnis und Verdächtigte in Untersuchungshaft;
7) Arbeitslose und teilzeitlich Arbeitslose, die ihre Lage nicht managen können;
8) Menschen, die mangels Geld (fast) immer zuhause bleiben oder 'rumhängen';
9) Psychisch Leidende, die aus diesem Grunde wenig aktiv im Gesellschaftsleben sind;
10) Die Konsumenten und beruflich Tätigen im Rotlichtmilieu, in der Pornoindustrie;
11) Drogen-, Alkohol-, Medikamenten-, Spiel- und Esssüchtige;
12) Ladendiebe, Versicherungsbetrüger, Abzocker;
13) Alleingelassene Kinder und Erwachsene, die (innerlich) verwahrlosen;
14) Alleinstehende, Geschiedene und Getrennte, die vereinsamt leben;
15) Menschen, die Opfer des wirtschaftlichen Kampfes wurden;
16) Sozialhilfeempfänger, Obdachlose, Ausgestossene wegen 'Untauglichkeit';
17) Invalide; generell Menschen, die psychisch und/oder körperlich eingeschränkt sind;
18) Teilanalphabeten, Menschen mit massivem Bildungsdefizit;
19) Opfer von Unfällen und tragischen Ereignissen;
20) Menschen, die wegen ihrem Denken und ihrer Lebensweise ausgegrenzt wurden.

Ich schätze die Gesamtzahl dieser Menschengruppen auf gegen Zweidrittel der Bevölkerung. In Zahlen (aus den Medien entnommen; ohne Gewähr) sieht das für Deutschland exemplarisch so aus:

9 (8) Mio leiden an Depressionen und 10 (8) Mio an Migräne, 3,2 Mio stottern, 8 Mio haben soziale Phobie, 5 Mio haben chronisch Ängste, 9 Mio leiden an Depressionen, etwa 8 Mio trinken zuviel Alkohol, mehr als 4 Mio leiden an Hautallergien, 7 von 10 haben Wirbelsäuleprobleme, über 0,65 Mio leiden an Herzflimmern, jede zehnte Frau hat Brustkrebs (47'000 Neuerkrankungen jedes Jahr), eine Million lebt in der totalen Armut, eine Million hat gelegentlich Suicidgedanken, jeder Zweite (Dritte) klagt über Schlafstörungen, 11 Mio leiden an chronischen Schmerzen, 3 Mio haben täglich Kopfschmerzen, bei 7 Mio nagt Impotenz, jeden Tag gehen eine Million Männer zu Prostituierten, 50% der Erwachsenen haben Übergewicht, jeder Deutsche isst rund 30 kg Süssigkeiten pro Jahr, bei 35 (45?) Mio quält Verstopfung, jedes zweite Kind hat Übergewicht und Haltungsschäden, jedes zehnte Kind ist Opfer von Gewalt in der eigenen Familie und jede dritte Gewalttat geschieht in der Ehe (Partnerschaft) und Familie, mehr als eine Million Kinder leben von der Sozialhilfe, 6,3 Mio sind schwerbehindert, fast eine Million Abgeurteilte, über 6 Mio Straftaten pro Jahr, etwa 400'000

Autounfälle mit über 7000 Toten und 0,5 Mio Verletzten, 1 Mio asthmakranke Kinder, 14 Mio Jugendliche haben Gehörschäden (von zuviel Lärm in Disco), jedes 5. Kind im Vorschulalter hat Sprachstörungen (mangels Kommunikation der Eltern), jeder 5.Deutsche leidet an Sodbrennen, mehr als die Hälfte aller Deutschen leiden an Rückenschmerzen, 90% der Kinder haben gelegentlich Kopfschmerzen, ein Drittel aller Frauen in einer Beziehung sind sexuell unbefriedigt, jeder zweite Deutsche im mittleren Alter ist alkoholgefährdet, 500'000 Leute konsumieren Kokain und viele weitere hunderttausend Deutsche sind süchtig (Nikotin, Alkohol, Drogen aller Art, Medikamente, Spiel, Konsum, Schokolade, Pornographie, Essen, Fernsehen, Handy u.s.w.) und nochmals viele hunderttausend Deutsche summieren sich in den 'Kategorien': Obdachlose, Unfallopfer, Diebe, Betrüger, Abzocker, Getrennte bzw. Geschiedene, Teilanalphabeten, Vereinsamte, Verwahrloste, Wirtschaftsopfer, Behandlungsopfer (Medizin, Justiz, Verwaltung), Geschädigte durch Umweltkatastrophen, Stresskranke durch Lärm und Schadstoffe (Verkehr) und da sind noch all jene zu erwähnen (rund jeder Dritte mindestens einmal im Leben), die an psychischen Störungen leiden durch ihre Lebenslage, durch ihre Biographie, durch die soziale Umwelt und durch ihre wirtschaftliche Lage; u.ä.m.

Diese exemplarische Statistik widerspiegelt überwiegend ein ungeeignet gebildetes psychisches Leben, meist verbunden mit Hilflosigkeit gegenüber dem "inneren Menschen". Die 20 erwähnten Menschengruppen gehören zum Teil zu den Verlierern im Kampf um Wohlstand, Partizipation, Erlebnis und Glück; einzelne sind zumindest für eine Weile "weg vom Fenster". Manche nehmen das hin, als ob es "Schicksal" wär. Eine ähnliche Geisteshaltung finden wir bei den Gewinnspielen: Einer gewinnt den Superpreis, einige erhalten (manchmal) kleinere Preise und der grosse Rest geht leer aus. Der "geile Superlativ" schafft Millionen Verlierer und Zuschauer des Lebens. Beginnt dieses Spiel der Chancenungleichheit in diesem Kampf bereits in der Schule?

Der Soziologieprofessor Ulrich Beck sagt zu unserer "Risikogesellschaft" (1986, 60-61): "Hinter den Mauern der Gleichgültigkeit wuchert die Gefahr". Er meint ferner, dass Leugnung und Nichtwahrnehmung der globalen Risiken ein ebenso grosses Risiko darstellen, wie die eigentlichen Risiken. Und: "Geleugnte Risiken gedeihen besonders gut und schnell". Wie sieht die psychische Gesundheit der Deutschen (und anderer Völker) in 10, 20 und mehr Jahren aus?

Professor Konrad Lorenz legt die acht Todsünden der zivilisierten Menschheit klar offen (1993). Wir fassen zusammen (ebenda, 107-109):

1. Die Übervölkerung der Erde, die jeden von uns durch das Überangebot an sozialen Kontakten dazu zwingt, sich dagegen in einer grundsätzlich 'unmenschlichen' Weise abzuschirmen, und die ... aggressionsauslösend wirkt.

2. Die Verwüstung des natürlichen Lebensraumes ... auch im Menschen selbst alle Ehrfurcht vor der Schönheit und Grösse einer über ihm stehenden Schöpfung (zerstört).

3. Der Wettlauf...mit sich selbst, der die Entwicklung der Technologie zu unserem Verderben immer rascher vorantreibt, die Menschen blind macht für alle wahren Werte ...

4. Der Schwund aller starken Gefühle ... durch Verweichlichung. Fortschreiten von Technologie und Pharmakologie fördern eine zunehmende Intoleranz gegen alles im geringsten Unlust Erregende ...

5. Der genetische Verfall ... Es ist nicht auszuschliessen, dass viele Infantilismen, die grosse Anteile der heutigen 'rebellierenden' Jugend zu sozialen Parasiten machen, möglicherweise genetisch bedingt sind.

6. Das Abreissen der Tradition ... der jüngeren Generation (gelingt) es nicht mehr, sich mit der älteren kulturell zu verständigen, geschweige denn zu identifizieren. Sie behandelt diese daher wie eine fremde ethnische Gruppe ...

7. Die Zunahme der Indoktrinierbarkeit der Menschheit. Die Vermehrung der Zahl der in einer einzigen Kulturgruppe vereinigten Menschen führt im Verein mit der Vervollkommnung technischer Mittel zur Beeinflussung der öffentlichen Meinung zu einer Uniformierung der Anschauungen, wie sie zu keinem Zeitpunkt der Menschheitsgeschichte bestanden hat ... Dazu kommt, dass die suggestive Wirkung einer fest geglaubten Doktrin mit der Zahl ihrer Anhänger wächst ... Die entindividualisierenden Effekte sind all jenen willkommen, die grosse Menschenmassen manipulieren wollen ...

8. Die Aufrüstung der Menschheit mit Kernwaffen ...

Konrad Lorenz sieht die Menschheit als Ganzes bedroht. Aus seiner Streitschrift (1993 bzw. 1973) entnehmen wir zwei Hauptmotoren zu dieser Entwicklung, die u.E. entscheidend gegen die psychisch-geistige und körperliche Gesundheit laufen: "Man muss sich fragen, was der heutigen Menschheit grösseren Schaden an ihrer Seele zufügt: die verblendende Geldgier oder die zermürbende Hast. Welches von beiden es auch sei, es liegt im Sinne der Machthabenden aller politischen Richtungen, beides zu fördern ... auch die Angst (spielt) eine sehr wesentliche Rolle, Angst im Wettlauf überholt zu werden, Angst vor Verarmung, Angst, falsche Entscheidungen zu treffen und der ganzen aufreibenden Situation nicht mehr gewachsen zu sein ... Ängstliche Hast und hastende Angst tragen dazu bei, den Menschen seiner wesentlichsten Eigenschaft zu berauben. Eine von ihnen ist die Reflexion." (ebenda, 35) Und: "Es muss eben übelste Auswirkungen haben, wenn eine weltumfassende Ideologie samt der sich aus ihr ergebenden Politik auf einer Lüge (die pseudo-demokratische Doktrin) begründet ist ..." (ebenda, 94).

Postmann beschreibt zentrale gesellschaftliche Hemmfaktoren zur verantwortlichen Selbstbildung und Lebensweise (1988, 170-172): "Tyrannen jeder Couleur haben stets gewusst, wie nützlich es ist, den Massen Vergnügen und Zerstreuung zu bieten, um ihre Unzufriedenheit zu besänftigen ... Zensur (ist) nicht mehr nötig, sobald der gesamte politische Diskurs die Gestalt des Amüsements annimmt." ... "Desinformation bedeutet irreführende Information - unangebrachte, irrelevante, bruchstückhafte oder oberflächliche Information -, Information, die vortäuscht, man wisse etwas, während sie einen in Wirklichkeit vom Wissen weglockt." (ebenda, 133)

Zu Freiheit und Verantwortung der Selbsterkenntnis sagt Jaspers (1984, 322): "Das Böse ist durch Freiheit. Was nicht in der Macht der Freiheit liegt, das brauche ich nicht zu verantworten. Was liegt in der Macht der Freiheit? Zuletzt und zuerst ich selbst für mich selbst, sofern ich mir selbst durchsichtig werden oder mich verschliessen kann ...". Und Jung (1978, 63) schreibt dazu: "Die menschliche Natur ist unendlicher Bosheit fähig; nur die Unbewusstheit kennt kein Gut und Böse."

Unsere Folgerung für die Selbstbildung: Die Fakten dieser acht Thesen sind markante, sehr gravierende Eingrenzungen und Behinderungen für eine freie, autonome und kreative Selbstbildung. Der Teufelskreis liegt auf der Hand: Wer gegen diese Todsünden nichts unternimmt, ist selbst davon befallen und in seinen Bemühungen um Selbsterkenntnis und Selbstbildung behindert. Er fördert den behindernden Rahmen in der Zukunft. Wie kann die Freiheit erlangt und dadurch das Böse überwunden werden, wenn nicht durch Persönlichkeitsbildung und Individuation?

Betrachten wir nochmals kurz die vorgängig vorgestellte Statistik: Dieses exemplarische Bild widerspiegelt überwiegend ein ungeeignet gebildetes psychisches Leben, meist verbunden mit Hilflosigkeit gegenüber dem "inneren Menschen". Die vorgängig erwähnten zwanzig Menschengruppen gehören mehrheitlich zu den Verlierern im Kampf um Wohlstand, Partizipation, Erlebnis und Glück; einzelne sind zumindest zeitweise "weg vom Fenster". Manche nehmen das hin, als ob es "Schicksal" wär. Eine ähnliche Geisteshaltung finden wir bei den Gewinnspielen: Einer gewinnt den Superpreis, einige erhalten (manchmal) satte Zweit- bis Fünftpreise und der Rest geht leer aus. Der "geile Superlativ" schafft Millionen Verlierer und Zuschauer des Lebens. Beginnt dieses Spiel der Chancenungleichheit in diesem Kampf bereits in der Schule?

Aus den Wurzeln des Geistes der Seele (des innerpsychischen Lebens) ist das unter verschiedenen Aspekten keine Gesellschaft mit Geist, mit Wahrhaftigkeit und Liebe als Lebensprinzipien für ein evolutionäres

Menschsein. Diese Realität des freiheitlichen Gesellschaftslebens mit sehr vielen tragischen Opfern (und Tätern) enthält implizit Erwartungen an die Bildungswissenschaften. Welches "Rüstzeug" gibt die Pädagogik (Andragogik) den oben erwähnten Menschengruppen zur konstruktiven Bewältigung ihrer menschlich schwierigen Lage? Was tut sie zur Prävention?

Das Konzept der Begabungsförderung in der Berufswelt ist heute weitgehend nicht mehr massgebend. Der Arbeitsmarkt und die Gier nach Geld zwingen viele Menschen, sich in der Arbeitswelt den Möglichkeiten entsprechend zu bewegen. Hiess es früher "Wer etwas leistet, bringt es zu etwas", so kann man heute feststellen, dass sehr viele von jenen, die "haben" (Geld, Güter, Karriere, Ansehen, Partizipation), dies nicht haben, weil sie etwas Besonderes mit grossem Einsatz und aus innerer Begabung leisten würden, sondern weil sie mit Tricks, mit Aggressivität und Machtverhalten sich dieses "Haben" aneignen. Wo bleibt die innere Resonanz zum beruflichen Dienen mit sachlicher und sozialer Kompetenz? Der grassierende Mangel an Berufsethos verweist auf einen Mangel an Menschenbildung und damit auf einen Bildungsbedarf.

So wie der Mensch psychisch als Persönlichkeit (Person) geformt ist, so lebt er mit sich selbst, mit andern Menschen und mit seinem Lebensraum. Der Umgang mit dem eigenen psychischen Organismus zeigt sich im Umgang mit der Natur, mit dem Wasser, der Luft, der Erde und der Tierwelt. So wie die psychischen Kräfte geformt sind, so gestaltet der Mensch sich seine eigene Welt und so wirkt er auf die Lebenswelten. Die enormen Schäden und Gefahren, die wegen der fehlenden inneren Bildung entstanden sind, können nicht wegdiskutiert werden. Milliarden Franken (DM) werden jährlich ausgegeben für Bildungsforschung und Bildungsaufgaben. Darf man die Frage stellen, ob die Pädagogik (die Andragogik) des 20. Jahrhunderts wegen Bildungsineffizienz (-defizit) in den elementaren Lebensbereichen des Menschen einer Totalrevision bedarf?

Und schliesslich liessen sich die oben skizzierten Gesellschaftsgruppen noch mit der Renaissance totalitärer Ideologie erweitern. Viel Gewaltbereitschaft ist zu erkennen. Es zeigen sich Ressentiments gegenüber den Werten der abendländischen Kultur, emotionale Unsicherheit im Volk, massenweise blinde Identifizierungen mit politischen und wirtschaftlichen "Führern", Regressionen und Anpassungen in ein Massenbewusstsein, männlich-aggressive Lebensformen im Beruf wie in der Beziehung zur Frau, Ausgrenzungen als Modell zur Konfliktlösung, auch Gleichgültigkeit (oder Desorientierung) in den moralischen Belangen des täglichen Lebens. Wenig erkannt wird, wie sehr das Denken der Menschen aller Bildungsstufen und Sozialschichten noch immer vom Geist der Inquisition durchtränkt ist.

Der moderne Faschismus redet im Stil der humanistischen Psychologie, bewegt sich gemäss den demokratischen Gepflogenheiten und ihre Spitze präsentiert sich in Anzügen und Schuhen vom Feinsten. Das "Bühnenspiel" läuft nur noch mit Lügen. Das sind auch Resultate der Menschenbildung der letzten dreissig Jahre und der so hoch gepriesenen Wohlstandsideologie. Viele Millionen können am Wohlstand nicht teilnehmen und erreichen die Standards der Moderne nie. Welcher Ideologie und welchen Führern werden diese in zwanzig bis dreissig Jahren zugeneigt sein? Hat da die Pädagogik eine Zukunftsschau und eine praktische Antwort parat? Wenn keiner mehr die Liebe, die Wahrhaftigkeit und den Geist will, was kommt dann?

Der faschistoide und partiell schizofrene Menschentypus ist enorm verbreitet. Abstrahieren wir vom politischen Aspekt des Gattungsbegriffes "Faschismus", dann können wir ein Menschenbild erkennen, das in der Denkweise sowie in den Grundmustern der Einstellungen und des Verhaltens Grundzüge aufweist wie:

Autoritarismus, Totalitarismus, Glaube an Mythen, Unterwerfung unter einen Führer, psychische Gewalt als Kampfmittel, elitäres Gemeinschaftsdenken, Massenmanipulation und kollektive Gehirnwäsche, Menschen-entwürdigende Werte und Ideale (der Wohlstandskultur), Verdrängung des "inneren Menschen", Leugnung des Geistes als psychische Kraft, Ignorieren und Ausgrenzen als Instrument der Ächtung u.s.w. Diverse Lebenswelten sind davon gezeichet! Hierin liegt *das* Zerstörungspotential im 21.Jahrhundert! Wie reagiert die Pädagogik (Andragogik) darauf?

Betrachtet man das "kritische" Gesamtbild der Gesellschaft, dann drängt sich die Feststellung auf: *Bildungsforschung, Erziehungswissenschaft und Pädagogik haben in ihrer kategorialen Primäraufgabe erheblich versagt. Sie haben auf entscheidende Bedürfnisse der Menschen in der Gesellschaft nicht geantwortet.* Mit andern Worten: Es ist längst fällig, die lebenslange Volksbildung einer Totalrevision zu unterziehen, damit in Zukunft die Menschen den Anforderungen des Lebens und gleichzeitig denjenigen der Psyche gewachsen sind. Das geht niemals ohne bewusste und gründliche Bildung des gesamten psychisch-geistigen Lebens. Tut das die Pädagogik bzw. die Andragogik nicht, dann wuchern Sekten, esoterische und pseudoreligiöse (spirituelle) Bewegungen sowie Fundamentalismus. Dies alles ist Nährboden für faschistoides Denken.

Eine solche Gesellschaft ist keine Gesellschaft mit Geist, mit Wahrhaftigkeit und Liebe als Lebensprinzipien für ein evolutionäres Menschsein. Diese Realität mit sehr vielen tragischen Opfern (und Tätern) enthält Erwartungen an die Bildungswissenschaften. Welches "Rüstzeug" gibt die Pädagogik (Andragogik) den oben erwähnten Menschengruppen zur konstruktiven

Bewältigung ihrer menschlich schwierigen Lage? Was tut sie zur Prävention? Sie hat keine Visionen, keine Vorausschau; sie reagiert bloss auf wirtschaftlichen Bedarf.

Im (katholischen, christlichen) Philosophischen Wörterbuch von Brugger (1976/1992, 430-431) steht zum Stichwort Verantwortung: "Verantwortung ist eine notwendige Folge der menschlichen Willensfreiheit und der darin gründenden Zurechnungsfähigkeit. Kraft dieser muss die sittliche Person als massgebende Ursache ihres guten und bösen Tuns vor ihrem Gewissen, vor der sittlichen Umwelt und besonders vor dem göttlichen Richter für ihre Taten einstehen und die unausbleiblichen Folgen ihres Verhaltens übernehmen ..."

Aus pädagogischer Sicht finden wir im "Lexikon für Pädagogik" von Horney (1970, 1287) Aspekte, die "Verantwortung" klar umreissen: "... die Fähigkeit und Bereitschaft zum Antwort-geben auf ein Ansprechen ... mit meiner ganzen Person für meine Antwort mich verbürge. Verantwortlichsein ist eine Grundbefindlichkeit, die verpflichtenden, unausweichbaren Charakter hat.

Die Unbedingtheit echter Verantwortung verweist auf das Gewissen, in dem ich des Sollens inne werde, seinen Anspruch als wahr nehme. Die Begründung des wahrgenommenen Anspruchs mit der strikten Forderung nach Antwort und verantwortlichem Handeln lässt sich nur von der Religion her geben ..."

Der Vicepräsiden Al Gore (bis Ende 2000) nimmt zur Selbsterkenntnis und der damit verbundenen Verantwortung klar Stellung (1992, 373-375). Wir entnehmen daraus: "Ich beschäftige mich jetzt seit mehreren Jahren intensiv mit der Suche nach Wahrheiten über mich und über mein Leben. Und ich weiss, dass viele andere das gleiche tun. Mehr Menschen als je zuvor fragen: 'Wer sind wir? Was ist unser Ziel? ... Am Ende habe ich gleichzeitig nach einem besseren Verständnis meines eigenen Lebens und nach Möglichkeiten zur Rettung der globalen Umwelt gesucht ... Der Schlüssel liegt tatsächlich im Gleichgewicht, dem Gleichgewicht zwischen Nachdenken und Handeln, zwischen persönlichen Sorgen und der Verpflichtung gegenüber der Gemeinschaft, zwischen der Liebe zur natürlichen Umwelt und zu unser eigenen, erstaunlichen Zivilisation ... (Meine Glaubensbedeutung) wurzelt in dem unerschütterlichen Glauben an Gott als den Schöpfer und Erhalter, in einer zutiefst persönlichen Deutung von Christus und meinem Verhältnis zu ihm ... Das ist das Wesen des Glaubens: sich aus freien Stücken ausliefern an eine spirituelle Realität, die grösser ist als wir selbst ... wir müssen untereinander ehrlich sein und Verantwortung für unsere Handlungen übernehmen ... Die Entscheidung liegt bei uns; auf dem Spiel steht die Erde."

Kommentierend sei dazu hervorgehoben: "Christus" als Inbegriff des Selbst in der vollzogenen Individuation (nach C.G.Jung, Aion) bietet uns in diesem Kontext eine Brücke zum transzendentalen Horizont der Selbsterkenntnis und der Selbstbildung.

Unsere Kernthese zu den Fakten: Selbstbildung führt aus der Isolation in der Masse heraus und drängt nach neuen Lebensformen, wo die Population ausgewogen ist. Selbstbildung fördert die Ehrfurcht vor der Schöpfung und damit den Schutz des natürlichen Lebensraumes. Selbsterkenntnis ist eine natürliche Bremse gegen den Wettlauf unseres Zeitgeistes. Selbstbildung bildet starke Gefühle und die Fähigkeit, mit Unlust konstruktiv umzugehen. Selbstbildung baut den Infantilismus ab. Selbsterkenntnis würdigt kritisch die Traditionen und entwickelt progressiv-evolutionär das kulturelle Leben. Selbsterkenntnis ist frei von Indoktrination und EntIndividualisierung. Individuation und Atomwaffen sind unvereinbar.

Zusammenfassung und Ausblick:

Wir haben ein zukunftsgerichtetes Konzept der Persönlichkeitsbildung und Individuation mit einer Bildungstheorie, einer Neubestimmung der philosophischen Anthropologie und einer massgeschneiderten Didaktik für eine umfassende Professionalität grundgelegt. Unsere Konzeption ist in der historischen Tradition der Philosophie, der Psychologie und der Pädagogik eingebettet. Wir haben dazu die andragogische Psychologie (Empirie der Individuation, 1998) entworfen. Ferner haben wir darauf aufbauend für die praktische Persönlichkeitsbildung und Individuation ein umfassendes Bildungsprogramm mit Grund- und Oberstufe erstellt.

Wir markieren den Kern: Der Mensch ist wesenhaft Mensch mit seinen psychischen Kräftesystemen. Er hat ein Ich. Er verfügt über einen Willen, über Abwehr- und Integrationsmechanismen sowie über eine Steuerungsfunktion. Der Mensch erlebt eine grosse Reichhaltigkeit an Gefühlen. Er hat viele psychische Grundbedürfnisse. Sein gesamtes gelebtes Leben ab der vorgeburtlichen Zeit ist das Inventar seines Unbewussten, das sind die allgemeinen Lebenserfahrungen, die Menschenbilder, die Einstellungen und die Gewissensinhalte. Die Kraft der Liebe kann so vielseitig aktiv sein wie die intelligenten Funktionen, d.h. das Denken, die Wahrnehmung, die Sprache und das denkerische Lernen. Die Kraft des Geistes (wir konstruieren diesen Begriff aus den Leistungen der Träume, der Imaginationen und Kontemplationen) ist die entscheidende regulierende Funktion für die Selbstreflexion, für die Gewissensbildung, für die transzendentale Verankerung der Liebe und für den Individuationsprozess. Das, was im Menschen lebendig ist, ist entscheidend die Psychodynamik, genannt auch die psychische Energiestruktur.

Der Mensch nimmt die eigene (innere und äussere), die fremde (innere und äussere), die materielle und die transzendentale Wirklichkeit auf durch sein tägliches Leben und durch die Art, wie seine psychischen Kräfte gebildet sind. Er bearbeitet diese Wirklichkeiten mit Denken und inneren Vorstellungen. Das gesamte Handeln des Menschen ist vielseitig vernetzt mit all diesen psychischen Kräftesystemen. Die eigene Biographie ist in der Gegenwart jedes einzelnen lebendige psychische Wirklichkeit. Der von den Menschen gestaltete Lebensraum, die gesellschaftlichen Systeme, die Kultur, die Religion und die bebaute Umwelt, sind ein Ausdruck der geformten psychischen Wirklichkeiten des Kollektivs. Dieser komplizierte psychische Organismus ist vielseitig, formbar, veränderbar und entwicklungsfähig zu einer allseitig ausgewogenen Ganzheit. Der Mensch kann sein psychisch-geistiges Menschsein nur durch die umfassende evolutionäre Bildung seines psychischen Organismus verwirklichen.

Das ist der grundlegende Gegenstand der Menschenbildung für die Wissenschaft der Andragogik und für ihre Praxis in der Zukunft, gemeint in erster Linie die enorm reichhaltig gestalteten Einrichtungen der Erwachsenenbildung. Es wird dazu in Wissenschaft und Praxis noch sehr viel zu erforschen, an Theorien und an praktischen Materialien zu entwickeln sein. Da wird sicher manches, was wir hier erarbeitet haben, neue Akzente erhalten, erweitert werden und auch korrigiert werden müssen. Der kritisch-konstruktive Diskurs über Persönlichkeitsbildung und Individuation ist selbstverständlich notwendig für die weiterführende Konzeptionierung der Menschenbildung.

Die Freiheit des Menschen besteht nicht darin, dass jeder die Selbstbildung und Individuation verweigern kann. Das ist bloss Trotz und Zwang, dionysisches Aufbegehren vielleicht. Die Freiheit zeigt sich in der Hingabe an diesen Bildungsprozess durch die verantwortungsbewusste Bejahung und kompetente Erfüllung der Individuation. Vollziehen die Menschen diese Bildung nicht, dann wird sich die Menschheit langfristig zerstören. Denn das nicht ausgewogen gebildete und nicht ins Gesellschaftsleben integrierte psychische Leben "schlägt" immer zurück.

Welche Bildungsinstitutionen auch immer den Begriff "Bildung" verwenden, sei es im Zusammenhang mit Politik oder mit Forschung oder mit Lehre oder mit Praxis, sie haben kein wissenschaftstheoretisches und kein sachliches Argument, irgendeinen Sektor des psychischen Organismus von der "Menschenbildung" auszugrenzen. Wer dies dennoch tut, der betrügt den Menschen um das, was ihn erst zum Menschen machen kann, u.a. die Liebe, den Geist und den Prozess der Menschwerdung, genannt "Individuation". Und er ist solidarisch mit jenen, die sagen: "Das psychische Leben ist nicht wichtig". Vielleicht ist er eingebunden in den kollektiven "Schwur", der jeden in Unfreiheit festhalten will: "Decke nie das unbewusste psychische Leben auf". Nach Jung (1976) widerspiegelt der Christus-Archetypus das höhere Selbst und damit die Verwirklichung der Individuation. Nicht das Leiden oder die entsprechende geschichtliche Schandtat (ob historisch gewesen oder nicht, interessiert uns hier nicht) ist zum Symbol des Christentums geworden, sondern die Verweigerung der psychisch-geistigen Entfaltung bzw. der Individuation, und damit auch die Leugnung des umfassenden psychischen Organismus. Das christliche Kreuzsymbol widerspiegelt in der Tat diesen kollektiven Schwur. – Die Andragogik hat damit einen schwierigen Stand.

Man mag uns die Frage stellen, ob wir nicht zu wissenschaftsgläubig sind. Wir haben diesbezüglich an verschiedenen Stellen kritische Anmerkungen formuliert. Die inneren Prozesse der Individuation lassen sich nicht umfassend mit dem herkömmlichen mechanistischen Wissenschaftsverständnis erfassen. Ein neues Wissenschaftsparadigma ist für die Sozialwissenschaft nötig. Die Stimmen in der Fachwelt mehren sich dazu.

Wir halten es für denkbar, dass die Wissenschaft (Lehre, Forschung, Professionalisierung) der Menschenbildung, der Persönlichkeitsbildung und Individuation, in einigen Jahrzehnten mehr privatwirtschaftlich als staatlich (an Universiäten) praktiziert wird. Die heutigen Konzeptionen (Institute mit Lehrstühlen, Studienprogramme, Qualifikationsformen, Wissenssammlung, Forschung und Lehre ohne eigene Individuation) erachten wir als wenig geeignet für die Menschenbildung der Individuation.

Zudem sind die "akademischen Hallen" viel zu weit weg von der Lebenswirklichkeit der vielen Millionen Menschen. Denn für die Menschen ist die Persönlichkeitsbildung und Individuation. Wer so gründliche Kenntnisse haben will über die Menschenbildung, wie der akademische Standard es verlangt, der sollte ebenso gründlich seine eigene Individuation betreiben. Das impliziert täglich unter anderem Meditation, Kontemplation und Arbeit mit Träumen. – Grundlegende Veränderungen im gesamten Gesellschaftsleben Europa's sind im kommenden Jahrhundert höchst wahrscheinlich.

Wir sind ferner der Auffassung, dass das psychische Potential für eine Wiederholung des "Holocaust" heute zunehmend explosiv vorhanden ist. Auch nehmen wir an, dass die überwiegende Mehrheit der europäischen Bevölkerung schreien würde wie jene damals: "Kreuziget ihn!". Denn unsere Menschenbildung führt letztlich zum "lebendigen Gral". Das bedroht jedes narzisstische, eingebildete, instinktgebundene und egoistische Ich, und das in allen Sozialschichten, auf allen "Bildungs-"Stufen, in allen Berufen und auf allen ökonomischen Niveaus. Der faschistoide und partiell schizofrene Menschentypus ist enorm verbreitet. Abstrahieren wir vom politischen Aspekt des Gattungsbegriffes "Faschismus", dann können wir ein Persönlichkeitsprofil (Menschenbild) erkennen, das in der Denkweise sowie in den Grundmustern der Einstellungen und Verhaltensweisen Grundzüge aufweist wie: Autoritarismus, Totalitarismus, Glaube an Mythen, Unterwerfung unter einen Führer, psychische Gewalt als Kampfmittel, elitäres Gemeinschaftsdenken, Massenmanipulation und kollektive Gehirnwäsche, Menschen-entwürdigende Werte und Ideale der Wohlstandskultur, Verdrängung des "inneren Menschen", Leugnung des Geistes als psychische Kraft, Ignorieren und Ausgrenzen als Instrument der Ächtung (die moderne Inquisition!) u.s.w. Man ersetze den politischen Aspekt des Faschismus durch andere gesellschaftliche Lebenswelten und findet dort ein menschliches Drama sondergleichen. Hierin liegt *das* Zerstörungspotential im 21.Jh!

Dennoch hoffen wir, dass es immer mehr Menschen geben wird, die die Individuation leben wollen, und dass eines Tages das Gesellschafts- und Wirtschaftsleben europaweit aus den Grundwerten der Individuation geleitet wird. Wir kennen hundert Argumente, die die psychisch-geistige Evolution als notwendigen innergesellschaftlichen Prozess rundum positiv legitimieren. Wir wissen keinen einzigen Grund, der dagegen sprechen könnte.

Wir haben ein neues Konzept der Menschenbildung für das 21. Jahrhundert entworfen – ein neues Paradigma für die allgemeine Andragogik –, damit der Mensch nicht "Irrläufer der Evolution bleibt" (Koestler 1990), sondern den Schritt vom "homo sapiens" über den "homo oeconomicus" durch seine psychisch-geistige Entfaltung zum "lebendigen Abbild-sein des Kreis-Kreuz--Mandalas" schafft.

Von der Barbarei zum Gottesmord

Gedanken von Nietzsche, bei einigen Auslassungen gerafft wiedergegeben und in unsere Kernbotschaft zum psychischen Leben und seiner Bildung gestellt:

"Der wissenschaftliche Mensch ist ... in eine Hast geraten, als ob die Wissenschaft eine Fabrik sei ... jetzt arbeitet er so hart wie ... der Sklavenstand... Unseren Gelehrten fällt sogar, wunderlicherweise, die allernächste Frage nicht ein: wozu ihre Arbeit, ihre Hast, ihr schmerzlicher Taumel nütze sei ... In Richtung Barbarei sehen wir den Gelehrtenstand schon erschreckend vorgeschritten ... Der moderne Mensch schleppt zuletzt eine ungeheure Menge von unverdaulichen Wissenssteinen mit sich herum ..., die ordentlich im Leibe rumpeln. Durch dieses Rumpeln verrät sich die eigenste Eigenschaft dieses modernen Menschen: der merkwürdige Gegensatz eines Innern, dem kein Äusseres, eines Äusseren, dem kein Inneres entspricht ... (das ist) keine wirkliche Bildung...

Wohin ist Gott? ... Wir haben ihn getötet ... Wir alle sind seine Mörder ... Was taten wir, als wir diese Erde von der Sonne losketteten? Wohin bewegt sie sich nun? ... Gott ist tot. Gott bleibt tot. Und wir haben ihn getötet. Wie trösten wir uns, die Mörder aller Mörder? Das Heiligste und Mächtigste, was die Erde bisher besass, es ist unter unsern Messern verblutet ... Mit welchem Wasser könnten wir uns reinigen? ... Taten brauchen Zeit, auch nachdem sie getan sind, um gesehn und gehört zu werden. Diese Tat ist ihnen immer noch ferner als die fernsten Gestirne – und doch haben sie diese getan ..."

Sind die Liebe, der Geist – in Träumen und Meditationen wirkend –, die Weisheiten, das Wachstum zum lebendigen Abbildsein des Kreis-Kreuz-Archetypus (Individuation) und die psychisch-kosmische Energie ein grundlegender Teil von Gott, dann ist Europa ein Barbarenland mit Millionen Gottesmördern. Zu den Wissenschaftlern und Praktikern der Pädagogik, der Sozialpädagogik, der Andragogik, der Psychologie und der Philosophie: Was sind diese Menschen, wenn sie in Hast, ohne echtes Grundbedürfnis wie Sklaven Wissenschaft und Menschenbildung betreiben, eigene und fremde Bäuche mit Steinen füllen? *"Alles dient der Barbarei ... Wissenschaft mit einbegriffen. Der Gebildete ist zum grössten Feinde der Bildung abgeartet."*. Mit Nietzsche, aber in eigener Interpretation und Sinnerweiterung, appellieren wir: Klug und weise ist es, wachsam zu sein, wenn Ihr Wissenschaftler und Ihr Menschenbildner nicht Barbaren und Gottesmörder sein wollt. Ihr zieht sonst Generationen von jungen Menschen und ganze Völker in diese Barbarei und Morderei mithinein. Heute hat das Folgen auf Jahrtausende. Wie wollt und wie könnt Ihr das verantworten? Wachsam und vor allem selbstkritisch sei auch, wer sein eigenes Menschsein bilden will. Schöne Worte und guter Wille schützen vor Torheit nicht.

Für Menschenbildner und solche, die Menschenbildung wollen, gibt es einen einfachen Test zur Sache Barbarei und Gottesmord: Was tun Sie, wenn da einer kommt und wahr spricht: *"Ich habe den Gral erhalten; er gehört mir. Ich konnte das Schwert des Gralskönigs aus der Erde ziehen. Ich werde es voll nutzen. Die Bestimmung ist besiegelt."*? – Wer weiss, vielleicht bestimmt Ihre Antwort das Schicksal Ihrer Seele für lange Zeit; und in der Summe schafft's das Schicksal ganzer Völkergemeinschaften. Doch wer will das sehen? Wer will "ja" sagen zu Liebe, Geist, Wahrhaftigkeit, Weisheit und Individuation?

Zitattexte entnommen aus: Nietzsche, F.: Gesammelte Werke, Bd.1

ANHANG – Klassiker und Literaturverzeichnis

Einige Klassiker der Menschenbildung und ihr Leben

Zur Erinnerung seien nachfolgend einige Philosophen, Psychologen bzw. Psychoanalytiker und Pädagogen vorgestellt. Wir haben eine Auswahl mit Porträts und kleinen Fragmenten aus dem Leben der Personen zusammengetragen. All diese Menschen, Wissenschaftler und Praktiker, waren Pioniere. Sie haben Hervorragendes für die Menschen geleistet. Auffallend ist dabei, dass Männer dieses psychische-geistige Tätigkeitsfeld dominieren. Warum sollte es nicht möglich sein, dass auch viele Frauen als Pioniere in Wissenschaft und Praxis die Weiterentwicklungen der Menschenbildung umfassend mit tragen?

Wir haben ferner festgestellt, dass viele Pioniere von Politikern und vom Volk abgelehnt, ausgestossen und zum Teil sogar für ihre Pionierleistungen hart bestraft worden sind. Manche mussten flüchten. Einige mussten ihr Tun mit dem Leben bezahlen. Eine etwas hart formulierte Frage stellen wir den Lesern/Leserinnen und den Menschen generell: Haben die Menschen – die Völker – und haben die Staaten – wir sprechen von Europa – (und damit die Politiker) diese Pioniere verdient? Wo wären die Völker und die Staaten heute ohne diese vielen hervorragenden Persönlichkeiten?

Ist nicht der Mensch die "Krone der Schöpfung"? Wohl muss man eingestehen: Die meisten Menschen sind ihren evolutionären Vorfahren näher als dem, was sie aus dem Schöpfungsplan sein könnten. Die meisten Menschen nutzen wenig, was sie aus ihrem psychisch-geistigen Sein leben und verwirklichen könnten. Es ist die Aufgabe der Andragogen und Andragoginnen in der Zukunft, die Menschen zu dem zu bilden, was sie aus ihrem inneren Sein werden können und sollen: lebendige Abbilder des "Kreis-Kreuz-Archetypus". Das verlangt noch viel Pionierarbeit und unsere nachfolgende Liste wird in später Zukunft um viele Menschen erweitert werden können.

Wir stellen einige Pioniere vor, um in Erinnerung zu rufen und darüber zu reflektieren. Die Andragogik in der Zukunft baut auf dieser Geschichte auf, lernt daraus, schützt das Wertvolle und trägt es weiter, erneuert und verbessert vieles, vermittelt in neuer Sprache und in neuen Bildern den Menschen das Wissen und die Methoden zur Erfahrung und Bildung. Nicht vergessen wollen wir: Viele Pioniere, gelebt schon vor Jahrtausenden, haben vom Menschen und seinem Dasein mehr begriffen als die Sozialwissenschaften heute. Auch darum ist ein Blick zurück wertvoll.

Zur Erinnerung: Einige Philosophen und ihr Leben

Sokrates (470 - 399)

Sokrates lebte in Athen, war Bildhauer von Beruf, den er aber zugunsten seiner philosophischen Lehrtätigkeit vernachlässigte. Er kümmerte sich auch nicht sehr um seine Familie. Er nahm als Soldat am peloponesischen Krieg (431-404) gegen Sparta teil, wobei er mehrfach ausgezeichnet wurde. Zu seinen Schülern gehörten Söhne aus aristokratischen Familien. Nach der Wiederherstellung der Demokratie wurde er wegen der Verbreitung seiner Philosophie angeklagt. Die Gründe waren: Missachtung der Götter und – Verführung der Jugend. Er musste den Giftbecher nehmen. Er selbst verstand sich als "Geburtshelfer" der Ideen seiner Schüler, wobei dieses Bild wohl vom Beruf seiner Mutter inspiriert war: sie war Hebamme.

Plato (428 - 348)

Plato stammte aus reicher aristokratischer Familie, mütterlicherseits mit Mitgliedern des Tyrannenregimes (404-403) verwandt. Er war 28 Jahre alt, als sein Lehrer und Freund Sokrates starb. Er wollte sich der Politik widmen, um seine Philosophie in die Wirklichkeit eines "vorzüglichen Staates" umzusetzen. Er kam später davon ab. Seine Meinung war: "... das Unglück des Menschengeschlechts wird nicht aufhören bis entweder das Geschlecht der rechten und wahren Philosophen in den Staaten zur Regierung gelangt, oder die Machthaber in den Staaten infolge einer göttlichen Fügung zu wirklichen Philosophen werden." Nach einigen Jahren modifizierte er diese Meinung. Er unternahm verschiedene Reisen nach Italien, Sizilien, Ägypten und andere Orte mehr, war zwölf Jahre unterwegs und kehrte mit vierzig Jahren nach Athen zurück, wo er eine Akademie gründete, die zu einem internationalen Treffpunkt wurde. Er beschäftigte sich mit fast allem, was das Leben bietet.

Aristoteles (384 - 322)

Aristoteles ist in Stagira, im Norden Griechenlands, als Sohn eines Arztes geboren: Der Vater war Hofarzt beim mazedonischen König, dem Grossvater von Alexander dem Grossen. Im Jahre 367 ging er nach Athen um bei Plato zu studieren, blieb zwanzig Jahre zuerst als Schüler dann als Lehrer. Obwohl er ein hervorragender Wissenschaftler war, wurde nicht er, sondern der Neffe Plato's Leiter der Akademie. Daraufhin verliess er Athen, reiste nach Kleinasien und Lesbos, heiratete 344 in die reiche Familie einer der mächtigsten Staatsmänner Griechenlands ein.

Dann folgte er dem Ruf an den Königshof von Philipp von Mazedonien, dies war 343, und übernahm da die Erziehung Alexanders, Philipps Sohn.

8 Jahre blieb er in Mazedonien. Nachdem Alexander König geworden war, kehrte er nach Athen zurück, wo er das Lykeion gründete. Es folgten viele Jahre fruchtbaren Schaffens. Nach dem Tode Alexanders (323) geriet er in politische Bedrängnis wegen seiner Verbindungen zum mazedonischen Königshof: Die Athener erhoben sich gegen die mazedonische Herrschaft und Aristoteles war in Gefahr, wegen Hochverrats zum Tode verurteilt zu werden. Er floh auf die Insel Euböa, "damit die Athener sich nicht ein zweites Mal an der Philosophie versündigen". Ein Jahr später starb er 62jährig, im Exil.

Epikur (341 - 271)

Epikur wurde auf Samos geboren, studierte bei einem Platoniker und reiste mit 18 Jahren nach Athen um seinen Militärdienst zu absolvieren. Da machte er die Bekanntschaft mit den damals wichtigen Philosophenschulen. Er studierte weitere Jahre. Mit 31 Jahren begann er selber Philosophie zu unterrichten. Zunächst lehrt er in Mytilene, dann in Lampsakos. Mit einigen seiner Schüler zog er im Jahre 306 nach Athen, wo er den "Garten" gründete. Daselbst wirkte er im harmonischen und selbstgenügsamen Zusammenleben mit seinen Freunden und Schülern, zu der auch Frauen und Sklaven gehörten.

Stoa

Stoa war eine der klassischen Philosophenschulen Athens. Die andern waren der Peripatos des Aristoteles, die Akademie von Plato und der Garten des Epikur. Die Bezeichnung hat ihren Ursprung in einem öffentlichen Gebäude in Athen, die "bunte Säulenhalle" eben die "Stoa poikile". Da lehrte Zenon (ca. 332-262/1) aus Kition auf Zypern, wahrscheinlich gemischter griechisch-orientalischer Abstammung. Er war der Begründer der Schule. Sein etwa gleichaltriger Schüler und Freund Kleanthes und dessen Nachfolger Chryssipos legten die systematischen Fundamente.

Diese erste Phase wurde die "alte Stoa" genannt und wirkte vor allem auf das einfache Volk. Kleanthes selbst stammte aus ärmlichen Verhältnissen.

Die "mittlere Stoa" hingegen präsentierte sich urban und weltoffen. Sie war vertreten durch Panaitios aus Rhodos (ca. 185-110) und Poseidonios aus Apamea in Syrien (135-51). Panaitios war aus alter Adelsfamilie. Durch Poseidonios enge Beziehungen zu aristokratischen Kreisen Roms fand die

Stoa da bald weite Verbreitung. Der Kaiser Marc Aurel, der Dichter Seneca und auch der ehemalige Sklave Epiktet repräsentierten die neuere Stoa; sie alle hinterliessen ausführliches Schrifttum.

Plotin (205 - 270)

Plotin wurde in Ägypten geboren und gilt als wichtigster Vertreter des Neuplatonismus. Bis 242 lebte er in Alexandrien, war Schüler des Ammonios Sakkas und Soldat im Persienfeldzug Kaiser Gordians. Dann liess er sich in Rom nieder und wurde Vorsteher einer philosophischen Schule. Mit etwa fünfzig Jahren begann er auf Veranlassung seiner Schüler mit der Niederschrift seiner Philosophie. Er blieb bis an sein Lebensende in Rom.

Aurelius Augustinus (354 - 430)

Augustinus wurde in Thegaste in Numidien im heutigen Algerien geboren. Der Vater war Grundbesitzer und Stadtrat (decurio). Die Mutter war engagierte Christin und beeinflusste ihn, sich zum Christentum zu bekehren. Mit 17 Jahren nahm er sich eine Lebensgefährtin – was nichts Aussergewöhnliches war damals – und zwei Jahre später wurde er Vater. In Karthago studierte er Rhetorik. Als Student befasste er sich mit den klassischen Schriften der Literatur und Cicero gewann für ihn eine grosse Bedeutung, dessen Schriften ihn zum Studium der Philosophie führten. Er war Mitglied bei den Manichäern, von denen er sich später jedoch wieder abwandte. Seine Bekehrung zum Christentum erfolgte im Jahr 386. Er liess sich taufen, lebte und lehrte Rhetorik in Karthago, Rom und Mailand. Später wurde er Bischof von Hippo Regius und starb 430 während der Belagerung der Stadt durch die Vandalen.

Thomas von Aquin (1225 - 1274)

Thomas von Aquin wurde auf Schloss Roccasecca bei Neapel geboren als jüngster Sohn einer hochadeligen Familie. Mit 5 Jahren kam er zu den Benediktinern nach Monte Cassino. Als Vierzehnjähriger ging er nach Neapel, wo er Aristoteles studierte. 1244 trat er in den Dominikanerorden ein, gegen den Widerstand seiner Familie.

Dann studierte er in Paris, wo er Albertus Magnus kennengelernt hatte, folgte er diesem für vier Jahre nach Köln. 1252 wurde er als Lehrer der Theologie nach Paris geschickt. Ab 1259 lehrte er in Italien. 1268 wurde er vom Ordensgeneral erneut nach Paris geschickt, um in inneruniversitären Streitfragen zu vermitteln. 1272 wurde er wieder nach Neapel gerufen. 1274 starb er, erst 49jährig auf dem Weg zum Konzil von Lyon.

Meister Eckhart (1260 - 1328)

Meister Eckhart wurde in Köln geboren. Er stammte aus einer Ritterfamilie, die in Thüringen sesshaft war. Er studierte in Köln und Paris, wurde Dominikaner und kam im Orden zu höchsten Stellungen. Er lebte und lehrte an verschiedenen Orten u.a. in Erfurt, Strassburg und Köln. Er löste die Glaubenskräfte aus der rationalisierten Theologie und Philosophie, was ihm jedoch die Kritik der Kirche eintrug. 1325 wurde gegen ihn ein Inquisitionsverfahren eingeleitet. 1327 musste er eine Widerrufserklärung abgeben. Die Entscheidung des Papstes erlebte er nicht mehr; er starb noch im selben Jahr. Später wurden einige seiner Aussagen durch päpstliche Bulle als ketzerisch verurteilt.

René Descartes (1596 - 1650)

Descartes wurde in La Haye, Nordfrankreich, geboren, mit adliger Herkunft. Der Vater war Jurist. Mütterlicherseits waren hohe Beamte. Mit 18 Jahren trat er in eine Jesuitenschule ein, studierte in Poitiers, dann in Paris Mathemathik. Er diente in zwei Armeen (bayrisches und holländisches Heer) während des dreissigjährigen Krieges mit militärischer Ausbildung in Holland. Etliche Reisen führten ihn durch ganz Europa. 1625-1628 lebte er in Paris, danach in den Niederlanden, wo er zwanzig Jahre lang blieb. Sein erstes Werk (1633) publizierte er nicht, weil er nicht in die selben Konflikte wie Galilei geraten wollte. Das zweite Werk veröffentlichte er anonym. Später wurden seine Bücher auf den Index der verbotenen Bücher gesetzt und sowohl von protestantischer wie auch von staatlicher Seite verurteilt. 1649 lud ihn die philosophisch interessierte Königin von Schweden nach Stockholm ein. Der fromme Gelehrte folgte dieser Einladung nur widerwillig. Er starb da im darauffolgenden Jahr mit sechsundfünfzig Jahren.

Gottfried W. Leibnitz (1646 - 1716)

Leibnitz wurde in Leipzig geboren. Sein Vater war Professor für Moralphilosophie; er starb, als sein Sohn 8 Jahre alt war.

Schon im Kindesalter befasste er sich mit Logik, Philosophie und Theologie. Er studierte schon mit 15 Jahren an der Universität Leipzig Philosophie und Recht, promovierte im Jahre 1667. Er hatte nie ein wissenschaftliches Lehramt inne, reiste dafür viel (Wien, Rom, Neapel, Paris und London), zum Leidwesen der Fürsten, an deren Höfen er jeweils Minister war. 1676 wurde er herzoglicher Bibliothekar in Hannover. Er hatte Kontakt mit Gelehrten aus ganz Europa und genoss viel Ansehen. Er war Mitglied der Royal Society,

Académie des sciences, Präsident der Akademie der Wissenschaften in Berlin. Später wurde ihm sogar die Kardinalswürde angetragen. Die letzten Jahre seines Lebens brachten ihm viele Anfeindungen, z.B. wurde er beschuldigt die Idee der Differentialrechnung bei Newton gestohlen zu haben. Dann fiel er in Ungnade. Er starb verbittert und vereinsamt. An seinem Begräbnis war niemand vom Hofe Georg Ludwigs anwesend.

Immanuel Kant (1724 - 1804)

Kant wurde in Königsberg als viertes von fünf Kindern geboren. Sein Vater war Sattler-meister. Die pietistische Familie lebte in eher ärmlichen Verhältnissen. Als er 13 Jahre alt war, starb seine Mutter. Er studierte in Königsberg 1740-1746, zuerst Theologie, dann Philosophie und Naturwissenschaften. Anschliessend war er Hauslehrer auf verschiedenen Adelsgütern. 1755 promovierte er, danach war er Privatdozent, 1770 Professor für Logik und Metaphysik. Er ging nie von Königsberg und Umgebung weg, pflegte gesellige und soziale Kontakte zu Freunden und Bekannten und blieb Zeit seines Lebens Junggeselle mit genau geregeltem Tagesablauf. Von König Friedrich Wilhelm II wurde er gerügt wegen seinem Werk (1793) "Religion innerhalb der Grenzen der blossen Vernunft". Er war, wie viele andere Philosophen überzeugt, mit seinen religionsphilosophischen Untersuchungen der Religion einen Dienst zu erweisen. Leider war dies nicht die Ansicht der offiziellen Vertreter. Über die Grenzen Deutschlands hinaus war er berühmt, schon zu seinen Lebzeiten.

Georg Friedrich W. Hegel (1770 - 1831)

Hegel wurde in Stuttgart als Sohn eines Beamten geboren. 1788 studierte er Philosophie und Theologie in Tübingen. Nach dem Examen war er als Hauslehrer tätig, 1793 in Bern und 1797 in Frankfurt. Dann lebte er eine zeitlang vom väterlichen Erbe. 1802 habilitierte er und wurde Privatdozent in Jena. Als 1806 Napoleons Truppen Jena besetzten, flüchtete er. Zunächst arbeitete er als Redakteur.

Danach wurde er Rektor eines Nürnberger Gymnasiums. Er schrieb dort sein zweites Hauptwerk. 1816 folgte er dem Ruf nach Heidelberg und lehrte Philosophie. Er schrieb eine Enzyklopädie der philosophischen Wissenschaften. Darauf rief man ihn 1816 nach Berlin und wurde "preussischer Staatsphilosoph". Er las über verschiedene philosophische Disziplinen: u.a. Kunst-, Religions- und Rechtsphilosophie. (Ein amerikanischer Kritiker nannte Hegels Werke: "Meisterwerke der Unverständlichkeit, verdunkelt durch Abstraktheit und Knappheit des Stiles.") 1829 wurde er zum Rektor der Berliner Universität gewählt. Im Alter war er der sprichwörtliche zerstreute Professor, starb 61jährig an einem chronischen Magenleiden oder an Cholera.

Arthur Schopenhauer (1788 - 1860)

Schopenhauer wurde in Danzig geboren. Der Vater war Kaufmann und die Mutter Romanschriftstellerin. 1793 siedelte die Familie nach Hamburg über. Als Kind weilte er zwei Jahre bei einem Onkel in Le Havre. Mit 15 Jahren wurde er vom Vater auf eine Reise quer durch Europa geschickt. Auf Wunsch des Vaters begann er eine Kaufmannslehre, brach diese aber nach dem Tode des Vaters (1805) ab. Die Mutter lebte auf und zog um nach Weimar und pflegte einen literarischen Salon. Der junge Schopenhauer begegnete u.a. auch Goethe. Er überwarf sich mit seiner Mutter, studierte 1809-1811 in Göttingen. Mit 23 Jahren soll er gesagt haben: "Das Leben ist eine missliche Sache: ich habe mir vorgenommen, es damit zuzubringen über dasselbe nachzudenken." Sein erstes Buch war sehr konkret, wo andere Philosophen bislang abstrakt blieben, nämlich im Bezug zum wirklichen Leben. 1813 promovierte er und habilitierte sich 1820 in Berlin. Er hatte eine kurze Beziehung mit Caroline Richter, die an der Berliner Oper tätig war. 1833 zog er nach Frankfurt. Sein Hauptwerk blieb zwei Jahrzehnte lang unbeachtet, was ihn sehr erbitterte. (Leider griff er die Universitätsprofessoren an, durch die er hätte bekannt werden können.) Glücklicherweise war er durch das väterliche Erbe finanziell unabhängig. Gegen Ende seines Lebens erst erfolgte der lang ersehnte Ruhm und die Anerkennung, was seinen verhärteten Charakter milderte. Er starb 72jährig an einem Herzschlag.

Sören Kirkegaard (1813 - 1855)

Kirgegaard wurde in Kopenhagen als jüngstes von sieben Kindern geboren, wuchs in materiell gesicherten Verhältnissen auf in streng pietistischem Elternhaus. 1830 machte er das Abitur, studierte dann Theologie und Philosophie, wobei er das Studium zeitweise vernachlässigte, um sich auszuleben; er galt als witziger Unterhalter, litt aber an einem vielgedeuteten Schuldkomplex, wobei er meinte, dass auf seiner Familie ein Fluch laste.

Nach dem Tod des Vaters (1838) nahm er das Studium der Theologie wieder auf und absolverte 1840 das Staatsexamen, verlobte sich im gleichen Jahr mit der zehn Jahre jüngeren Regine Olsen. Nach einigen Monaten entlobte er sich wieder. 1841 reiste er nach Berlin, um sich mit Hegels Philosophie näher zu befassen. 1842 kehrte er nach Kopenhagen zurück und schrieb Bücher und Tagebücher. Durch seine philosophischen Schriften geriet er ins Schussfeld einer satirischen Zeitschrift, die Karikaturen über ihn veröffentlichte, welche ihn als buckligen "nordischen Sokrates" darstellten. Vom Vater erbte er ein kleines Vermögen, musste deshalb nicht arbeiten. Er setzte sich intensiv mit dem offiziellen Christentum auseinander; griff die etablierte Kirche heftig an, vor allem in Zeitungsartikeln und in einer zwischen 1851-1855 erscheinenden eigenen Zeitschrift. Er starb, nur 42jährig an einem Schlaganfall.

Karl Marx (1818 - 1883)

Marx wurde als Sohn eines Juristen in Trier geboren. Sein Vater konvertierte vom jüdischen zum protestantischen Glauben. Schon während der Jugendzeit wurde er mit der Philosophie von Kant, Fichte und den Lehren der französischen Aufklärung bekannt. 1835 studierte er Jura in Bonn, dann Philosophie in Berlin. Er war Mitglied einer Vereinigung zeitkritisch engagierter Intellektueller (Kreis der Hegelschen Linken.) 1841 doktorierte er über Demokrit und Epikur in Jena. 1842 wurde er Redakteur der "Rheinischen Zeitung" in Köln. Diese Stelle musste er wegen der preussischen Pressezensur aufgeben. Er entfaltete eine rege schriftstellerische Tätigkeit. 1843 heiratete er Jenny von Westphalen und übersiedelte nach Paris. Da wurde er ausgewiesen und musste 1845 in Brüssel Wohnsitz nehmen. Dann liess er sich aus Preussen ausbürgern und war fortan Staatenloser. 1848 wurde er auch aus Brüssel ausgewiesen, emigrierte nach England und liess sich in London nieder. Er lebte ständig in beengten, von finanziellen Schwierigkeiten geprägten Verhältnissen. Sein Freund Engels unterstützte ihn finanziell. In London blieb er bis zu seinem Tod. Sein Ausspruch: "Die Philosophen haben die Welt nur verschieden interpretiert, es kommt aber darauf an, sie zu verändern". Was dann auch tatsächlich in vielen Teilen der Welt geschah.

Friedrich Nietzsche (1844 - 1900)

Nietzsche wurde in Röcken als Kind einer Pastorenfamilie geboren. Sein Vater starb früh. Von den Frauen seiner Familie wurde er verwöhnt, war ein eher introvertiertes Kind. Mit 18 Jahren "verlor" er den Glauben. Mit 19 las er Schopenhauer.

Dann ging er in die Rekrutenschule, erkrankte oder stürzte vom Pferd und war vom Militärdienst befreit. Er empfand sich selber als zuwenig abgehärtet männlich. (Das Resultat der "Frauen"-Erziehung?) Als Student lebte er sich aus, studierte in Bonn Theologie (ein Semester) und Philosphie, danach Philologie in Leipzig. Mit 24 Jahren (1868) wurde er Professor für Philologie in Basel, wo er den damals in der Schweiz lebenden Wagner kennenlernte und mit dem er lange befreundet blieb.

Er brach mit ihm 1878. 1870/71 leistete er im deutsch-französischen Krieg freiwillig Dienst als militärischer Krankenpfleger und erkrankte selber. 1872 ging er wieder nach Basel, verliebte sich flüchtig. Sein Buch Zarathustra wurde kein Erfolg. Oft steckte er fast sein ganzes Geld in die Veröffentlichung seiner Werke. 1879 liess er sich wegen seines Leidens vom Lehramt dispensieren und reiste viel umher, um sich zu kurieren: Graubünden in der Schweiz, Cote d'Azur, Italien. 1889 erlitt er einen Schlaganfall und verfiel in geistige Verwirrung, vermutlich als Folge einer progressiven Paralyse. Er starb in Weimar im Hause seiner Schwester.

Max Horkheimer (1895 - 1973)

Horkheimer wurde in Zuffenhausen bei Stuttgart als Kind einer jüdischen Kaufmannsfamilie geboren. Er verliess 1911 das Gymnasium und trat ins väterliche Unternehmen ein. Bei Ausbruch des ersten Weltkrieges war er Juniorchef im Betrieb des Vaters. Mit 21 Jahren begann er eine Freundschaft mit der acht Jahre älteren Rose Riekher. Er holte das Abitur nach und begann 1919 Nationalökonomie, Psychologie und Philosophie zu studieren mit Promotion 1923 und Habilitation 1925. Danach wurde er Privatdozent und heiratete Rose Riekher. 1930-1933 Professor für Sozialphilosophie in Frankfurt a.M. Wegen des aufkommenden Nationalsozialismus flüchtete er 1933 nach Genf, 1934 nach New York und von da zog er 1941 nach Los Angeles. 1949 kehrte er nach Frankfurt zurück, war Professor bis 1959. 1960 übersiedelte er in die Schweiz und starb 1973 in Nürnberg 78-jährig.

Theodor W. Adorno (1903 - 1969)

Adorno wurde in Frankfurt a.M. geboren. Seine Mutter war Sängerin, der Vater Grosskaufmann. Mit der Familie lebte die Schwester der Mutter, die Pianistin war. Seine Kindheit war geprägt von der Musik und den beiden "Müttern", wie er sie nannte. Er galt als sehr begabter und überdurchschnittlicher Gymnasiast. Ab 1921 studierte er Philosophie, Psychologie und Musikwissenschaft in Frankfurt mit Promotion 1924.

Er studierte beim Komponisten Alban Berg in Wien, wollte Konzertpianist und Komponist werden. Statt dessen aber wurde er zu einem versierten Musiktheoretiker und kehrte 1926 nach Frankfurt zurück. 1930 habilitierte er und wurde Privatdozent. Bei der Machtergreifung der Nationalsozialisten konnte er nicht mehr weiterlehren, denn sein Vater war Jude. 1934 bis 1937 lebte er in Deutschland und Oxford, wo er wieder studierte als "advanced student". 1938 reiste er mit seiner Frau in die USA, wurde dort Mitarbeiter eines Radioprojekts und Mitglied des Institute of Social Research in New York. 1941-1949 lebte er in Los Angeles und veröffentlichte viele Schriften. 1949 kehrte er nach Deutschland zurück, um 1952/53 nochmals, als wissenschaftlicher Leiter, nach Los Angeles zu gehen. 1956 wurde er Professor und später Direktor des Instituts für Sozialforschung. Er vermisste bis in die Anfänge der sechziger Jahre die Anerkennung der Fachkollegen, wurde dann jedoch 1963 Vorsitzender der Deutschen Gesellschaft für Soziologie. Er starb mit 66 Jahren während eines Urlaubs in der Schweiz.

Zur Erinnerung: Einige Psychologen bzw. Psychoanalytiker und ihr Leben

Wilhelm Maximilian Wundt (1832 - 1920)

Wundt wurde 1832 in Neckerau bei Mannheim geboren. Er war Mediziner, Physiologe, Psychologe und Philosoph, lehrte Psychologie und Philosophie an den Universitäten von Heidelberg 1864, danach Zürich 1874 und Leipzig 1875, wo er 1879 das erste Institut für experimentelle Psychologie gründete. Er bereicherte die psychologische Forschung um viele Methoden und apparative Hilfsmittel. Er starb mit 88 Jahren in Grossbothen bei Leipzig.

Sigmund Freud (1856 - 1939)

Freud wurde 1856 als erstes von sieben Kindern in Freiberg, Mähren, geboren. Als er sechs Jahre alt war, zog die Familie nach Wien um, wo er von 1866-1873 das Gymnasium besuchte. Danach folgte das Studium der Medizin, wobei er nebenbei am Institut für Physiologie und Histologie unter Professor Brücke arbeitete. Dort lernte er Josef Breuer kennen, der ihm ein Freund wurde und ihm später mit finanziellen Darlehen aushalf. 1881 doktorierte er. Bis 1882 blieb er in Brückes Laboratorium und war danach für drei Jahre Assistenzarzt im Wiener Allgemeinen Krankenhaus. Im Winter 1885 hielt er sich in Paris an der Salpetrière bei Charcot auf. Zurück in Wien eröffnete er eine eigene Praxis (1886) und heiratete Martha Bernay. Aus der Ehe gingen sechs Kinder hervor.

1887 wurde er Mitglied der Wiener Ärztegesellschaft. Zwischen 1890-1900 widmete er sich vor allem seiner Privatpraxis; in diese Zeit fiel auch sein Bruch mit J. Breuer und eine Zeit von relativer Zurückgezogenheit und seine Selbstanalyse. 1894 litt er an Herzsymptomen, worauf er (vorübergehend) das Zigarrenrauchen einstellte. 1902 wurde er ausserordentlicher Professor und im selben Jahr gründete er die "psychologische Mittwochgesellschaft".

1907 besuchten ihn C.G. Jung und Ludwig Binswanger. 1910 gründete er mit Hilfe seiner Anhänger die Internationale Psychoanalytische Gesellschaft. 1920 wurde er ordentlicher Professor, drei Jahre später erkrankte er an Kieferkrebs und musste sich im Laufe der Jahre dreissig Operationen unterziehen. 1930 erhielt er den Goethepreis. 1934 wurden seine Bücher in Berlin verbrannt und 1936 wurde das gesamte Inventar des Internationalen Psychoanalytischen Verlags in Leipzig von den Nationalsozialisten beschlagnahmt. 1938 emigrierte er nach England, wo er 1939 in London im Alter von 83 Jahren starb.

Alfred Adler (1870 - 1937)

Adler wurde 1870 in Rudolfsheim, einem Vorort von Wien geboren. Er war das zweite von sechs Kindern eines jüdischen Kaufmanns ungarischer Abstammung. Zuerst besuchte er eine Privatschule und danach Gymnasien in Wien. 1888 begann er Medizin zu studieren und promovierte 1895. Dann arbeitete er an der Wiener Poliklinik in der Abteilung für Ophtalmologie. 1897 heiratete er Raissa Epstein. Danach eröffnete er eine Privatpraxis. 1904 konvertierte er zum protestantischen Glauben zusammen mit seinen zwei kleinen Töchtern. 1905 und 1909 folgte die Geburt zweier weiterer Kinder. 1902-1911 war er Mitglied der Mittwoch-Gesellschaft. 1911 wurde er österreichischer Staaatsbürger und im selben Jahr gründete er die Gesellschaft für Individualpsychologie. 1912 bewarb er sich um eine Privatdozentenstelle an der Universität, die aber 3 Jahre später abgelehnt wurde. 1916 arbeitete er als Armeearzt in neuro-psychiatrischen Abteilungen. 1918 und 1919 erfolgten Veröffentlichung von Schriften mit sozialistischen Anschauungen; seine Mitgliedschaft bei der Sozialdemokratischen Partei hatte er aber schon aufgegeben. 1920 folgten Gründung und Entwicklung von erzieherischen Institutionen. 1924 wurde er zum Professor am pädagogischen Institut in Wien ernannt. 1927 nahm er am Wittenberg-Symposium in Springfield, Ohio, teil. 1929 war er Medizinischer Leiter am Mariahilf Ambulatorium und gab Zusatzvorlesungen in den USA. 1930 wurde er zum Bürger der Stadt Wien ernannt. 1932 folgte eine Lehrtätigkeit am Long Island Medical College. 1935 liess er sich in den USA nieder. Er erlitt eine schwere Krankheit, die er aber überstand. 1937 auf dem Weg zu einer Vortragsreise nach England verspürte er Herzschmerzen. Entgegen dem Rat des Kardiologen reiste er von Holland weiter nach Schottland. In Aberdeen brach er am vierten Tag seiner Vortragsreise auf der Strasse zusammen und verstarb auf dem Weg ins Krankenhaus.

Carl Gustav Jung (1875 - 1961)

Jung wurde in Kesswil am Bodensee, Schweiz, geboren als zweiter Sohn eines protestantischen Pfarrers. Er verbrachte sein ganzes Leben in der Schweiz. In späteren Jahren reiste er jedoch sehr viel: so war er in Frankreich, England, Amerika, Afrika und Indien. 1879 folgte der Umzug der Familie nach Klein-- Hüningen, Basel, wo er das Gymnasium besuchte (1886-1895) und Medizin studierte. Nach dem Schlussexamen und der Rekrutenschule wurde er Assistenzarzt am "Burghölzli" in Zürich, das von Professor Bleuler geleitet wurde. 1902 promovierte er und anschliessend studierte er ein Semester bei Janet in Paris. 1903 heiratete er Emma Rauschenbach. Sie hatten fünf Kinder. 1905 wurde er Oberarzt der Psychiatrischen Klinik Burghölzli und Privatdozent an der Universität Zürich. 1907 besuchte er Freud in Wien. 1909 verliess er die Psychiatrische Klinik. Er verstand sich nicht mehr mit Bleuler und wollte sich vermehrt seiner Privatpraxis widmen. 1909 wurde er Mitglied der Internationalen Psychoanalytischen Vereinigung, trat jedoch 1913 nach dem Bruch mit Freud wieder aus. Bald darauf erfolgte auch der Rücktritt vom Posten als Privatdozent und bis etwa 1919 unterzog er sich einer Selbstanalyse. Während dieser Zeit entstand sein "psychologischer Club". Danach hielt er Vorträge in England und 1924/25 unternahm er Reisen in die USA und Neumexico und verbrachte einige Monate in Kenya. 1935 wurde er Titularprofessor für Psychologie am Polytechnikum in Zürich und gründete im gleichen Jahr die Schweizer Gesellschaft für Praktische Psychologie. 1937 nahm er an der Gründungsfeier der Universität Kalkutta teil und nahm die Gelegenheit wahr, durch Indien und Ceylon zu reisen. 1943 verlieh ihm die Universität Basel den Titel eines Professors für medizinische Psychologie; er trat jedoch bald zurück wegen schlechter Gesundheit. 1944 erlitt er einen Herzinfarkt. 1948 wurde das "C.G. Jung-Institut" in Zürich eröffnet. Er erhielt mehrere Ehrendoktorwürden. Nach dem Krieg wurde er verschiedentlich beschuldigt, nazifreundlich gewesen zu sein, was jedoch auf Missverständnissen beruhte. 1955 starb seine Frau. Er selber überlebte sie um 6 Jahre und starb 1961 in Küsnacht.

John B. Watson (1878 - 1958)

Watson wurde 1878 in South Carolina geboren. Ab 1894 besuchte er das College. 1899-1908 studierte er Philosophie, dann Psychologie an der Universität Chicago, belegte auch Kurse in Neurologie und Physiologie und begann schon während des Studiums mit Tierforschung. Ein Jahr vor dem Doktorat erlitt er einen Nervenzusammenbruch mit wochenlanger Schlaflosigkeit. 1908-1919 war er Professor an der Johns Hopkins Universität, unterbrochen von Wehrdienst während des ersten Weltkrieges. 1913 folgte die Begründung des sog. Behaviorismus. Nach der Scheidung von seiner ersten Frau heiratete er Rosalie Rayner, gleichzeitig erfolgte die Trennung von der Johns Hopkins Universität, womit seine Forscherkarriere zu Ende war. Er wurde danach jedoch ein erfolgreicher Geschäftsmann.

Wilhelm Reich (1897 - 1957)

Reich wurde 1897 in Dobrzcynica, Galizien geboren. Zuerst begann er Jura zu studieren. Von Freud beeinflusst, bei dem er in Lehranalyse war, wechselte er jedoch auf Medizin. 1920 trat er in die Internationale Psychoanalytische Gesellschaft ein. Er war engagiert in der kommunistischen Bewegung und Mitglied der KP. Er versuchte eine Synthese von Marxismus und Psychoanalyse herzustellen. 1928 wurde er fachwissenschaftlicher Leiter der Sozialistischen Gesellschaft für Sexualberatung und Sexualforschung in Wien und war am Wiener psychoanalytischen Ambulatorium tätig. 1933 wurde sein Buch "Charakteranalyse" im faschistischen Deutschland verboten. 1934 wurde er gleichzeitig aus der Kommunistischen Partei und aus der Internationalen Psychoanalytischen Vereinigung ausgeschlossen. So emigrierte er über Norwegen in die USA, wo er 1939 eine psychoanalytische Praxis eröffnete und die Orgontherapie entwickelte. Sein Buch "Der Krebs", 1948 in den USA erschienen, wurde durch Gerichtsbeschluss aus dem Handel gezogen und verbrannt. Erst viel später, in den 70er Jahren konnte es wieder erscheinen. Im Alter wurde er selber krebskrank. Der Verkauf seiner von ihm entwickelten "Orgon-Akkumulatoren" wurde verboten. Doch er vertrieb sie weiter, worauf er zu einer Gefängnisstrafe von zwei Jahren verurteilt wurde wegen Missachtung des Gerichts. Er starb im Gefängnis von Lewisburg, Pennsylvania an den Folgen eines Herzanfalls im Alter von 60 Jahren. Sein Werk beeinflusste die Theorien von R.D. Laing, A. Lowen und F. Perls.

Gordon Willard Allport (1897 - 1967)

Allport wurde 1897 in Montezuma, Indiana geboren; die Public School besuchte er in Cleveland, Ohio. An der Harvard University studierte er Ökonomie und Philosophie, wo er 1919 den Bachelor of Arts erhielt.
1919/20 lehrte er am Robert College in Instanbul Englisch und Soziologie. 1922 folgte die Promotion in Psychologie und 1922/23 Studien in Berlin und Heidelberg; im darauffolgenden Jahr in Cambridge. 1925 heiratete er Ada L. Gould. Das Ehepaar hatte einen Sohn. Danach war er zwei Jahre Asstistent an der Harvard University, Abteilung Sozialethik, später 1930 Assistenzprofessor, dann selbständiger Professor für Psychologie. 1958 erhielt er von der Universität Boston den Ehrentitel des "Doctor of Humanities". Er war Mitglied und Ehrenpräsident bei zahlreichen psychologischen Gesellschaften. Er starb kurz vor seinem siebzigsten Geburtstag.

Erich Fromm (1900 - 1980)

Fromm wurde 1900 in Frankfurt a.M. geboren. 1922 promovierte er an der Universität Heidelberg zum Doktor der Philosophie. 1926 heiratete er Frieda Reichmann. 1929-1932 war er Dozent am Psychoanalytischen Institut in

Frankfurt, dann am Institut für Sozialforschung und an der Universität Frankfurt. 1934-1939 lehrte er in New York am Internationalen Institut für Sozialforschung. 1940/41 war er Gastdozent an der Columbia University. Nach der Scheidung von seiner ersten Frau folgte die Heirat mit Henny Gurland. 1944-1946 war er Mitgründer des William Alanson White Institute of Psychiatry und gab Vorlesungen an verschiedenen Universitäten. 1949 hat er eine Professur an der National-Universität von Mexico, wo er ab 1950 Ordinarius für Psychoanalyse wurde. Nach dem Tode seiner zweiten Frau heiratete er 1953 Anni Freeman. Er lebte dann bis zu seinem Tod in der Schweiz. Er war Mitglied in verschiedenen Vereinigungen, u.a. in der Washington Psychoanalytical Society.

Carl Ransom Rogers (1902 - 1987)

Rogers wurde als Sohn eines Farmers in Oak Park, Illinois geboren. Die Familie galt als konservativ protestantisch. Er besuchte die Universität Wisconsin, wo er zunächst Agronomie und danach Geschichte studierte; die Graduation erfolgte 1924. Im selben Jahr heiratete er Helen Elliott. Von 1924-1926 studierte er Theologie in New York. 1928 wechselte er an die Columbia University an das Teachers College, wo er 1931 promovierte (klinische und pädagogische Psychologie).

Zwischen 1928 und 1930 folgten Tätigkeiten als klinischer Psychologe im Child Study Department, der Society for the Prevention of Cruelty to Children in Rochester und von 1930-38 war er Direktor dieser Kinderabteilung. 1940 wechselte er an die Ohio State University und wurde dort 1945 Professor für klinische Psychologie. In den Jahren 1946-1950 war seine Theorie der klientenzentrierten Therapie heftiger Kritik ausgesetzt. Doch der Sturm legte sich und er wurde berühmt. Um seinen Studenten und Interessierten Einblick in seine Therapie zu geben, liess er sich während Interviews filmen. 1957 hatte er zwei Lehrstühle in Wisconsin: als Professor für Psychologie und Psychiatrie. Er erhielt viele Auszeichnungen und war Mitglied bei verschiedenen Vereinigungen. 1987 starb er. Rogers war Mitbegründer der Humanistischen Psychologie.

Abraham Harold Maslow (1908 - 1970)

Maslow wurde 1908 in Brooklyn geboren. Er studierte in Wisconsin und promovierte 1934 zum Doktor der Philosophie. 1928 heiratete er Bertha Goodman; das Ehepaar hatte zwei Töchter. Von 1935-1937 war er an der Columbia University und danach bis 1951 lehrte er als assoziierter Professor am Brooklyn College. Ab 1951 wirkte er als Professor für Psychologie, später auch als Dekan an der Brandeis University. Er war Mitglied und Amtsträger in vielen wissenschaftlichen Gesellschaften, u.a. Präsident der American Psychological Association. Sein Studium und seine Arbeit führten ihn nebst anderen mit E. Fromm und A. Adler zusammen. Er war der Begründer und wichtigster Vertreter der Humanistischen Psychologie, der "dritten Kraft" neben Psychoanalyse und Behaviorismus, wurde aber auch als Begründer der sog. "vierten Kraft" bezeichnet (die transpersonale Psychologie). Er starb 1970.

Burrhus Frederick Skinner (1904-1990)

Skinner wurde 1904 in New York als Sohn eines Rechtsanwaltes geboren. Er studierte am Hamilton College englische Literatur, wollte Schriftsteller werden, verfasste auch einige Kurzgeschichten, begann sich dann jedoch für den Behaviorismus zu interessieren und wechselte auf Psychologie. So promovierte er an der Harvard University in Psychologie. Danach folgte die Tätigkeit als Professor in Minnesota und Indiana. 1948 kehrte er nach Harvard zurück, wo er als Tierverhaltensforscher arbeitete und seine Persönlichkeitstheorie entwickelte.

Viktor E. Frankl (1905 - 1997)

Frankl wurde 1905 in Wien geboren. Sein Vater war Staatsbeamter im Ministerium für Soziale Verwaltung. Die Mutter entstammte einem Prager Patriziergeschlecht. Er besuchte die Mittelschule in Wien, begann mit Freud zu korrespondieren; er studierte Medizin und Philosophie und hielt schon mit 22 Jahren Vorträge an der Volkshochschule und bei Organisationen der sozialistischen Arbeiterjugend. Nach der Promotion in Medizin und Philosophie arbeitete er an der Psychiatrischen Universitätsklinik unter Professor Otto Pötzl. Darauf folgten zwei Jahre neurologische Ausbildung und schliesslich vier Jahre Tätigkeit an der Psychiatrischen Klinik "Am Steinhof". Er war auch Mitglied beim Verein für Individualpsychologie von Adler, der ihn dann aber ausschloss. 1937 folgte die Eröffnung einer eigenen Praxis für Neurologie und Psychiatrie. Während des Weltkrieges war er drei Jahre in Konzentrationslagern. Seine erste Frau starb in Bergen-Belsen. Die Habilitation folgte 1947. Gleichzeitig war er Professor für Neurologie und Psychiatrie an der Universität in Wien und Professor für Logotherapie in San Diego, Kalifornien. Er war Gastprofessor an verschiedenen Universitäten und es wurden ihm mehrere Ehrendoktorwürden verliehen. Er ist Ehrenmitglied der Österreichischen Akademie der Wissenschaften. Er starb 1997.

Zur Erinnerung: Einige Pädagogen und ihr Leben

Johann Amos Comenius (1592 - 1670)

Comenius wurde 1592 als Jan Amos Komensky in Südmähren geboren, mit tschechischer Abstammung. Der Vater war Müller. Seine Eltern und zwei seiner Geschwister starben, als er noch Kind war. Mit 16 Jahren trat er in die Lateinschule in Prerau (Prerov) ein. Sechs Jahre später (1614) wurde er Leiter dieser Schule. Dann folgten weitere akademische Studien in Herborn (Nassau) und Heidelberg. Während des Dreissigjährigen Krieges (Beginn 1618) musste er sich als Nicht-Katholik oft verstecken. Seine Frau und Kinder starben an Seuchen. 1627 wurde er aus Böhmen ausgewiesen. In Lissa (Leszno) heiratete er wieder. Er war Mitglied und später Bischof der "Böhmischen Brüder". Er war ein geachteter pädagogischer Schriftsteller und erntete Ruhm in ganz Europa. Er reiste viel: nach Frankreich, England, Holland und Schweden, wo er am Stockholmer Königshof tätig war. In dieser Zeit (1642-1648) wohnte er in Elbing in Ostpreussen. Dann kehrte er nach Lissa zurück, wo seine zweite Frau verstarb. Bischof geworden führten ihn Reisen nach Ungarn und Siebenbürgen, wo er sich, zum dritten Mal verheiratet, niederliess. Die letzten vierzehn Jahre seines Lebens verbrachte er dann in Holland. Dort starb er im 78. Altersjahr. Sein Werk "Orbis pictus" gilt als erstes Kinderlernbuch.

Jean-Jaques Rousseau (1712 - 1778)

Rousseau wurde in Genf als Sohn eines Uhrmachers geboren. Die Vorfahren väterlicherseits waren Hugenotten. Die Mutter, sie starb bei Jean-Jaques' Geburt, war eine Pfarrerstochter. Mit 10 Jahren (1722) wurde er zu einem Landpfarrer geschickt. 1725 fing er eine Uhrmacher- und Graveurlehre an, beendete diese aber nicht. 1728 wurde er katholisch und wohnte bei einer 13 Jahre älteren Frau, Madame de Warens, die dem Sechzehnjährigen die Geborgenheit gab, die er brauchte. Sie war es, die seine Studien anregte und ihn nach Turin schickte, wo er Theologie zu studieren begann.

Er bildete sich, zumeist autodidaktisch, literarisch, philosophisch, aber auch musikalisch und naturwissenschaftlich. Ab 1741 weilte er in Paris, pflegte Umgang mit der "höheren" Gesellschaft und betätigte sich als Komponist. Er war u.a. mit Voltaire und Montesquieu bekannt.

In Paris lernte er Therese Levasseur kennen, die seine Lebensgefährtin wurde, und die ihm im Laufe der Jahre fünf Kinder gebar. 1750 nahm er an einem Wettbewerb der Akademie von Dijon teil. Sein Beitrag wurde ausgezeichnet und machte ihn berühmt. Während eines Besuchs in Genf kehrte er zu seinem protestantisch-calvinistischen Glauben zurück. 1762 erschien nebst anderen vielbeachteten Schriften der pädagogische Roman "Emile", der ihm einen Haftbefehl einbrachte. So begann eine lange Zeit der Flucht, zuerst in die Schweiz, dann nach Strasbourg und 1766 nach England, wo er ein Jahr lang blieb. Dann kehrte er wieder nach Frankreich zurück. 1768 heiratete er seine Therese, die aber vorher die gemeinsamen Kinder ins Findelhaus bringen musste. Die letzten zehn Jahre seines Lebens verbrachte er in Frankreich. Er litt zunehmend unter Verfolgungswahn und lebte an verschiedenen Orten, zuletzt auf Schloss Ermenoville bei Paris, einem Besitz des Marquis de Girardin. Da starb er 66 Jahre alt.

Johann Heinrich Pestalozzi (1746 - 1827)

Pestalozzi wurde in Zürich geboren. Die Vorfahren väterlicherseits stammten aus Italien. Die Mutter war Schweizerin. Als Fünfjähriger verlor er den Vater, der nur 33 Jahre alt geworden war. Die Schule verliess er ohne Abschluss. Darauf ging er in eine kurze Landwirtschaftslehre. Mit Bankenhilfe erwarb er ein Stück Land im Birrfeld (Kanton Aargau) und gründete da die Armenanstalt Neuhof. Dann heirate er Anna Schulthess. 1774 erfolgte die Geburt eines Sohnes. 1780 scheiterte das Projekt Neuhof. Fortan befasste er sich mit schriftstellerischen Arbeiten, bewarb sich danebst erfolglos um verschiedene Anstellungen im Ausland. 1799 begann er seine Tätigkeit als Erzieher und Lehrer, zuerst in Stans (Waisenvater), dann in Burgdorf und Münchenbuchsee (Gründer der neuen Volksschule) und im Institut in Iferten (Erzieher der Menschheit). Durch dieses Institut wurde er bekannt und berühmt. Ab 1812 gab es jedoch zunehmend Streit mit den Mitarbeitern, verschiedene Krisen führten zum allmählichen Verfall des Instituts, das dann 1825 aufgelöst wurde. Er starb in Brugg mit 61 Jahren.

Wilhelm von Humbolt (1767 - 1835)

Humbolt wurde in Potsdam als Sohn eines preussischen Majors geboren. Die Mutter entstammte einer französisch-holländischen Hugenottenfamilie. Sein zwei Jahre jüngerer Bruder war der spätere Naturforscher und Weltreisende Alexander von Humbolt. Wilhelm studierte Altphilologie, Geschichte und Rechtswissenschaft in Göttingen. Bildungsreisen führten ihn nach Paris und in die Schweiz.

1791 heiratete er Caroline v. Dacheröden, die später ein beträchtliches Vermögen erbte. 1794 freundete er sich mit Goethe und Schiller an. 1799 reiste er durch Spanien. 1802 war er preussischer Gesandter in Rom. 1809-1810 war er Leiter des preussischen Bildungswesens. Danach stand er wieder im diplomatischen Dienst in Wien und London. 1819 wurde er

Innenminister. Später zog er sich enttäuscht von der Politik, d.h. von "seinen fruchtlosen politischen Bemühungen" zurück. Danach führte er ein Gelehrtenleben als Sprachwissenschaftler. 1829 starb seine Frau. Er starb 1835 mit 68 Jahren.

Friedrich Schleiermacher (1768 - 1834)

Schleiermacher wurde in Breslau als Sohn einer Predigerfamilie geboren. 1783-1785 besuchte er das Internat bei Görlitz, dann studierte er bis 1787 an der Theologischen Hochschule der Brüdergemeinde in Barby bei Halle. Nach dem ersten theologischen Examen hatte er eine Tätigkeit inne als Hauslehrer bei einem Grafen in Ostpreussen (1790-1793). Danach war er Lehrer in Berlin und schloss sein zweites theologisches Examen ab. Darauf war er Hilfsprediger in Landsberg und dann Prediger an der Charité in Berlin. 1802 wurde er als Hofprediger für zwei Jahre nach Pommern berufen. Von 1804-1807 wirkte er als Professor für Theologie in Halle, übersiedelte dann nach Berlin, wo er zunächst in "drückendsten Verhältnissen" als privatisierender Gelehrter lebte. 1809 heiratete er die Witwe Henriette von Willich, lebte ein geselliges Leben und erhielt eine feste Anstellung als Prediger an der Dreifaltigkeitskirche. Dann wirkte er als Mitglied der Gründungskommission der Universität Berlin, wo er ab 1810 Dekan der theologischen Fakultät wurde. Von 1810-1815 war er Staatsrat im Ministerium des Innern. Überhaupt war er ein aktiver Bildungspolitiker und seine Predigten hatten enormen Zulauf. 1813, 1820/21 und 1826 hielt er Vorlesungen über Pädagogik und verfasste mehrere theologische Abhandlungen. Mit 66 Jahren starb er an einer Lungenentzündung. Tausende von Menschen folgten dem Trauerzug durch Berlin.

Johann F. Herbart (1776 - 1841)

Herbart wurde in Oldenburg geboren. Sein Vater war Justiz- und Regierungsrat. Er blieb ein Einzelkind, von der Mutter sorgsam begleitet. In Oldenburg besuchte er das Gymnasium. 1794-1797 studierte er Rechtswissenschaft und Philosophie in Jena. Nach Abschluss des Studiums war er bis 1800 Hauslehrer in Bern. Danach lebte er zwei Jahre in Bremen als Privatgelehrter und Gast im Hause eines Freundes.

1802 promovierte er und bald darauf erfolgte die Habilitation in Göttingen. Da hielt er seine ersten Vorlesungen über Pädagogik und Philosophie. 1805 erhielt er Rufe an die Universitäten Heidelberg und Landshut, die er aber nicht annahm. 1809 erfolgte die Berufung auf den Lehrstuhl des verstorbenen Kant nach Königsberg. In seinem Hause betrieb er ein "Didaktisches Institut", an der Universität leitete er das "Pädagogische Institut". Er schrieb

Bücher, vor allem über Philosophie und Psychologie. 1829 wurde er nebenamtlicher Schulrat und damit Mitglied des Provinzialschulkollegiums. 1833 folgte er einem Ruf nach Göttingen auf den philosophischen Lehrstuhl. Er starb mit 65 Jahren.

Friedrich Fröbel (1782 - 1852)

Fröbel wurde in Oberweissbach, Thüringen, als jüngstes von sechs Kindern geboren. Sein Vater war Pfarrer. Die Mutter verlor er schon im ersten Lebensjahr. So bekam er eine Stiefmutter. Mit vier Jahren kam er zu der Familie seines Onkels, mit der er viereinhalb Jahre lebte. Nach der Konfirmation folgte die Feldmesserausbildung. 1799 studierte er an der Universität in Jena. Dieses erste Studium beendete er 1801 ohne Abschluss. Danach arbeitete er als Feldmesser, Gutssekretär und Forstaktuar, eine Tätigkeit in verschiedenen Teilen Deutschlands. 1805, also mit 23 Jahren, wurde er Hauslehrer in Frankfurt. Da unterrichtete er die drei Söhne von Caroline v. Holzhausen, einer Frankfurter Patrizierin. Mit der sieben Jahre älteren Frau verband ihn eine herzliche Freundschaft, wobei er in ihr auch so etwas wie eine Mutter fand. Er traf mit Pestalozzi zusammen. 1805 und 1808-1810 war er bei ihm Mitarbeiter in Iferten. Nach seiner Rückkehr nahm er das Weiterstudium auf; Sprachen, Mineralogie, Kristallographie in Göttingen und Berlin. 1813 war er im Lützowschen Freikorps. Dann wurde er Assistent am Institut für Mineralogie. Nach dem Tode seines Bruders übernahm er die Sorge für die Erziehung dessen Kinder. 1816 gründete er die "Erziehungsanstalt" in Griesheim. 1817 zog er nach Keilhau um und heiratete 1818 Henriette Wilhelmine Hoffmeister. Er schrieb Bücher. Mit der Zeit jedoch traten Schwierigkeiten auf in Keilhau, u.a. mit den Lehrern. Die Erziehungsanstalt wurde als "Demagogennest" etikettiert. So begab er sich 1831 in die Schweiz. Da leitete und gründete er verschiedene Erziehungseinrichtungen, z.B. in Burgdorf, wo er Leiter des Waisenhauses war. 1836 kehrte er nach Deutschland zurück und gründete zwischen 1837 bis 1849 diverse Erziehungseinrichtungen u.a. Kindergärten. 1839 starb seine Frau. 1850 zog er nach Marienthal. 1851 wurden die "Fröbel-Kindergärten" in Preussen verboten (und blieben es bis 1860). Er war darüber so enttäuscht, dass er sich sogar mit Auswanderungsgedanken trug. In Amerika gewannen seine Ideen zunehmend an Boden. Doch er blieb und heiratete sogar noch einmal, mit 69 Jahren, die 36jährige Luise Levin. Er verstarb 1852.

Georg Kerschensteiner (1854 - 1932)

Kerschensteiner wurde in München als Sohn eines Kaufmanns geboren. Mit elf Jahren tritt er in die Präparandenschule in Freising ein. Nach drei Jahren wechselte er ans Lehrerseminar. Mit sechzehn Jahren wurde er Schulgehilfe.

Dann erfolgte der Besuch des Augsburger Gymnasiums. (Den Anstoss dazu gab sein Bruder, der Arzt war, indem er sich kritisch äusserte über "Halbbildung der Schulmeister"). 1877 machte er das Abitur. Darauf folgte das Studium an der Technischen Hochschule und später an der Universität in München. Da studierte er Mathematik und Physik. 1880 absolvierte er das Staatsexamen. Danach folgte eine Assistententätigkeit an der Meteorologischen Zentralstation München. 1883-1895 war er Assistent und Lehrer für Mathematik und Physik an Gymnasien in Nürnberg und München. Ab 1895 war er Stadtschulrat von München und wurde im In- und Ausland bekannt. In dieser Zeit erfolgte die Einrichtung von Holz- und Metallwerkstätten, Schulküchen und Schulgärten und Fortbildungsschulen mit berufsorientierten Fachklassen u.a.m. Die Anerkennung wurde aber im Ausland grösser als daheim; nebst grosser Zustimmung musste er auch viel Kritik ertragen. 1910 reiste er in die USA. 1919 schied er aus dem Amt. 1920 wurde er Honorarprofessor für Pädagogik an der Universität München. Er war zweimal verheiratet und starb mit 78 Jahren.

Eduard Spranger (1882 - 1963)

Spranger wurde in Berlin geboren. Sein Vater war Kaufmann. Er besuchte das Gymnasium und studierte dann in Berlin. Er war Schüler von F. Paulsen und W. Dilthey. 1905 doktorierte er. 1909 erfolgte die Habilitation über "W. von Humbolt und seine Humanitätsidee". Danach war er Privatdozent für Pädagogik und Philosophie mit Lehraufträgen an Privat-Lyzeen in Berlin. 1911 wurde er nach Leipzig berufen, 1920 nach Berlin zurück. Er war mit G. Kerschensteiner befreundet. 1925 wurde er in die Preussische Akademie der Wissenschaften aufgenommen. 1933 erfolgte der Rücktritt. Er stand den Nationalsozialisten sehr kritisch gegenüber. Seine Bücher konnten fortan ausschliesslich in der Schriftenreihe der Akademie publiziert werden. 1936-1937 wirkte er als Gastprofessor in Japan. 1944 wurde er verhaftet. Nach Kriegsende wurde er kommissarischer Rektor der Universität in Berlin. Auf Grund von Schwierigkeiten mit den Besatzungsmächten wechselte er nach Tübingen. 1952 erfolgte die Emeritierung. Er war enorm produktiv in seinem wissenschaftlichen Schaffen. Er schrieb u.a. auch über historische und kulturpolitische Themen. Seine eigene Studentenzeit und die daraus sich ergebende Orientierung seiner Wissenschaft beschrieb er in einer Selbstdarstellung (1961). Er starb 1963 im Alter von 81 Jahren.

John Dewey (1859 - 1952)

Dewey wurde 1859 in Burlington, Vermont USA, geboren als Sohn einfacher Leute; die Eltern waren im Einzelhandel tätig. 1884 Studium an der Universität Michigan und Dissertation über Kant. 1894 wurde er Professor und Direktor des Seminars für Philosophie, Psychologie und Pädagogik an der Universität in Chicago. Dort gründete er 1896 eine Versuchsschule: die Laboratory School, die weltbekannt wurde. Er war auch Präsident der American Psychological Association. 1905 wechselte er aufgrund von Schwierigkeiten mit der Universitätsleitung an die Columbia University in New York. Da wirkte er mit bei der Ausbildung von Lehrern und veröffentlichte viele Schriften. Von New York aus unternahm er zahlreiche Auslandreisen, so nach Japan, China, Türkei, Mexiko und in die Sowjetunion. In den Staaten wurde er zum Hauptrepräsentant der "Progressive Education". 1952 starb er in New York.

Maria Montessori (1870 - 1952)

Montessori wurde 1870 in Chiaravalle, Italien, als Kind einer grossbürgerlichen Familie geboren. Ab 1890 studierte sie in Rom Medizin und promovierte 1896. 1898 wurde ihr Sohn geboren. Sie beschäftigte sich mit Frauenfragen, gleichzeitig übte sie ihren Arztberuf aus. Es folgten zwei Jahre als Assistenzärztin an einer Psychiatrischen Klinik, wo sie nach der psychiatrischen Lehre des französischen Mediziners Edouard Seguin (1812-1880) pädiatrisch arbeitete. Danach war sie Dozentin für angehende Sekundarlehrerinnen und Lehrer für Geistigbehinderte. Ab 1901 studierte sie Anthropologie, Pädagogik und Psychologie. 1904-1908 bekam sie einen Lehrauftrag an der Universität in Rom für Anthropologie. Ab 1906 war sie Leiterin einer Kindertagesstätte, "Casa dei Bambini", in einem Elendsviertel von Rom. Ein Jahr später wurde ein zweites Kinderhaus eröffnet und 1908 kamen drei weitere hinzu in Rom und Mailand. Von 1909 an bildete sie Pädagogen aus. Mittlerweile gab es Montessori-Schulen in St.Petersburg, Indien, China, Japan, Australien und USA, wo es 1913 fast hundert Montessori-Einrichtungen gab. 1929 Gründung der "Association Montessori Internationale". Mit den 1922 an die Macht gekommenen Faschisten hatte sie sich zunächst zu arrangieren versucht, doch der Bruch mit Mussolini war unvermeidlich: Die Kinder der Montessori-Schulen sollten "faschistisch" grüssen. Sie lehnte ab. Daraufhin wurden 1934 die Montessori-Schulen geschlossen und sie ging nach Barcelona. 1936 liess sie sich in Holland nieder. Weiterhin führte sie Ausbildungskurse für Pädagogen, u.a. auch in Indien durch. 1949 reiste sie nochmals nach Indien, besuchte Ceylon und Pakistan. Sie starb mit 82 Jahren in Noordwijk aan Zee.

Peter Petersen (1884 - 1952)

Petersen wurde 1884 in Grossenwiehe bei Flensburg als Kind einer dort lange ansässigen Bauernfamilie geboren. Er war das älteste von sieben Kindern. Nach der Volksschule ging er nach Flensburg aufs Gymnasium. 1904 studierte er Philosophie, Geschichte, evangelische Religionslehre und Anglistik, zuerst in Leipzig, dann in Kiel, Posen und Kopenhagen. Die Promotion erfolgte 1908 in Jena. 1909 absolvierte er die Oberlehrerprüfung in Leipzig und wirkte dann zehn Jahre lang bis 1920 als Studienrat an einem Gymnasium in Hamburg. 1912 wurde er Sekretär des "Bundes für Schulreform". 1920 habilitierte er in Hamburg und übernahm die Leitung der "Lichtwerk-Schule". 1923 wurde er Professor für Philosophie und Pädagogik in Jena. Daselbst begann er 1924 einen Schulversuch, seit 1927 als "Jenaplan" bekannt. Reisen führten ihn in die Staaten, Südafrika und Südamerika. 1928 weilte er als Gastprofessor in Hashville, USA, und 1929 in Santiago de Chile. Die Jenaplan-Bewegung fand im In- und Ausland grosse Beachtung. 1945 wurde er Dekan der Philosophischen Fakultät in Jena und 1945-48 Dekan der Sozialpädagogischen Fakultät. Dazu war er tätig als Professor für Erziehungswissenschaften an der Universität Halle und Direktor der Franke'schen Stiftung. 1946 gab er seinen Auftrag an der Universität Halle mit der Begründung zurück, er wolle die jetzt vertretene Hochschulpolitik nicht mehr mitvollziehen. Er wurde persona non grata und musste Vorwürfe und Vorhaltungen (?) einstecken. 1948 wurde er als Dekan entlassen. Er reiste in der BRD umher, bekam aber keine Arbeit mehr an einer Universität oder Pädagogischen Hochschule. Im Frühjahr 1951 kehrte er nach Jena zurück, wo er ein Jahr später nach kurzer Krankheit im Alter von 68 Jahren starb.

Erich Weniger (1894 - 1961)

Weniger wurde 1894 in Steinhorst bei Hannover als Sohn eines Pfarrers geboren. Bis zu seinem 7. Lebensjahr lebte die Familie in Dassel (Solling), danach in Hannover. Dort besuchte er das Gymnasium. Nach dem Abitur 1913 begann er in Tübingen Geschichte und Philosophie zu studieren. 1914-1918 war er als Kriegsfreiwilliger an der Westfront. 1919 nahm er das Studium wieder auf und studierte Psychologie, Soziologie, Philosophie und Pädagogik. 1921 erfolgten Lehramtsprüfungen, Promotion und Leitung der Jugendvolksschule Göttingen. 1926 habilitierte er und wurde Privatdozent an der Universität Göttingen.

1929 wurde er nach Kiel an die Pädagogische Akademie berufen als Professor für Pädagogik und Philosophie. 1930 wurde er Direktor der Pädagogischen Akademie Altona, die 1932 geschlossen wurde. Darauf war er für kurze Zeit Direktor der Pädagogischen Akademie Frankfurt/Main. Nach der Machtergreifung durch die Nationalsozialisten Anfang 1933 wurde er entlassen. Ab 1935 befasste er sich mit Militärpädagogik, leistete Aktivdienst und wurde 1945 aus amerikanischer Kriegsgefangenschaft entlassen. 1946-1949 war er Direktor der neugegründeten Pädagogischen Hochschule

Göttingen. Er war Mitglied des Deutschen Bildungsausschusses für das Erziehungs- und Bildungswesen und von 1949-1961 Ordinarius für Pädagogik an der Universität Göttingen. Er starb 67-jährig.

<u>Wilhelm Flitner (1889 - 1990)</u>

Flitner wurde in Berka bei Weimar als erster Sohn eines Eisenbahnbeamten geboren. Einen Teil seiner Vorschulzeit verbrachte er in Blankenburg, wo seine Eltern zu der Honoratiorengesellschaft gehörten. Die Schulzeit verbrachte er in Weimar. Mit 9 Jahren verlor er seine Mutter; sie starb bei der Geburt des dritten Kindes. Anschliessend an den Besuch des Realgymnasiums begann er 1909 in München mit dem Studium der Literatur, Geschichte und Philosophie. Nach einem Semester wechselte er an die Universität Jena, wo er im Winter 1912/13 promovierte. Darauf weilte er ein Jahr in Berlin, um sich auf das Staatsexamen vorzubereiten und legte die Prüfung (1914) in Jena ab. An Ostern desselben Jahres wurde er in das Gymnasialseminar Brandenburg aufgenommen. Bei Ausbruch des ersten Weltkrieges meldete er sich als Kriegsfreiwilliger und wurde im Dezember 1918 entlassen. Noch während des Krieges, 1917 heiratete er Elisabeth Czapski, die Schwester eines Schulkameraden. Sie studierte in Heidelberg Staatswissenschaften und Sozialpolitik.

Im Frühjahr 1919 trat er in Jena in das Gymnasialseminar ein, war in mehreren Jenaer Schulen tätig und wurde als Studienrat an der Oberrealschule angestellt. 1919 eröffnete er die Abendvolkshochschule, deren Leiter (ohne Honorar) er wurde; eine Tätigkeit, die er 7 Jahre trotz Inflation und Hunger beibehielt. Unterdessen hatte er Kinder und seine Frau promovierte an der Universität Jena. 1923 erfolgte seine Habilitation. Zusammen mit Th.Litt, H.Nohl, E.Spranger, A.Fischer gründete er die Zeitschrift "Die Erziehung", deren Erstausgabe 1926 erfolgte. Im selben Jahr, als die ersten Preussischen Pädagogischen Akademien in Bonn, Elbing und Kiel eröffnet wurden, erhielt er die Berufung an letztere. 1929 folgte er dem Ruf an die Universität Hamburg. 1935 gab er die Redaktortätigkeit für die "Erziehung" auf. Während des zweiten Weltkrieges war seine Lehrtätigkeit eingeschränkt. Ab 1945 war er am Aufbau der preussischen Lehrerbildung mitbeteiligt, nebst anderen vor allem bildungspolitischen Aufgaben (Gutachter, Vorträge). 1959 emeritierte er und 1963 erhielt er den Hansischen Goethepreis. Seit den sechziger Jahren lebte er in Tübingen, wo er 101jährig starb.

Literaturverzeichnis

Adorno, Th.W.: Erziehung zur Mündigkeit. Frankfurt 1973

Adorno, Th.W. (u.a.): Der Positivismusstreit in der deutschen Soziologie. Darmstadt 1972

Adorno, Th.W.: Theorie der Halbbildung. In: Adorno u.a. 1970

Adorno, Th.W. (u.a.) : Soziologische Schriften I. Frankfurt 1970

Aebli, H.: Zwölf Grundformen des Lernens. 1983

Aebli, H.: Zwölf Grundformen des Lehrens. 1994 (8)

Albers, H.-J.: Allgemeine sozio-ökonomisch-technische Bildung. Köln / Wien 1987

Alheit, P./ Tippelt, R.: Neue Forschungstendenzen in der europäischen Erwachsenenbildung. In: Zeitschrift für Pädagogik. 32. Beiheft 1994, 367-383

Alheit, P.: Biographieforschung in der Erwachsenenbildung. In: PAS 1993

Allport, G.W.: Persönlichkeit. Struktur, Entwicklung und Erfassung der menschlichen Eigenart. Stuttgart 1949

Amelang, M./Bartussek, D.: Differentielle Psychologie und Persönlichkeitsforschung. Stuttgart 1981

Apel, K.O. (u.a.): Hermeneutik und Ideologiekritik. Frankfurt 1971

Aregger, U./Isenegger, U.(Hrgr.): Curriculumprozess. Beiträge zur Curriculumkonstruktion und -implementation. EBAC-Bericht Nr.8/9. Fribourg 1972

Arnold, R.: Deutungsmuster und pädagogisches Handeln in der Erwachsenenbildung. Bad Heilbrunn 1985

Arnold, R.: Qualitätsabsicherung in der Weiterbildung. Grundlagen der Weiterbildung. 1/1994

Arnold, R./Kaltschmid J.(Hrgr.): Erwachsenensozialisation und Erwachsenenbildung. Frankfurt 1986

Baacke, D.u.a. (Hrgr.): Am Ende postmodern? Weinheim 1985

Baldwin, J.M. (ed.): Dictionary of Philosophy and Psychology. 2 Bde. Gloucester, Mass. 1960 (1925)

Balauff, Th./Schaller, K.: Pädagogik. Eine Geschichte der Bildung und Erziehung. 3 Bde. 1969-73

Ballstaedt, S.-P.: Lerntexte und Teilnehmerunterlagen. Weinheim 1994

Baltes, P.B./Eckensberger, L.H. (Hrgr.): Entwicklungspsychologie der Lebensspanne. Stuttgart 1979

Baumgartner, M.: Verführung statt Erleuchtung. Sekten-Scientology-Esoterik. Düsseldorf 1993

Beck, K.: Das Leib-Seele-Problem und die Erziehungswissenschaft. In:

Pollak/Heid. 1994, 227-267

Beck, U.: Die Risikogesellschaft. Frankfurt 1986

Beck, H.(Hrgr.): Philosophie der Erziehung 1979

Becker, P.: Psychologie der seelischen Gesundheit. Göttingen 1982

Becker, H. Widersprüche aushalten. München 1992

Becker-Carus, C.: Grundriss der physiologischen Psychologie. Heidelberg 1981

Benner, D.: Hauptströmungen der Erziehungswissenschaft. München 1973

Benner, D.: Allgemeine Pädagogik. 1987

Benner, D. (Hrgr.): Aspekte und Probleme einer pädagogischen Handlungswissenschaft.Festschrift für Josef Derbolav zum 65. Geburtstag. Kastellaum 1977

Benner, D.: Grundstrukturen pädagogischen Denkens und Handelns. In: Enzyklopädie Erziehungswissenschaft. Stuttgart 1993

Benner, D.: Studien zur Theorie der Erziehungswissenschaft. Weinheim 1994

Benning, A.: Ethik der Erziehung. Zürich 1992

Benning, A. (Hrgr.): Erwachsenenbildung. Bilanz und Zukunftsperspektiven. Schöning. Paderborn 1986

Berger, P.L./Luckmann, T.: Die gesellschaftliche Konstruktion der Wirklichkeit. Frankfurt 1970

Biller, K.: Bildung - Integrierender Faktor in Theorie und Praxis. Weinheim 1994

Bischof, L.J.: Persönlichkeitstheorien. 2 Bde. Paderborn 1983

Blankertz, H.: Curriculumforschung - Strategien, Strukturierung, Konstruktion. Essen 1971

Blankertz, H.: Theorien und Modelle der Didaktik. München 1975

Blaschek, H.: Von der Sehnsucht nach Selbstverwirklichung. In: Benning 1986, 178-197

Bloom, B.S. (Hrgr.): Taxonomie von Lernzielen im kognitiven Bereich. Weinheim. 1972

Blass, J.L.: Modelle pädagogischer Theorienbildung. 2 Bde. 1978

Bock, I.: Pädagogische Anthropologie der Lebensalter. München 1984

Bock, I.: Pädagogische Anthropologie. In: Roth 1991, 99-108

Böhm, W.: Wörterbuch der Pädagogik. Stuttgart 1988 (13)

Böhm, W. (Hrgr.): Pädagogik oder Erziehungswissenschaften. 1988

Bollnow, O.F.: Die philosophische Anthropologie und ihre methodischen Prinzipien. In: Rocek/Schatz 1972, 19-36

Bollnow, O.F.: Die anthropologische Betrachtungsweise in der Pädagogik. In: König/Ramsenthaler 1980, 36-54

Bonsch, M./Winkelmann, R. (Hrgr.): Humanität und Bildung. Hannover 1990

Born, W./Otto G. (Hrgr.): Didaktische Trends. 1978

Bourdieu, P.: Die feinen Unterschiede. Frankfurt 1994

Brezinka, W.: Werte-Erziehung in einer wertunsicheren Gesellschaft. Pädagogische Rundschau 1/1994

Brezinka, W.: Glaube, Moral und Erziehung. München 1992

Brezinka, W.: Metatheorie der Erziehung. München/Basel 1978

Brezinka, W.: Erziehungsziele. Konstanz, Wandel, Zukunft. In: Pädagogische Rundschau Nr.47, 253-260, 1993

Brinkmann, W./Renner, K. (Hrgr.): Die Pädagogik und ihre Bereiche. Paderborn 1982

Bronfenbrenner, U.: Die Ökologie der menschlichen Entwicklung. Frankfurt 1989

Brugger, W.: Philosophisches Wörterbuch. Freiburg i.Br. 1976 (1992)

Bruner, J.S.: Studien zur kognitiven Entwicklung. Stuttgart 1971

Brüwiler, H.: Methoden der ganzheitlichen Jugend- und Erwachsenenbildung. Opladen 1994

Bubner, R.: Dialektik und Wissenschaft. Frankfurt 1973

Bühler, Ch./Ekstein, R.: Anthropologische Resultate aus biologischer Forschung. In: Gadamer/Vogler 1973, 349-385

Campbell, J.: Der Held in tausend Gestalten. Frankfurt 1978

Capra, F.: Wendezeit. München 1991

Capra, F.: Das neue Denken. München 1992

Cohn, R.: Von der Psychoanalyse zur themenzentrierten Interaktion. Stuttgart 1975

Comenius, J.H.: Grosse Unterrichtslehre. Ausgabe G.A. Linder. Wien 1907

Cronbach, J.L.: Einführung in die Pädagogische Psychologie. Weinheim 1971

Cube von, F.: Verhaltensbiologie und Pädagogik. In: Roth 1991, 109-121

Derbolav, J.: Grundriss einer Gesamtpädagogik. Frankfurt 1987

Derbolav, J.: "Pädagogische Anthropologie" als Theorie der individuellen Selbstverwirklichung. In: König/Ramsenthaler 1980

Deschner, K.: Der gefälschte Glaube. München 1988

Dewe, B./Frank, G./Huge, W.: Theorien der Erwachsenenbildung. Weinheim 1988

Dewe, B./Ferchoff, W.: Die Lust am Schein - Postmodernistische Notizen über Trends, Geschmäcker und Redensarten unter Pädagogen. In: Baacke 1985

Dickopp, K.H.: Lehrbuch der systematischen Pädagogik. 1983

Dienelt, K.: Von der Metatheorie der Erziehung zur sinnorientierten Pädagogik. 1984

Dietrich, Th.: Zeit- und Grundfragen der Pädagogik. Bad Heilbrunn 1992

Dominicé, P./Finger, M.: Erwachsenenbildung in der Schweiz. Zürich 1991

Dorsch, F. u.a.(Hrgr.): Psychologisches Wörterbuch. Bern/Stuttgart 1987/1991

Doucet, F.W.: Geschichte des Geheimwissens. Freiburg 1980

Drewermann, E.: Tiefenpsychologie und Exegese. Band I: Die Wahrheit der Formen. Olten 1987 (4)

Drewermann, E.: Tiefenpsychologie und Exegese. Band II: Die Wahrheit der Werke und der Worte. Olten 1986 (2)

Drewermann, E.: Der tödliche Fortschritt. Freiburg/Basel 1991

Durant, W.: Die grossen Denker. Bergisch Gladbach 1987

Eco, U.: Apokalyptiker und Integrierte. Frankfurt 1992

Eigenmann, J./Strittmatter, A.: In: Aregger, U./Isenegger, U. 1972

Eggers, B.P./Steinbacher, F.J. (Hrgr.): Soziologie der Erwachsenenbildung. In Reihe: Pöggeler, F. (Hrgr.) Handbuch der Erwachsenenbildung. Stuttgart 1977

Ellenberger, H.F.: Die Entdeckung des Unbewussten. 2 Bde. Bern 1973

Emde, G.: Grundlagen einer transzendenzoffenen Theorie paranormaler Vorgänge. In: Resch (Hrgr) 1981, 643-702

Fink, E.: Grundphänomene des menschlichen Daseins. Freiburg 1979

Flammer, A.: Individuelle Unterschiede im Lernen. Weinheim 1975

Flechtheim, O.K.: Ist die Zukunft noch zu retten? Hamburg 1987

Flitner, A.: Schriften zur Anthropologie und Bildungslehre. Neuauflage 1984

Flitner, A.: Missratener Fortschritt. München 1977

Flitner, W.: Erwachsenenbildung. Paderborn 1982

Frankena, W.K.: Analytische Ethik. München 1972

Frankl, V.E.: Anthropologische Grundlagen. Bern/Stuttgart 1975

Frankl, V.E.: Der Mensch vor der Frage nach dem Sinn. München 1993 (9)

Freud, S.: Fragen der Gesellschaft. Ursprünge der Religion. Zürich 1974

Frey, K.: Theorie des Curriculums. Weinheim 1971

Friedrich, W./Hennig, W.: Der sozialwissenschaftliche Forschungsprozess. Berlin 1975

Frick, K.R.H.: Licht und Finsternis. Gnostisch-theosophische und freimaurerisch-okkulte Geheimgesellschaften bis an die Wende zum 20.Jh. Graz 1975

Frick, K.R.H.: Die Erleuchteten. 2 Bde. Graz 1975

Fromm, E.: Die Seele des Menschen. Stuttgart 1979

Fromm, E.: Über den Ungehorsam. Stuttgart 1982

Frommer, H.: Lernen-Wissen-Bildung. Schriften pädagogische Arbeitsstelle für Erwachsenenbildung Neckar Verlag 1991

Fuchs, W.: Möglichkeiten der biographischen Methode. In: Niethammer 1985

Fuchs, W.: Biographische Forschung. Opladen 1984

Gadamer, H.G./Vogler, P. (Hrgr.): Neue Anthropologie. Bd.5.

Psychologische Anthropologie. Stuttgart/München 1973

Gage, N.L./Berliner, D.C.: Pädagogische Psychologie. Weinheim 1986

Gagné, R.M.: Die Bedingungen des menschlichen Lernens. 1973 (3)

Galbraith, J.K.: Die Arroganz der Satten. München 1979

Gallas, H. (Hrgr.): Strukturalismus als interpretatives Verfahren. Darmstadt 1972

Gehlen, A.: Anthropologische Forschung. Reinbek 1971

Gehlen, A.: Die Seele im technischen Zeitalter. Hamburg 1957

Gehlen, A.: Moral und Hypermoral. Eine pluralistische Ethik. Frankfurt 1970

Gehlen, A.: Urmensch und Spätkultur. Frankfurt 1964

Gergen, K.J.: In: Filipp, S.A. (Hrgr.): Selbstkonzeptforschung. Stuttgart 1993

Gerner, B.: Menschennatur und Kulturmensch. In: Brinkmann/Renner 1982, 133-147

Gieseke, W. u.a.: Professionalität und Professionalisierung. Bad Heilbrunn 1988

Gieseke, W.: Didaktische Lernforschung. In: Mader 1991, 76-83

Gloger-Tippelt, G.: Beiträge einer Entwicklungspsychologie der Lebensspanne zur Erwachsenenbildung. In: PAS 1993

Gore, Al: Wege zum Gleichgewicht. Frankfurt 1992

Grimmer, F.: Pädagogik und Empathie. Pädagogische Rundschau Nr.47/3, 285-299, 1993

Grof, S.: Geburt, Tod und Transzendenz. München 1993

Groothoff, W.D.: Zur Erneuerung der Theorie der Bildung und des Bildungswesens. 1981

Gudjons u.a.: Auf meinen Spuren. Hamburg 1994

Haack, F.W.: Europas neue Religionen. Sekten-Gurus-Satanskult. Zürich 1991

Haack, F.W.: Jugendsekten. Weinheim 1991

Haag, F./Krüger, H., u.a.: Aktionsforschung. Forschungsstrategien, Forschungsfelder und Forschungspläne. München 1972

Habermas, J.: Erkenntnisinteresse. Frankfurt 1973

Habermas, J. (Hrgr.): Hermeneutik und Ideologiekritik. Frankfurt 1973

Habermas, J.: Moralbewusstsein und kommunikatives Handeln. Frankfurt 1992 (5)

Hacker, J./Olzog, G.: Deutsches Handbuch der Erwachsenenbildung. München 1985

Hamann, B.: Pädagogische Anthropologie. Bad Heilbrunn 1993

Harkin, T./Thomas, C.E.: Five minutes to midnight. Why the nuclear threat is growing faster than ever. New York 1990

Harney, K.: Moderne Erwachsenenbildung. Zeitschrift für Pädagogik 3/93

Haug, Ch.: .... Bilden oder Heilen? Erwachsenenbildung zwischen Psychotherapie und Persönlichkeitsentfaltung. Haag und Herchen 1985

Heiler, F.: Die Religionen der Menschheit. Stuttgart 1980 (1959)

Heim, R.: Die Rationalität der Psychoanalyse. Basel, Frankfurt 1993

Heitkämper, P.: Bildung als Dispositiv des Friedens. In: Zeitschrift für Pädagogik. 21. Beiheft 1986, 275-279

Hengstenberg, H.-E.: Die Frage nach verbindlichen Aussagen in der gegenwärtigen philosophischen Anthropologie. In Rocek/Schatz 1972, 65-83

Henz, H.: Lehrbuch der systematischen Pädagogik. Freiburg 1964

Hentig, H.v.: Schule als Erfahrungsraum. Stuttgart 1973

Hentig, H.v.: Eine Antwort an Theodor Wilhelm. In: Neue Sammlung 25, 1985/2, 151 ff.

Horkheimer, M.: Kritische Theorie. Frankfurt 1968

Horneffer, A.: Symbolik der Mysterienbünde. Schwarzenburg 1979

Horney, W.: Lexikon für Pädagogik. Band II. Gütersloh 1970

Hornstein, W. (u.a.): Beratung in der Erziehung. 2 Bde. Frankfurt 1977

Hufer, K.P.: Emanzipatorischer Ansatz in der Erwachsenenbildung. Grundlagen der Weiterbildung 6/93

Hügli, A./Lübcke P. (Hrgr.): Philosophie Lexikon. Reinbek 1991

Hurrelmann, K.: Sozialisation und Gesundheit. Weinheim 1994 (3)

Hurrelmann, K./Ulich, D. (Hrgr.) Sozialisationsforschung. Weinheim 1991

Ingalls, J.D.: A Trainers Guide to Andragogy. Washington D.C. 1973; Ausschnitte: "Die sieben Schritte des andragogischen Prozesses". Rohrer SVEB Zürich 1980, Nr.4.

Ingenkamp, K.H. (Hrgr.): Handbuch der Unterrichtsforschung, Bd I, Weinheim 1970

Isenegger, U.: Schulen und Schulsysteme. München 1977

Jank, W./Meyer, H.: Didaktische Modelle. Frankfurt 1993

Jaspers, K.: Die grossen Philosophen. München 1959

Jaspers, K.: Der philosophische Glaube angesichts der Offenbarung. München 1984

Jaspers, K.: Philosophie, Band 3 Metaphysik. Berlin 1956

Johann, T.: Erziehung und Bildung in der heidnischen und christlichen Antike. 1976

Jung, C.G.: Zur Psychologie westlicher und östlicher Religion. Olten 1973

Jung, C.G.: Aion. Beiträge zur Symbolik des Selbst. Olten 1976

Jung, C.G.: Die Archetypen und das kollektive Unbewusste. Olten 1978

Jung, C.G.: Die Struktur und Dynamik des Selbst. Olten 1978

Jungk, R. zu Ehren: Die Triebkraft der Hoffnung. Weinheim 1993

Jungk, R./Müllert, N.R.: Zukunftswerkstätten. München 1994

Kade, J.: Offene Übergänge. Zur Etablierung der Erwachsenenbildung als Erziehungswissenschaftliche Teildisziplin. In: Krüger / Rauschenbach 1994,

147-162

Kade, S.: Methoden des Fremdverstehens. Bad Heilbrunn 1983

Kainz, F.: Über die Sprachverführung des Denkens. Berlin 1972

Kaiser, A.: Sinn und Situation. Bad Heilbrunn 1985

Kaiser, R./Kaiser, A.: Begriff der Schlüsselqualifikation. In: Grundlagen der Weiterbildung 1994/4, 186-189

Kaltschmid, J.: Sozialisationstheorie, Sozialwissenschaften und Didaktik der Erwachsenenbildung. In: Arnold/Kaltschmid 1986

Kaminski, G./Bellows, S.: Feldforschung in der ökologischen Psychologie. In: Patry, J.L. (Hrgr.) 1981

Kamlah, W.: Philosophische Anthropologie. Mannheim 1973

Kamlah, W./Lorenzen, P.: Logische Propädeutik. Mannheim 1967

Kamper, D.: Pädagogische Anthropologie. In: Lenzen 1992, 311-316

Kant, I.: Grundlegung zur Metaphysik der Sitten. Stuttgart 1970

Kant, I.: Kritik der reinen Vernunft. Stuttgart 1966

Katz, D./Kahn, R.L.: The social Psychology of Organisations. New York 1966

Keller, W.: Was gestern noch als Wunder galt. München 1973

Kempkes, H.L.: Auf den Grenzen von Systemen und Alltagswelt. Frankfurt 1993

Kerényi, K.: Antike Religion. München 1971

Kerstiens, L.: Die wiederentdeckte Allgemeinbildung. In: Benning 1986, 260-280

Kessler, H.: Das offenbare Geheimnis. Freiburg i.B. 1977

Klafki, W.: Neue Studien zur Bildungstheorie und Didaktik. Weinheim/Basel 1991

Klafki, W.: Die Bedeutung der klassischen Bildungstheorien für ein zeitgemässes Konzept allgemeiner Bildung. In: Zeitschrift für Pädagogik. (32) 1986/4, 455-476

Klafki, W.: Aspekte kritisch-konstruktiver Erziehungswissenschaft. 1976

Klafki, W.: Organisation und Interaktion in pädagogischen Feldern. In: Zeitschrift für Pädagogik Nr.23, 1977, 13. Beiheft (11-38)

Klane, R.: Der irrationale Schrei des Körpers in der Wissenschaft. Oldenburg 1991

Klauer, K.J. (Hrgr.): Handbuch der pädagogischen Diagnostik. 4 Bde. Düsseldorf 1978

Klausmeier, H.J./Ripple, R.E.: Moderne Unterrichtspsychologie, Bde 1-4, München 1978

Klein, H. (Hrgr): Spuren in die Zukunft. München/Zürich 1993

Klemm, K. (u.a.): Bildung für das Jahr 2000. Reinbek 1985

Klimsa, P.: Neue Medien und Weiterbildung. Weinheim 1993

Kluge, N.: Einführung in die systematische Pädagogik. 1983

Klupp, A.: Planen. Managen. Trainieren. Zwanzig Bausteine erfolgreicher

Erwachsenenbildung. München 1992

Knoop, K./Schwab, M.: Einführung in die Geschichte der Pädagogik. Heidelberg. Wiesbaden 1992

Knowles, M.S.: The modern practice of adult education. New York 1970

Koestler, A.: Der Mensch - Irrläufer der Evolution. Frankfurt 1990

Kollwijk, J.v./Wieken-Mayer, M. (Hrgr.): Techniken der empirischen Sozialforschung, Band 3. München 1974

König, E./Ramsenthaler, H. (Hrgr): Diskussion Pädagogische Anthropologie. München 1980

Koskenniemi, M.: Elemente der Unterrichtstheorie. München 1971

Kraft, V.: Die Grundlagen der Erkenntnis und der Moral. Berlin 1968

Kraft, V.: Der Wiener Kreis. Wien 1968

Krämer, S./Walter, K.D.: Effektives Lehren in der Erwachsenenbildung. Ismaning 1994

Kreyszig, E.: Statistische Methoden und ihre Anwendungen. Göttingen 1968

Krohn, S.: Der Mensch im Lichte der Grenzfragen der Philosophie. In: Resch 1972

Kron, F.W.: Grundwissen Didaktik. München 1994 (2)

Krüger, H.H.: Allgemeine Pädagogik auf dem Rückzug? In: Krüger/Rauschenbach 1994, 115-130

Krüger, H.H./Rauschenbach, Th. (Hrgr): Erziehungswissenschaft. Die Disziplin am Beginn einer neuen Epoche. Weinheim 1994

Kruse, L./Graumann, C.-F./Lantermann, E.-D. (Hrgr): Ökologische Psychologie.München 1990

Künzel, K.: Erwachsenenpädagoge und Erwachsenenpädagogin. In: Roth, L. (1991)

Kupffer, H.: Pädagogik der Postmoderne. Weinheim/Basel 1990

Kürzdörfer, K. (Hrgr.): Grundpositionen und Perspektiven in der Erwachsenenbildung. Bad Heilbrunn 1981

Kutschera, v.F.: Wissenschaftstheorie. München 1972

Krämer, S./Walter, K.: Effizientes Lehren in der Erwachsenenbildung.

Landmann, M.: Philosophische Anthropologie. Berlin 1969

Langeveld, M.J.: Studien zur Anthropologie des Kindes. Tübingen 1968 (3)

Lassahn, R.: Grundriss einer Allgemeinen Pädagogik. Heidelberg 1993 (3)

Lehner, M.: Didaktik und Weiterbildung. München 1989

Leirman, W./Pöggeler, F. (Hrgr): Erwachsenenbildung in fünf Kontinenten. Stuttgart 1979

Lennhoff, E./Posnier, O.: Internationales Freimaurerlexikon. Wien/München 1932

Lenz, W.: Lehrbuch der Erwachsenenbildung. Stuttgart 1987

Lenzen, D.: Bildung und Erziehung für Europa? In: Zeitschrift für Pädagogik 32. Beiheft, 1994, 31-48

Lenzen, D./Mollenhauer, K.: Enzyklopädie Erziehungswissenschaft. Stuttgart 1992

Lenzen, D. (Hrgr): Handbuch und Lexikon der Erziehung. Band 1. Stuttgart 1992 (2)

Lewin, K.: Feldtheorie in den Sozialwissenschaften. Bern 1963

Linden M./Hautzinger M. (Hrgr.): Psychotherapie-Manual. Berlin 1981

Lorenz, K.: Die acht Todsünden der zivilisierten Menschheit. München 1993

Löwisch, D.-J.: Einführung in die Erziehungsphilosophie. Darmstadt 1982

Luhmann, N.: Zweckbegriff und Systemrationalität. Frankfurt 1968

Mader, W.u.a.: Zehn Jahre Erwachsenenbildungswissenschaft. Klinkhardt 1991

Mager, R.F.: Lernziele und programmierter Unterricht. Weinheim 1970

Maier, K.E.: Grundriss moralischer Erziehung. Bad Heilbrunn 1986

Maslow, A.H.: Motivation und Persönlichkeit. Olten 1977

Maslow, A.H.: Psychologie des Seins. München 1973

Mattl, W.: Institutionen der Erwachsenenbildung. In: Roth, L. (1991)

Mayntz, R./Holm, K./Hübner, P.: Einführung in die Methoden der empirischen Soziologie. Opladen 1971

Meier, A./Rabe-Kleberg, U.: Weiterbildung, Lebenslauf, sozialer Wandel. Neuwied 1993

Meili-Lüthy, E.: Persönlichkeitsentwicklung als lebenslanger Prozess. Bern 1972

Metzger, Ch.: Vom Schulungsbedarf zum Schulungsplan. In: Education permanente. 2/1992, 90-93

Menck, P.: Unterrichtsanalyse und didaktische Konstruktion. 1975

Menze, C. (Hrgr.): Humanität und Erziehung. 1985

Menze, C.: Stichwort "Bildung"; in: Lenzen/Mollenhauer 1992

Merkens, H.: Wissenschaftstheorie. In: Roth 1991, 19-30

Meueler, E.: Die Türen des Käfigs. Wege zum Subjekt in der Erwachsenenbildung. Stuttgart 1993

Meyer, H.L.: Einführung in die Curriculum Methodologie. München 1972

Mollenhauer, K.: Korrekturen am Bildungsbegriff. In: Zeitschrift für Pädagogik Nr.33. Weinheim 1987

Mollenhauer, K.: Theorien zum Erziehungsprozess. München 1972

Mollenhauer, K.: Umwege. 1986

Monod, J.: Zufall und Notwendigkeit. München 1971

Mühle, G./Schell, D.H.: Kreativität und Schule. München 1970

Müller, K.R. (Hrgr.): Kurs- und Seminargestaltung. Weinheim 1994 (5)

Müller, U.: Didaktische Planung ökologischer Weiterbildung. Frankfurt 1993

Murphy, M.: Der Quantenmensch. Wessobrunn 1994

Musoloff, H.-U./Hellekamps, S.: Ist das Konzept der Wissenschaftsorientierung überholt? Pädagogische Rundschau Nr.47/6, 1993,

Nahrstedt, W./Popp, R.: Freizeitbildung: ein neues Thema für Europa. In: Zeitschrift für Pädagogik. 32. Beiheft 1994, 425-437
Nahrstedt, W.: Leben in freier Zeit. Darmstadt 1990
Nelson, C.: System der Philosophischen Ethik und Pädagogik. Göttingen 1949
Neumann, E.: Tiefenpsychologie und neue Ethik. Zürich 1949
Nezel, I.: Allgemeine Didaktik der Erwachsenenbildung. München 1992
Nezel, I.: Strukturalistische Erziehungswissenschaft. Weinheim 1976
Nickel, E.: Die Erfahrung der kosmischen Dimension. In: Resch 1973
Nonne, F.: "Postmoderne" - Ein neues Modethema für die Pädagogik. In: Baacke 1985
Nuissl, E./ Rein, A.: Die Volksschule zwischen Marktgängigkeit und öffentlichem Auftrag. In: Hessische Blätter für Volksbildung. 1993/4, 301-307

Oelkers, J.: Reformpädagogik. Weinheim/München 1992
Oerter, R. (Hrgr.): Entwicklung als lebenslanger Prozess. Hamburg 1978
Opaschowski, H.W.: Anstrengendes Vergnügen: Die Zukunft der Freizeit; in: Klein 1993, 230-248
Opaschowski, H.W.: Einführung in die Freizeitwissenschaft. Opladen 1994
Opaschowski, H.W.: Freizeitwissenschaft als neue Spektrumswissenschaft. In: Zeitschrift für Pädagogik. 32. Beiheft, 1994, 441-444
Ortner, G.E.: Bildungsökonomie und Bildungsmanagement. In: Roth, L. (1991)
Oser, F./Althof, W.: Moralische Selbstbestimmung. Stuttgart 1992
Oser, F./Althof, W./Garz, D. (Hrgr.): Moralische Zugänge zum Menschen. München 1986
Overhage, P.: Die Evolution des Lebendigen. Die Kausalität. Freiburg i.B. 1965

Pädagogische Arbeitsstelle (PAD) des DVV: Beiträge der Bezugswissenschaften zur Erwachsenenbildung. Frankfurt 1993
Parsons, T.: Sozialstruktur und Persönlichkeit. Frankfurt 1977
Patry, J.L. (Hrgr.): Feldforschung. Bern 1981
Pawlik, K.: Dimensionen des Verhaltens. Bern/Stuttgart 1971
Pawlik, K. (Hrgr.): Multivariate Persönlichkeitsforschung. Bern 1982
Pervin, L.A.: Persönlichkeitstheorien. München/Basel 1993
Petersheim, A.K.: Bildung und Kommunikation. Bern 1993
Petersson, W.H.: Didaktik als Strukturtheorie des Lehrens und Lernens. 1973
Petersson, W.H.: Lehrbuch Allgemeine Didaktik. 1983
Peursen, C.A.: Phänomenologie und analytische Philosophie. Stuttgart 1969

Pfniss, A.: Die Zukunft meistern. Graz 1988

Piaget, J.: Der Strukturalismus. Olten 1973

Picht, G.: Die deutsche Bildungskatastrophe. Freiburg 1964

Pieper, M.: Erwachsenenbildung und Lebenslauf. München 1978

Pieper, A.: Ethik und Moral. München 1985

Planck, M.: Sinn und Grenzen der exakten Wissenschaft. München 1971

Pleines, J.-E.: Das Problem in der Bildungstheorie. In: Zeitschrift für Pädagogik. 21. Beiheft 1986, 35 ff.

Plessner, H.: Die Stufen des Organischen und der Mensch. Berlin 1965

Pöggeler, F.: Erwachsenenbildung. Einführung in die Andragogik. Stuttgart 1974

Pöggeler, F.: Der Mensch in Mündigkeit und Reife. Paderborn 1970

Pöggeler, F./Wolterhoff (Hrgr.): Neue Theorien der Erwachsenenbildung. Stuttgart 1981

Pollak, G./Heid, H. (Hrgr): Von der Erziehungswissenschaft zur Pädagogik? Weinheim 1994

Pongratz, L.J.: Pädagogik in Selbstdarstellungen. 4 Bde. 1975

Popper, K.R.: Logik der Forschung. Tübingen 1969

Popper, K.R.: Das Prinzip vom Versuch und Irrtum. Ein Interview. In: Die Weltwoche Nr.38, 22.9.1994, 41-43

Portmann, A.: Aufbruch zur Lebensforschung. Zürich 1965

Portmann, A.: Um das Menschenbild. Stuttgart 1956

Postmann, N.: Wir amüsieren uns zu Tode. Frankfurt 1985 (1994)

Pribich, K.A.: Qualitätsabsicherung aus der Sicht der Aus- und Weiterbildung. Grundlagen der Weiterbildung 1/1994

Prim, R./Tilmann, H.: Grundlagen einer kritisch-rationalen Sozialwissenschaft. Heidelberg 1973

Raapke, H.D. (Hrgr.): Didaktik der Erwachsenenbildung. Stuttgart 1985

Rauschenbach, Th./ Christ, B.: Abbau, Wandel oder Expansion? Zur disziplinären Entwicklung der Erziehungswissenschaft im Spiegel ihrer Stellenbesetzung. In: Krüger/Rauschenbach 1994, 69-92

Rebel, K.H.: Die Bedeutung andragogischer Fragestellungen für ein modernes Fernstudium. In: Benning 1986

Reble, A.: Geschichte der Pädagogik mit 2 Dok-Bden. Stuttgart 1981 (1951)

Reboul, O.: Indoktrination. Wenn Denken unterdrückt wird. Olten 1979

Reich Th. (Hrgr.): Didaktik als Unterrichtswissenschaft. 1976

Reich, K.: Theorien der allgemeinen Didaktik. 1977

Reifenrath, B.H.: Grundlegung einer Erwachsenenbildung. Frankfurt 1983

Resch, A. (Hrgr): Der kosmische Mensch. München 1973

Resch, A. (Hrgr): Welt, Mensch und Wissenschaft morgen. München 1972

Resch, A. (Hrgr.): Fortleben nach dem Tode. Innsbruck 1981

Robinsohn, S.B.: Bildungsreform als Revision des Curriculum. Berlin 1969

Rocek, R./Schatz, 0. (Hrgr.): Philosophische Anthropologie heute. München 1972

Rogers, C.R.: Entwicklung der Persönlichkeit. Stuttgart 1973

Röhrs, H. (Hrgr.): Die Erziehungswissenschaft und die Pluralität ihrer Konzepte. 1979

Rössner, L.: Kritik der Pädagogik. Aachen 1992

Rössner, L.: "Emanzipatorische Didaktik" und Entscheidungslogik. In: Zeitschrift für Pädagogik Nr.18, 1972 (599-617)

Roszak, T.: ÖKO-Psychologie. Stuttgart 1994

Roth, L.: Pädagogik. Handbuch für Studium und Praxis. München 1991

Rothacker, E.: Die Schichten der Persönlichkeit. 1952

Rothacker, E.: Philosophische Anthropologie. Bonn 1966

Ruprecht, H.: Sinnkonstitution und Leistungsprinzip. In: Ruprecht/Sitzmann 1984, XII, 81-89

Ruprecht, H./Sitzmann, G.H. (Hrgr): Erwachsenenbildung als Wissenschaft. Bd XII: Lebenslanges Lernen. Bd XIII: Zur Problematik von Kriterien einer Grundlagentheorie der Erwachsenenbildung. Bd XIV: Das Prinzip der Popularisierung als grundlagentheoretisches Problem der Erwachsenenbildung. Bd XVI: Die Menschenwürde als Ursprung und Ziel von Erziehung und Bildung in der Grundlagentheorie der Erwachsenenbildung

Ruthven,M.: Der göttliche Supermarkt. Frankfurt 1991

Sachs, L.: Statistische Auswertungsmethoden. Berlin 1969

Sader, M.: Psychologie der Persönlichkeit. München 1980

Sagebiel, J.B.: Persönlichkeit als pädagogische Kompetenz in der beruflichen Weiterbildung. Bern 1994

Savigny von, E.: Analytische Philosophie. Freiburg/München 1970

Schäfter, O.: Die Temporalität von Erwachsenenbildung. In: ZfP 1993/3, 443-462

Scheler, M.: Die Stellung des Menschen im Kosmos. Bern 1966 (1928)

Schellhammer, E.: Menschsein in der Zukunft. Der Prozess der Individuation. Zürich 1987 (4)

Schellhammer, E.: Seelische Innenwelt im Alltag. Traum. Imagination. Psychische Energie. Zürich 1987 (4)

Schellhammer, E.: Unsere Zukunft in Ihrer Hand. Bildung für Umwelt und Frieden. Zürich 1988

Schellhammer, E.: Konzept der Individuation. Studienbuch. Zürich 2001

Scheuerl, H.: Geschichte der Erziehung. 1985

Schleichert, H.: Logischer Empirismus - Der Wiener Kreis. München 1975

Schmid, G.: Im Dschungel der neuen Religiosität. Stuttgart 1993

Schöpf, A.: in: Höffe, O. (Hrgr): Klassiker der Philosophie. Band I. München 1985

Schöpf, A.: Philosophische Anthropologie, Sozialanthropologie und Kulturanthropologie. In: Roth 1991, 87-98

Schuchardt, E.: Innovative Forschung - Beispiel biographischer Ansatz. In: PAS 1993

Schulz, W.: Unterrichtsplanung. 1980

Schulze, G.: Die Erlebnisgesellschaft. Frankfurt 1992

Schüré, E.: Die grossen Eingeweihten. Bern/München 1979

Schütz, A./Luckmann, Th: Strukturen der Lebenswelt. Neuwied 1975 2 Bde. Frankfurt 1984

Schulze, G.: Die Erlebnisgesellschaft. Frankfurt 1992

Schweizerische Akademie der Geistes- und Sozialwissenschaften (SAGW): Bern 12/1993

Seifert, T./Waiblinger, A.: Die 50 wichtigsten Methoden. Stuttgart 1973

Seiffert, H.: Einführung in die Wissenschaftstheorie. 2 Bde. Munchen 1972

Senzky, K.: Systemorientierung der Erwachsenenbildung. Stuttgart 1977

Sensky, K.: Selbstreflexion als Zielperspektive wissenschaftlicher Erwachsenenbildung. In: Ruprecht/Sitzmann 1986, XIV

Siebert, H.: Zur Theoriediskussion in der Erwachsenenbildung: Ideologischer Verschleiss und offene Aufgaben. In: Kürzdörfer 1981, 100-111

Siebert, H.: Erwachsenenbildung und Weiterbildung. In: Roth, L. (1991)

Siebert, H.: Aspekte einer reflexiven Didaktik. In: Mader 1991

Siebert, H.: Zukunftsaufgaben der Erwachsenenbildung angesichts der Ökokrise. In: Benning 1986

Siebert, H.: Allgemeinbildung in der Erwachsenenbildung. In: Zeitschrift für Pädagogik 21. Beiheft 1986, 137-140

Siebert, H.: Aspekte einer reflexiven Didaktik. In: Mader 1991, 19-32

Siebert, H.: Die Theorie der Erwachsenenbildung und die Praxis der Programmgestaltung. In: Hessische Blätter für Volksbildung. 1993/4, 315-235

Sitzmann, G.H.: Zu einigen Kriterien der Erwachsenenbildung. In: Ruprecht/Sitzmann 1985, XIII

Sixtl, F.: Messmethoden der Psychologie. Weinheim 1967

Skinner, B.F.: Kritik psychoanalytischer Begriffe und Theorie. In: Topitsch, E. (1970)

Speck, J. (Hrgr): Problemgeschichte der neueren Pädagogik. 3 Bde. 1976

Speck, J.: Geschichte der Pädagogik des 20.Jahrhunderts. 2 Bde. 1978

Spitz, R.: Vom Säugling zum Kleinkind. Stuttgart 1967

Spranger, E.: Lebensformen. 1965

Spranger, E.: Philosophische Pädagogik. Heidelberg 1973

Srubar, J.: Kosmion. Die Genese der praktischen Lebenswelttheorie von Schütz. Frankfurt 1988

Steinringer, J.: Versuch einer Analyse der Beziehungskultur. Grundlagen der Weiterbildung 1/1994

Stegmüller, W.: Aufgaben und Ziele der Wissenschaftstheorie. Berlin 1973

Störig, H.J.: Kleine Weltgeschichte der Philosophie. Stuttgart 1965
SVEB (Schweizerische Vereinigung für Erwachsenenbildung): Entwicklungsplan für die 90er Jahre. Zürich 1990
SVEB: Erwachsenenbildung im künftigen Europa. Schlussbericht des Europäischen Kongresses. Zürich 1991

Tausch, R./Tausch, A.M.: Erziehungspsychologie. Göttingen 1971
Teilhard de Chardin, P.: Die Schau in die Vergangenheit. Olten 1965
Thomae, H.: Psychologische Anthropologie. In: Roth 1991, 109-121
Tietgens, H.: Zugänge zur Geschichte der Erwachsenenbildung. Bad Heilbrunn 1985
Tietgens, H.: Die Erwachsenenbildung. München 1981
Tietgens, H.: Erwachsenenbildung als Suchbewegung. Bad Heilbrunn 1986
Tietgens, H.: Professionalität für Erwachsenenbildung. In: Gieseke, W. 1988
Topitsch, E. (Hrgr.): Logik der Sozialwissenschaften. Köln 1970
Treml, A.K.: Über die Unwissenheit. Zeitschrift für Pädagogik 1994/4, 529-537
Tress, W.: Das Rätsel der seelischen Gesundheit. Göttingen 1986

Ullrich, R. (u.a.): Soziale Kompetenz. 2 Bde. München 1978/1980
Ulmann, G. (Hrgr.): Kreativitätsforschung. Köln 1973
Ueberla, K.: Faktorenanalyse. Berlin 1971
Ulich, E.: Handlungstheoretische Ansätze. In: Handbuch der Sozialisationsforschung. Weinheim 1980
US-Aussenministerium: Global 2000. Bericht an den Präsidenten. Frankfurt 1980

Vester, F.: Unsere Welt - ein vernetztes System. München (1983) 1991
Vester, F.: Phänomen Stress. München 1993 (13)
Vester, G.H.: Soziologie der Postmoderne. München 1993
Vinnai, G.: Die Austreibung der Kritik aus der Wissenschaft. Frankfurt 1993

Wahl, D. u.a. (Hrgr.): Erwachsenenbildung konkret. Deutscher Studienverlag 1993/3
Weber, M.: Gesammelte Aufsätze zur Wissenschaftslehre. Tübingen 1968
Weber, M.: Methodologische Schriften. Studienausgabe. Frankfurt 1968
Wehnes, F.J.: Theorien der Bildung. In: Roth, L. (1991)
Weingartner, P.: Wissenschaftstheorie. Stuttgart 1971
Weiss, R.: Betriebliche Weiterbildung 1992. In: Grundlagen der Weiterbildung 1994/4
Wemmer, U./Korczak, D.: Gesundheit in Gefahr. Datenreport 93/94. Frankfurt 1993
Winkler, W.: Die Struktur der Persönlichkeit. Fachhochschulschriften

Sandmann. München 1993

Winkler, M,.: Wo bleibt das Allgemeine? In: Krüger/Rauschenbach 1994, 93-114

Wiersing, E.: Kontinuität oder Traditionsbruch. In: Zeitschrift für Pädagogik 21. Beiheft 1986, 19-26

Wittenbruch, W.: Schulleben - Chance oder Barriere für die Bildung des jungen Menschen. Pädagogische Rundschau 1/1994

Wittgenstein, L.: Vorlesungen und Gespräche über Ästhetik, Psychoanalyse und religiösen Glauben. Düsseldorf 1994 (1966)

Wollenweber, H.: Modernisierungsprozesse. Pädagogische Rundschau 1/1994

World Commission on environment and development: Our Common Future. Oxford 1987

Wuchterl, K.: Lehrbuch der Philosophie. Bern 1992 (4)

Wulf, Ch. (Hrgr): Einführung in die pädagogische Anthropologie. Weinheim 1994

Wurmser, L.: Flucht vor dem Gewissen. Berlin 1993 (2)

Zdarzil, H.: Pädagogische Anthropologie: empirische Theorie und philosophische Kategorialanalyse. In: König/Ramsenthaler 1980, 267-289

Zdarzil, H.: Erwachsenenbildung durch Wissenschaft. In: Benning 1986

Zdarzil, H.: Dimensionen andragogischer Theorie. In: Ruprecht/Sitzmann 1985

Zdarzil, H./Olechowski, R.: Anthropologie und Psychologie des Erwachsenen. Stuttgart 1976

Zeitschrift für Bildungsforschung und Bildungspraxis. Aarau 1988, 10.Jg.

Zeitschrift für Pädagogik: 21.Beiheft: Allgemeinbildung. Weinheim 1987

Zirfas, J.: Glück als Relais von Ethik und Anthropologie. In: Wulf 1994, 141-165

Zum Studium der Menschenbildung

■ Das Leitprogramm der Menschenbildung gründet auf einer zukunftsgerichteten Bildungstheorie und auf einer erweiterten philosophischen Anthropologie.

■ Der hohe Wert der Persönlichkeitsbildung und Individuation wird von der Antike bis in die Gegenwart aufgerollt und für eine moderne Menschenbildung weiterentwickelt. Die dazu massgeschneiderte Didaktik konstruiert die Lernschritte und alle Phasen der Individuation.

■ Ein neues Paradigma für die Pädagogik und Andragogik des 21.Jahrhunderts wird entworfen: Menschenbildung durch Bildung des umfassenden psychischen Lebens.

● *Ein Studienbuch für jene, die fachkundig das wertvollste Gut der Menschenbildung nutzen wollen.*